능력의 실체를 경험하는
신 동행기

국제제자훈련원은 건강한 교회를 꿈꾸는 목회의 동반자로서 제자 삼는 사역을 중심으로
성경적 목회 모델을 제시함으로 세계 교회를 섬기는 전문 사역 기관입니다.

능력의 실체를 경험하는 신 동행기

초판 1쇄 발행 2007년 1월 5일
초판 12쇄 발행 2018년 4월 2일

지은이 오정현

펴낸이 오정현
펴낸곳 국제제자훈련원
등록번호 제2013-000170호(2013년 9월 25일)
주소 서울시 서초구 효령로68길 98(서초동)
전화 02)3489-4300 **팩스** 02)3489-4329
이메일 dmipress@sarang.org

저작권자 (C) 오정현, 2007, Printed in Korea.
이 책은 저작권법에 의해 보호를 받는 저작물이므로 저자와 출판사의 허락 없이
내용의 일부를 인용하거나 발췌하는 것을 금합니다.

ISBN 978-89-5731-743-3

※ 책값은 뒤표지에 있습니다. 잘못된 책은 구입하신 곳에서 교환해드립니다.

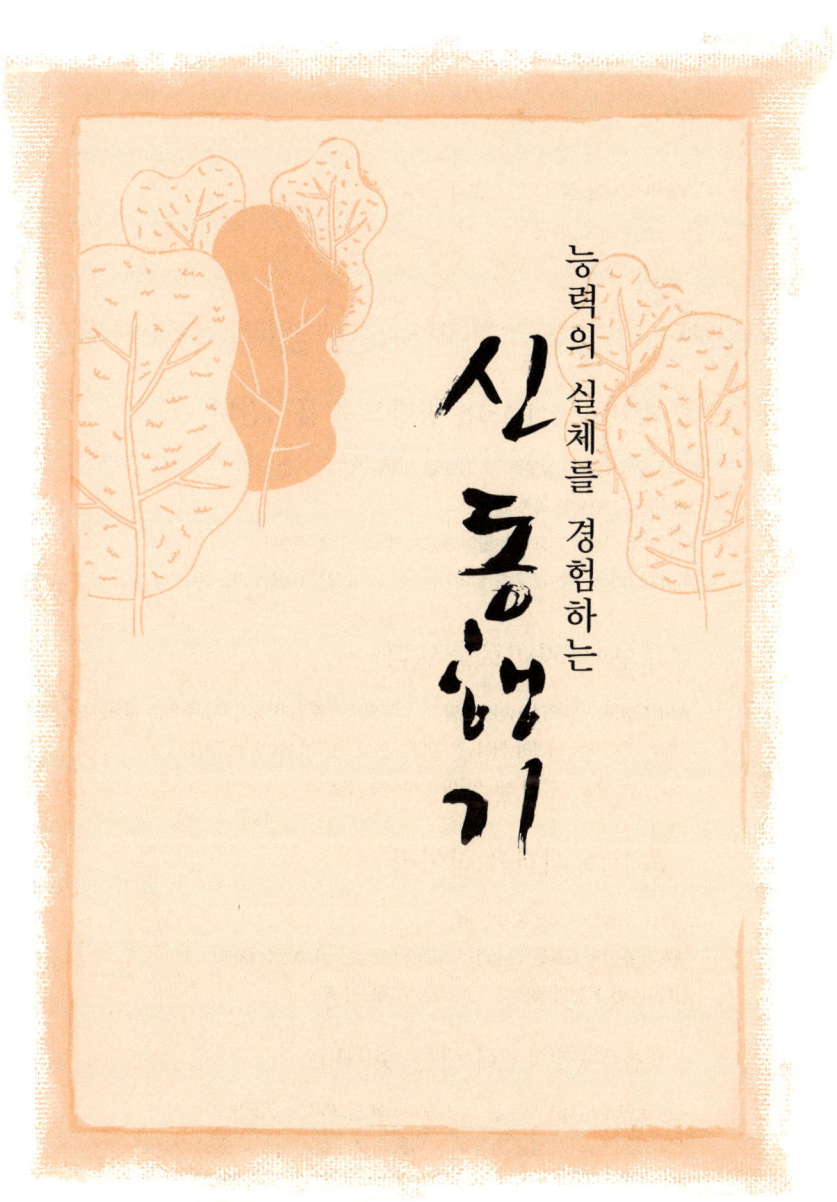

능력의 실체를 경험하는
신 동 행 기

국제제자훈련원

차 례

서문 | 능력의 실체를 경험하는 신앙의 현장기

1부 | 평신도 느헤미야, 하나님께 골몰하다

1. 역사는 눈물이 흐르는 방향으로 흘러간다 · 15

위기 앞에 던져진 질문들 | 기도로 겨레를 깨우는 사람
열정은 우선순위에 복종해야 한다
하나님의 역사는 기도의 눈물이 흐르는 방향으로 흘러간다
아이오와의 옥수수 밭 위를 날아가는 새 | 내 삶을 이끌어 가는 두 단어

2. 내 영혼의 자이로를 달다 · 33

왕의 칙령을 거부했던 사람들처럼 | 기도의 우선순위가 삶의 우선순위를 결정한다
오르기 위해서는 버려야 한다 | 기다림은 내 영혼이 빚어지는 시간
거룩한 눈 맞춤 | "내 하나님"이라 부르는 사람

3. 하나님의 시간을 잡아라 · 54

전체를 조망하며 이면을 보는 눈
계획과 준비의 그물을 던져라 | 미래의 통찰은 신앙인의 힘이다
믿음이라는 동전의 뒷면 | 담대함이 가져온 수확

4. 믿음은 긍정의 편에 서는 것이다 · 71

세상의 안개 너머를 보는 눈 | 느헤미야와 언더우드의 공통분모
믿음으로 현실의 빗장을 열어라 | 나를 어렵게 하는 자가 나를 성공시키는 자다
예언이 이루어지기 시작하는 때 | 은혜를 감지하는 영혼의 안테나

능력의 실체를 경험하는 신 동행기

5. 영원한 영광에 **목숨을 걸어라** · 94

생명의 뿌리를 찾은 사람들 | 하나님의 꿈
무너진 제단을 재건하라 | 나눔으로 은혜의 덤을 누려라
땀 한 방울에 인생을 담았던 바룩

6. 잠들 때에도 허리에 **칼을 풀지 말라** · 114

세상의 조롱을 조롱하라 | 절반쯤 이루었을 때 조심하라
믿음과 성품은 일류로 키워라 | 마귀의 급습에 대비하라
진정한 시너지(synergy)는 합심 기도에 있다 | 거미보다 못한 인생들

2부 | 눈물의 기도, 부흥을 심다

7. 이기심의 **척추를 부러뜨려라** · 137

성장과 성숙은 다르다 | 삶에 씌운 탐욕의 껍질을 벗겨 내라
어두운 역사의 혈관 속에는 무엇이 흐르는가
거룩한 의분은 인간의 이기심을 이겨 낸다
희생으로 인생의 선순환을 경험하라 | 거룩한 두려움이 세상을 변화시킨다

8. 삶의 덩어리에서 **무엇을 깎아낼 것인가?** · 157

인생의 오노 평지를 만날 때 | 인생의 전쟁터는 최고의 전략가가 필요하다
무죄한 자의 피의 소리를 들어라 | 우는 사자의 이빨에 물리지 않으려면
거짓이 진리를 위협할 때 | 70년 세월을 단시간에 이루는 영적 집중력

9. 내 영혼은 **기쁨으로 밤을 잊는다** · 179

20년 낚시인의 변화 대(對) 20년 신앙인의 변화 | 떡집에 떡이 없으면
영혼의 허기를 채우는 만찬 | 내 인생의 가장 아름다운 순간
마룻바닥에 끼인 말씀에 사로잡힌 인생 | 백만 달러 하이웨이보다 나은 인생길

10. 영혼의 미각을 잃으면 모든 것을 잃는다 · 199

내 영혼에 붙은 불 | 회개의 눈물방울로 세상을 보는 렌즈로 삼고
상한 마음을 기쁨의 감탄사로 바꾸는 말씀
장작을 지고 수백 리 길을 걷는 마음으로

11. 기쁨과 감사의 기념비를 세우라 · 216

거울과 경계로 주신 의식(儀式) | 인생의 지평을 여는 기쁨
순례자여, 과거를 기억하고 미래를 기대하라 | 거룩한 현실주의자의 지혜

12. 믿음의 금도禁道를 넘지 말라 · 234

말씀에 씻긴 사람들 | 자녀에게 남길 수 있는 가장 귀한 유산
가장 무서운 중독 | 자학적 역사관에서 구원사적 역사관으로
세속화의 중력을 끊으려면 | 죄의 고집불통 길들이기

3부 | 기쁨의 봉헌식이 시작되다

13. 은혜의 울타리를 즐겨라 · 259

거룩한 족쇄 | 세상에 영혼을 파는 사람 | 창조의 피날레를 즐겨라
소유권을 이전등기하라 | 인간이 가장 공포를 느끼는 믿음의 높이

14. 양화진의 아침을 되새기다 · 282

거룩한 모순 | 초라한 인생이 믿음의 영웅으로 | 은사의 사각지대가 없는 교회
역사는 그의 이야기이다(History is His story) | 생명의 온기를 간직한 땅

15. 감사의 신발을 신고 행진하라 · 301

기쁨의 벽돌로 쌓아진 인생 | 불행은 기쁨을 이기지 못한다 | 눈물의 강가로 나가라
작은 감사가 큰 미래를 결정한다 | 영혼의 영토를 넓히는 거룩한 땅 밟기

16. 마음의 지형도(地形圖)를 그려라 · 321

부흥 증후군을 조심하라 | 적과의 내통 | 악에 속수무책인 세상
내 마음 그리스도의 집 | 조만식 장로의 눈물 | 창조주가 기억하는 인생

17. 신앙인은 하루살이의 은혜가 있다 · 345

교회 내에 넘쳐나는 은혜의 건망증 환자들 | 안식은 선택이 아닌 의무다
고단한 인생에 주시는 은혜 | 영적 의사소통이 탈진 해결의 통로이다
인생의 겨울을 맞을 때

18. 성벽은 넘어서지 못하면 큰 무덤이 될 뿐이다 · 364

움켜쥐어야 할 것과 넘어서야 할 것 | 베풂으로 영원을 품어라
최전방의 동지애로 뭉쳐진 공동체를 세워라
사단의 바람(風)에 묻어오는 작은 돌가루라도 털어 내라
신앙의 길에는 다만 일사 각오가 있을 뿐

에필로그 | 신 동행기의 긴 여정을 마치며

---

*일러두기　　느헤미야서의 성경 표기는 장과 절만 표기하였습니다.
예) 느헤미야 3:16 → (3:16)

서문

능력의 실체를 경험하는 신앙의 현장기

　이 책은 미래에 이르는 신앙의 현장(現場) 답사기라고 할 수 있습니다. 또 느헤미야와 함께 역사의 현장을 걸으면서 하나님의 세밀한 도우심을 확인하는 신(神) 동행기이자, 내 삶을 새롭게 통찰하는 신(新) 동행기라고 할 수 있습니다. "한 번의 현장 답사가 만 권의 책보다 낫다"는 말처럼 역사의 현장에는 글에서 취할 수 없는 생명력이 있습니다.
　현장 답사의 성패는 그 시대의 인물과 일체감을 가지면서도 끊임없이 현실의 눈으로 자신을 살피는 능력에 달려 있습니다. 그래서 느헤미야서를 강해하는 동안 느헤미야와 같은 걸음으로 걸으면서 그의 생각을 읽고 그의 숨결을 느끼면서 그의 격정과 기쁨, 슬픔과 분노의 소리를 들었습니다. 동시에 그 역시 내 가슴속에서 억제되어 있던 이 시대의 아픔과 고통을 들으면서 그의 생각을 들려주었습니다. 따라서 이 책은 느헤미야가 내게 들려주었던 하나님의 역사(役事)에 대한 체험적 간증의 보고서이자, 내가 느헤미야로부터 받았던 은혜의 묵상록이라고 할 수 있습니다.

흔히 느헤미야를 신앙적 리더십으로 난세를 다스린 훌륭한 리더로만 이해하는 경향이 있지만, 이 책에서 독자들과 함께 살피고 싶은 것은 느헤미야가 가졌던 희로애락의 동기(動機)와 그 접점(接點)입니다. 이 땅에 발을 딛고 사는 한, 인생의 굴곡은 피할 수가 없습니다. 중요한 것은 인생 여정에서 높은 봉우리와 깊은 골짜기를 왕래하는 극적인 경험들이 아니라, 그 파란만장한 삶의 동기가 무엇이며 인생 고저의 접점들이 어디로 연결되어 있느냐 하는 것입니다. 느헤미야의 경우, 그의 감정과 행동의 뿌리를 더듬어 찾아가면 언제나 종착지에는 하나님이 계시는 것을 발견할 수 있습니다. 느헤미야의 이러한 삶을 한마디로 압축하면 '능력의 실체를 경험하는 삶'이었다고 표현하고 싶습니다.

능력의 실체를 경험하는 삶

능력의 실체를 경험하는 삶은 바로 이 책을 내는 목적이기도 하고 독자들에게 간절히 소원하는 것이기도 합니다. 능력은 누구나 손에 넣고 싶어 하는 것입니다. 그래서 마치 요술 방망이처럼 휘두르면서 인생의 부귀영화를 누리고자 합니다. 그러나 세상이 추구하는 능력이 보여 주는 결과는 인생의 모든 것을 다 누렸다는 솔로몬의 한탄처럼 허무한 것입니다. 일가를 이루고 정상에 섰다는 사람들이 마지막 순간에 자신이 이루었던 부와 명예를 자랑하면서 세상을 떠났다는 소식을 들어 본 적이 없습니다. 왜냐하면 그들이 가졌던 능력은 하나님이 원하시는 능력의 지극히 작은 그림자에 지나지 않기 때문입니다.

느헤미야는 암울한 시대에, 하나님을 잊어버린 황폐한 세대 속에서 능력의 그림자가 아니라 능력의 실체를 붙들었던 사람이었습니다. 우리가 느헤미야를 우리 삶의 모델로 삼아야 하는 이유는 단순히 그의 탁월한 지도력이나 위기 대처 능력에 있지 않습니다. 이것들은 능력의 실체이신 하나님을 붙잡았던 삶의 가시적인 결과일 뿐입니다. 오히려 하나님께서 우리에게 허락하신 능력은 세상의 것과는 많이 다를 수 있습니다. 권력 대신에 낮은 자리가, 명예 대신에 고난의 길이, 부귀 대신에 세상의 가난함이, 권위 대신에 섬김이 하나님의 능력을 붙들 때 주어지는 것들입니다. 필요하다면 이 세상을 악의 흐름으로부터 하나님 앞으로 반전시키기 위해서 순교의 자리까지 가는 것이 하나님께서 허락하시는 능력의 절정이라고 말할 수 있습니다.

날마다 신앙의 멋진 자화상을 그리는 사람

이 책을 한 장 한 장 읽는 가운데 이러한 능력들로 젖어 들기를 바랍니다. 여기에는 세상적으로는 괴로워도 밀물처럼 차오르는 평안이 있습니다. 몸은 고단해도 혼자 있을 때 저도 모르게 영혼의 미소가 묻어나는 신령한 희열이 있습니다. 겉으로는 누추하고 볼품이 없다 해도 세상 앞에서 절대로 기죽지 않는 영적인 자긍심이 있습니다. 아무리

출세해도 영적으로 성공하지 못하는 인생은 모든 것에서 실패한 것이라는 영적인 소신이 있습니다. 이 모든 것들이 느헤미야처럼 능력의 실체를 경험한 자만이 갖는 축복입니다.

이 책에서 독자들에게 보이려고 했던 느헤미야의 모습은 영웅적 신앙인의 면모가 아닙니다. 삶의 고비마다 하나님을 붙드는 과정 속에서 그가 보였던 성실하고 진지한 모습을 가감 없이 드러내어, 읽는 이와 더불어 고민하고 기도하고 결단하고 싶었습니다. 느헤미야가 보였던 수많은 테마 중에서 하나만이라도 내 것으로 삼고 능력의 실체이신 하나님을 경험할 수 있다면 더 바랄 나위가 없습니다.

서두에 말한 것처럼 이 책은 내 삶의 미래에 이르는 신앙의 현장 답사기임을 기억하시기 바랍니다. 두 발은 수천 년 전의 중동에서 일어난 역사의 현장을 걸으면서 호흡하지만, 두 귀는 현실 속에서 나에게 말씀하시는 하나님의 음성을 듣고, 두 눈은 나를 통해 변화될 미래를 보는 것이 바람직한 답사자의 모습일 것입니다. 아무쪼록 하나님의 능력의 실체를 붙잡은 느헤미야를 통해서 날마다 신앙의 멋진 자화상을 그려 내는 예수의 사람이 되기를 바랍니다.

이 책은 사랑의교회에서 느헤미야서를 설교한 것을 바탕으로 하였지만, 내용은 같지 않습니다. 설교는 제한된 시간과 제한된 공간과 제한된 어투로 밖에 할 수가 없기에 마음에 있는 것을 그대로 전하기가 어렵습니다. 그러나 책을 쓰면서는 그러한 제약에서 자유하여 마음에 있는 것을 그대로 쓰고 싶었습니다. 그래서 이 책은 강해서가 아니라 성경의 거울 속에 비친 제 생각의 내면을 자유롭게 나눈 말씀의 여정기(旅程記)라고 할 수 있습니다. 아마도 독자들은 정장을 하고 설교를 하는 저의 앞모습뿐만 아니라 편안한 복장으로, 때로는 책상을 벗어나서 말씀을 준비하는 뒷모습을 볼 수 있을지도 모릅니다.

강단이 아닌 책으로 독자들을 만나는 것은 언제나 특별한 흥분과 부담으로 다가옵니다. 이 책을 통해 차 안에서, 거실이나 침실에서, 혹은 자연 속에서 독자들과 만나는 일을 생각해 봅니다. 그 자리가 어디든 이심전심의 은혜가 있기를 바랍니다. 이를 위해서 묵상의 언어가 시각화를 통해서 교감 언어가 될 수 있도록 애를 썼습니다. 아무쪼록 이 책으로 인해 독자들의 신앙 여정과 느헤미야의 불꽃 같은 삶이 오버랩(overlap)될 수 있다면 그것이 저의 큰 기쁨이 될 것입니다.

끝으로 이 책의 출판을 위해서 기쁜 마음으로 섬겨주신 분들께 감사의 마음을 전합니다. 또한 부족한 저를 위해 늘 사랑과 기도의 수고를 아끼지 않은 사랑의교회 교우들에게도 감사를 드립니다.

주후 2007년 1월
한국 교회가 예수 그리스도의 영광을 회복하는 그날을 꿈꾸며

오 정 현

1 평신도 느헤미야, 하나님께 골몰하다

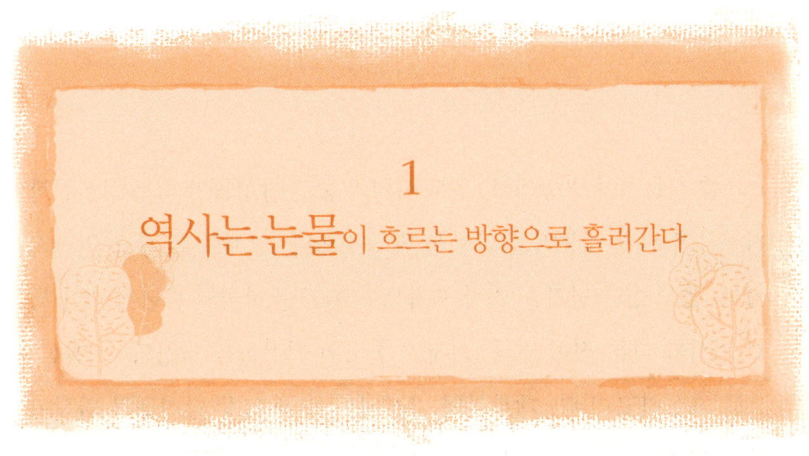

1
역사는 눈물이 흐르는 방향으로 흘러간다

거룩한 이름 앞의 눈물,
새로운 역사는 그 한 방울에서 시작된다.

위기는 인생의 중요한 것(something)과 하찮은 것(nothing)을 구별하는 시금석이다. 평소에는 그다지 중요하다고 느끼지 못하다가, 자녀 문제를 비롯한 갖가지 가정 문제, 경제적인 문제, 건강 문제 등의 어려움에 처하거나 가족 가운데 누군가를 하나님 앞에 먼저 보내는 등 혹독한 시련을 겪을 때, '내 인생의 우선순위는 무엇인가', '과연 무엇을 위해 살 것인가' 하는 본질적인 질문을 스스로에게 던지게 된다. 예상치 않은 위기와 고난 가운데, 지금까지 제대로 살아왔는가 자기 삶을 되돌아보게 되는 것이다.

위기 앞에 던져진 질문들

요즘 신문이나 방송에서, 우리 사회의 중년 남성들이 겪는 상실감과 허무감에 관한 내용이 심심치 않게 등장한다. 일례로 한 주요 일간지에서 '울고 싶은 남자들'이란 제목으로 2005년 한국의 중년에 대한 특집 기사를 다룬 적이 있다. 기자는 한국의 가장들을 가정의 '외딴섬'으로 표현하고 있다. 대부분의 가정에서 중년 가장 남성들의 위신이 부모 세대의 something(대단한 무엇)에서 nothing(아무것도 아닌 것)으로 실추되었다. 그런데 이들은 현실을 받아들여야 함을 머리로는 알면서도 마음으로는 이를 따라가지 못한 채 문화적 충격 속에서 괴로워하고 있다는 것이다. 또한 자녀들에 대해서는 세계에서 유례를 찾아보기 힘든 '평생 애프터서비스'를 하면서도 자녀들로부터, 심지어 아내로부터도 철저히 소외를 당하고 있다. 가장의 말은 이미 권위를 잃은 지 오래다. 딸의 못마땅한 행동을 거들려다가 아내로부터 "그렇게 말해 봤자 당신 말 안 먹혀요"라는 핀잔을 듣고 지금까지 누구를 위해서, 무엇 때문에 이 고생을 했나 하는 생각에 참담한 심정을 씻을 수 없었다는 한 가장의 고백은 이 시대 아버지들의 쓸쓸한 자화상이다.

오늘의 이 안쓰러운 세태를 단적으로 보여 주는 이야기가 있다. 시골에 살던 한 할아버지가 한 달 동안 도시에 사는 아들 집에 머물렀다. 그런데 아들과 며느리가 "1

> 안타까운 일이지만, 우리는 언젠가 우선 순위에서 밀려나 '6번'이 될 수 있다. 그때에야, '내가 뭘 위해 살아왔나', '내 인생에서 뭐가 제일 중요한가' 하는 생각에 통탄을 금치 못할 것이다. 지금 당신 삶의 우선순위 1위는 무엇인가?

번 학원 갔어?", "2번 시장 갔다 왔어?", "3번 외출이다" 하는 식의 뜻 모를 대화를 서로 주고받는 것이다. 처음에는 재미있는 표현이라며 허허 웃었는데, 한 달 뒤에야 그 암호의 비밀을 눈치채게 되었다. 알고 보니 그 번호들은 중요도에 따라 식구들에게 매겨진 순서였다. 1번은 손자, 2번은 며느리, 3번은 아들이었다고 한다. 그러면 할아버지는 몇 번이었을까? 4번? 아니다. 강아지가 4번이었고, 5번은 가정부였다. 할아버지는 놀랍게도 6번이었다. 이 내막을 알고 충격 받은 할아버지는 다음날 냉장고에 쪽지 한 장 남기고 아들 집을 떠났다. 그 쪽지에는 이렇게 적혀 있었다. "3번아, 잘 있거라. 6번은 간다."

안타까운 일이지만, 우리는 언젠가 우선순위에서 밀려나 '6번'이 될 수 있다. 그때에야, '내가 뭘 위해 살아왔나', '내 인생에서 뭐가 제일 중요한가' 하는 생각에 통탄을 금치 못할 것이다. 지금 당신 삶의 우선순위 1위는 무엇인가? 가정? 건강? 아니면 적금 통장에 들어 있는 돈? 무엇이 당신에게 가장 중요한가?

영원한 운명을 결정한 우선순위

우선순위가 중요한 것은 생존과 생명에 직접적인 관계가 있기 때문이다. 잘못된 우선순위 때문에 영원히 잘못된 길을 가게 될 경우를 성경에서 찾을 수 있다. 누가복음 14장에 예수님의 잔치비유가 나와 있다.[1] "어떤 사람이 큰 잔치를 베풀고 많은 사람을 초청하였다." 같은

[1] 누가복음 14:16

본문을 다룬 마태복음 22장에서는 그 '어떤 사람'을 임금으로 표현하고 있는 것을 보면 잔치를 연 사람은 다른 사람의 생사 여탈권을 가질 정도의 권세를 가진 사람임에 분명하다. 이제 주인은 잔치를 성대하게 준비하고 초대한 사람들에게 종을 보내어 "모든 것이 준비되었으니 어서들 오시라"는 초청 인사를 건넸다. 당시 유대인 풍습에 의하면 잔치를 여는 사람은 사전에 종을 보내어 초청된 사람들에게 참석 여부를 물은 다음 그 수에 맞추어 잔치를 준비하였기 때문에, "잔치 준비가 끝났으니 어서들 오시라"는 주인의 초청 인사를 받은 사람들은 이미 참석하겠다고 약속한 사람들이라고 생각할 수 있다.

그런데 주인은 당연히 참석하리라고 생각한 사람들로부터 전혀 뜻밖의 거절을 당하게 되었다. 잔치의 초청을 거절한 사람들의 이유는 다양했다. 한 사람은 밭을 샀기 때문에, 또 한 사람은 소를 사서 시험하러 가야 하기 때문에, 또 다른 사람은 장가를 들었기 때문에 가지 못한다고 거절하였다. 그러나 일신상의 이유로 잔치를 거절한 그들에게 돌아온 것은 주인의 노여움과 함께 영원히 잔치에 참여할 수 있는 기회를 잃어버린 것이다. 우선순위에 대한 한순간의 잘못된 선택이 그들의 운명을 결정한 것이다.

사실 잔치를 거절한 이들의 변명은 보기에 따라 어느 정도 구실이 될 수도 있다. 더구나 오늘날처럼 개인주의 문화에 물든 현대인의 입장에서 보면 오히려 잔치를 거절한 사람의 입장에 우호적인 눈길을 보낼지도 모른다.

만일 그렇다면 우선순위를 다룰 때 지침서가 될 수 있는 "인생에서 두 번째로 좋은 일이 제일 좋은 일을 방해할 수 있다"는 격언을 기억해야 할 것이다. 그리고 찰스 스윈돌(Charles R. Swindoll)이 《통찰력을 키우라》는 책에서 했던 말에 귀를 기울이라! 《긴급한 일의 횡포》라는 소책자 안에 유도 미사일처럼 우리의 변명을 여지없이 강타하는 경고문이 있다. "긴급한 일들을 여러분의 삶의 중심부에 두지 말라! 정말이지 긴급한 것들은 우리의 관심을 얻기 위해 싸우고 할퀴고 비명을 질러 댄다." 어떻게 해서든 당신의 관심을 얻기 위해서 긴급한 일들이 숨넘어갈 듯이 질러대는 비명소리를 듣느라 정말 중요한 것들의 신음소리는 듣지 못하고 있지는 않는가?

기도로 겨레를 깨우는 사람

그렇다면 이처럼 우선순위를 잊은 채 달려가느라 바쁜 우리들을 하나님께서는 어떤 심정으로 바라보고 계실까?

지금부터 느헤미야와 동행하면서 그의 심장 속으로 들어가 생생한 맥박을 느끼고, 때로는 그의 혈관을 타고 돌면서 하나님을 향한 그의 뜨거운 열정을 체감해 보자. 이 책은 느헤미야와 함께하는 신앙기다. 하나님의 역사의 현장을 걸으면서 느헤미야가 보는 눈으로 보고, 그의 숨결을 느끼면서 자신을 향한 하나님의 선명한 뜻을 발견할 수 있을 것이다. 이제 느헤미야서를 펼쳐 보라. 느헤미야서는 우리 삶에서 무엇이 우선순위가 되어야 하며, 그 우선순위에 대해서 어떻게 반응해야 하는지, 그리고 내 삶을 어떻게 하면 가치 있는 새 역사로 써 나갈 수 있는지에 대한 열정적인 해답들로 채워져 있다.

주전 586년경 느부갓네살 왕이 다스리던 바벨론 제국은 당시 최강

국이던 이집트와 앗수르 제국을 무너뜨리고 새로운 강자로 등장했다. 그 무렵 선지자 예레미야는 이스라엘 백성들을 향해, 하나님께 순종하고 계명을 지키지 않으면 나라가 망하고 민족은 포로가 될 것이라며 눈물로 호소했다. 그러나 아무 소용이 없었다. 사람들은 도통 위기의식을 느끼지 못했고, 결국 유대 왕국은 바벨론의 손에 멸망당했다.(386-387쪽 그림 참고)

느헤미야가 등장한 것은 그로부터 140년이 지난 후였다. 그 사이 패권은 바벨론에서 바사(페르시아)로 넘어갔고, 이미 포로의 귀환도 이루어진 바 있었다.

느헤미야는 페르시아 왕의 술 관원이었다. 술 관원은 왕과 대화를 주고받을 수 있는, 당시 페르시아 제국에서 핵심 요직 가운데 하나였으므로 아무나 될 수가 없었다. 그런데 멸망한 유대 왕국의 포로 2세라는 신분적 약점을 가지고서도 그런 지위에까지 오를 정도로 대단한 느헤미야가 1장에서 울며 금식 기도를 하고 있다.[1]

동족을 위한 느헤미야의 기도는 모세의 기도[2], 바울의 기도[3]를 연상케 한다. 이처럼 겨레의 구원을 위해 기도하는 것은 우리 기독교인

[1] "내가 이 말을 듣고 앉아서 울고 수일 동안 슬퍼하며 하늘의 하나님 앞에 금식하며 기도하여" (1:4).
[2] "모세가 여호와께로 다시 나아가 여짜오되 슬프도소이다 이 백성이 자기들을 위하여 금 신을 만들었사오니 큰 죄를 범하였나이다 그러나 이제 그들의 죄를 사하시옵소서 그렇지 아니하시오면 원하건대 주께서 기록하신 책에서 내 이름을 지워 버려 주옵소서" (출 32:31-32).
[3] "내가 그리스도 안에서 참말을 하고 거짓말을 아니하노라 나에게 큰 근심이 있는 것과 마음에 그치지 않는 고통이 있는 것을 내 양심이 성령 안에서 나와 더불어 증언하노니 나의 형제 곧 골육의 친척을 위하여 내 자신이 저주를 받아 그리스도에게서 끊어질지라도 원하는 바로라" (롬 9:1-3).

의 귀한 전통이다.

산소통으로 만든 기도의 종

올 초에 새해의 사역을 준비하는 마음으로 가나안농군학교를 다시 가게 되었다. 훈련을 받으면서 온갖 역경 가운데서도 이 민족이 여기까지 오게 된 힘의 원천을 생각하였다. 가나안농군학교의 뒤쪽으로 나 있는 산으로 올라가면 이곳을 세운 김용기 장로님이 수십 년 동안 기도하였던 구국 기도의 단이 있다. 뜻 깊은 장소이기에 가까이하는 것만으로도 깊은 감동을 자아내는 곳인데, 그는 암울한 현실을 보면서 정치를 탓하거나 사람이나 환경을 탓하지 않았다. 처음 가나안농군학교를 시작하였던 1930년대는 전혀 미래가 보이지 않았던 절망의 시기였다. 시대의 핏빛 안개로 지척을 분간할 수 없는 그때에 그는 오직 예수님만을 붙들고 나라와 민족의 미래를 기도로 열었던 분이었다. 그는 못 쓰는 산소통을 가지고 겨레를 깨우는 종을 만들어 사람들을 깨웠고, 민족을 위한 기도의 선봉에 섰다. "내가 기도하면 세상이 변화된다"는 굳은 믿음으로 함성처럼 "온 겨레여 안심하라. 조국이여 안심하라"고 외쳤다. 민족을 위한 이런 기도의 신앙 선배들이 있었기에 오늘의 한국이 있는 것이다.

김용기 장로님이 무릎을 꿇고 기도했던 구국의 단 위에 무릎을 꿇으면서 사역의 초심을 생각하였다. 예전에 기도의 터로 알려졌던 무척산의 기도 자리, 청계산의 기도 자리 등을 가 보면 기도의 무릎으로 반들거렸던 기도터에 지금은 잡초들이 대신하는 것을 보게 된다. 누가 이 겨레를 위해 다시 기도의 종을 쳐서 무너져 가고 있는 민족의 심장을 울릴 것인가? 민족을 위해 눈물로 금식하며 기도했던 느헤미야의 심장이 바로 우리에게 필요한 때이다.

민족을 위해 눈물의 기도를 드렸던 느헤미야에게서 우리는 세 가지 도전을 받는다.

열정은 우선순위에 복종해야 한다

느헤미야는 하나님이 부르신 그 자리에서 맡은 바 책임을 다했다. 그것은 우선순위에 올바르게 집중하는 삶이었다.

느헤미야는 수산 궁, 그러니까 오늘날 이란의 수스라는 곳에 거했는데, 이곳은 예루살렘으로부터 1,200km 정도 떨어져 있다. 이스라엘 사람이었던 그가 얼마나 맡은 일을 책임감 있고 충성스럽게 잘 감당했으면, 술 관원이라는 중책을 맡아 페르시아의 수산 궁까지 가게 되었을까? 이 사실은 그가 우선순위에 집중하는 삶을 살았음을 단적으로 보여 준다.

이런 예는 다니엘에게서도 찾아볼 수 있다. 다니엘 역시 식민지 백성이었지만 지배국의 신임을 얻어 3대에 걸쳐 왕들을 섬겼다. 오늘날 우리에게도 각자 맡은 직책들이 있다. 바로 자기에게만 주어진 일들이다. 삶의 우선순위가 흔들리지 않으려면, 지금 있는 그 자리에서 최선을 다함으로써 하나님 앞에 올바르게 반응해야 한다.

세 가지 질문

러시아의 문호 톨스토이가 쓴 《세 가지 질문》에 이런 이야기가 나온다. 첫째, 사람의 일생 중에서 가장 중요한 때는 언제인가? 둘째, 사람의 일생 중에서 제일 중요한 사람은 누구인가? 셋째, 사람의 일생 중에서 제일 중요한 일은 무엇인가? 이에 대한 대답은 가장 중요한 때는 지금이고, 가장 중요한 사람은 지금 만나는 사람이며, 가장 중요한 일은 지금 하고 있는 일이라는 것이다.

현재에 집중하라는 말은 현재의 시간에 집중하는 것이고, 현재의 시간을 주인이신 하나님께 집중하는 것이다. 이런 말을 하면 '그래도 미래를 위해서 무엇인가를 준비해야 하지 않는가' 라는 생각을 할지 모른다. 이것은 내일에 대한 염려와 내일에 대한 준비의 차이를 모르기 때문에 오는 것이며, 또 현재와 미래를 상충되는 것으로 혹은 단절적인 것으로 생각하기 때문이 아닌가 한다. 이런 생각을 가진 사람들의 특징은 성경을 볼 때 "내일 일을 위하여 염려하지 말라"는 예수님의 말씀은 건너뛰기 일쑤이다. 오늘 뭔가를 준비하지 않으면 내일이 오는 것이 불안한 것이다. 이런 사람은 오늘의 시간의 주인이신 하나님이 내일의 시간도 주인이심을 믿어야 한다. 내일은 내일의 은혜가 기다리고 있다는 사실에 눈을 뜰 필요가 있다.

인생의 강을 건너는 비결

여기서 한 가지 주의할 것은 내일에 대한 염려와 내일에 대한 준비는 다르다는 것이다. 미래를 모르기 때문에 미지에 대한 불안은 인간의 본능일 수 있다. 예수님께서 우리에게 내일 일을 염려하지 말라고 말씀하신 배경에는 이미 인간은 누구나 내일에 대한 염려를 하게 마련이라는 사실을 깔고 있다. 그러나 염려하지 말라는 이유는 내가 소유하고 있지 않는 '내일'의 염려가 현재 내가 소유한 '지금'이라는 하나님의 시간을 갉아먹게 하지 말라는 뜻이다. 시간에 대한 창조적인 준비와 파괴적인 염려를 구별하기를 바란다. 고든 콘웰 신학교의 설교학 교수인 해돈 로빈슨(Haddon W. Robinson)이 《집요한 유혹의 승리》에서 말한 것을 생각해 보자.

링컨은 변호사 시절에 소송 사건을 의논하기 위해서 이 마을 저 마을로 판사를 따라다녔다. 여행할 때 범람하는 강들을 건너야 할 때가 많았는데, 그들은 특히 폭스 강을 염려했다. 어느 날 밤 머문 작은 마을에서 한 순회 설교자를 만났다. 그는 폭스 강을 수 차례 건넌 적이 있었으므로 그들은 그에게 그 강에 관해서 물었다. 그는 이렇게 대답했다. "내게는 폭스 강을 건너는 데에 도움이 되는 규칙이 하나 있습니다. 그것은 폭스 강에 도착하기 전에는 그 강을 건너지 않는 것입니다."

무슨 뜻인가? 강을 건너기 위해서 배편을 알아보고 날씨를 살피는 것이 준비라면, 강을 건너기 전에 이미 강 위에서 온갖 위험을 당하고 있는 것처럼 염려하는 것 때문에 당신의 귀한 '지금'을 망치지 않는다는 말이다. 열 개의 걱정거리가 길을 달려오는 것을 보거든 그 중 아홉 개는 여러분에게 도착하기도 전에 수렁에 빠질 것이다. 그리고 나머지 한 개조차도 그것이 무엇이든 간에 하나님의 손안에 있음을 믿어라.

현재의 우선순위에 집중하는 사람은 현재의 시간에 생명을 거는 사람이다. 기독교의 시간은 처음과 끝, 즉 알파 포인트와 오메가 포인트가 확실하다. 처음이 어딘지 끝이 어딘지도 모르는 순환적인 시간 개념이 아니다.

신앙인의 현재의 시간에는 내일로 올라가는 시간의 사닥다리가 놓여겨 있다. 그러나 사다리가 있다고 해서 무조건 올라가는 것만이 능사가 아니다. 가끔 다 올라간 다음 보면 잘못된 곳에 서 있는 자신을 볼 수가 있다. 이것은 우리의 열정이, 때로는 탐욕이 삶의 우선순위를 넘어섰기 때문에 일어난 현상이다. 우리가 차를 타고 가다가 목적지에 도착했는데, 실상은 지도에 잘못 기재된 지번(地番)을 보고 간 것이라면 그것처럼 힘 빠지게 하는 것은 없을 것이다. 아무리 좋은 차에 연료 탱크에는 기름이 가득 차 있어도 가장 중요한 것은 정확한 목표 지점을 알고 달리는 것이다. 이것이 바로 삶의 우선순위의 중요성이다.

그러므로 열정은 의지를 통해서 우선순위에 복종해야 한다. 번지수가 틀린 열정은 결국 사람을 좌절시킨다. 그러나 열정이 우선순위를 따르는 것만으로는 부족하다. 죄지은 인간의 한계는 온전한 자가발전이 되지 않는다는 것이다.

멋진 요트가 있고 그 위에서 바른 방향을 향해 키를 붙잡고 있다고 해도 바람이 불지 않으면 요트는 제자리에서 맴돌 뿐이다. 우리가 원하는 바람은 성령의 바람이다. 또 성령의 바람이 불어도 우리가 돛을 펴지 않으면 그 배는 나아갈 수 없다. 이것을 피에르 신부(Abbe Pierre)는 《단순한 기쁨》에서 이렇게 표현하고 있다. "우리에게 주어진 자유는 돛을 펼치기 위해 밧줄을 잡아당기는 것과 같다. 그런데 그것만으로는 배를 나아가게 할 수 없다. 바람이 불어야만 하는 것이다. 그런가 하면 성령의 바람이 불더라도 돛이 펴져 있지 않다면 그때도 배는 나아가지 않을 것이다."

지금 당신이 있는 그 자리가 바로 하나님이 부르신 자리이다. 그러므로 각자의 자리에서 책임을 다하는 삶을 사는 것이 곧 하나님이 원하시는 우선순위대로 사는 삶이 되는 것이다. 느헤미야처럼 삶의 우선순위를 세우고 지금 있는 자리에서 최선의 열정을 드린다면, 하나님은 우리의 삶에 성령의 바람을 불게 하시고 반드시 망망대해를 거쳐 원하는 항구에 도착할 수 있도록 인도하실 것이다.

하나님의 역사는 기도의 눈물이 흐르는 방향으로 흘러간다

어느 날 느헤미야는 친동생으로 보이는 하나니[1] 로부터 슬픈 소식을 듣게 된다. 고향 땅 예루살렘 성이 이제는 아무도 돌아보지 않는 황폐한 곳으로 변했고, 더구나 거기에 남은 동족들이 극심한 고통과 어려움 중에 있다는 이야기였다.[2] 이 소식을 듣고 깊은 영적 충격과 슬픔을 느낀 느헤미야는 앉아서 울고 수일 동안 슬퍼하며 하나님 앞에서 금식했다.[3]

본래 '예루살렘'은 '평화의 성'이란 뜻이다. 그런데 좀 더 깊이 그 뜻을 들여다보면 '예루살렘'은 '하나님의 이름을 두려고 택한 곳[4]'이다. 느헤미야는 하나님의 이름을 두려고 택한 바로 그 예루살렘 성이 무너지고 불탔다는 엄청난 소식을 전해 들은 것이다. 예루살렘 성

---

[1] "내 아우 하나니와 영문의 관원 하나냐가 함께 예루살렘을 다스리게 하였는데…" (7:2).
[2] "그들이 내게 이르되 사로잡힘을 면하고 남아 있는 자들이 그 지방 거기에서 큰 환난을 당하고 능욕을 받으며 예루살렘 성은 허물어지고 성문들은 불탔다 하는지라" (1:3).
[3] "내가 이 말을 듣고 앉아서 울고 수일 동안 슬퍼하며 하늘의 하나님 앞에 금식하며 기도하여" (1:4).
[4] "…너희 쫓긴 자가 하늘 끝에 있을지라도 내가 거기서부터 그들을 모아 내 이름을 두려고 택한 곳에 돌아오게 하리라…" (1:9).

이 하나님의 이름을 드러내고 하나님의 영광으로 충만하기는커녕 오히려 훼파되어 수치와 부끄러움을 당한다는 비보에 그는 너무도 통분할 수밖에 없었다. 그래서 여러 날 동안 자리에 앉아 울고 금식하며 통절한 그 심정을 하나님께 나타내 보였다. 사실 그는 수산궁에서 얼마든지 편안한 삶을 누릴 수 있었지만, 하나님의 성이 훼파되었다는 소식에 가만히 있을 수가 없었던 것이다.

느헤미야에게는 하나님의 이름과 영광이 가려지는 것을 안타깝게 여기는 눈물이 있었다. 그리고 그 눈물은 이스라엘의 회복이 시작되는 발원지가 되었다. 그러므로 느헤미야처럼 하나님의 이름을 위해 흘리는 눈물은 하나님의 새 역사의 시발점이요, 인생을 제 궤도로 올려놓는 힘이라고 할 수 있다.

사실 인생에서 흘리는 모든 눈물이 우리를 하나님 앞으로 인도하지는 않는다. 어느 시인이 인생을 뒤집어 털어 보면 눈물 편지 한 통밖에 남지 않는다고 적은 것처럼 인생은 온통 눈물로 얼룩져 있다. 누군가 인생의 눈물을 이야기하면서 10대는 사랑을 찾는 눈물, 20대는 님을 찾는 눈물, 30대는 직장을 찾는 눈물, 40대는 뜻대로 되지 않아서 흘리는 눈물, 50대는 불효한 것이 생각나서 흘리는 눈물, 60대는 늙는 게 서러워서 흘리는 눈물, 그리고 70대는 죽음을 생각하고 흘리는 눈물이라고 했다.

그러나 이렇게 눈물 편지 한 통밖에 남지 않는 인생이지만, 하나

> 눈물 편지 한 통밖에 남지 않는 인생이지만, 하나님을 위해 흘리는 눈물에는 역사의 진로를 끌어가는 힘이 있다. 아무리 무거운 것도 회개의 눈물, 희생의 눈물, 헌신의 눈물 위에서는 떠서 그 눈물이 흘러가는 대로 흘러가게 되어 있다는 말이다.

님을 위해 흘리는 눈물에는 역사의 진로를 끌어가는 힘이 있다. 아무리 무거운 것도 회개의 눈물, 희생의 눈물, 헌신의 눈물 위에서는 떠서 그 눈물이 흘러가는 대로 흘러가게 되어 있다는 말이다. 순수추주(順水推舟)라는 사자 성어가 있다. 이 말은 주로 병법의 용어로서 본래의 뜻은 물 흐르는 방향으로 배를 민다는 뜻이지만, 쓰임새는 상대의 힘을 빌려 역으로 상대의 공격을 해체하고 반격을 가한다는 의미로 사용된다. 그런데 이 말은 바다에 떠 있는 배는 물결의 힘을 거스르지 못하고 물결이 흘러가는 대로 떠다닌다는 의미로도 사용된다. 이를 빗대어 생각하면 세상사는 권세나 돈의 흘러가는 방향대로 그 위에 떠 있는 모든 것이 흘러가고 있다고도 말할 수 있다. 그러기에 사람들은 기를 쓰고 권력을 얻고 돈을 버는 일에 몸을 던진다.

여기까지는 세상사 법칙이요 흐름이라 할 수 있지만, 하나님의 법칙은 하나님을 위해 흘리는 눈물이 흐르는 방향으로 흘러간다. 이것이 우리가 느헤미야의 눈물에서 보아야 하는 것이다. 성도가 흘리는 눈물에는 역사의 진로를 바꾸는 능력이 깃들어 있음을 믿어야 한다. 자신과 가정과 교회와 시대의 방향을 바꾸기 위해서는 내 눈물이 거름이 되어야 하고 내 눈물이 이 모든 것을 띄우는 강이 되어 흘러야 한다.

아이오와의 옥수수 밭 위를 날아가는 새

지금 느헤미야가 직면한 가장 큰 위기는 이스라엘 백성들이 포로로 잡혀 와서 삶의 정체성을 잃어버린 것이다. 그래서 점점 더 타락해 가는 것이었다. 그들은 바벨론이나 페르시아의 부패한 문화에 점점 동화되어 하나님의 백성으로서 세상과 전혀 구별되지 못한 삶을 살았다. 부패한 문화에 동화되는 것은 죄성을 가진 인간의 본성이다. 누가 가르쳐 주지 않아도 자석의 S극은 저절로 N극을 향하게 되어 있다. 마찬가지로 누가 친절하게 안내하지 않아도 사람들은 세속 문화에 쏠려 가게 되어 있다.

이러한 세속화의 중력은 우리의 힘으로는 사실 제어하기가 힘들다. 예수님께서 제자들에게 "우리를 시험에 들게 하지 마시옵고 다만 악에서 구하시옵소서"라고 기도하라고 가르치신 그 이면에는 우리가 기도하지 않고 방심하면 그 순간 세상의 힘에 끌려간다는 것을 말씀하고 있는 것이다. 우리를 끌고 가는 세상의 힘은 겉으로 보기에는 그렇게 무지막지해 보이지 않을 때가 많다. 오히려 마귀도 광명의 천사와 의의 일꾼으로 가장하고 우리를 속이는 것처럼[1] 세상은 무지개 빛깔처럼 매혹적으로 우리를 유혹할 때가 많다.

아이오와의 옥수수 밭에는, 겨울이 지나고 나면 수천 수만 마리의 철새 떼들이 죽어 있는 것을 볼 수 있다고 한다. 수많은 철새들이 캐나다 혹한의 겨울을 피해서 따뜻한 남쪽으로 날아가다가 아이오와의 그 무궁무진한 옥수수 밭에 잠시 내려앉는다. 그리고 그곳에서 휴식을 취하려는 유혹에 빠진다. 그래서 날아가는 것을 잊어버린 채 달콤한 먹이에 열중하다가 서서히 겨울이 시작되면 조금씩 몸을 움츠리다가 얼

[1] "이것은 이상한 일이 아니니라 사탄도 자기를 광명의 천사로 가장하나니 그러므로 사탄의 일꾼들도 자기를 의의 일꾼으로 가장하는 것이 또한 대단한 일이 아니니라 그들의 마지막은 그 행위대로 되리라"(고후 11:14-15).

어 죽는 것이다.

우리가 신앙인으로 목표를 세우고 굳은 결의를 하는 것은 어려운 일이 아니다. 그러나 목표를 향해 달려가다가 아이오와의 옥수수 밭을 지나가는 새처럼 눈이 아래를 향하고 세상을 향할 때, 나도 모르게 달려가서 일순간의 단물을 빠느라 영적인 겨울이 오는 줄도 모른 채 머뭇거리다가 그대로 세상으로 나가떨어지는 것이다.

내 삶을 이끌어 가는 두 단어

오늘날 한국 교회에는 통분해 하거나 슬피 울며 금식하는 사람들이 줄고 있다. 편안한 것을 추구하는 인간의 속성 때문에, 그리스도인이라 할지라도 일신의 안락함에 젖어 있다 보니 정말 중요한 것에 대한 관심은 잃어버리고 있다. 이러한 경향은 하나의 문화처럼 이 시대를 풍미하고 있다. 안타까운 심정이라든지 통분하는 심정, 그리고 마음에서 우러나는 뜨거운 눈물이 점점 사라지고 있다는 말이다. 내 마음속의 악, 사회악을 보고 만져도 아무런 아픔을 느끼지 못하는 영적인 문둥병에 걸려 있는 것이다. 복음주의 성도들의 눈에 눈물이 메말랐다. 복음주의 교회에 눈물샘이 막혀 버렸다. 복음주의 교회는 이 사라진 눈물을 회복해야 한다. 그리스도인이라면 하나님의 나라가 어려움을 겪고 하나님의 이름이 수치를 당하는 상황에 처할 때, 그런 현실을 애통하게 여기며 눈물 흘려야 마땅하다. 이런 자세를 가질 때 우리는 흔들리지 않고 오로지 하나님께만 집중할 수 있다.

사무엘하 7장 2절을 보면 다음과 같은 다윗의 고백이 나온다.

"나는 백향목 궁에 살거늘 하나님의 궤는 휘장 가운데에 있도다."

다윗의 마음속에는 '나는 이렇게 잘 지내고 있는데 하나님의 궤는 저렇게 초라하게 있어도 되는가' 하는 안타까움이 있었다. 우리도 오늘 이 시대를 바라보면서 이런 안타까움을 가져야 한다. 왜 이렇게 하나님의 백성들이 이 사회에서 점점 더 영향력을 잃어 가고 있는가? 과연 우리는 세상에서 일어나고 있는 일들을 보며 느헤미야처럼, 다윗처럼 진한 가슴앓이를 하고 있는가? 진정 한국 교단의 현실 앞에서 가슴 아파하는 자 누구인가? 종교 다원주의와 각종 이단 사상들이 판치고 이단 종교가 발호하며 예수님의 이름을 능멸하는 자들이 들끓는 이 세상을 향해 당신은 어떤 마음을 갖고 있는가?

이 세상의 비참함, 한국 사회의 수치와 탐욕, 위선, 음란 따위를 목도하면서도 혹 남의 집 일처럼 방관하며 살고 있지는 않는가? 도대체 왜 이렇게 되었는가? 가만히 생각해 보라. 하나님께 저항하고, 하나님의 뜻에 무관심하고, 하나님의 일에 무덤덤한 이 세상 문화에 나도 모르게 휩쓸려 눈멀고 귀 멀게 된 것은 아닌가?

몇 해 전, 기독교에 대해 주로 비판적인 기사를 쓰는 한 잡지에 실린 어떤 목회자의 글을 읽었다. 제목이 '교회와 러브호텔은 네온사인을 꺼라'였는데, 그 글을 읽으면서 내 영이 얼마나 수치스러움을 느끼고 아팠는지 모른다.

한국 교회의 부흥 시기에는 시대를 아파하고 애통해 하며 공동체의 죄, 시대의 죄를 자기 죄라고 고백하는 조만식 선생 같은 어른들이 있었다. 그랬기에 한국 교회는 그 숱한 어려움들 가운데서도 꿋꿋하게 버텨 올 수 있었다.

구세군의 창시자인 윌리엄 부스(William Booth)는 지치지 않는 열정으로 하나님의 일을 감당했다. 사람들이 그 열정의 비결을 묻자 이렇게 대답했다. "내 마음속에는 단 두 단어가 있다. Cry(울음)와 Tear(눈물)이다." 지나가는 행인들, 예수 믿지 않는 불신자들, 그리고 죄악이 가득한 시대를 보면서 날마다 애통해 하며 운다는 뜻이었다.

지금 당신의 마음속에는 어떤 단어가 들어 있는가? 당신의 삶을 이끌어 가는 단어는 무엇인가? 느헤미야서 1장을 보면 느헤미야의 마음을 지켰던 단어는 '기도'였다. 기도가 그의 영혼의 눈물샘을 터뜨렸고, 기도가 자신의 안락함을 내려놓게 했고, 기도가 하나님의 자비하심을 구하게 하였다. 그리고 느헤미야의 기도 속에는 그의 동족에 대한 슬픔과 하나님의 영광에 대한 간절함이 있었다.

하나님께서 바로 이런 상한 심령을 주셨기 때문에, 느헤미야는 방향을 잘못 잡아 쓸데없는 데 힘을 낭비하지 않고 신앙과 삶의 우선순위를 바로잡을 수 있었다.

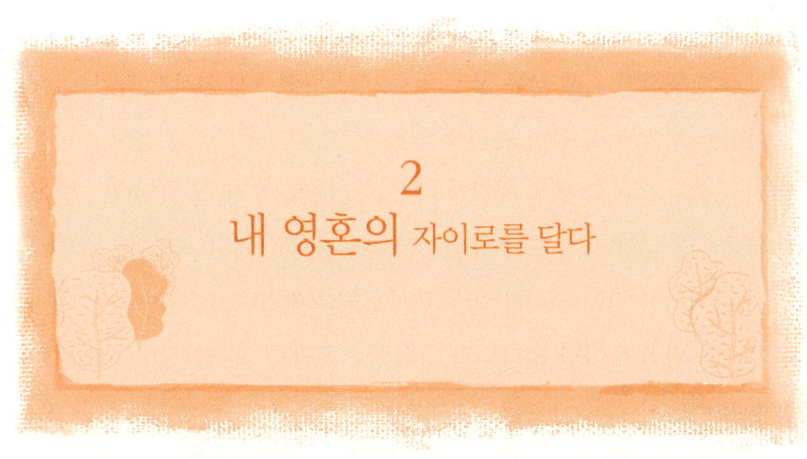

2
내 영혼의 자이로를 달다

내 삶의 비행은 수평을 유지하고 있는가?
내 영혼의 자이로는 그분과의 눈 맞춤, 기도다.

사면초가의 순간에 당신이 취하는 본능적인 방어 자세는 무엇인가? 당신의 손은 무엇을 찾고 있고, 당신의 눈은 어디를 바라보고 있는가? 일상의 당신이 어떤 옷을 입고 있고, 어떤 생각을 하고 있든 간에, 위기의 순간에 본능적으로 취하는 자세가 당신의 본모습이다.

느헤미야는 고국의 슬픈 소식을 듣고 한숨만 쉬지 않았다. 그는 위기의 순간에 무엇보다도 기도하는 일에 우선순위를 두었다.[1] 그런데

1 느헤미야 1:4-6

그가 기도하기 위해 무릎 꿇은 일을 너무 당연하게 여기지 말라. 그는 아쉬울 것 없는 편안한 자리에 있었다. 하지만 예루살렘 성이 어려움에 처하자 곧바로 문제 해결에 나섰고, 그것을 위해 일단 하나님 앞에 무릎부터 꿇었다. 문제를 해결한답시고 자기의 지위나 경험, 지식 따위를 의지한 것이 아니라 먼저 하나님께 문제를 들고 나아갔다. 이는 자신의 방식이 아닌 하나님의 방식으로 문제를 해결하겠다는 의지의 표명이었다.

어렵고 답답한 문제가 생기면, 예수 믿는 사람이라 할지라도 자기 힘으로 해결해 보겠다고 뛰어다니는 경우를 흔히 볼 수 있다. 내 지식, 내 지위를 가지고 해 보면 될 것 같아 이리저리 쫓아다니고 갖은 애를 다 쓰면서도, 정작 하나님 앞에 무릎 꿇을 힘은 없는 사람들이 얼마나 많은지 모른다.

왕의 칙령을 거부했던 사람들처럼

인생사에서 답답한 일을 만나면 가장 먼저 떠오르는 생각은 무엇이며, 가장 먼저 취하는 행동은 무엇인가? 박명수 교수의 《이야기 교회사》에 〈왕의 칙령을 거부한 통성기도〉라는 글이 있다.

> 1888년 4월 언더우드와 아펜젤러 선교사는 북부 지방으로 여행을 떠났다. 이것은 미래의 선교지를 조사하려는 목적과 조선 신자들로부터 방문해 달라는 간곡한 부탁이 있었기 때문이다. 이들이 북부 지방을 여행하고 있을 때 미국 공사와 선교부로부

터 긴급 연락이 왔는데 빨리 서울로 돌아오라는 내용이었다. 외국인에게 복음 전도를 허락하지 않는 조선 정부의 방침에 어긋난다는 것이었다.

하지만 이런 전갈이 오게 된 데에는 다른 이유가 있었다. 그것은 조선 정부와 천주교 간의 갈등 때문이었다. 천주교도들은 항상 높은 장소에 성당 짓기를 좋아했다. 이들은 궁궐과 종묘가 내려다보이는 서울에서 가장 높은 곳(현 명동성당 자리)에 성당을 짓고 있었다. 그런데 이 사실을 정부에 알리지 않고 대리인을 통해서 대지를 매입한 뒤 조선 정부의 설득에도 불구하고 건축을 강행하였다. 여기에 분개한 왕은 기독교 전파를 금한다는 칙령을 내렸다.

이 칙령은 천주교를 향한 것이었지만 그 영향은 개신교에도 미쳤다. 미국 공사는 어떤 전도 사업도 해서는 안 된다는 공문을 선교사들에게 보냈다. 서울의 모든 개신교 선교사들은 복음 사업을 중지하였으며 지방으로 전도 여행을 떠난 언더우드와 아펜젤러 선교사에게도 즉각 서울로 돌아올 것을 명령하였다. 많은 선교사들이 두 선교사가 복음 전파에 너무나 열중한 나머지 정부의 비위를 거슬러 결국 선교 사업을 망쳐 버리지 않을까 염려하였다. 이들은 5월 말에 서울로 돌아오고 말았다.

그러나 언더우드와 아펜젤러 선교사는 당시 조선 사회가 복음에 대해 마음을 열어 가고 있다는 사실을 잘 인식하고 있었다. 또한 복음 전파는 어떤 경우에도 중단되어서는 안 된다고 생각했다. 그래서 이들은 왕의 칙령에도 불구하고 큰 소리로 찬송을 부르고 통성기도를 했다. 이들이 조선 신자들과 부르는 찬송 소리는 거의 1.6km 밖에서도 들릴 정도였다. 많은 선교사가 염려했던 것과는 달리 실제로 아무 문제도 야기하지 않았다. 조선 정부는 그 뒤 공식적으로 이 칙령을 철회하지 않았지만 복음은 온 조선 땅에 퍼져 가고 있었다.

언더우드와 아펜젤러 선교사 그리고 당시의 조선 신자들은 위기의 순간에 세상의 왕의 편에 서기보다는 기도를 붙잡고 하나님의 편에 선 사람들이었다. 우리가 진정으로 위기를 돌파하는 비결은 세상의 지혜를 구하는 데 있지 않다. 어떤 경우에도 하나님의 편에 서는 것이 중요하다. 느헤미야의 위기 돌파의 비결은 그가 세상적인 지혜를 구하기 전에 하나님의 편에 섰던 것에서 찾아야 한다.

위기의 순간에 하나님 편에 섰던 느헤미야처럼 우리 역시 하나님 앞에 먼저 문제를 들고 나가야 한다. 이렇게 하나님 앞에 나아가는 것이 중요하기에 느헤미야서에는 1장부터 마지막 13장까지 모두 열두 번의 기도가 나와 있다. 느헤미야서는 기도로 시작해서 기도로 마쳤다고 할 수 있을 정도로 기도의 열정으로 가득 차 있는 책이다.

기도의 우선순위가 삶의 우선순위를 결정한다

그렇다면 그는 어떤 자세로 기도했을까?
첫째, 먼저 하늘의 하나님, 위대하신 하나님께 집중했다.
"가로되 하늘의 하나님 여호와 크고 두려우신 하나님이여"(1:5).

"주께서 일찍이 큰 권능과 강한 손으로 구속(救贖)하신"(1:10).

이 두 구절에서 간파할 수 있는 기도의 핵심은 삶의 우선순위 문제이다. 크게는 국제 문제와 나라 문제에서 작게는 자신의 문제에 이르기까지, 우리 주위에는 스스로 해결할 수 없는 고통과 어려움들이 널려 있다. 대개 우리는 기도할 때, 먼저 이런 문제들부터 해결해 달라고 부르짖기가 쉽다. 그러나 이는 올바른 순서가 아니다. 느헤미야는 지금 하늘의 하나님, 위대하신 하나님, 창조주 하나님, 크고 두려우신 하나님, 능력의 하나님을 부르는 일부터 하고 있다. 먼저 하나님의 높으심과 그 권능을 인정하며 외친다. 느헤미야의 기도는 예수님께서 그의 제자들에게 주기도문의 서문에서 하나님의 이름과 하나님의 뜻, 하나님의 나라를 가장 먼저 가르치신 것과 동일하다. 하나님을 최우선에 두었던 느헤미야의 삶은 기도의 우선순위가 삶의 우선순위를 결정하는 것을 실증적으로 보여 주었다고 말할 수 있다

인생의 질을 결정하는 신앙의 기본기

기도의 우선순위와 내용을 아는 것이 왜 중요할까? 기도가 하나님께 드려지는 것이라면, 그냥 내 마음에 있는 것을 그대로 하나님께 토로하면 되는 것 아닌가 생각할지 모른다. 그러나 이것은 기도의 첫 단추를 잘 채우는 것이 얼마나 중요한지 모르기 때문이다. 공부나 운동도 기초를 다지고 기본 자세를 습득하는 것이 얼마나 중요한지 모른다. 특히 권투나 농구처럼 상대방의 기습 공격에 따라 순간적인 반응을 보여야 하는 운동에서는 상대방의 공격에 얼마나 본능적으로 탄탄한 기본 자세로 반응하느냐에 따라 경기의 승패가 갈린다. 기도의 첫

단추는 우리의 삶의 본능적인 자세와 직결된다. 마귀의 기습적인 공격에 머리로 따지고 여건을 따지면서 우물쭈물하다가는 그대로 나가떨어지는 것이다. 그러므로 우리가 기도의 첫 단추, 느헤미야처럼 가장 절박한 순간에 하나님을 찾는 탄탄한 기본기가 평생의 신앙의 질을 결정할 수 있음을 잊지 말아야 한다.

사실 어렵고 답답하고 슬픈 일을 당할 때 하나님을 우선하는 것은 쉬운 일이 아니다. 위기 앞에서는 "주여, 이 문제를 해결해 주옵소서" 하며 눈물로 기도하는 것이 인지상정인지도 모른다. 그러나 느헤미야는 자신에게 닥친 슬픔에 그저 매몰되기보다는 하늘의 하나님, 창조주 하나님, 크고 두려우신 하나님, 전능하신 하나님을 먼저 생각했다. 그리고 그 하나님은 다른 그 누구의 하나님이 아니라 바로 나의 하나님, 이스라엘의 하나님이라는 사실을 강조했다.

기도의 내용이나 문제 그 자체보다 기도의 대상이신 하나님께 먼저 집중하는 것이 중요하다. 하늘의 하나님, 창조주 하나님, 위대하신 하나님은 나의 하나님이시다. 느헤미야는 바로 그 하나님을 향해 올인했다. 지금 나도 안주했던 이 자리를 박차고 일어나 하나님께로 돌진해야 하지 않겠는가?

둘째, 약속을 지키시는 하나님을 기억했다.

느헤미야는 암담한 상황에서도 섬광처럼 빛나는 하나님의 약속을 기억했다. 그는 모세에게 주셨던 약속을 기초로 "주를 사랑하고 주의 계명을 지키는 자에게 언약을 지키시며, 택한 곳으로 돌아오게 하신다"[1] 는 약속의 말씀을 붙들고 하나님께 나아갔다. 이 언약의 말씀은 신명기 4장 1절[2] 을 말하는데, 그가 이스라엘을 위해 기도할 때면 늘 빠뜨리지 않는 기도의 내용이었는지 모른다. 실로 그가 붙들 수 있는 것이라고는 아무것도 없었다. 이미 하나님께 실패한 이스라엘, 국가적으로나 영적으로나 폐허가 된 이스라엘이 다시금 하나님께 긍휼을 얻기 위해서는 회개의 부르짖음 그 이상의 것이 필요했다. 그것은 곧 긍휼과 회복을 약속하신 하나님의 언약을 들고 나아가는 것이었다. 그것만이 유일한 희망인 것이다. 느헤미야는 하나님이 언약을 폐하지 아니하신다는 것과 언약을 기억하신다는 것, 그리고 언약을 지키신다는 것을 정확히 기억하였다.

약속의 말씀을 붙드는 은혜

하나님의 약속의 말씀을 붙들었던 인물 중에서는 D. L. 무디가 있다. 그는 때로 찬송가의 인세를 착복했다는 음해에 괴로워했다. 어떤 때는 종교적인 활동으로 돈을 많이 벌어서 4천 달러나 되는 경주용 말을 샀다는 말까지 나돌았다. 그러나 사실은 가족을 위한 마차 끄는 말을 250달러에 샀을 뿐이었다. 그가 이런 말을 듣고 괴로울 때마다 붙들었던 약속의 말씀이 "주 여호와께서 나를 도우시므로 내가 부끄러워하지 아니하고 내 얼굴을 부싯돌같이 굳게 하였으므로 내가 수치를 당하

---

1 "이르되 하늘의 하나님 여호와 크고 두려우신 하나님이여 주를 사랑하고 주의 계명을 지키는 자에게 언약을 지키시며 긍휼을 베푸시는 주여 간구하나이다" (1:5).
"만일 내게로 돌아와 내 계명을 지켜 행하면 너희 쫓긴 자가 하늘 끝에 있을지라도 내가 거기서부터 그들을 모아 내 이름을 두려고 택한 곳에 돌아오게 하리라 하신 말씀을 이제 청하건대 기억하옵소서" (1:9).
2 "이스라엘아 이제 내가 너희에게 가르치는 규례와 법도를 듣고 준행하라 그리하면 너희가 살 것이요 너희 조상의 하나님 여호와께서 너희에게 주시는 땅에 들어가서 그것을 얻게 되리라" (신 4:1).

지 아니할 줄 아노라"[1] 였다.

나 역시 사역의 짐을 지면서 어려움을 겪을 때가 있다. 사역을 하면서 혼자서만 끌어안고 가야 할 짐들이 있을 때, 내가 붙들었던 약속의 말씀은 "여호와여 힘이 강한 자와 약한 자 사이에는 주밖에 도와줄 이가 없사오니 우리 하나님 여호와여 우리를 도우소서"[2] 였다.

고통 가운데 답답하고 힘들고 괴로운가? 그렇다면 하나님이 "큰 권능과 강한 손으로 구속하셨으니"[3] 반드시 지켜 주실 것을 믿고 나아가라. 그리고 이렇게 외치고 주장하라. "순종하는 자에게 언약을 지키시는 하나님, 나를 기억하여 주옵소서!"

우리가 믿는 하나님은 언약의 하나님이시다. 그 약속의 하나님을 절대 포기하지 말라.

셋째, 민족의 죄를 자기 자신의 죄로 여겼다.

"…주는 귀를 기울이시며 눈을 여시사 종의 기도를 들으시옵소서 나와 나의 아버지의 집이 범죄하여"(1:6).

느헤미야는 여기서 조상의 죄를 참회하고 있다. 사실 그는 조상이 지은 죄와는 직접적인 관계가 없었다. 더구나 조상의 땅과는 멀리 떨어진 곳에 거했기에 제삼자 입장에서 방관해도 별 문제가 없는 처지였다. 그러나 그는 하나님 앞에서 자신을 돌아보며 "나와 내 집이 범죄하였다"고 부르짖었다. 비록 직접 지은 죄는 아니었으나 그 죄를 자기

[1] 이사야 50:7
[2] 역대하 14:11
[3] 느헤미야 1:10

죄로 여기고 있다.

　이러한 느헤미야의 태도는 자신의 위기에만 갇힌 채 자신의 너머를 보지 못하는 얄팍한 우리의 생각을 교정하고 있다. 지금 한국 사회와 한국 교회에는 갖가지 비판들이 난무하고 있다. 하나님 앞에서 무엇이 그리 자신 있는지, 눈에 불을 켜고 남의 죄를 지적하느라 다들 너무나 바쁘다. 그러나 이것을 꼭 기억하라. 심판은 하나님께 맡겨야 한다. 은혜받으면 비판할 마음이 없어진다. 성령이 역사하면 오히려 자기 자신부터 돌아보고 나와 내 가족, 내 조상이 죄를 범하였음을 참회하게 된다. 남에게 함부로 손가락질하지 않고 먼저 자신부터 돌아보는 자세가 절실한 시대이다. 나아가 나라와 민족의 죄를 나의 죄로 여기는 거룩한 동일시(同一視)와 이를 통한히 여기며 엎드리는 회개의 무릎이 절박한 시대이다.

　느헤미야의 우선순위는 정치 권력이나 지위, 능력이나 인간관계가 아니라 하나님의 목적을 추구하는 데 있었기에, 그는 하나님의 부르심이라는 우선순위에 순종했다. 그러자 이제 그에게는 고생길이 열리게 되었다. 예루살렘 총독으로 파견된 것이다. 이스라엘 백성들을 섬기고 먹여 살려야 하는 중책이 맡겨졌다. 이는 페르시아 제국의 궁전에서 왕이 주는 하사금으로 편안히 살며 누리던 온갖 호강을 다 포기해야 함을 의미했다. 또한 그의 앞길에는 적대자들의 조롱과 멸시, 음모와 중상모략이 기다리고 있었다.

　그러나 그 맡은 바 책임을 삶의 최우선순위로 삼았던 그는 마침내 하나님 나라의 새 역사를 여는 주역이 될 수 있었다. 하나님께서 그에게 민족의 역사를 새롭게 하는 축복을 베풀어 주신 것이다.

오르기 위해서는 버려야 한다

오늘날 우리는 무엇 때문에 우선순위도 정하지 못한 채 뒤죽박죽 엉망으로 살아가고 있는 것인가? 아마도 그 주범은 급한 일을 가장한 분주함이 아닐까? 시간에 쫓겨 늘 긴급한 과제만 처리하다가 정작 소중한 것은 손도 대지 못한 채 살아가는 것이다. 한미준(한국 교회 미래를 준비하는 모임)이 보고한 ≪2005년 한국 교회 미래 리포트≫를 보면 비종교인이 신앙을 갖지 못하며 또 종교인들이 종교를 이탈하는 가장 큰 이유는 다름 아닌 분주함이었다. 개신교에 속했다가 무교로 돌아선 사람의 25%가 바쁘기 때문에 더 이상 교회에 나갈 수 없었다고 답변했다.

이런 사람들을 위한 처방책이 여기 있다. 하나님께서는 "무거운 것, 얽매이기 쉬운 죄를 다 벗어 버리라"[1]고 말씀하신다. 잘못된 생각들, 통분히 여기며 울지 못하게 하는 것들, 당면한 문제보다 더 크신 하나님을 바라보지 못하게 하는 것들, 이런 것들을 다 벗어 던져야 한다.

인생의 북극점에 도달하려면

인류 최초의 산악 그랜드슬램을 달성한 박영석 대장은 히말라야 14좌를 비롯하여 세계 7개 대륙 최고봉을 완등하고 세계의 3극점(에베레스트, 북극, 남극)을 정복했다. 그는 지구의 가장 높은 곳과 극점들을 정

1 "이러므로 우리에게 구름같이 둘러싼 허다한 증인들이 있으니 모든 무거운 것과 얽매이기 쉬운 죄를 벗어 버리고"(히 12:1).

복하면서 위기 때 무엇을 취하고 무엇을 버려야 하는지를 본능적으로 체득하였다. 마지막 정복지였던 북극점에 도전할 당시 대원들을 가장 괴롭혔던 것은 리드(살얼음으로 덮인 바다)였다. 몸이 무거울수록 얼음 바다에 빠지기 쉬웠고 한번 빠지면 그날은 더 이상 움직일 수가 없다. 북극점을 눈앞에 두고 박영석 대장은 결단을 내렸다.

"더 이상 리드에 빠지면 안 된다. 짐을 줄여라. 식량과 연료도 최소한도로 줄여라. 연료의 무게도 줄여라. 총도 버려라."

총을 버린다는 것은 목숨까지 걸 각오가 되었음을 의미했다. 북극 탐험의 가장 큰 장애물 중 하나가 북극곰의 공격이었기 때문이다. 인류 최초로 히말라야 14개 거봉을 완등하고 3극점 도전에 나섰던 이탈리아의 산악인 라인홀트 메스너(Reinhold Messner)는 두 번째 북극점 도보 탐험 도전을 북극곰의 추격 때문에 포기해야만 했다. 박영석 대장은 그런 위험마저도 무릅쓰고 몸을 가볍게 한 후에야 살얼음을 건널 수 있었고, 마침내 북극점에 도달했다. 만일 식량과 연료가 아깝다고 무게를 줄이지 않았다면 결코 그들은 북극점에 도달할 수 없었을 것이다. 우리도 인생의 북극점에 도달하기 위해서는 박영석 대장처럼 우선순위를 정해서 버릴 것은 버려야 한다. 그래야 하나님이 원하시는 수준에 도달할 수 있다.

하나님이 지금 우리에게 버리라고 요구하시는 것은 바로 하나님께 집중하는 데 방해되는 것들, 얽매이기 쉬운 것들, 애통해 하지 못

> 하나님이 지금 우리에게 버리라고 요구하시는 것은 바로 하나님께 집중하는 데 방해되는 것들, 얽매이기 쉬운 것들, 애통해 하지 못하게 하는 무딘 마음, 하나님보다 문제가 더 커 보이는 마음 따위이다. 이런 모든 것들을 과감하게 내던져야 한다. 그리고 하나님을 신뢰함으로써 회복의 역사를 경험하는 축복을 누려야 한다.

하게 하는 무딘 마음, 하나님보다 문제가 더 커 보이는 마음 따위다. 이런 모든 것들을 과감하게 내던져야 한다. 그리고 약속을 지키시는 하나님을 신뢰함으로써 회복의 역사를 경험하는 축복을 누려야 한다.

느헤미야는 무슨 거창한 이론에 입각해서 우선순위에 따른 삶을 실천했던 것이 아니었다. 다만 그런 태도가 완전히 몸에 배어 자기 체질이 되었던 것뿐이다. 우리도 이처럼 올바른 우선순위가 체화되어 저절로 찬양과 믿음의 고백이 삶에서 우러나오는 인생이 되어야 하지 않겠는가?

기다림은 내 영혼이 빚어지는 시간

느헤미야는 예루살렘 성벽이 무너지고, 성문이 불탔으며, 동족들이 고통받는다는 소식을 듣고도 바로 행동으로 움직일 수는 없는 상황이었다. 그는 왕의 신하였기에 왕의 재가가 필요했다. 이제 그는 때를 기다려야 했다. 어떻게 기다릴 것인가? 느헤미야는 우리에게 그리스도인의 기다림의 자세가 어떠해야 하는지 가르쳐 주고 있다.

이 세상에는 무너진 성벽처럼 부서지고 상처 입은 삶을 사는 인생들이 많다. 무방비 상태에서 공격받아 그 삶이 철저히 폐허가 되어 버린 이들, 잘못된 태도나 악한 습관의 노예가 되어 방황하며 길을 찾아 헤매는 이들…. 정도의 차이는 있을지언정 나에게도 이런 파괴된 부분들이 있지 않은가? 그것을 복구하는 데 필요한 것은 오직 하나님의 은혜다. 하나님께서 우리의 파괴된 삶의 영역에서 회복시키실 일들을 기대하며 때를 기다리라. 이것이 보이지 않는 것을 보는 믿음이다.

우리는 흔히 하나님의 때를 기다리는 '기다림'을 수동적으로 생각하는 경향이 있다. 이것은 힘이 없는 사람이 힘 있는 사람의 처분을 기다릴 때, 혹은 갑과 을의 계약관계에서 을의 입장에 설 때는 맞는 말인지 모른다. 그러나 하나님과 그의 자녀 된 우리의 관계에서 기다림은 수동적이 아니라 능동적이며, 정적이 아니라 동적이다. 오히려 기다림의 주체는 우리가 아니라 하나님인지도 모른다. 하나님께서는 우리가 그의 뜻을 받을 수 있는 그릇이 되도록 기다리시는 것이며, 우리의 내면이 그의 성품에 합당하도록 빚어지는 것을 기다리시는 것이다. 그래서 기다림을 '우리의 영혼이 하나님의 뜻대로 빚어지는 시간'이라고 말하기도 한다.

아버지의 기다림

이러한 기다림을 가장 잘 보여 주는 것이 누가복음 15장에 나오는 탕자의 비유다. 이 비유에서 기다리는 사람은 아들이 아니라 아버지다. 저 멀리서 거지 꼴을 하고 있는 사람이 오고 있는데, 아무도 그가 누군지 알지 못했지만 아버지는 그를 그 먼 거리에서도 단번에 알아보았다.[1] 왜냐하면 아버지는 그를 기다렸고, 다른 사람은 그를 기다리지 않았기 때문이다. 아버지는 시간이 날 때마다, 아니 시간을 내어서라도 마을 어귀에서 아들을 기다렸을 것이다. 그리고 그가 어떤 모습으

---

[1] "이에 일어나서 아버지께로 돌아가니라 아직도 거리가 먼데 아버지가 그를 보고 측은히 여겨 달려가 목을 안고 입을 맞추니"(눅 15:20).

로 올지 생각하고 또 생각했을 것이다. 그렇기 때문에 아버지는 아들이 어떤 모습으로 오더라도 맞이할 준비가 되어 있었다. 하나님은 우리가 어떤 모습으로 오든지 간에 맞을 준비가 되어 있다. 문제는 우리가 하나님의 기다림 속으로 돌아가는 것이다.

그러므로 '하나님의 때를 기다려야 한다'는 말 속에는 우리가 준비되기만을 기다리시는 하나님의 기다림을 믿고 그의 뜻에 부합하도록 적극적으로 준비하라는 의미가 함축되어 있다. 이런 면에서 하나님의 뜻과 그의 때를 기다림은 수동적이 아니라 적극적이며 능동적인 의지가 내포되어 있다는 것을 알아야 한다.

예수님을 구세주로서뿐만 아니라 주인으로 모시고 살아가는 사람들에게 하나님은 반드시 필요에 따라 기회를 허락하신다. 비록 우리가 생각하는 때보다 늦어질 수도 있지만, 정말 뜻밖의 기회가 언제고 반드시 온다. 그때를 놓치지 말아야 한다. "인간사에는 다 중요한 때가 있는 법, 그때를 붙잡는 것이 미래의 행복과 직결된다"는 셰익스피어의 말이나, 대장장이가 흔하던 시절에 자주 쓰이던 "쇠는 벌겋게 달았을 때 두들기라(Strike while the iron is hot)"는 속담처럼 말이다. 이 말들은 현대판으로 이렇게 바꿀 수 있을 것이다. "시대를 향한 센스를 가지라!"

하나님의 때는 그 자녀들에게 반드시 온다. 우리 예배의 대상이신 하나님은 반드시 우리의 기도에 응답하시기 때문이다. 느헤미야서 2장은 하나님의 때에 대한 이러한 진리를 잘 증거하고 있다.

거룩한 눈 맞춤

느헤미야에게 드디어 기회가 찾아왔다. 왕이 느헤미야의 청을 받아들여 그를 예루살렘 총독으로 임명한 것이다.

"아닥사스다 왕 제 이십 년 기슬르 월에…"(1:1).

"아닥사스다 왕 제 이십 년 니산 월에…"(2:1).

이 두 구절을 이해하기 위해서는 역사적인 배경 지식이 필요하다. '기슬르 월'은 양력으로 11월 중순부터 12월 중순까지에 해당되는 달(月)이다. 역사가들에 의하면 이때 아닥사스다 왕은 당시 느헤미야가 머물러 있었던 '수산 궁'에 있지 않았을 것이라고 말한다. 왜냐하면 페르시아 왕들은 대개 겨울에는 '바벨론'을, 여름에는 메대의 '악메다'를 휴양지 삼아 거기서 통치하였다고 보고 있으며 따라서 봄이나 가을이 되어야 '수산 궁'으로 돌아왔다고 한다.[1] 그래서 느헤미야가 고국으로부터의 급박한 소식을 접하고서도 즉시 왕에게 부탁하며 귀국할 수 없었던 것도 이런 이유 때문으로 추측할 수 있다. 이런 역사적 배경을 알게 되면 느헤미야가 고국의 상황을 알게 된 지 몇 개월이 지난 3, 4월에 해당하는 니산 월에야 왕에게 말하고 허락을 받은 후에 예루살렘으로 가게 된 이유를 이해할 수 있다.

기슬르 월은 12월이고 니산 월은 4월쯤에 해당한다. 그러니까 느헤미야가 1장 11절에서 "오늘 종이 형통하여 이 사람들 앞에서 은혜를

[1] 에스라 6:2, 에스더 1:2

입게 하옵소서" 하고 기도한 지 넉 달 정도 지났을 때 드디어 응답이 온 것이다.

왜 하나님은 당장 기도를 들어주시지 않고 넉 달이라는 시간을 기다리게 하셨을까? 그것은 기다림을 통해 느헤미야에게 하나님의 때를 포착하는 감각이 길러지도록 훈련시키시기 위해서였다. 또한 같은 제목의 기도를 반복함으로써 영적인 내공도 쌓게 하시고, 왕 앞에 나갔을 때 어떤 지혜가 필요할지 판단하는 분별력도 생기게 하시기 위해서였다. 느헤미야처럼 이 기다림이 올바른 과정 속에 있는 것이라면 그것은 하나님의 시각에 자신을 맞추는 시간이라고 할 수 있다.

결국 올바른 기도란 영적인 시각 교정이라고 할 수 있다. 내 시각에서 벗어나 하나님의 시각으로 문제를 바라보는 것이다. 그러므로 기도를 제대로 하면 할수록 하나님이 원하시는 사람으로 빚어져 갈 뿐만 아니라 그분의 뜻을 더 잘 발견하게 된다. 이것이 바로 기도의 목적이다. 달리 말하면 기도는 하나님의 음성을 들을 수 있도록 우리의 자세를 교정하고, 우리가 하나님의 눈을 마주칠 수 있는 가장 적절한 시각을 확보하는 것이다. 영국의 문학가 체스터톤(Gilbert Keith Chesterton)은 "사람이 넘어질 수 있는 각도는 무한대로 넓게 펼쳐져 있으나 사람이 설 수 있는 각도는 단 하나뿐이다"라고 말했다. 이것을 기도와 관련하여 해석하면 기도는 우리가 하나님에게서 벗어날 수 있는 수많은 변수들

> 세상 길을 걷다 보면 수많은 유혹과 장애물들이 수시로, 예기치 않게 나타난다. 이처럼 우리의 눈을 흐리는 세상의 안개 속을 더듬어 목적지에 도착하기란 하나님의 눈에 우리의 눈을 맞추지 않고서는 불가능하다. 이런 면에서 기도는 하나님의 시각에 우리 자신의 영혼을 맞추는 영적인 자이로(gyro)라고 할 수 있다.

을 제거하고, 우리가 하나님 앞에 설 수 있는 각도로 우리를 교정하는 것이라고 말할 수 있다. 따라서 기도는 하나님을 대면할 수 있는 시야를 확보하는 가장 중요한 수단이다.

세상 길을 걷다 보면 수많은 유혹과 장애물들이 수시로, 예기치 않게 나타난다. 이처럼 우리의 눈을 흐리는 세상의 안개 속을 더듬어 목적지에 도착하기란 하나님의 눈에 우리의 눈을 맞추지 않고서는 불가능하다. 이런 면에서 기도는 하나님의 시각에 우리 자신의 영혼을 맞추는 영적인 자이로(gyro)라고 할 수 있다. 배나 비행기가 수평을 잃어버릴 때 인공적으로 수평을 잡아 주는 장치가 자이로다. 기도는 우리의 삶이 세상의 풍파 속에서 흔들리고 자세를 잃어버릴 때 방향을 잃은 영혼을 추슬러 다시금 하나님과의 관계를 회복시키는 영적인 자이로와 같은 것이다.

"내 하나님"이라 부르는 사람

느헤미야는 기도 속에서 적극적으로 하나님의 때를 기다렸다. 예수님의 제자들은 하나님의 때를 기다리는 훈련을 자주 경험해야 한다. 느헤미야도 때를 기다렸기에 결국 왕의 마음을 움직일 수 있었다. 잠언 21장 1절에서도 "왕의 마음이 여호와의 손에 있음이 마치 봇물과 같아서 그가 임의로 인도하시느니라"고 했다. 하나님의 때를 기다리고 마침내 때가 왔을 때는 그 신호를 놓치지 말아야 한다.

느헤미야는 드디어 왕 앞에 나아갔다. 그러자 왕이 이렇게 말했다. "네가 병이 없거늘 어찌하여 얼굴에 수심이 있느냐 이는 필연 네 마음에 근심이 있음이로다"(2:2).

왕이 보기에도 느헤미야의 얼굴에는 수심이 가득했던 것이다. 그런데 왕 앞에서 근심 어린 표정을 짓는 것은 대단히 큰 죄였다. 당시 누구도 왕에게는 슬프거나 나쁜 소식을 전하지 못하게 되어 있었다. 왜냐하면 위대한 왕의 백성은 당연히 행복해야 했기 때문이다(이런 점에서 예배 시간에 나와서 굳은 표정을 짓는 일도 하나님 앞에 죄스러운 일이 아닐 수 없다). 페르시아 시대의 부조들을 보면 왕 앞에서 신하들이 손으로 입을 가리고 있는 장면이 있는데, 이는 신하의 입김 때문에 왕이 불쾌하지 않도록 하기 위해서였다. 이것은 신하가 왕 앞에서 어떤 모습을 보여야 하는지를 시사하고 있다. 더구나 누구보다도 왕의 심기를 편하게 하고 흥을 돋우어야 할 술 관원이 얼굴에 근심을 띤다는 것은 심각한 직무유기라고 할 수 있었다. 그러니, 왕에게서 이런 말을 들은 느헤미야는 얼마나 놀랐겠는가? 지난 넉 달 동안 눈물로 기도하고 하나님의 때를 기다리며 자신을 추스르는 가운데 쌓였던 근심이 저도 모르게 밖으로 드러났던 것이다. 어찌 됐든 잘못하면 처형당할 수도 있는 절체절명의 순간이었다.

"왕께 대답하되 왕은 만세수를 하옵소서 내 조상들의 묘실이 있는 성읍이 이제까지 황폐하고 성문이 불탔사오니 내가 어찌 얼굴에 수심이 없사오리이까 하니"(2:3).

그런데 왕의 반응은 뜻밖이었다.

"왕이 내게 이르시되 그러면 네가 무엇을 원하느냐 하시기로 내가 곧 하늘의 하나님께 묵도하고"(2:4).

여기서 '묵도'라는 말에는 두 가지 의미가 있다. 첫째, 지난 넉 달 동안 자기에게 깨닫는 지혜를 주시고 준비하게 하신 하나님께 그 내용이 맞는지 다시 한 번 확인했다는 의미다. 둘째, 하나님께 잠깐이나마 속마음을 표현했다는 뜻이다. 가까운 사람끼리는 얼굴 표정이나 눈빛만 보아도 마음을 짐작할 수 있듯이, 하나님과 친밀히 교제하며 매사에 그 뜻을 분별하고 기다리던 느헤미야였기에 가능한 일이었다. 생사가 갈릴 수도 있는 절체절명의 순간, 마침내 하나님의 때가 왔을 때 느헤미야는 지난 넉 달 동안 계획하고 준비한 내용을 그 짧은 틈을 이용해 하나님께 얼른 브리핑한 셈이다.

느헤미야는 때를 기다렸고, 이제 왕의 말 속에서 그때가 온 것을 알았다. 위기의 순간에 하나님의 기회를 붙잡은 것이다. 이것은 하나님께서 열어 주신 문이다. 이제 느헤미야가 보여야 할 반응은 하나님의 도움을 구하는 기도를 하늘로 쏘아 올리는 것이다. 이처럼 긴급한 순간에 기다리던 때를 붙잡고 즉각적으로 하나님의 도우심을 구하는 기도를 화살기도(arrow prayer)라고 말하기도 한다. 화살기도는 준비된 자만 할 수 있는 기도이다.

그러자 믿기 어려운 일이 일어났다.

"…내 하나님의 선한 손이 나를 도우심으로 왕이 허락하고"(2:8).

왕이 허락했다는 것은 곧 하나님의 때가 되었음을 뜻했다. 하나님의 때에 하나님이 일하시고 하나님이 변화시키시고 하나님이 책임져 주셨던 것이다.

모세와 다윗과 느헤미야의 공통점

여기서 느헤미야는 "내 하나님(my God)"이라고 했다. 창조주 하나님이 곧 나의 하나님이라는 것이다. 천하 인간을 구원할 유일한 이름이신 하나님, 바로 그분을 느헤미야는 "내 하나님"이라고 분명하게 고백하고 있다. 그런데 우리가 하나님을 내 하나님이라고 부를 때에는 기본적인 전제 조건이 있다. "내 하나님"은 자신의 있는 모습 그대로 하나님께 나아가는 자만이 부를 수 있는 특권을 가진 이름이다. 성경에 보면 하나님을 내 하나님이라고 가장 많이 부른 사람으로 모세와 다윗을 들 수 있고 그 다음으로 느헤미야를 들 수 있다. 이들의 특징은 하나님과 인격적으로 친밀한 관계를 가진 것이다. 그래서 하나님은 모세를 친구처럼 대했고,[1] 다윗을 '내 마음에 맞는 사람'으로 여겼다.[2] 그러므로 하나님을 "내 하나님"이라고 부르는 것은 때와 장소에 변함없이 하나님과 인격적인 관계를 누리는 자의 축복이라고 말할 수 있다.

더구나 우리는 구약에 등장하는 신앙의 선배들보다도 훨씬 더 큰 축복을 부여받은 사람이다. 하나님은 그의 가장 가까운 모세를 친구처럼, 다윗을 마음에 맞는 사람이라고 말했지만, 예수님이 오시기 전까지 어느 누구도 하나님을 감히 내 아버지라고 부르는 사람은 없었다. 신약성경 학자로 유명한 요아킴 예레미아스(Joachim Jeremias)의 견해에 따르면 예수님께서 세상에 오셔서 활동하실 때까지 유대 나라에서는 아무도 하나님을 개인적으로 아버지라고 부른 사람이 없었다고 한다. 구약에 이사야 선지자를 비롯해서 하나님을 아버지로 이야기한 구절들이 더러 있지만,[3] 이것은 예외에 속하고 유대인들의 일반적인 호칭과는 거리가 멀었다. 그것은 신성모독 죄에 해당되기 때문에 상상도 못할 일이었다. 신약에서 유대인 지도자들이 하나님을 아버지라고 부른 예수님에 대해서 격분한 것도 이런 이유 때문이다.

그런데 예수님이 세상에 오시자마자 그의 피로 씻음받은 우리는 하나님의 양자가 되어 하나님을 아버지라고 부르는 특권을 누리게 되었다. 그래서 밀러(James Russell Miller; 1840~1912)는 주기도문의 초두에 나오는 "하늘에 계신 우리 아버지여"라는 말을 기도의 황금문으로 정의하기도 했다. 느헤미야는 비록 구약시대를 살았던 사람이지만, 하나님을 "내 하나님"이라고 부름으로 하나님의 모든 보화가 있는 황금문으로 들어갔던 사람이라고 할 수 있다. 우리의 하루하루가 느헤미야처럼 하나님을 "내 하나님", 예수님처럼 "내 아버지"로 부름으로 마르틴 루터의 말처럼 "하나님의 것은 모두 내 것이다"라는 믿음의 배포를 가지고 살 수 있기를 바란다.

1 "사람이 자기의 친구와 이야기함같이 여호와께서는 모세와 대면하여 말씀하시며…" (출 33:1).
2 "…내가 이새의 아들 다윗을 만나니 내 마음에 맞는 사람이라" (행 13:22).
3 "주는 우리 아버지시라 아브라함은 우리를 모르고 이스라엘은 우리를 인정치 아니할지라도 여호와여 주는 우리의 아버지시라…" (사 63:16).

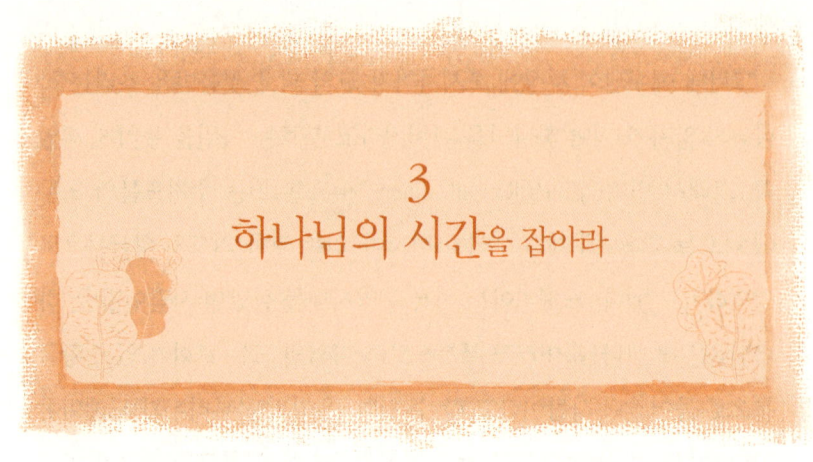

3
하나님의 시간을 잡아라

그리스도인은 현실의 한시적 가치에 갇혀 있는 사람이 아니라
영원한 가치를 위해서 현실을 디딤돌로 내일을 꿈꾸는 사람들이다.

고향을 찾는 마음은 한가지일 것이다. 사랑하는 가족과 친구들을 보고 싶은 설렘으로 하루가 여삼추(如三秋)일 것이다. 그러나 지금 느헤미야의 발걸음은 그렇게 가볍지가 못하다. 어떤 면에서 그의 귀향은 금의환향이라고 할 수 있다. 포로로 갔다가 지금은 고향 땅을 책임지는 총독으로 돌아가고 있는 것이다. 그러나 그를 기다리는 것은 아름다운 풍경과 가족들의 반가운 기다림이 아니라, 황폐한 땅과 동족의 고통이었다. 이제 느헤미야의 발걸음 위에 우리의 발걸음을 얹어 보자.

느헤미야는 예루살렘 총독이 되어 고향으로 돌아가게 되었다. 귀향길은 1,200km가 넘고, 약 4개월 정도의 시간이 소요되는 머나먼 여정이었다. 그러나 그 길은 비단길이 아니었다. 방해꾼도 많았고, 도적도 있었고, 기후조차도 쉽지가 않았을 것이다. 그래서 선지자 에스라는 바벨론에서 예루살렘까지 가는 길이 험난했기 때문에 평탄한 여정을 위해 함께 동행했던 레위 자손들과 더불어 금식 기도를 할 정도였다.[1]

전체를 조망하며 이면을 보는 눈

느헤미야서 2장 5-8절에는 왕이 느헤미야에게 언제 출발할 것이며 얼마나 머물 것인지 등을 묻고 귀향에 필요한 조서를 내리는 등, 일련의 준비 과정이 간략하게 소개된다. 그런데 이렇게 간단하게 기술되어 있어 모든 결정이 일사천리로 이루어졌을 것 같지만, 내막을 알고 보면 전혀 그렇지 않았다. 느헤미야 당시 식민지 출신의 사람이 출세하여 제국의 고위 관리가 되면, 그 사람은 고향으로 돌아가지 못하도록 한 규정이 오래 전부터 엄연히 존재했기 때문이다. 비록 에스라와 느헤미야는 동시대 사람들이었지만, 제사장이었던 에스라와는 달리 술 맡은 관원이었던 느헤미야 같은 사람은 고국으로 돌아갈 수 없는 처지였다. 그러나 비록 이러한 부동의 금지 사항이 있었어도 왕은 느헤미야에게 예루살렘 귀향을 허락했다. 선대왕이 정한 규정까지 바꾸어 가면서 말이다. 어떻게 이런 일이 가능했을까? 그것은 이제 하나님의 때가 되었기 때문이다. 하나님은 이처럼 개인의 일뿐만 아니라 국가적,

[1] "그때 우리는 아하와 강가에서 금식하고 우리 하나님 앞에서 자신을 낮추며 여행하는 동안 우리를 인도하여 우리 자녀들과 우리의 모든 소유물을 보호해 달라고 기도하였다" (스 8:21).

세계적 문제까지도 그 장중에서 주관하시며 자신의 역사를 이루어 가시는 분이다.

6·25에서 보는 은혜의 역사

이 땅에서 일어나는 모든 사건들도 하나님의 눈으로 볼 수 있는 안목이 필요하다. 전체를 조망하며 그 이면을 볼 수 있는 시각을 가져야 한다. 예를 들어 8·15 광복을 생각해 보자. 사람들은 8·15를 그저 일본이 패전한 날이며, 그때 미국과 소련이 각각 남북한에 진주했고 이 과정에서 우리나라가 분단되었다고 생각한다. 그러나 그 이면에는 하나님의 극적인 개입이 있었다. 주지하다시피 일제는 식민통치 기간 동안 기독교를 무자비하게 탄압했다. 말기로 갈수록 탄압의 강도는 더욱 거세어져서, 많은 교회 지도자들이 일제에 붙잡혀 몰살당하기 일보 직전에 놓여 있었다. 바로 그 상황에서 우리는 해방을 맞이했다. 하나님께서는 차마 그런 비극을 지켜보실 수 없었던 것이다.

6·25 전쟁도 마찬가지다. 아군이 계속 수세에 몰려 공산화되기 직전, 더글러스 맥아더 장군이 그 유명한 인천상륙작전을 벌여 일거에 전세를 뒤집었다. 이후 일진일퇴의 공방을 벌이다가 결국 전쟁 발발 3년 만에 휴전협정이 맺어졌다. 이것이 사람들이 6·25에 대해 상식적으로 알고 있는 내용이다. 그러나 역시 그 이면을 들여다보면 맥아더 장군을 보내어 한

> 하나님은 개인의 일뿐만 아니라 국가적, 세계적 문제까지도 그 장중에서 주관하시며 자신의 역사를 이루어 가시는 분이다. 이 땅에서 일어나는 모든 사건들도 하나님의 눈으로 볼 수 있는 안목이 필요하다. 전체를 조망하며 그 이면을 볼 수 있는 시각을 가져야 한다.

국을 구하고 공산화를 막은 주역이 바로 하나님이셨음을 알 수 있다. 하나님의 때에 하나님이 하신 일이었다.

당시 미국이 한국을 도울 이유는 사실상 없었다. 우리나라는 미국 입장에서 볼 때 별로 중요한 나라가 아니었다. 그랬기에 애치슨 미 국무 장관 역시 아예 우리나라를 미국 방어선에서 제외했던 것이다. 공산화를 막기 위해서였다고 말하는 사람도 있지만, 사실 당시 미국은 공산주의에 대해서 그리 심각하게 생각하지 않았다. 왜냐하면 제2차 세계대전 당시 소련과 함께 독일을 물리쳤기 때문이었다. 그러니 미국은 별로 이익 볼 것도 없는 전쟁에 3만 7천 명 이상의 전사자와 5만 명이 넘는 부상자를 내면서까지 개입할 이유가 전혀 없었던 것이다. 하버드대학교 식당에 가면, 하버드 출신 선배들 가운데 6·25 전쟁에 참전했던 전사자들의 명단이 있다. 이들 가운데는 당시 미국 고위 장성이나 상원 의원의 자녀들도 상당수 포함되어 있었다. 고위층의 노블레스 오블리제 정신으로 이들은 아무런 연고도 없는 이 땅에서 꽃다운 젊음을 바쳤던 것이다.

그러면 도대체 미국은 우리나라를 왜 도와주었던 것일까? 그것은 그때 한국에 있던 미국 선교사들이 트루먼 대통령에게 탄원을 했기 때문이다. "한국의 기독교가 여태껏 일제 치하에서 핍박받았는데 또 공산주의 때문에 고통당할 수는 없다. 한국은 기독교가 부흥하는 나라이니 도와달라"는 것이 그 내용이었다.

맥아더 장군은 1950년 6월 29일 비행기를 타고 전선을 둘러보면서 특단의 조치를 취하지 않으면 전쟁에서 승리할 수 없다는 판단을 내리고 다소 무모해 보이는 상륙작전을 계획했다. 그는 낙동강까지 쳐들어

내려온 적들의 보급로가 너무 길었으므로 이를 차단해야겠다고 생각했다. 이 계획을 들은 참모들은 월미도의 간만의 차이가 너무 크다는 이유로 하나같이 반대하고 나섰다. 하지만 맥아더는 바로 그렇기 때문에 작전을 감행해야 한다면서 끝까지 밀어붙였다. 그것은 하나님이 주신 지혜였다. 결국 이 작전은 성공했다.

서울을 수복한 다음 날인 9월 29일, 그는 이승만 대통령에게 이렇게 말했다.

"친애하는 이승만 대통령 각하, 하나님의 은총을 입어 우리 연합군 부대는 한국의 서울을 해방시켰습니다. 이 거리는 잔악무도한 공산주의의 압제에서 해방되었으며 서울 시민들은 다시 인간의 자유와 존엄성을 누리게 되었습니다. 이 결정적인 승리를 우리에게 주신 하나님께 감사드립니다. 하나님이 우리 유엔군에게 돌려주신 수도 서울을 대한민국에게 다시 돌려드립니다. 이를 통해서 하늘에 계신 우리 아버지여 이름이 거룩하게 여김을 받으시오며 나라가 임하옵시며 뜻이 하늘에서 이루어진 것같이 이 땅에서도 이루어지기 바랍니다."

그러자 이승만 대통령도 일어나고, 장병들도 흙으로 얼룩진 전투모를 벗고 함께 주기도문을 외었다. 주기도문이 끝나자 이승만 대통령은 맥아더 장군의 두 손을 꼭 잡고 감격의 눈물을 흘리면서 말했다. "하나님이 이 민족을 구하기 위하여 보내 주신 당신을 사랑합니다."

6·25 때 미군의 참전으로 도움을 받을 수 있었던 것은 우리가 그럴 만한 자격이 있어서가 아니라, 당시 피난지 부산에 모여 눈물로 회개하며 주님께 매달린 기도들이 하늘에 이르렀기 때문이었다. 느헤미야가 기슬르 월부터 니산 월까지 눈물로 기도한 끝에 하나님의 때가 이

르러 왕의 허락을 순조롭게 얻어 낸 것처럼, 6·25 때 인천상륙작전이 성공하여 서울을 수복했던 모든 과정도 하나님의 때에 하나님의 선하신 손이 함께하셨던 결과였다고 확신한다.

계획과 준비의 그물을 던져라

우리가 느헤미야처럼 하나님께서 주신 기회를 붙잡기 위해서는 세 가지 조건에 충실할 필요가 있다.

첫째, 하나님의 때에 맞추려면 분명한 사명이 있어야 한다.[1] 성을 중건하는 것이 느헤미야의 뚜렷한 목표였다. 하나님의 때를 기다리며 하나님의 시간에 맞추려면 이처럼 목표 의식이 뚜렷해야 한다. 사명 선언이 확실해야 한다.

그런데 느헤미야의 목표는 사실 그의 처지에서는 좀 지나친 것이었다. 역부족이었다고 할 수 있다. 느헤미야는 술 관원이자 정치인이었지, 성벽을 재건할 수 있는 건축 전문가는 아니었다. 다시 말해, 성을 중건하는 데 필요한 기술과 지식을 가진 사람은 아니었다. 따라서 느헤미야가 성을 중건한다는 것은 상식적으로 생각할 때 불가능한 일이나 다름없었다.

옛날 우리나라에서 수원화성을 건축할 때도 정약용 같은 건축 지식이 있는 실학자가 공사를 진두지휘했다. 이처럼 성을 지을 정도가 되

[1] "왕에게 아뢰되 왕이 만일 좋게 여기시고 종이 왕의 목전에서 은혜를 얻었사오면 나를 유다 땅 나의 조상들의 묘실이 있는 성읍에 보내어 그 성을 건축하게 하옵소서 하였는데" (2:5).

려면 지식이든 기술이든 어느 한 가지 조건이라도 구비해야 하는데, 느헤미야는 아무것도 갖춘 게 없었다. 그럼에도 불구하고 그는 4개월 동안 마음으로 준비하고 하나님의 지혜를 분별함으로써 성을 중건하겠다는 분명한 목표를 세웠다. 자신의 힘과 능력을 감안하면 결코 쉬운 일은 아니었지만, 그는 성을 중건하겠다고 굳게 다짐했다. 그리고 하나님의 때를 기다렸다.

"그때에 왕후도 왕 곁에 앉아 있었더라 왕이 내게 이르시되 네가 몇 날에 다녀올 길이며 어느 때에 돌아오겠느냐 하고 왕이 나를 보내기를 좋게 여기시기로 내가 기한을 정하고"(2:6).

수산 궁에서 예루살렘까지는 1,200km가 넘는 머나먼 길이다. 더구나 때는 지금으로부터 무려 2,400여 년 전의 까마득한 옛날이다. 그러니 느헤미야가 어찌 언제까지 돌아오겠다는 기한까지 정할 수 있었겠는가? 그러나 그는 목적이 뚜렷하고 나아갈 방향이 확실했기 때문에, 하나님이 자기의 일을 귀하게 여기시고 이루어 주실 것이라고 굳게 확신했다.

하나님의 눈으로 구하라

여기서 강조하고 싶은 것이 있다. 하나님의 때에 하나님이 주시는 기회를 붙잡을 때, 자신이 능히 할 수 있는 일을 목표로 정하지는 말라. 자신의 힘에 부치는 일, 힘겨워 보이는 일을 목표로 정하라. 영적으로 하나님이 도와주시지 않으면 안 되는 그런 일을 목표로 세우라. 내 실력과 내 재능만으로는 할 수 없는 일에 마음을 모아 보라. 큰 목적을 가지면 큰사람들이 모이기 시작하고, 작은 목적을 가지면 작은 사람들이 모이기 시작한다.

　우리가 섬기는 하나님은 창조주 하나님이시요, 만왕의 왕이시다. "대저 여호와는 크신 하나님이시요 모든 신 위에 크신 왕이시로다."

　그럼에도 우리가 눈을 크게 뜨지 못하고 구하는 입술이 작은 이유가 무엇일까? 세상에 너무 밀착되어 있기 때문이다. 우리는 세상에 너무도 밀착되어서 세상사에 대해서는 전문가라고 자부하고 있다. 그래서 무의식중에 내가 잘 아는 전문 영역에서는 하나님보다 더 잘 알고 더 잘 계획할 수 있는 것처럼 생각하는 경향이 있다. 그러나 우리가 비행기를 타고 밑을 내다보면, 내게 태산처럼 높고 엄청난 것들이 하늘에서는 얼마나 작게 보이는지 모른다. 그리고 내가 잘 안다고 자부하는 것이 하늘에서 보면 깨알보다도 작은 것에 지나지 않는다는 사실을 인정해야 한다.

　세상을 하나님의 눈으로 본 사람이 예레미야다. 예레미야의 삶은 굴곡의 삶이요, 눈물의 연속이었다. 그래서 누구보다도 하나님에 대해서 실망할 수밖에 없는 처지였지만, 그는 "주 여호와여 주께서 큰 능과 드신 팔로 천지를 지으셨사오니 주에게는 능치 못한 일이 없으시니이다"(렘 32:17)라고 고백하였다. 그는 세상을 하나님의 눈으로 볼 줄 알았던 신앙인이었다. 우리는 기도하면서 목표를 정할 때 예레미야 선지자의 고백을 지침서로 삼을 필요가 있다.

　그러므로 하나님께서 자신의 타이밍에 맞추도록 내게 영적으로 명하시고 계획하신다면, 비록 내 능력이 모자라도 그 일을 할 수 있게 해 달라고 기도하라. 또한 필요하다면 기한을 정할 수 있는 안목도 구하라.

미래의 통찰은 신앙인의 힘이다

둘째, 하나님의 때에 맞추려면 앞으로 있을 일을 예견해야 한다.

"내가 또 왕에게 아뢰되 왕이 만일 좋게 여기시거든 강 서쪽 총독들에게 내리시는 조서를 내게 주사 그들로 나를 용납하여 유다에 들어가기까지 통과하게 하시고"(2:7).

하나님의 때가 되었다고 해서, 또 하나님의 타이밍에 맞추었다고 해서 모든 일이 순풍에 돛 단 듯 마냥 수월하게 진행되는 것은 아니다. 기도하는 가운데 앞으로 생길지 모를 다양한 경우에 차근차근 대비하는 지혜도 필요하다. 하나님과 동행하는 사람은 현재의 문제에만 골몰할 것이 아니라 미래에 생길 일을 예견하는 통찰력이 있어야 하는 것이다. 세상의 관리인은 현재의 문제만을 해결하는 데 초점을 맞추지만, 참된 지도자는 한걸음 더 나아가 내일의 문제에 초점을 맞춘다. 가정, 사업체, 교회, 그 어디에든 관리인과 지도자는 모두 필요하다. 관리인은 하루하루의 세부적인 항목, 오늘의 문제에 관심을 맞춘다. 그러나 지도력을 갖춘 자는 아무도 예견하지 못하는 미래에 일어날 수 있는 일들을 미리 생각하고 계획한다. 목적지에 도달하기 전에 일어날 일들을 해결하는 방법을 간구한다. 이러한 통찰력이 중요하다.

방주를 준비하는 삶

아시아 최고 부자로 불리는 리카싱은 개인 재산만 188억 달러로 세계 10위 권에 드는 청쿵(長江) 그룹의 회장이다. 그에 관한 인터뷰 기사를 읽으면서 마음이 쏠렸던 것은 "업무 시간의 90% 이상을 내년이나 5년, 10년 후의 일을 생각하고 준비하는 데 모두 바친다"는 그의 말이었다. 세상에서의 출세나 인정을 위해서도 자신의 시간을 '미래의 현실화'를 위해서 사용한다면, 하나님 나라를 믿고 사는 우리 믿는 사람들이 하나님 나라의 도래를 위해서 세상을 어떤 눈으로 보고 살아야 할지는 너무도 자명하다.

우리 믿는 자들은 현실의 한시적 가치에 갇혀 있는 사람이 아니라 영원한 가치를 위해서 현실을 디딤돌로 사용하는 사람들이다. 우리는 내일 일을 염려하는 사람이 아니라 내일 일을 하나님을 위해서 꿈꾸는 사람들이다. 중요한 것은 미래를 준비하되 우리의 생각이 아니라 말씀에 기초하여 준비하는 것이다. 이것을 성경적인 용어로 표현한다면 방주를 준비하는 삶이라고 할 수 있다. 노아는 하나님의 말씀에 기초하여 미래를 보고 준비했던 믿음의 사람이었다. 이런 노아를 가리켜 "믿음으로 노아는 아직 보지 못하는 것에 경고하심을 받아 경외함으로 방주를 예비하였다"[1]고 말씀하고 있다. 그러므로 노아처럼 말씀에 기초하여 보이지 않는 미래를 통찰하고 준비하는 것이야말로 그리스도인의 힘이라고 할 수 있다.

지금 느헤미야는 왕 앞에서 그의 미래 청사진을 펼쳐 보이고 있다. 그리고 미래의 계획에 대한 왕의 질문에 주저하지 않고 준비된 전략과 계획을 말하고 있다. 이것은 우리 믿는 사람들이 하나님의 일을 위해서 언제 어디서나, 상대방이 제국의 왕이라고 해도 준비된 계획을 말

1 히브리서 11:7

할 수 있어야 함을 보여 주고 있다.

시므온의 위대한 통찰력

미래를 보는 눈, 즉 통찰력은 슈퍼맨의 투시력과는 다르다. 슈퍼맨은 사물을 투시함으로 상황을 판단하고 분별하는 능력은 탁월할지 모르지만, 그것은 미래에 대한 통찰력과는 별개의 이야기이다. 일반적으로 통찰력이란 핵심을 꿰뚫는 능력 혹은 이성에 의존하지 않고 대상에 대한 직접적인 지식을 얻는 것으로 생각한다. 더 나아가서는 미래의 물줄기를 보는 눈이라고 말할 수 있다. 미래는 어디론가 항상 흘러가지만 대개의 사람들은 그 물결 위에서 함께 흘러갈 뿐 그것이 어디로 가는지, 어떤 결과를 가져오는지에 대해서는 보지 못하고 있다. 그래서 세상적으로 위대한 통찰력을 가진 사람들은 시대마다 새로운 길을 닦고 신세계를 개척한 사람들인데, 한 세기 전만 해도 탐험가들이 여기에 속했고, 요즘은 각 분야에서 훌륭한 통찰력을 가진 사람들이 활동하고 있다. 그러나 세상적인 통찰력은 여기까지다.

기독교적인 의미에서 통찰력이란 단지 미래를 보는 예측력이 아니라, 미래 속에서 하나님의 때를 찾고 바라는 능력을 말한다. 위대한 통찰력을 가진 성경적인 인물로 누가복음 2장에 나오는 시므온을 들 수 있다.

그는 이스라엘의 위로를 기다리고 있었다. 이스라엘이 구원받기 위

1 "내 눈이 주의 구원을 보았사오니 이는 만민 앞에 예비하신 것이요, 이방을 비추는 빛이요 주의 백성 이스라엘의 영광이니이다" (눅 2:30-32).

해서는 하나님의 진정한 위로가 없이는 불가능하다는 사실을 알았고 그것을 위해서 기도하고 하나님께서 보여 주실 것을 믿었으며 하나님의 때를 기다리고 있었다. 마침내 모세의 법대로 정결 의식을 하기 위해서 요셉과 마리아가 아기 예수를 성전에 데리고 오는 것을 보았을 때 그 아기가 이스라엘의 위로자요 구원자임을 알았다.[1]

시므온이 위대한 통찰력을 가졌다고 말할 수 있는 것은 당시 누구도 보지 못하였지만, 심지어 그의 부모까지도 알지 못하였지만, 그만이 앞으로 이스라엘 백성의 역사가 예수님에 의해서 어떻게 쓰일지를 알았기 때문이다.

그러므로 신앙적 의미에서 진정한 통찰력이란 예수님 때문에 내 인생의 역사가 어떻게 쓰일지 알고 준비하는 힘이다. 한 세기 전 세상의 위대한 탐험가들이 통찰력을 가지고 미래의 문을 열고 새 시대를 열었다면, 우리는 하나님의 때를 기다리고 예수님 때문에 내 삶의 페이지가 어떻게 기록될지 기도하고 바라보는 신앙적인 통찰력을 갖기를 소망해야 할 것이다.

삶의 법칙 가운데 하나는, 들어가기가 나가기보다 항상 쉽다는 것이다. 시작하기가 끝내기보다 항상 쉽다. 인간관계를 맺는 것이 끝내는 것보다 쉽다. 빚지는 것이 빚을 갚는 것보다 쉽다. 일을 저지르는 것이 처리하는 것보다 쉽다. 따라서 신중하게 생각하고, 모든 삶의 분야에서 문제를 예견하면서 계획을 세워야 한다. 하나님의 때에 하나님이 쓰시는 사람들, 하나님의 타이밍에 맞추는 사람들에게는 이런 통찰력이 은혜로 주어진다.

믿음이라는 동전의 뒷면

셋째, 하나님의 때에 맞추려면 비용이 얼마나 들지, 어떤 대가를 치러야 하는지 세심하게 따져 보아야 한다. 중요한 것은 비용을 따지되 기독교의 비용 계산은 이익이 아니라 값을 치르는 삶에 바탕을 두고 있다는 사실을 기억해야 한다. 비용을 계산하되 기독교의 계산법과 세상의 계산법이 전혀 다르다. 세상의 계산이 현실적인 이익에 기초를 두는 것이라면 기독교인의 계산은 현실적인 희생에 기초를 두고 있다.

비용의 준비는 믿음이라는 동전의 뒷면과 같다. 믿으니까 믿음에 걸맞은 준비를 하는 것이다. 준비하지 않는 믿음은 백일몽에 지나지 않는다. 그래서 스펄전(Charles H. Spurgeon)은 "준비를 게을리 하는 것은 용서받을 수 없는 뻔뻔스러움이다"라고 말하고 있다. 이 말은 주로 설교자들에게 하는 경고지만, 주님의 일을 하는 사람은 설교자만이 아니다. 주님의 일을 하겠다고 결심한 모든 사람들은 믿음에 걸맞은 준비를 게을리 할 수 없다.

목표를 이루기 위해서 미리 들어갈 비용을 계산하는 것은 세상적인 비즈니스나 일상적인 일에만 적용되는 것은 아니다. 이것은 기독교인이 되고자 하는 모든 사람들에게 필수적인 것이다. 존 스토트는 《기독교의 기본 진리》에서 "기독교인의 세계는 반쯤 짓다가 버려 둔 탑들의 파편들-건축을

> "기독교인의 세계는 반쯤 짓다가 버려 둔 탑들의 파편들-건축을 시작했다가 완성하지 못한 폐허들-로 덮여 있다. 매년 수많은 남녀들이 그리스도를 따를 때 치러야 할 비용을 계산하지도 않은 채 따르겠다고 나선다. 그 결과는 오늘날 기독교계의 커다란 수치인 소위 '명목상 기독교'라는 것이다."
> - 존 스토트

시작했다가 완성하지 못한 폐허들-로 덮여 있다. 매년 수많은 남녀들이 그리스도를 따를 때 치러야 할 비용을 계산하지도 않은 채 따르겠다고 나선다. 그 결과는 오늘날 기독교계의 커다란 수치인 소위 '명목상 기독교'라는 것이다." 스토트의 말대로 오늘날 기독교가 힘을 잃고 무기력한 신앙인을 양산하는 이유는 값을 치르는 삶을 거절하는 데서 비롯되는 것이다. 생명의 면류관을 쓰기 위해서는 십자가의 고난도 함께 져야 하는 것이 기독교다.

"또 왕의 삼림 감독 아삽에게 조서를 내리사 그가 성전에 속한 영문의 문과 성곽과 내가 들어갈 집을 위하여 들보로 쓸 재목을 내게 주게 하옵소서"(2:8).

느헤미야는 이미 성을 중건할 나무를 얻는 데 드는 비용까지 계산을 마쳐 놓았다. 또한 목재는 예루살렘 근처에는 없고 레바논 근처에 있다는 사실도 염두에 두었으며, 심지어 삼림 감독의 이름이 아삽이라는 것까지도 생각하면서 비용을 계산했다.

하나님의 계산법

하나님의 때에 하나님의 일은 대가를 전제하고 있다. 영혼 구원의 문제에 있어서도 하나님의 구원 계획이 이루기까지는 우리의 섬김과 희생이라는 대가 지불이 필요하다. 그래서 예수님께서는 누가복음 14장 28절에서 이렇게 말씀하신다.

"너희 중에 누가 망대를 세우고자 할진대 자기의 가진 것이 준공하기까지에 족할는지 먼저 앉아 그 비용을 계산하지 아니하겠느냐."

예수님께서도 대가를 치르는 삶에 대해 자주 말씀하셨음을 기억하

라. 그런데 우리가 기꺼이 드리는 희생 속에는 산술적인 열매의 씨앗이 아니라 기하급수적인 열매의 씨앗이 담겨 있다는 사실을 기억해야 한다. 이것이 우리의 희생을 받으시는 하나님의 계산법이다. 셀윈 휴즈(Selwyn Hughes)는 ≪하나님의 계산법≫에서 이렇게 말하고 있다. "성경을 연구해 나갈수록 성경에서 말하는 하나님의 계산법이 '얼마나 영광스럽게 비논리적인가' 하는 것을 더 깊이 깨닫게 된다. 인간적인 수학 법칙에서 5 더하기 2는 7이다. 그러나 성경에서는 $5+2=5000+α$가 되었던 적이 있다.[1]"

그러므로 믿음에 걸맞은 준비를 하고, 우리의 희생에 넘치는 열매로 채우시는 하나님의 거룩한 계산법을 기대하라.

담대함이 가져온 수확

목표를 분명히 하고, 문제를 예견하며, 치러야 할 대가를 감당할 준비가 되었다면 이제 느헤미야와 함께 다음 단계로의 모험을 떠나 보자.

2장 5-8절을 보면 느헤미야는 왕에게 점점 더 대담한 요구를 하고 있다. 사실 가는 길을 허락해 준 것만 해도 엎드려 절을 해야 할 판에 조서까지 달라고 요구한다. 그래서 조서를 주었더니 이번에는 비용을 생각하여 목재도 공급해 달라고 한다. 참으로 갈수록 태산이다.

요구가 많다는 것은 그만큼 선결되어야 할 과제가 많음을 알려 준다. 느헤미야가 예루살렘으로 돌아가 성벽을 재건하기까지는 결코 쉽지 않은 여정이었다. 그가 뚫어야 할 관문은 한두 가지가 아니었다. 그럼에도 불구하고 그는 왕 앞에서 필요한 모든 것들을 다 말했다. 과연 이러한 담대함이 어디에서 생겨났을까? 그것은 바로 하나님의 때에 대한 확신에서 비롯된 것이었다. 사실 하나님의 때에 대한 확신만 있으면 이런 담대함은 저절로 생기게 된다.

많은 사람이 목표와 비전이 분명함에도 그것을 이루는 과정에서 여러 가지 난관들이 우후죽순 생겨나면 여지없이 주춤거리고 만다. 이것은 하나님의 때에 대한 확신이 아직 확고히 자리 잡지 못했기 때문일 것이다. 전쟁을 치르기 전 시종일관 하나님께 그의 행보를 물었던 다윗은 하나님께 대한 믿음과 하나님의 때에 대한 확신을 수비용 방패로 삼고, 여기에서 비롯된 담대함을 공격용 창으로 삼아 블레셋과의 전투를 승리로 이끌었다.[2]

지난 사역을 돌이켜 보면 하나님께서 그분의 일에 대해 분명한 확신을 주실 때 담대함까지 덤으로 함께 주셨음을 깨닫게 된다. 그래서 처음에는 '이것으로도 충분할 거야. 이것만으로도 감지덕지다'라고 생각했다가도, 마음속에 하나님의 일이라는 확신이 들면 "주님, 이것도 주십시오. 저것도 주십시오" 하며 적극적으로 요구하게 되었다. 물론 주님은 그러한 요구들이 결코 사심에서 나온 게 아니라는 점을 아셨다. 일신상의 유익과 쾌락과 욕망을 채우기 위한 것이 아니라 하나님 나라를 위하여 필요한 것이므로 당당하게 하나님께 더 요청할 수 있었다. 느헤미야도 마찬가지였다. 사심이 없었으므로, 거절당할 위험을

1 "여기 한 아이가 있어 보리떡 다섯 개와 물고기 두 마리를 가지고 있나이다 그러나 그것이 이 많은 사람에게 얼마나 되겠사옵나이까" (요 6:9).
2 사무엘하 5:19-25

무릅쓰고 더 요청할 수 있었던 것이다.

느헤미야가 이렇게 점점 더 큰 요구를 하자, 하나님은 얼마나 더 큰 은혜를 부어 주셨는가?

"군대 장관과 마병을 보내어 나와 함께하게 하시기로 내가 강 서쪽에 있는 총독들에게 이르러 왕의 조서를 전하였더니"(2:9).

군대 장관과 마병은 느헤미야가 요청하지도 않은 것이었다. 그렇지만 하나님의 때에 맞추어 모든 준비를 마치고 나니, 보너스로 그런 것들까지 주어졌다. 이제 군대 장관과 마병의 호위를 받으며 느헤미야는 드디어 예루살렘으로 향하게 되었다. 아마도 그는 말 위에서 이런 생각을 했을 것이다.

'이 순간이 꿈만 같구나! 4개월 전에는 말도 안 되었던 일들이 내 눈앞에 벌어지다니…. 영원불변할 것 같았던 규정마저도 하나님이 바꿔 주시고, 예루살렘으로 가는 모든 길을 허락받게 하셨구나. 더군다나 비용마저 계산하게 하셨지. 그리고 그 비용을 다 허락받고 목재까지 얻을 수 있도록 하셨어. 그뿐인가? 내 옆에는 왕이 보낸 수레와 병사, 군대 장관까지 나를 호송해 주고 있지. 어떻게 이런 일들이…'

느헤미야의 마음속에서는 말로 다 할 수 없는 뜨거운 감격이 흘러넘쳤을 것이다. 하나님의 때에 타이밍을 맞추면 느헤미야처럼 꿈 같은 일들이 펼쳐질 날이 온다. 인생에는 고통과 실패, 괴로움, 낙심을 겪는 날들도 많이 있다. 하지만 걱정할 필요가 없다. 우리는 그저 하나님의 때, 하나님이 주신 기회를 붙잡으면 된다. 그렇게 할 때 우리는 부평초처럼 떠다니는 인생, 부나비처럼 준비 없이 요동하는 인생을 살지 않게 될 것이다.

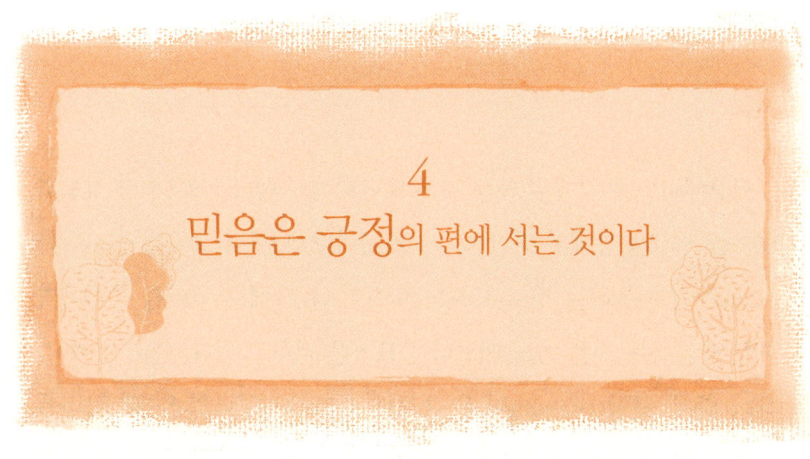

4
믿음은 긍정의 편에 서는 것이다

긍정의 초성(初聲)은 '하나님'이다.
'내'가 아닌 '하늘의 하나님'이 우리 삶의 영적 성공을 이끈다.

자신을 대적하는 무리들에게 도전이나 방해를 받아 궁지에 몰렸을 때, 일반적으로 사람들은 비관적인 마음을 품거나 수동적인 태도로 바뀌기 쉽다. 때로 어떤 사람은 하던 일을 포기하고 싶은 유혹도 느낀다.

그러나 하나님의 사람들은 그렇지 않다. 그들은 어떤 어려운 처지에 놓이더라도 하나님의 시각을 가지고 한 차원 높은 가능성을 꿰뚫어 본다. 이것은 세상 사람들의 안목이 아니라 성령이 주시는 초월의 신앙이다.

세상의 안개 너머를 보는 눈

세상에서도 무엇을 본다는 것은 대단히 중요하다. 왜냐하면 정보의 85%를 시각을 통해서 받아들이기 때문이다. 더구나 요즘처럼 시각화로 표현되지 못하는 정보나 지식은 이미 그 자체로 의미를 상실하기 때문에 본다는 것은 어느 때보다 중요성을 더하고 있다. 얼마 전에 검색의 황제, 구글(Google)이 유 튜브(You Tube)를 16억 5천만 달러에 인수했다는 기사로 대중매체가 떠들썩한 적이 있다. 유 튜브는 사이트를 개설한 지 불과 1년도 되지 않아서 1천만 명이 회원으로 등장하고, 하루에 1억 개의 비디오 클립을 게시하여 미국 내에서 동영상 공유라는 새로운 문화적 현상을 만들어 내었던 곳이다. 아마도 한 세대 전이면 기술적인 문제도 있었겠지만, 감성적인 면에서도 듣고 말하는 것을 중요시했던 문화 속에서 보는 것이 지금처럼 문화적인 주류로 자리 잡지 못했을 것이다.

보지 않고 믿는다는 것

이처럼 본다는 것이 중요한 사회 문화의 주축이 되었지만, 본다는 것 자체가 중요한 것은 아니다. 사실 더 중요한 것은 무엇을 보느냐와 어떻게 보느냐다. 기독교는 이런 점에서 세상의 보는 것과 완전한 차별성을 가지고 있다. 예수님은 본다는 사실보다도 더 중요한 것이 있다고 말씀하신다. 부활하신 예수님께서 제자들을 찾아왔을 때 당시 현장에 없었던 도마는 예수님이 부활하신 것을 믿지 못하였다. 그래서 도마는 "내가 그의 손의 못 자국을 보며 내 손가락을 그 못 자국에 넣으며 내 손을 그 옆구리에 넣어 보지 않고는 믿지 아니하겠노라"고 했다. 이 말을 듣고 예수님은 도마에게 자신의 몸에 새겨진 상처를 보여 주시면서 유명한 말씀을 하셨다.

"너는 나를 본 고로 믿느냐 보지 못하고 믿는 자들은 복되도다"(요 20:29).

우리는 흔히 이 장면을 도마의 믿음 없음을 탓하고 신앙인으로서 믿음의 중요성을 확보하는 근거로 삼고 있다. 그러나 여기서 예수님은 겉으로는 믿음의 중요성을 이야기하고 있지만, 실제는 엄청난 도전을 하고 있는 것이다. 보고 믿는 것은 도마만의 특성이 아니라, 모든 사람의 특성이다. 보지 못하면 믿지 못하고 믿지 못하면 행하지 않는 것이 사람이다. 이러한 인간의 속성을 너무도 잘 아시는 주님께서 보지 않고 믿는 축복을 말씀하신 것에는 굉장한 의미가 들어 있다. 그 어떤 신앙인도 보지 않고는 믿을 수 없다. 이것은 신자나 불신자나 똑같다. 차이가 있다면 믿음의 눈으로 보느냐 세상의 눈으로 보느냐 하는 것이다. 예수님이 도마에게 했던 "보지 않고 믿는 자는 복되다"는 말씀은 우리 자신을 세뇌시켜 믿으라는 것이 아니다. 여기에는 "육신의 눈이 전부인 줄 아는 너희들에게 내가 분명히 말하지만 육신의 눈보다 훨씬 중요한 영의 눈이 있다. 이것을 가지고 볼 줄 아는 자가 진정한 복을 누리는 사람이다"라는 뜻이 들어 있는 것이다.

사실 오늘날처럼 즉물적(卽物的)이고, 즉흥적(卽興的)이며, 즉시적(卽視的)인 것이 중요시되는 사회일수록 영의 눈으로, 믿음의 눈으로 보고 믿는 것이 더욱더 중요한 것이다. 이런 점에서 느헤미야는 육신의 눈을 너머 믿음의 눈, 영의 눈으로, 즉 하나님의 시각을 가지고 세상을 보았던 사람이라 할 수 있다. 우리가 느헤미야에게서 배워야 할 것은 세상의 안개가 아무리 자욱하게 끼어 있다고 해도 그것에 눈이 가리지 않고 믿음의 눈으로 그 너머에 하나님께서 준비한 것을 보는 힘이다.

느헤미야와 언더우드의 공통분모

느헤미야는 하나님의 도우심을 믿었지만, 동시에 예루살렘을 살피는 일도 게을리하지 않았다. 예루살렘에 도착한 느헤미야는 상황을 파악하기 위해서 밤에 정찰을 나갔다가 매우 참담한 광경을 보았다. 그가 바벨론에서 유대 동족 하나니에게서 들었던 말들이 사실이었고, 상황은 생각한 것보다 훨씬 더 심각하였다.

"그 밤에 골짜기 문으로 나가서 용정으로 분문에 이르는 동안에 보니 예루살렘 성벽이 다 무너졌고 성문은 불탔더라 앞으로 나아가 샘문과 왕의 못에 이르러서는 탄 짐승이 지나갈 곳이 없는지라"(2:13-14).[1]

참담한 광경을 목도한 느헤미야는 어떤 반응을 보였는가? 대개의 경우, "이런, 총독으로서 예루살렘 성벽을 한번 재건해 보려고 했는데, 형편이 생각보다 훨씬 열악하군. 큰일 났다"며 당황하지 않았겠는가? 하지만 느헤미야는 그렇지 않았다. 그는 하나님이 주신 시각으로 한 차원 높은 가능성을 보았다. 그 상황에서 자신이 해야 할 일이 무엇인지

1 동쪽에 있던 왕의 연못은 신약에서 예수님이 눈먼 자의 눈을 치료했던 실로암 연못을 의미하는 것으로 추정된다.

판단하고 하나님 편에서 그를 향해 가지신 기대치를 보았던 것이다.

너저분한 헛간이나 방안 창가에서 비쳐 들어오는 햇빛을 바라보면 그 한 줄기 빛 속에서 먼지만이 보인다. 그러나 아름다운 자연으로 나가 햇빛을 바라보면 그 속에서 하나님이 지으신 아름다운 산하와 들, 나무와 새가 보인다. 이와 마찬가지로 육신의 한계에 갇힌 채 먼지만 보지 말고 하나님이 주신 은혜의 빛을 볼 수 있어야 한다.

몽골인들의 시력은 평균 2.5 이상이며, 정말 시력이 좋은 경우는 7이 넘는 경우도 있는데, 이 정도면 독수리보다도 멀리 볼 수 있는 수준이라고 한다. 넓디넓은 초원에 살면서 날마다 탁 트인 벌판 저 멀리까지 바라보다가 그렇게 시력이 발달했다고 한다. 우리도 영적인 근시에서 벗어나 하나님의 시각으로 저 먼 곳을 내다보아야 한다.

지금 예루살렘 거민의 제일 큰 문제는 비관주의와 낙심이었다. 비전을 상실한 것이다. 느헤미야는 무너진 성도 성이지만 무엇보다도 먼저 백성들의 비관적인 마음, 병든 상태부터 치료해야 한다고 판단했다. 당장의 현실에 낙심하기보다는 사람들이 하나님이 하실 일을 기대하며 재건에 대한 동기를 부여받게 해야 할 필요가 있다고 생각하고, 그들이 폐허가 된 예루살렘을 사람의 눈이 아닌 영적인 시각으로 바라보도록 이끌었다.

"내가 그들에게 대답하여 이르되 하늘의 하나님이 우리로 형통하게 하시리니"(2:20).

하늘의 하나님이 우리를 형통케 하신다는 것을 느헤미야는 믿었다. 이것이 바로 하나님의 시각이다. 어떻게 해서 그는 이런 확신을 가질 수 있었을까? 2장 18절 전반부에 그 이유가 나와 있다. 그것은 '하나님의 선한 손이 나를 도우신 일' 때문이었다.

  기독교는 이렇듯 긍정적인 생각과 역사들로 가득 차 있다. 개인, 교회, 민족, 역사의 흐름 가운데 도무지 싹을 틔울 수 없을 것 같은 황폐함과, 불가능 외엔 다른 어떤 가능성도 없어 보이는 척박함이 끼어들 수 있다. 그러나 하나님의 시각을 가진 사람은 비참한 현실을 직시하더라도 성령의 인도하심을 따라, 좌절하거나 낙심하지 않고, 오직 하나님의 손이 함께하시기 때문에 형통하게 될 것을 믿는다. 이것이 느헤미야와 이스라엘 백성과의 시각차였다. 이것이 하나님의 손길이 인도하심을 바라보는 안목의 사람과 내 실력으로 예수 믿고 사는 명목적인 크리스천(혹은 영적으로 둔감한 사람)과의 결정적인 차이다. 느헤미야서는 단순히 리더십에 관한 책이 아니다. 이것은 하나님의 주권적 인도하심에 대한 예민한 반응의 기록이다.

보이지 않는 것을 보았던 언더우드

  신앙의 선조들은 느헤미야처럼 도무지 미래가 보이지 않는 척박한 상황에서도 하나님의 눈으로 바라보았던 사람들이었다. 1885년 4월 5일 봄비 내리는 부활절 아침, 제물포 해변에 복음을 싣고 첫발을 내디디면서 뱃전에서 하나님께 드렸던 언더우드의 기도에서 하나님의 눈으로 세상을 보는 것이 과연 무엇을 말하는지를 생생하게 볼 수 있다.

    오 주여, 지금은 아무것도 보이지 않습니다. 주님, 메마르고 가
    난한 땅, 나무 한 그루 시원하게 자라 오르지 못하고 있는 땅에
    저희들을 옮겨 와 심으셨습니다. 그 넓고 넓은 태평양을 어떻게

건너왔는지 그 사실이 기적입니다. 주께서 붙잡아 뚝 떨어뜨려 놓으신 듯한 이곳 지금은 아무것도 보이지 않습니다. 보이는 것은 고집스럽게 얼룩진 어둠뿐입니다. 어둠과 가난한 인습에 묶여 있는 조선 사람뿐입니다. 그들은 왜 묶여 있는지도, 고통이라는 것도 모르고 있습니다. 오 주여, 지금은 아무것도 보이지 않습니다.

....

그러나 주님, 순종하겠습니다. 겸손하게 순종할 때 주께서 일을 시작하시고, 그 하시는 일을 우리들의 영적인 눈이 볼 수 있는 날이 있을 줄 믿나이다. "믿음은 바라는 것들의 실상이요 보지 못하는 것들의 증거"라고 하신 말씀을 따라 조선의 믿음의 앞날을 볼 수 있게 될 것을 믿습니다. 지금은 우리가 서양 귀신, 양귀자(洋鬼子)라고 손가락질받고 있사오나 저희들이 우리 영혼과 하나인 것을 깨닫고 하늘나라의 한 백성, 한 자녀임을 알고 눈물로 기뻐할 날이 있음을 믿나이다. 지금은 예배드릴 예배당도 없고 학교도 없고 그저 경계와 의심과 멸시와 천대만이 가득한 곳이지만 이곳이 머지않아 은총의 땅이 되리라는 것을 믿습니다. 주여! 오직 제 믿음을 지켜 주소서.

언더우드 선교사가 육신의 눈으로 보았던 것은 메마르고 가난한 땅이요, 어둠과 인습에 묶여 있는 조선 사람이었지만, 영의 눈으로, 믿음의 눈으로 보았던 것은 하나님의 한 백성으로서 눈물로 기뻐하는 모습이었고, 머지않아 은총의 땅이 되리라는 것이었다.

척박한 환경에서도 믿음의 눈으로 은총의 땅을 바라보았던 것이 느헤미야와 언더우드의 공통점이라면, 동일한 하나님을 섬기고 있는 우리 역시 어려운 인생 여정을 축복의 여정으로 바꾸기 위해서는 반드시 하나님의 시각을 체화(體化)해야 할 것이다.

예수 그리스도께서 하나님 우편에서 우리의 간절한 기도에 응답하시는 것을 믿는가? 마음을 감찰하시는 하나님께서 우리에게 성령의 생각[1] 주시길 기뻐하시는 것을 믿는가? 하나님의 시각으로 시대를 바라보라. 하나님의 타이밍에 민감하라. 의탁하기만 하면 하나님께서 내 삶을 주관하실 것을 믿으라! 오늘도 영원한 왕좌에서 은혜의 손길로 우리를 도우셔서 형통케 하실 하나님을 믿으라!

믿음으로 현실의 빗장을 열어라

무엇보다 중요한 것은 하나님께서 내 삶을 변화시키실 것이라는 믿음이다. 믿음이니 복음이니 신앙이니 하는 이 모든 것은 본래가 긍정적인 것이다. '안 되겠지' 하는 부정적인 태도가 아니다. 만일 신앙이나 복음 자체가 부정적인 것이라면, 하늘의 하나님이 예수 그리스도를 이 땅에 보내어 피 흘리게 하시며 우리를 자녀 삼아 주실 이유가 없게 된다. 믿음은 그 자체가 긍정적이며 하나님의 시각으로 모든 것을 바라보는 것이다.

원래 인간은 아무리 애써도 구원받지 못할 존재이지만 하나님

> 원래 인간은 아무리 애써도 구원받지 못할 존재이지만 하나님께서 일방적으로 구원의 길을 열어 주셨다. 인간적인 시각으로는 도무지 알 수 없지만 하나님의 시각으로 바라보면 하나님이 우리를 무조건적으로 사랑하셨음을 깨닫게 된다. 하나님의 시각은 이렇듯 긍정적이다.

께서 일방적으로 구원의 길을 열어 주셨다. "아~ 하나님의 은혜로 이 쓸데없는 자 왜 구속하여 주는지 난 알 수 없도다"라는 고백을 담은 찬송가 410장 가사처럼, 인간적인 시각으로는 도무지 알 수 없지만 하나님의 시각으로 바라보면 하나님이 우리를 무조건적으로 사랑하셨음을 깨닫게 된다. 하나님의 시각은 이렇듯 긍정적이다. 그러므로 어려운 상황에 처했다고 수동적, 비관적이 되면 하나님의 시각을 놓치는 큰 손해를 보게 된다.

여호수아도 하나님을 믿었기에 긍정적이었다. 그가 백성들을 데리고 가나안 땅에 입성하려고 했을 때 요단강이 넘쳐 건너기가 힘들었다. 불가능한 상황에 맞닥뜨린 것이다. 더구나 열 지파의 정탐꾼들이 과거에 전해 준 얘기는 낙심할 만한 내용이었다. 여전히 가나안 땅에는 대적들과 아낙 자손들이 그대로 남아 있었다. 여호수아는 여기서 주저앉을 수도 있었다.

그러나 그의 선택은 무엇이었는가? 아직까지 가나안에 입성은커녕 요단강도 못 건넜는데도, "상천하지(上天下地)의 하나님이 가나안의 모든 대적들을 멸하실 것이다. 가나안 땅을 너희들에게 붙여 주실 것이다"라며 백성들을 이끌었다. 그는 비관적인 시각이 아니라 하나님의 시각으로 현실을 바라보았고, 마침내 요단강이 멈추어 서는 기적을 경험했다.[2]

1 "마음을 살피시는 이가 성령의 생각을 아시나니 이는 성령이 하나님의 뜻대로 성도를 위하여 간구하심이니라" (롬 8:27).
2 여호수아 3:15-17

허드슨 테일러를 일깨운 한 문장

근대 선교의 아버지라고 일컬어지는 허드슨 테일러(J. Hudson Taylor ; 1832~1905)는 훌륭한 신앙의 인물이었다. 그는 하나님의 일은 그분의 방식대로 이루어지고 필요한 것은 기도를 통해 채워진다는 '믿음 선교(Faith Mission)'로 유명한 사람이다. 처음 그가 중국 선교에 나서자 사람들은 하나같이 어려운 일이라며 부정적인 반응을 보였다. 그러나 그는 하나님이 자신을 중국에 보내셨으면 그것이 하나님의 계획이고, 따라서 그 다음 일도 책임져 주신다고 굳게 믿었다. 하지만 이런 그도 역시 약한 면이 있는 인간이었기에 흔들릴 때가 있었다. 1869년 10월에 누이동생인 아멜리아에게 보낸 편지에서 위대한 믿음이 무엇인가 설명하는 가운데 그는 이런 고백을 했다.

나는 항상 그리스도 안에는 필요로 하는 모든 것이 있다고 확신하였다. 그러나 실상 그것을 어떻게 얻느냐 하는 것은 또 다른 문제였다. 실로 하나님은 부요하시지만 나는 가난하였다. 하나님은 강하시지만 나는 약하였다. 나는 뿌리와 줄기에 풍부한 부요함이 있다는 사실을 익히 알고 있지만, 보잘것없는 내 인생의 작은 가지로 그 뿌리와 줄기에 있는 부요함을 어떻게 연결해 내는가 하는 것이 큰 문제였다. 이러한 내 영혼의 고뇌가 최고조에 다다랐을 때 동료 선교사 맥카디(McCarthy)로부터 편지를 하나 받았는데 그 편지에 담긴 한 문장이 내 눈에서 육신의 비늘을 제거해 주었다.

그 문장은 바로 이것이었다.

"허드슨, 어떻게 믿음을 강하게 할 수 있겠는가? 그것은 믿음을 구하려고 애쓰는 데 있는 것이 아니라 신실하신 하나님을 인격적으로 의지하는 것이네."

그러니까 나의 믿음에서도 내가 주인공이 아니라 하나님이 주인공이라는 말이었다. 허드슨은 이 문장을 읽는 순간 영의 눈을 여는 깨달음이 왔다고 한다.

우리의 믿음이 크든 작든 하나님은 변함없으시다. 그분의 크신 은혜의 뿌리에서 공급되는 부요와 은혜의 진액은 언제나 변함이 없다. 그분의 능력도 변함이 없다. 우리에게 큰 믿음보다 더 중요하고 필요한 것은 크신 하나님에 대한 전적인 신뢰다. 큰 믿음이란 가능성을 보고 하나님을 전적으로 신뢰하는 것이다. 어떠한 경우든 하나님에 대한 신뢰의 끈을 놓치지 않고 더 꽉 붙잡는 것이다. 반대가 예상되는 가운데서도 하나님을 계속 신뢰하는 것이다.

나를 어렵게 하는 자가 나를 성공시키는 자다

무언가 일을 시도하려고 하면 결사적으로 반대하는 세력이 나타나기 마련이다. 특히나 그 일이 하나님께서 계획하시고 기뻐하시는 일일 경우 더욱 그러하다. 느헤미야를 비롯한 하나님의 사람들이 힘을 모아 성벽을 다시 세우고자 했을 때, 사탄은 사람들을 움직여서 반대하도록 유혹했다.

인간이란 근본적으로 변화를 싫어하는 존재이다. 본능적으로 변화보다 현상 유지를 더 좋아한다. 현상 유지는 라틴어로 '스테이터스 쿠오'(status quo)라고 하는데, 이 말은 '지금 이대로가 좋다' 는 뜻이다. 그런데 스테이터스 쿠오의 어원이 '뒤죽박죽인 상태' 라고 하니, 결국 현상 유지란 '뒤죽박죽이든 뭐든 상관없이 지금 이 상태로 쭉 가자' 는 것이 되어 버린다. 그러니 하나님의 시각을 가진 사람들이 어찌 현상 유지하는 편에 설 수 있겠는가? 하나님의 사람들은 하나님의 은혜를 맛보며 그분의 역사에 참여해야 한다.

그렇다면, 느헤미야에게는 어떤 반대가 있었는가?

"호론 사람 산발랏과 종이었던 암몬 사람 도비야가 이스라엘 자손을 흥왕하게 하려는 사람이 왔다 함을 듣고 심히 근심하더라"(2:10).

사마리아의 지도자인 산발랏과 그의 종 도비야가 근심했다고 했는데, 여기서 근심했다는 것은 단순히 걱정했다는 차원이 아니라 속된 말로 '열 받았다' 는 것을 뜻한다. 느헤미야가 예루살렘에 아직 도착하지도 않았건만 반대 세력들은 벌써 촉수를 곤두세우고 음모 꾸밀 궁리를 하고 있었다. 이들은 예루살렘 성이 재건되는 것을 반대하기로 했다. 산발랏과 도비야 일당은 당시 가장 큰 힘이었던 왕의 이름을 빙자하여 방해 공작을 벌였다.[1]

이들이 왕의 이름을 빙자하여 방해 공작을 한 것은 예전에 에스라가 예루살렘 성을 건축하고자 했을 때 그 작전이 먹혀 들어간 것을 알았기 때문이다. 당시 에스라가 성전을 건축하자 이것을 미워했던 일당들이 아닥사스 왕에게 "이것은 당신을 배반하는 일입니다. 당신에게 세금도 안 낼 것입니다" 하고 중상모략의 상소를 올렸고, 이것으로 인해 성전 건축이 중지되었다.[2] 그러자 멀리 떨어져 있던 왕은 제대로 상황

판단도 하지 않고 성전 건축을 중지시키라는 조서를 내렸다. 실제로 하나님의 일이 진행되려고 할 때마다 이렇게 방해하고 시비를 거는 일들은 다반사로 일어난다. 신약시대에도 이런 일이 있었다.

"내가 오순절까지 에베소에 머물려 함은 내게 광대하고 유효한 문이 열렸으나 대적하는 자가 많음이라"(고전 16:8-9).

사도 바울이 오순절까지 전략적 요충지인 에베소에서 지내려고 한 것은, 큰일을 할 수 있는 광대하고도 영광스러운 은혜의 기회들이 열렸기 때문이었다. 그러나 그와 동시에 대적하는 무리도 많아졌다. 하나님의 영광스러운 일에 참예하려고 하면 으레 대적하는 세력이 나타나기 마련이다. 이것이 하나의 패턴이다.

인생의 성패를 좌우하는 첫 마디

이처럼 하나님의 일을 하려고 할 때에 사탄이 극력 방해하는 것은 놀랄 일이 아니다. 2장에서 느헤미야의 성전 건축의 뜻을 꺾고, 하는 일을 그르치게 하기 위해서 도비야와 게셈이 중상모략을 하는 장면은 욥기 1장에서 욥을 중상하고 있는 사탄의 모습과 흡사하다. 본래 사탄의 속성은 참소하는 자다. 참소한다는 말은 '중상하다' 혹은 '염탐하다'에서 나왔고 그 목적은 상대방에게 치명적인 상처를 주어서 다시

1 "호론 사람 산발랏과 종이었던 암몬 사람 도비야와 아라비아 사람 게셈이 이 말을 듣고 우리를 업신여기고 우리를 비웃어 이르되 너희가 하는 일이 무엇이냐 너희가 왕을 배반하고자 하느냐 하기로"(2:19).
2 "이제 너희는 명을 전하여 그 사람들에게 공사를 그치게 하여 그 성을 건축하지 못하게 하고 내가 다시 조서 내리기를 기다리라"(스 4:21).

는 일어나지 못하게 하는 것이다. 우리는 마귀의 이러한 참소에 대해서 무방비 상태에 있을 때가 많다. 마귀의 힘과 전략을 너무도 소홀하게 생각하기 때문이다. 마귀의 힘에 대해서는 프레드릭 뷰크너(Frederick Buechner)가 ≪통쾌한 희망 사전≫에서 마귀를 정의한 것에서도 잘 나타나고 있다. "마귀를 심각하게 여긴다는 의미는 세상의 절대적인 악이 악을 제외한 세상 전부보다 강하다는 사실을 심각하게 생각하는 것이다." 무슨 말인가? 마귀란 존재는 세상에 있는 모든 힘을 다 합친 것보다 더 센 존재라는 말이다. 내 속의 죄성이 그 밖에 나의 모든 힘을 다 합친 것보다 더 세다는 것이다. 달리 말하면 마귀가 중상하면 설 수 있는 자는 아무도 없다는 뜻이다.

그러면 이 강력한 사탄을 어떻게 이길 수 있는가? 다른 수가 없다. 도비야와 게셈의 중상모략에 대해서 느헤미야가 보였던 것이 해답이다. 느헤미야의 첫마디는 "내"가 아니라 "하늘의 하나님"이었다. 그리고 이 말의 밑바닥에는 하늘의 하나님이 자신을 형통하게 할 것이라는 믿음이 있었다.[1]

우리가 인생길을 가다 보면 21세기판 도비야와 게셈을 만날 수밖에 없다. 그때 우리 입에서 처음 나오는 말이, 그리고 그 말 속에서 담겨 있는 우리의 처음 생각이 무엇이냐가 우리의 삶의 승패를 좌우할 것이다. 느헤미야처럼 "내"가 아닌 "하늘의 하나님"이 인생의 장애물을 만날 때에 우리의 입술에서 나오는 첫소리가 되는 것만이 우리를 영적으로 성공하는 삶으로 이끌 것이다.

자신을 반대하고 음모를 꾸미는 무리에 대해 느헤미야는 약해지거나 낙심하지 않았다. 그는 "하늘의 하나님이 우리로 형통하게 하시리니"(2:20) 하면서, 반대자들을 향해 대꾸하거나 논쟁하려고 들지 않았다. 그는 하나님의 손이 이스라엘과 함께하심을 마음속으로 굳게 믿었다.[2]

느헤미야가 대적자들의 훼방에도 흔들리지 않을 수 있었던 것은, 바로 재건 역사가 하나님의 뜻이라는 확증이 있었기 때문이었다.

주님의 일을 하려고 할 때 대적하고 반대하는 자가 있다면 주님 앞에 나아가 정직하게 물어 보아야 한다. 이러한 상황이 나로부터 비롯된 일인가? 아니면, 진정으로 하나님이 시키신 일인가? 혹시 하나님이 주신 일이 아니라 내가 하고 싶어서 하는 일은 아닌가? 만일 하나님이 주신 일이라는 확신이 있다면, 아무리 적대 세력이 있어도 걱정할 필요가 없다. 그럴 때는 걱정하기보다는 느헤미야처럼 "하늘의 하나님이 우리를 형통케 하실 것"이라고 외치라.[3]

느헤미야는 반대자들이 이 도시를 소유할 아무런 역사적 권리가 없음을 당당하게 각인시켜 주고 있다.

요한일서 3장 13절에서도 "형제들아 세상이 너희를 미워하여도 이상히 여기지 말라"고 했다. 하나님의 시각에서는, 하나님의 일을 하면 할수록 반대도 많아지고 조롱도 받으며 돌도 날아오는 게 당연하다는

1 느헤미야 2:20
2 "내 하나님께서 예루살렘을 위해 무엇을 할 것인지 내 마음에 주신 것을 내가 아무에게도 말하지 아니하고"(2:12).
3 "내가 그들에게 대답하여 이르되 하늘의 하나님이 우리를 형통하게 하시리니 그의 종들인 우리가 일어나 건축하려니와 오직 너희에게는 예루살렘에서 아무 기업도 없고 권리도 없고 기억되는 바도 없다 하였느니라"(2:20).

4. 믿음은 긍정의 편에 서는 것이다

것이다. 그럴 때 낙심하거나 두려워하지 말고 하나님의 시각을 견지해야 한다.

하나님의 시각은 어떠한 강한 장벽 앞에서도 결코 꺾이거나 굴절되는 법이 없다. 오히려 그 장벽을 투과하여 하나님의 역사를 이루시길 즐겨 하신다. 심지어 온갖 방해물들이 출현한다 할지라도 그것들을 다 관통하여 결국 목적지까지 도달하시는 것이다.

스포츠 경기들만 해도 그렇다. 모든 스포츠 종목에서 상대 팀이 없다면 각각의 경기가 무슨 의미가 있겠는가? 만일 월드컵 축구에서 우리나라 대표 팀이 경기를 하는데, 상대 팀이 태클도 걸지 않고 가만히 서 있기만 한다면 우리가 100골을 넣은들 무슨 의미가 있겠는가? 대항하는 선수들이 있어야 비로소 그 경기는 경기로서의 의미를 갖는다. 이와 마찬가지로, 하나님은 그분의 일을 감당하게 하실 때 우리로 조롱도 받게 하시고 손가락질도 당하게 하신다. 그것은 이러한 장애물을 극복하는 과정을 통해 하나님이 일하신다는 것을 더욱 분명히 깨닫게 하기 위함이다. 그러므로 우리는 어떠한 대적자나 장애물을 만난다 할지라도, '나를 어렵게 하는 환경과 내 일을 훼방하는 사람이 결국 나를 성공시킨다' 는 믿음을 가져야 한다.

예언이 이루어지기 시작하는 때

그렇다면 산발랏과 도비야, 아라비아 사람 게셈이 느헤미야의 계획에 대해 그토록 통렬하게 비웃고 방해하고 온갖 모략을 꾸민 이유가 무엇이었겠는가? 예루살렘 성벽 중건은 하나님 나라의 역사에서 매우 중대한 문제였다. 성벽 중건의 의미를 제대로 알기 위해서는 다니엘서 9장 25-26절을 이해해야 한다.

"그러므로 너는 깨달아 알지니라 예루살렘을 중건하라는 영이 날 때부터 기름 부음을 받은 자 곧 왕이 일어나기까지 일곱 이레와 예순두 이레가 지날 것이요 그 곤란한 동안에 성이 중건되어 광장과 거리가 세워질 것이며 예순두 이레 후에 기름 부음을 받은 자가 끊어져 없어질 것이며…."

다니엘서는 말세에 관한 여러 가지 예언이 들어 있는 위대한 예언서다. '예순두 이레 후에 기름 부음을 받은 자가 끊어져 없어질 것'은 예수님께서 십자가에 달려 돌아가실 것에 대한 예언이다. 다니엘서에 계시된 이 내용은 예수 그리스도의 구원 역사를 통하여 성취되는데, 그 구원 역사가 바로 예루살렘 성이 중건되는 그날부터 시작되는 것이다. 예루살렘 성벽을 중건하라는 영이 내려지는 그날부터 일곱 이레가 시작되며, 이때부터 예수 그리스도의 구원 사역에 대한 예언이 이루어지기 시작한다는 것이다.

따라서 예루살렘 성벽 중건은 사탄의 입장에서 보면 결단코 이루어져서는 안 될 일이었다. 예루살렘 성벽 중건은 하나님의 역사가 새롭게 시작되는 기점이 되기 때문에, 사탄은 수단 방법을 가리지 않고 느헤미야를 조롱하고 비웃고 모략했던 것이다.

우리에게는 하나님께서 맡겨 주신 소명들이 있다. 성령의 역사 가운데 주님께서 우리에게 요구하신 일들이다. 이러한 일들을 완수하려고 하다 보면 자연히 반대 세력의 음해, 음모와 조롱이 뒤따르게 마련이다. 이미 하나님의 시나리오에 포함되어 있는 듯 너무나 당연하게 복

병처럼 숨어 있다가 나타나기 시작한다. 그러나 그럴 때마다 수동적이 되거나 비관론에 빠지지 말고, 한 단계 올라서서 하나님의 시각으로 현실을 바라보는 안목을 가져야 한다. 그러면 우리가 겪는 모든 반대와 장애물이야말로 사탄의 방해임을 알고 오히려 더 힘을 낼 수 있을 것이다. 심지어 "피할 수 없다면 차라리 즐겨라"는 말도 있지 않은가? 문제와 상황에 매이는 대신 초연한 시각을 가지고 준비된 싸움을 시작하라.

사탄과 대적할 때 피해야 할 두 가지 태도

우리가 사탄을 대적할 때 두 가지 극단적인 태도를 조심해야 한다. 하나는 사탄과의 영적 전쟁을 지나치게 강조하는 태도다. 삶의 모든 문제를 귀신과 연관시켜서 생각하는 것이다. 심지어 자동차의 시동이 걸리지 않을 때에도 귀신 때문이라고 생각한다. 사소한 문제나 사고들도 귀신 탓으로 돌리기 때문에 개인의 책임은 실종되어 버린다. 이런 사람들은 동일한 현상에 대해서 자신만이 열쇠를 가진 것처럼 고립되고 독단적인 처방을 함으로써 사람의 특성에 따라 인격적으로 접근하시는 하나님의 문제 해결 방식을 막아 버리는 경향이 있다. 또 영적 전쟁을 지나치게 강조하게 되면 자칫 마귀와의 대적 자체가 목적이 되어서 정작 그 사건 속에서 말씀하시는 하나님의 음성을 듣지 못하는 위험이 있다. 얼마나

> 사탄은 우리를 끝까지 집요하게 방해할 수 있다. 그것은 우리의 일을 방해하는 것이 아니라 하나님의 일을 방해하는 것이다. 하지만 사탄은 결코 우리를 파괴할 수 없다. 사탄은 창조할 능력이 없다. 다만 피조물들을 넘어뜨리기 위해 시험할 뿐이다. 그러므로 어떠한 방해와 대적이 있어도 하나님의 신실하심을 의심치 말고 붙들어야 한다.

많은 사람들이 초보적인 은사를 가지고 영적 교만에 빠져서 균형 감각을 잃어버린 채 사단에게 속는지 모른다.

둘째로 영적 전쟁에 대한 지나친 강조만큼이나 위험한 것이 영적 전쟁에 대한 부정적인 시각이다. 우리가 준비가 되었든 안 되었든 우리가 영적 전투의 중심에 서 있다는 사실은 틀림없는 성경적인 진리다. 지금도 사탄은 우는 사자처럼 삼킬 자를 찾고 있다. 여기서 예외적인 사람은 아무도 없다. 자유주의신학자나 해방신학자들은 마귀나 귀신이라는 단어를 쓰는 것조차 꺼려 하는 경향이 있다. 인간사의 모든 것을 마귀와 결부시켜서 생각하는 만큼이나 마귀의 활동을 2천 년 전의 일로만 치부하는 것 역시 동일하게 위험한 것이다. 마귀는 이빨 빠진 사자가 아니다. 예수님의 능력을 의지함이 없이 마귀의 날카로운 이빨에서 벗어날 수 있는 힘을 가진 사람은 아무도 없다. 2천 년 전 예수님의 십자가 상의 죽음과 부활로 마귀를 이기고 영원한 승리를 쟁취한 것이 사실이지만, 우리는 여전히 공중 권세 잡은 자가 활개를 치는 이 땅에서 살고 있다는 것을 잊어서는 안 된다. 마귀의 존재를 무시하는 사람은 마치 자기 눈을 가린 채 자신이 보지 못하기 때문에 다른 사람도 자기를 볼 수 없다고 착각하는 어린아이와 같다.

우리가 양극단에 빠지지 않고 영적 균형 감각을 가지고 마귀를 이기는 방법은 깨어서 기도하는 데 있다. 예수님께서 십자가를 지기 전에 깊은 고민 가운데 겟세마네에서 기도하실 때에 제자들에게 하셨던 말씀은 우리가 마귀를 이기는 해답을 제시하고 있다. 예수님은 제자들이 자는 것을 보시고 "시험에 들지 않게 깨어 기도하라 마음에는 원이로되 육신이 약하도다"고 말씀하셨다. 이것은 인간이 연약한 육신의 본성을 극복하고 주님께 나아가기 위해서는 깨어서 기도하는 길뿐 다른 대안은 없다는 사실을 말씀하고 있는 것이다.

우리는 마귀를 대적할 때 에베소서 6장 10절의 말씀처럼 하나님의 전신 갑주를 입어야 한다. 전신 갑주는 싸움에 나가는 군인이 방어와 공격을 동시에 할 수 있는 장비다. 우리가 마귀를 대적하기 위해서 필요한 것은 하나님으로부터 오는 전신 갑주다. 세상의 첨단 지식이나 철학으로는 마귀를 손바닥만큼도 이길 수가 없다. 예수님의 십자가로 우리는 이미 승리를 거두었으나 이 땅에 사는 한 아직 궁극적인 승리는 이루어지지 않았다. 그러므로 우리가 하나님의 전신 갑주를 입고 마귀와 싸우되, 바울이 "항상 성령 안에서 기도하고 이를 위하여 깨어 구하기를 항상 힘쓰라"는 말씀으로 영적으로 깨어 있으라고 권면한 것을 잊어서는 안 된다.

사탄은 우리를 끝까지 집요하게 방해할 수 있다. 그것은 우리의 일을 방해하는 것이 아니라 하나님의 일을 방해하는 것이다. 하지만 사탄은 결코 우리를 파괴할 수 없다. 사탄은 창조할 능력이 없다. 다만 피조물들을 넘어뜨리기 위해 시험할 뿐이다. 그러므로 어떠한 방해와 대적이 있어도 하나님의 신실하심을 의심치 말고 붙들어야 한다.

은혜를 감지하는 영혼의 안테나

하나님의 시각을 가진 사람들은 혼자 독불장군 식으로 일하지 않고 팀을 이루어 일한다. 자신과 따르는 자들을 동일시하고 마음을 같이 한다.

"후에 그들에게 이르기를 우리가 당한 곤경은 너희도 보고 있는 바라 예루살렘이 황폐하고 성문이 불탔으니 자 예루살렘 성을 건축하여 다시 수치를 당하지 말자 하고"(2:17).

사실 느헤미야는 이렇게 이야기할 필요가 없었다. 자기가 직접 당한 곤경도 아니었고, 무엇보다도 그는 머나먼 페르시아에서 왔으며 예루살렘 출신도 아니었다. 또한 자기 잘못으로 그렇게 된 일도 아니었다. 오히려 느헤미야 입장에서는 "너희는 어떻게 70년 동안이나 성벽 재건도 제대로 못하고 저처럼 황폐하게 내버려 둘 수가 있느냐? 이 부족하고 모자란 사람들아" 하면서 책망할 수도 있었다. 그러나 느헤미야는 "우리가 당한 곤경"이라고 하며 그 모든 현실을 자기 자신의 일로 여겼다. 도와주러 왔다고 하면서 우쭐대거나 군림하려고 들지도 않았다. 그저 사람들과 마음을 같이할 뿐이었다. 느헤미야가 가졌던 공동 운명체 의식은 기독교의 혈관 속에 흐르는 복된 전통이라고 할 수 있다. 종교 사학자들은 초대교회의 가장 큰 성공 요인으로 동료 의식과 형제 의식이 결합된 공동체 의식을 들고 있다.

이처럼 느헤미야는 예루살렘 백성들과 한마음을 가지되, 다른 한편으로는 상황을 예리하고 냉철하게 분석했다.[1]

느헤미야는 대책 없이 무조건 만사가 다 잘될 거라고 장담하지는 않

[1] "앞으로 나아가 샘 문과 왕의 못에 이르러서는 탄 짐승이 지나갈 곳이 없는지라 그 밤에 시내를 따라 올라가서 성벽을 살펴본 후에 돌아서 골짜기 문으로 들어와 돌아왔으나 방백들은 내가 어디 갔었으며 무엇을 하였는지 알지 못하였고 나도 그 일을 유다 사람들에게나 제사장들에게나 귀족들에게나 방백들에게나 그 외에 일하는 자들에게 알리지 아니하다가"(2:14-16).

았다. 15절에 나왔듯이 그는 다들 잠자리에 들었을 한밤중에 홀로 나가 성벽을 살펴보며, '이 어려운 상황을 어떻게 타개해 나갈까? 보통 일이 아니로구나. 쉽게 넘을 수 있는 능선이 아니구나' 하며 사태 파악에 힘썼을 것이다. 지도자로서 하나님의 일을 할 때 책임감 있게 형편을 돌아보는 자세는 매우 중요하다. 오늘날 신앙의 지도자들은 느헤미야가 그랬던 것처럼, 이 시대라는 성벽을 손으로 더듬어 보면서 허물어져 가는 부분을 어떻게 보수해야 할지 고민해야 한다. 하나님의 사람들은 보이지 않는 곳에서 그렇게 일한다. 그러면서 낙심하지 아니하고, 형통케 하시는 하나님의 손길이 도우실 것을 굳게 믿는다.[1]

때로 하나님의 선한 손을 잊어버린 채 낙심하는가? 그럴 때마다 과거에 하나님께서 나를 어떻게 도우셨는지 돌이켜 보라. 느헤미야는 하나니에게서 예루살렘 소식을 처음 들은 후부터 아닥사스다 왕의 도움을 받아 예루살렘으로 오기까지 일련의 과정이 모두 하나님의 선한 손이 도우신 일임을 간증했다. 느헤미야의 말을 들은 이스라엘 백성들은 기뻐하며 힘을 얻고 모두가 한마음으로 성벽 건축에 참여했다.[2]

느헤미야의 간증을 통해 사람들의 마음속에 불꽃이 일어났다. 하나님의 시각을 가진 사람들은 다른 사람들의 마음에 비전의 불꽃을 일으키는 사람들이다.

하나님은 자신의 백성들을 향하여 무엇을 해 줄까 끊임없이 관심을 가지고 도우신다. 은혜를 감지하는 영혼의 안테나를 곧추세운 채 깨어 있으면 하나님이 내 삶을 어떻게 도우시는지 민감하게 깨달을 수 있다. 하나님은 지금도 성령의 감동으로 우리가 하나님의 뜻대로 기도하도록 이끄신다. 성령님은 하나님의 자녀답게 떳떳하고 당당히 살아갈 수 있는 마음을 열어 주시는 분이다.

  느헤미야는 대적자들의 숱한 조롱과 방해에도 물러서지 않고, 하나님의 선한 손길이 도우시면 형통하게 된다는 굳건한 믿음을 가졌다. 그리고 이 믿음을 사람들과 공유했다. 표현되지 않는 비전은 영향력이 작다. 비전의 씨앗을 사람들의 가슴에 심을 때, 그리고 그 비전을 향한 하나님의 시각을 사람들의 가슴에 새길 때 비로소 비전이 역사하게 될 것이다.

  느헤미야의 비전이 느헤미야 개인에 머무르게 하지 말라. 사람 자체는 전수되지 않는다 할지라도 그의 비전과 시각은 시대를 거쳐 계승될 수 있다. 오늘도 그가 보여 준 하나님의 시각은 우리들의 가슴속에서 숨을 쉰다.

  그의 비전은 바로 오늘을 살아가는 우리 모두의 비전이 되어야 한다. 하나님의 일을 하려고 할 때 여러 어려움이 닥쳐오겠지만, 하나님의 손이 얹어지면 무엇이든 형통할 것임을 믿고 나아가야 한다. 우리 이제 하나님이 주시는 시각과 소명을 품고, 이 시대 잠든 영혼들의 메마른 가슴에 비전의 불꽃을 활활 태우자.

1 "또 그들에게 하나님의 선한 손이 나를 도우신 일과 왕이 내게 이른 말씀을 전하였더니" (2:18 a).
2 "그들의 말이 일어나 건축하자 하고 모두 힘을 내어 이 선한 일을 하려 하매" (2:18 b).

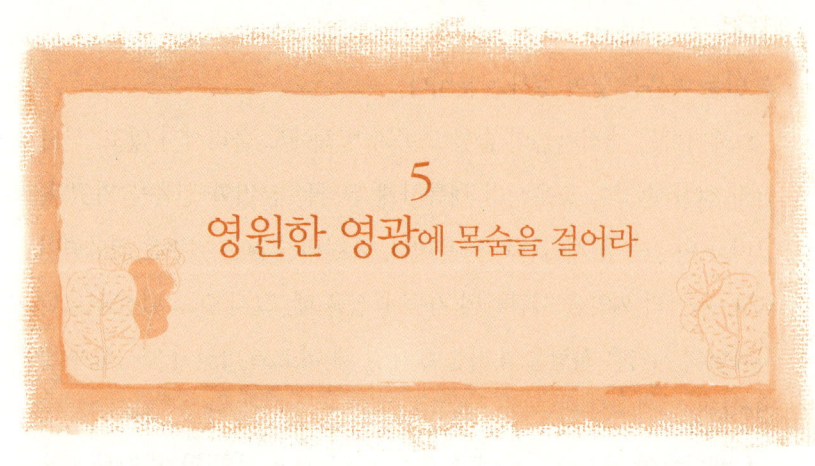

5
영원한 영광에 목숨을 걸어라

하나님의 영광은, 진흙 같은 인생이 이 땅에서 정금 같은 삶을 살도록
인간의 체질을 변화시키는 가장 강력한 영혼의 변조기(變調器)다.

흔히 사람들은 느헤미야서를 가리켜 지도력과 리더십에 관한 책이라고 한다. 또 어떤 이들은 성벽 재건에 관한 책이라고 한다. 모두 맞는 말이다. 그러나 느헤미야서의 핵심 키워드는 '하나님의 공동체'이다. 하나님께서는 언약의 백성을 회복시키시고 그 공동체를 새롭게 하시며, 그 백성들 한 사람 한 사람에게 분명한 정체성을 갖게 하신다. 어떤 정체성인가? 하나님의 백성으로서의 정체성이다. 기독교 공동체의 특징은 한마디로 표현하면 몸의 공동체이다. 세상에도 수많은 공동체가 있다. 그런데 세상의 공동체가 이념이나 이익 개념으로 묶여 있는 것에 반해서 기독교의 공동체에는 예수의 피가 흐른다는 것이다.

그리스도인의 영원한 형제 의식

이러한 기독교 공동체의 특징을 잘 나타낸 사람이 본회퍼(Dietrich Bonhoeffer)이다. 그는 기독교가 예수로 말미암아, 예수 그리스도 안에 있는 공동체라고 말하고 있다. 이것이 무슨 말인가? 첫째로 기독교 공동체의 그리스도인은 예수 그리스도로 인해서 다른 사람을 필요로 한다는 말이다. 둘째로 기독교 공동체의 그리스도인은 예수 그리스도를 통해서만 다른 사람에게 나아갈 수 있다는 말이다. 셋째로 기독교 공동체의 그리스도인은 예수 그리스도 안에서 선택받았고 연합되었다는 것이다. 이 모든 말이 가장 압축적으로 표현된 단어가 바울이 그렇게 자주 사용하고 있는 '형제'라는 말이다. 바울은 그의 서신서에서 백 번 이상이나 형제라는 단어를 사용하고 있다. 형제는 피를 나눌 때에만 진정한 관계가 형성된다. 그리스도인은 예수의 피로 형제가 된 새로운 피조물들이다. 그래서 본회퍼는 "우리가 예수 그리스도를 통해서만 형제가 된다는 사실은 측량할 수 없을 만큼 중요하다"고 말하고 있는 것이다. 기독교의 공동체는 예수로 인해서 깊어지고, 예수로 인해서 순수해지고, 예수로 인해서 영원한 형제 의식을 갖게 되는 것이다.

느헤미야는 신약시대의 우리에게 진정한 공동체의 그림자를 보여주고 있다. 느헤미야서 3장에는 7장, 10-12장과 마찬가지로 많은 사람들의 이름이 나열되어 있다. 또한 이름과 함께 그 사람이 어디 출신이며 부모는 누구인가 하는 출생 배경도 나온다. 바로 하나님의 언약 백성들의 정체성을 낱낱이 밝힌 것이라고 할 수 있다. 이것은 성벽 재건을 계기로 공동체가 회복되었으며, 동시에 하나님 백성들 하나하나의 정체성도 회복되었음을 의미한다.

생명의 뿌리를 찾은 사람들

　외국에서 오래 생활한 해외 교포들은 '과연 나는 누구인가?' 하는 혼란스러움을 경험한다. 미국 교포들의 경우는 그 정도가 좀 더 심하다. '나는 미국 사람인가, 한국 사람인가? 미국 사람이기도 하고 한국 사람이기도 한가? 아니면, 미국 사람도 아니고 한국 사람도 아닌가?' 하는 의문들로 머릿속이 한없이 복잡해진다고 한다.
　정체성 문제가 중요한 이유는, 이 문제가 해결되지 않고서는 가위 눌리듯 마음에 무거운 짐을 진 채 일생을 살아야 하기 때문이다. 어디에서 소속감을 느껴야 할지가 평생의 숙제가 되어 버린다. 나의 뿌리가 무엇이고, 내가 어디에 속해 있는지 명확하지 않으면 늘 위기감을 느끼게 된다. 이러한 모습은 실제로 아주 흔하게 찾아볼 수 있는데, 해외 입양아의 고국 방문이 그 대표적 예라 할 수 있다. 언론을 통해 자주 접했듯이, 해외 입양아 가운데는 부유한 나라의 좋은 가정에 입양되어 훌륭하게 커서 나름대로 성공적인 인생을 사는 사람들도 많다. 물론 이들은 자신을 버린 한국과 친부모를 원망할 수도 있겠지만, 현재 환경에 만족하며 잘 살아갈 수도 있다. 아니, 어쩌면 아주 어릴 때부터 해외에서 성장했기 때문에 이들은 한국 사람이라기보다는 그들을 키워 준 나라의 사람이라고 해도 지나치지 않을 것이다.
　하지만 이들 가운데 상당수가 고국을 찾아온다. 그 이유가 무엇이겠는가? 바로 뿌리 의식, 곧 자기 정체성을 확인하기 위해서이다. 이들은 살아가면서 남들과 다른 자신의 모습을 볼 때 자신이 그 어디에도 속하지 못하고 붕 뜬 듯한 느낌을 가진다고 한다. 메간 리드는 생후 며

칠 만에 버려져 고아원에서 자라다가 23년 전에 미국에 입양되어 지금은 아이오와 주립대에서 저널리즘을 전공하는 한국인이다. 그녀의 말에서 자신의 뿌리를 찾고자 하는 인간의 본능을 읽을 수가 있다. "내가 누구인지 알고 싶었어요. 끊임없이 정체성을 고민했던 10대 때부터 한국을 찾고 싶었습니다. 아무리 부인해도 절대 변하지 않는 나의 뿌리는 한국이니까요." 해외에 입양된 사람만 자신의 뿌리를 찾는 것이 아니다. 영적인 뿌리를 잃어버린 현대인 모두가 이러한 고민을 가지고 있다.

도둑이 훔쳐간 것

정체성의 상실이 주는 삶의 혼란에 대해서 덴마크 철학자 키에르케고르가 재미있는 예를 가지고 설명하고 있다. 그는 그의 고향인 덴마크에 있는 큰 상점에 침입한 도둑에 대해서 이야기했다. 그 도둑들은 그 상점에 침입하였지만, 상점의 어떤 것도 가져가지 않았다. 아침에 점원이 문을 열었을 때, 모든 상품이 그대로 진열되어 있었다. 단지 도둑들은 그 상점의 모든 물건의 가격표를 뒤바꾸어 놓았을 뿐이었다. 다이아몬드 목걸이에는 2달러의 가격표가 붙어 있었고, 가죽 신발에는 50센트의 가격표가 붙어 있었다. 그리고 연필의 가격은 75달러 되었고, 아기의 딸랑이 장난감에는 5천 달러의 가격표가 붙어 있었다. 도둑들은 사실 어떤 것도 훔쳐 가지 않았다. 그러나 도둑들은 사실상 가장 중요한 것을 훔쳐 갔다. 그들은 상품의 본질적인 가치를 훔쳐 갔다. 다시 말해서 그들은 상품의 정체성을 훔쳐 간 것이다.

정체성이 상실되면 자신에 대해서 제대로 된 가치 평가가 이루어지지 못한다. 정체성이 혼란된 사회는 싸구려가 귀중품 행세를 하고 천박함이 고상한 척하는 우스운 결과를 가져올 것이다. 이것이 키에르케고르가 말하는 우화의 의미다. 만일 그리스도인이 제대로 된 정체성을 가지지 못한다면 이 땅에서 그리스도인으로서 자존감을 가지고 살기가 어려울 것이다. 우리가 느헤미야의 성벽 복원에서 보아야 할 것은 이것이다. 지금 느헤미야의 예루살렘 성벽 건축은 단순히 건물의 외형을 세운 것이 아니라, 그동안 해체되어 있던 이스라엘 공동체를 다시 세웠고, 상실된 정체성을 복원시킨 것이다.

오늘날 수많은 믿음의 성벽이 바벨론의 강력하고도 끈적끈적한 세속 문화에 휩쓸리고 무너져 많은 신자가 세상의 해변가에서 기력을 잃은 채 쓰러져 있다. 어떻게 다시 일어설 것인가? 믿음의 성벽을 다시 복원하고 그리스도인의 정체성을 회복하는 수밖에 없다.

영국 옥스퍼드 대학에서 학생들을 대상으로 조사한 결과, 무려 80%의 학생들이 학창 생활에서 겪는 가장 큰 문제로 정체성의 위기를 꼽았다고 한다. 이러한 사정은 우리나라도 별반 다르지 않을 것이다. 이 시대를 사는 자기가 과연 어떤 사람이며, 자기와 같은 정체성을 가진 또 다른 사람들과는 어떻게 생명력 있는 공동체를 이룰 수 있는지에 대해 익숙하지 않다.

오늘날 이 인간관계의 문제를 다루며 특별히 생각해 보아야 할 것이 바로 휴대폰 문화이다. 우리나라 성인의 90% 이상이 휴대폰을 가지고 다닌다. 이들이 이처럼 휴대폰을 가지고 다니는 것은 관계를 끊어지지 않게 하겠다는 내면의 은밀한 욕구 때문이다. 휴대폰이 없으면 자기도 모르게 불안해 하는 금단현상이 나타나기까지 한다. 그런데 휴대폰으로 통화하며 가장 많이 하는 말이 "어디야?"라고 한다. 상대와 나의 관계를 잠시라도 끊고 싶지 않다는 숨겨진 욕구가 단적으로 드러난 표현이 아니겠는가? 또한 이것을 뒤집어 본다면 그만큼 이 시대에 사람과 사람 사이의 관계가 깨져 고독해 하는 사람들이 많다는 것을 알 수 있다. 그래서 현대인들은 술을 마신다든지, 여러 모임에 나간다든지, 아니면 물질적 욕구를 채운다든지 해서 나름대로 외로움에서 벗어나 보려고 몸부림친다.

하나님의 꿈

고독과 소외에 대한 두려움은 어제오늘의 일이 아니다. 이미 수천 년 전 시편 기자의 고백에도 절절하게 나타나 있다. 헨리 나우웬(Henri Nouwen)은 시편 88편 18절의 말씀을 인용하여 현대인의 외로움을 "친구들은 다 떠나고 흑암 가운데 철저히 혼자만 남은 처지에서 오는 심신의 고통"이라고 정의하면서 이렇게 말했다.

> 외로움은 가장 보편적인 인간의 경험 중 하나이긴 하지만 오늘날의 경쟁적인 사회는 현대인에게 더욱 외로움을 의식하게 합니다. 그 결과 외로움은 현대인의 가장 큰 고통 가운데 하나가 되었습니다. 정신과 의사와 임상심리학자들에 따르면 외로움은 사람들이 가장 많이 털어놓는 불만이며, 자살의 주요 원인이요, 알콜과 마약 복용, 다양한 심신의 고통들(두통, 위통, 요통)의 원인이며, 심지어 수많은 교통사고의 원인이라고 합니다. 이러한 외로

움의 뿌리는 너무도 깊기 때문에 세상의 즐거움이나 사교 모임으로는 해결할 수가 없습니다. 이것은 마치 주변의 사람들은 다 떠나고 흑암 가운데 철저히 혼자만 남는 상황과 같습니다.

인간의 소외감이나 인간관계의 단절에서 오는 근본적인 문제들은 하나님이 세우신 온전한 생명의 공동체 안에서만 해결될 수 있다. 그리스도인들은 다행스럽게도 교회라는 축복된 예배 공동체 안에 속해 있다. 주님이 세워 주신 이 공동체가 얼마나 값지고 귀한지 모른다. 우리에게 함께 모여서 찬송과 예배를 드리고, 성도의 교제를 나누며 기도하는 생명의 공동체가 있다는 것은 참으로 감사한 일이다. 이 생명의 공동체의 뿌리는 썩어질 뿌리가 아니다. 영원한 생명 되신 예수님으로부터 흐르는 생명수로 영생의 뿌리를 가지고 있다. 그리고 이 생명의 공동체를 세우는 우리 그리스도인들은 썩어질 뿌리가 아니라 영원한 뿌리를 찾은 사람들이라고 할 수 있다.

느헤미야는 1, 2장에서 자신이 '하나님의 백성'이라는 사실을 깨달았다. 하나님께서는 "너는 나의 백성이다. 나는 네 하나님이 될 것이고 너는 나의 백성이 될 것이다"라는 언약을 선포하셨다. 이것이 바로 신구약성경에 나타난 하나님 백성들의 정체성이다. 오늘날도 고독한 현대인들이 하나님 앞에 돌아올 때 그들은 언약 공동체의 한 일원이 되며, 이 공동체 안에서 비로소 정체성을 회복한다.

새로운 생명의 공동체가 얼마나 중요한지 존 오트버그(John Ortberg) 목사는 "하나님 백성들의 공동체는 하나님이 가장 원하시는 꿈"이라고 말한 바 있다. 하나님의 꿈이란 간단히 말해 '구원받은 자의 새로운 공동체'인 것이다. 오트버그 목사는 이 땅에 있는 것 가운데 영원히 지속될 것은 하나님이 세운 새로운 공동체뿐이라고 했다. 또 교회란 다른 많은 사회 기관 중 하나가 아니라 하나님이 가장 아끼시는, 피조물에 대한 하나님의 꿈이라고 했다. 그것은 이 예배 공동체가 하나님께 영광 돌리는 주체로서 섬김과 사랑과 교제를 나누는, 그야말로 생명의 공동체이기 때문이다. 교회는 하나님의 뜻이 이 땅에서 성취되는 유일한 현장이다. 자기 정체성을 회복한 하나님의 언약 백성들이 함께 모이는 생명의 공동체이다.

느헤미야서 3장에 열거된 이름들은 출신과 배경이 저마다 다른 한 사람 한 사람의 소중한 이름들이다. 우리 크리스천 공동체도 이렇게 한 사람 한 사람의 이름을 담고 있다. 이 이름들은 예수 그리스도의 보혈만큼 소중한 존재로 구원받은, 하나님 백성들의 이름이다.

구원받은 백성들이 모여서 예배드리고 찬양하며 하나님의 뜻을 분별할 때, 그곳은 하나님의 뜻이 실현되는 이 땅의 유일한 현장이 된다. 그렇다면 이 공동체에 하나님의 뜻이 제대로 펼쳐지기 위해 필요한 조건은 무엇일까?

무너진 제단을 재건하라

첫째, 공동체 구성원들의 비전과 목표가 같아야 한다. 느헤미야서에 나오는 이스라엘 백성들의 현실은 아주 비참했다. 많은 사람들이 포로로 끌려가서 예루살렘 성안은 삭막했고, 성벽은 무너지고 성문은 모두 불탔다. 나귀 한 마리 지나갈 만한 변변한 길조차 없었다. 이런 상황에서 이스라엘 백성들 스스로도 정체성을 갖기란 힘든 일이었다. 게다가 여기저기서 조롱의 화살이 마구 날아왔다. "너희들이 하나님의 백성이라고? 하나님의 백성들이 그렇게 다 무너진 성에서 살아? 어떻게 하나님의 백성이라면서 불타 버린 성문을 안고 살 수가 있냐?" 사실 이스라엘 백성들조차도 '하나님의 백성이 뭐 이런 비참한 꼴을 당할 수 있단 말인가?' 하며 하나님을 원망할 만한 형편이었다.

이때 느헤미야는 하나님 백성이라는 정체성을 가진 공동체를 이루는 데 정말 필요한 것은 공유된 비전과 목표라고 생각했다. 그들의 비전과 목표는 바로 성벽 재건이었다. 따라서 성벽 재건은 단순히 무너진 성벽을 다시 쌓아 올리는 토목공사에 그친 것이 아니라, 하나님 백성의 정체성을 회복하도록 이끄는 꿈과 소명이었다. 엄연한 현실인 동시에 하나의 상징이었던 셈이다.

서울 청계천을 복원한 것도 단순히 콘크리트를 뜯어 옛날에 흐르던 시냇물로 원상 복귀시켰다는 의미에 머물지 않는다. 내가 대학 다니던 시절에는 언제 가스가 폭발할지 모르니 청계천 위로는 지나가지 말라는 말이 있었다. 바로 이런 청계천이 복원되었다는 것은 죽음처럼 삭막한 콘크리트 덩어리가 생명의 현장으로 바뀌었다는 커다란 의미를 갖는다.

이처럼 이스라엘 백성들에게 성벽 재건은 단순한 건축의 의미를 넘어, 하나님 나라 백성으로서 거룩함을 확보한 사건이었다. 즉, 다른 민족과는 구별될 새로운 역사가 일어나는 기점이 된다는 의미였다.

이스라엘 백성들은 양 문[1]과 성벽을 건축함으로써 하나님의 백성이라는 구별된 의식을 갖는 공동체가 회복된 것이다.[2] 성벽을 재건하며 백성들과 느헤미야는 자기 정체성을 확인하고 비전을 공유하게 되었다. 이처럼 꿈, 비전, 목표가 새롭게 되자 현실을 바라보는 시각도 달라져, 모든 일을 하나님이 원하시는 방향으로 집중해서 할 수 있었다.[3]

분명한 동기가 생기고 소명을 확신하니 하나님 백성들은 힘이 나서 성벽을 쌓는 데 전심으로 집중할 수 있었다. 공감대가 형성되면 사람들은 누가 시키지 않아도 자연스럽게 헌신한다. 그렇기 때문에 비전과 꿈을 공유하는 것이 중요하다. 이로써 성벽 재건 역사를 통해, 구별된 하나님 백성들의 새로운 공동체가 일어나게 되었다.

이 사실은 오늘날의 한국 사회나 교회 앞에 시사하는 바가 크다. 역사적으로 한국 교회는 3·1 운동이나 1970년대의 복음화 엑스플로 대회, 인권 운동 등을 통해서 나름대로의 역할을 감당했다. 그리고 1천만 성도들을 확보하기에 이르렀다. 참으로 대단한 일이다. 이것은 교회 안에 공유된 비전이 있었기 때문에 가능한 일이었다. 그러나 21세기에 들어선 지금, 한국 교회는 함께 땀 흘리고 함께 구축해야 할 공유된 비전을 상실하고 말았다.

그렇다면 과연 한국 교회와 한국 그리스도인들은 민족의 운명을 책임질 수 있는가? 민족의 무너진 제단, 허물어진 성벽을 보라. 이런 혼

[1] 양 문은 양의 문(the Sheep Gate)이라는 뜻인데, 성전의 북쪽에 위치하여 제사용 짐승들이 이 문 옆의 못에서 씻겨진 후 이 문을 통해서 성전으로 옮겨 갔던 것으로 보인다.
[2] "그때에 대제사장 엘리아십이 그의 형제 제사장들과 함께 일어나 양 문을 건축하여 성별하고 문짝을 달고 또 성벽을 건축하여 함메아 망대에서부터 하나넬 망대까지 성별하였고" (3:1).
[3] "이에 우리가 성을 건축하여 전부가 연결되고 높이가 절반에 이르렀으니 이는 백성이 마음 들여 일을 하였음이니라" (4:6).

> 분명한 동기가 생기고 소명을 확신하니 하나님 백성들은 힘이 나서 성벽을 쌓는 데 전심으로 집중할 수 있었다. 공감대가 형성되면 사람들은 누가 시키지 않아도 자연스럽게 헌신한다. 그렇기 때문에 비전과 꿈을 공유하는 것이 중요하다.

란스러운 상태를 바라보며 하나님이 우리에게 허락하신 비전은 과연 무엇인가. 그것은 교회가 도덕적 주도권을 회복하는 것이다. 또한 선교의 사명을 감당하는 것이다. 하나님께로 돌아가 거룩함의 역사를 새로이 이루는 것이다.

바로 이러한 공유된 목적과 비전이 있어야 사회, 교회, 개인의 허물어진 성벽을 재건할 수 있다. 물론 우리의 궁극적인 목표는 하나님의 영광을 구하는 데 있다. 이것이 흔들리면 어려움이 오게 되어 있다. 하나님의 영광이야말로 교회 공동체의 사명을 다시 일으켜 세우는, 가장 확실한 재건의 동기가 된다.

셔우드 홀을 바꾼 하나님의 영광 의식

하나님의 영광을 사모하는 것은 진정한 민족의 부흥은 물론이요 개인의 삶에서도 인생의 획을 긋는 시발점을 제공한다. 흔히 평양대부흥운동의 발원지의 하나로 하디(Robert Alexander Hardie)의 평양 선교사 사경회를 꼽는다. 우리는 하디의 설교 속에서 왜 그가 이끈 평양 사경회가 1년 후 평양 대부흥운동의 발원지가 되었는지 깨달을 수 있다. 그의 설교 중에 "우리의 체력이 날마다 음식물을 섭취함으로 유지되는 것같이 우리의 영적인 강건함도 날마다 기도를 통해서만 유지될 수 있을 것입니다. 이때 우리의 목적은 인간의 영광으로부터 하나님의 영광으로 그 초점이 바뀌어질 것입니다."

하디가 하나님의 영광을 외쳤던 그 자리에 어린 셔우드 홀(Sherwood Hall)이 어머니 로제타 셔우드 홀(Rosetta Sherwood Hall)의 손을 잡고 참석하였다. 본래 본국에서 사업가가 꿈이었던 셔우드 홀은 하디의 설교를 듣고 자신 역시 부모님들처럼 의료 선교사가 되어 한국에서 사역하기로 결심한 것이다. 그는 토론토 의대를 졸업하고 한국에 최초의 결핵 요양원을 설립하여 폐결핵으로 죽어 가는 많은 사람들의 생명을 건졌다. 한마디로 셔우드 홀 일가는 영원한 영광에 목숨을 걸었기에 그 결과 이 땅의 수많은 생명들을 예수의 이름으로 구하였던, 누구보다도 넘치는 인생을 살았던 사람들이라고 말할 수 있다. 하나님의 영광을 사모하는 곳에는 반드시 민족적으로나 개인적으로 부흥의 역사가 따른다는 것을 보여 주는 사실(史實)이다.

서민 아파트 7층에 살면서도

그런데 여기서 한 가지 기억해야 할 것은 하나님의 영광이 드러나는 곳에는 반드시 사탄의 훼방이 따른다는 것이다. 그것은 바로 분열이다. 사탄은 지금도 한국 교회, 한국 사회가 하나 되지 못하도록 공격하고 있다. 사사건건 의견이 분분하여 자기들끼리 싸우게 만들어 스스로 멸망하게끔 유도하고 있다. 그러므로 이에 맞서 공동체 의식을 고양시키는 것이 바로 하나님의 영광을 위하는 일이 된다. 바울도 에베소서 2장 21절에서 "그 안에서 상호 연락하고 하나님의 집이 세워져 간다"고 했으며, 느헤미야서 5장에도 공동체의 하나 됨을 위해 헌신하는 모습이 나타나 있다.

오늘날 우리나라는 세계 선교 2위 국가로서 세계 선교의 막중한 사명을 감당하는 은혜를 받았다. 그 사명을 제대로 감당하기 위해서는, 먼저 "나라와 민족을 위해 우리가 어떤 영적인 책임을 질 수 있는가? 어떻게 해야 한국 사회의 무너진 제단을 다시 쌓고 회복할 수 있겠는가?" 하는 진지한 성찰부터 해야 한다. 개인적으로 그런 거창한 일을 할 수 없는 형편이라 할지라도, 그것을 기도 제목으로 삼고 공동체 안에서 비전을 공유한다면, 하나님은 생명의 공동체의 일원이라는 분명한 정체성을 우리에게 회복시켜 주실 것이다. 나는 대학 시절 "하나님, 21세기의 무너진 제단을 구축하게 하옵소서. 21세기의 허물어진 성벽을 보수하는 역할을 감당하게 해 주옵소서" 하는 기도를 드렸다. 그랬을 때 많은 사람들이 "서민 아파트 7층에 살며 날마다 라면으로 끼니를 때우는 네가 뭘 할 수 있겠냐"고 비웃었다. 그래도 하나님은 21세기 우리 민족의 무너진 성벽, 무너진 제단을 쌓는 데 일조하겠다는 소망을 주셨다. 더불어 개인적인 문제와 짐들까지도 해결해 주시고 덜어 주셨다.

나눔으로 은혜의 덤을 누려라

둘째, 하나님의 공동체에는 협력하는 정신이 필요하다. 느헤미야서 3장은 이스라엘 백성들이 서로 협력하는 모습을 보여 주고 있다. 거의 모든 절마다 누가 무엇을 했다는 식의 내용이 계속 되풀이되고 있다. 1절에는 대제사장과 제사장 같은 지도자들이 앞장서는 모습이 나온다. 그리고 마지막 절인 32절을 보면 성 모퉁이 누에서 양 문까지 금장색(금 세공업자)과 상고(상인)들이 중수했다는 내용이 나온다. 종교 지도자인 대제사장과 제사장들이 양 문으로 시작한 공사를 마지막으로 금세공업자들과 상인들이 마무리한 것이다. 재건 공사 내역을 시계 반대 방향으로 40종류로 나누고, 38명의 사람들이 각자 맡은 일을 했다. 이렇게 협력하는 정신이야말로 공동체 회복의 열쇠이다. 심지어 17절에는 "레위 사람 바니의 아들 르훔이 중수하였다"고 했다. 본래 레위 사람들은 세속적인 일을 하지 않았다. 그런데 이런 사람들까지도 모두 나와서 같이 협력했다.

협력하는 정신이 왜 그렇게 중요한가? 오늘날 많은 교회에서 10-20%의 성도들이 교회 일의 80-90%를 맡아서 한다. 나머지 80%의 성도들은 예배만 드리고 왔다 갔다 한다. 이 때문에 교회 공동체들이 제대로 힘차게 서지 못한다.

"온몸이 각 마디를 통하여 도움을 받음으로 연결되고 결합되어 각 지체의 분량대로 역사하여 그 몸을 자라게 하며 사랑 안에서 스스로 세우느니라"는 에베소서 4장 16절의 말씀처럼, 공동체는 각자의 섬김을 통해서 세워져 가는 것이다.

남극 펭귄이 사는 법

자신을 나눔으로 함께 누리는 협력의 정신을 통한 생존은 동물에게서도 볼 수 있다. 남극지방의 혹한은 상상을 초월한다. 한겨울의 기온은 영하 6, 70도가 보통이다. 1968년 8월에는 영하 88도까지 내려간 적도 있다. 절기가 우리와 정반대이기 때문에 남극은 8월이 가장 추운 달이다. 거기다가 겨울 몇 달 동안은 해가 뜨지 않는 암야기가 이어지고 극지 특유의 강풍까지 몰아친다.

이런 극한 상황에서도 생물은 살아간다. 특히 펭귄의 월동 지혜는 감동스럽다. 겨울이 다가오면 펭귄 무리는 극점으로 이동하기 시작한다. 기온이 내려갈수록 조금이라도 따뜻한 곳을 찾는 게 생태계의 철칙임에도 펭귄은 반대로 제일 추운 곳을 찾는다. 강풍을 피하자는 슬기의 소산이다. 극점에 도착한 펭귄 떼는 서로 몸을 맞대고 촘촘히 포개 앉아 둥그런 원을 만든다. 그런 상태로 춥고 캄캄한 겨울을 보낸다. 서로의 체온에 의지해서 가혹한 시련을 극복하는 것이다. 자리다툼을 자제한 채 하나로 뭉치는 지혜가 곧 펭귄의 생존 전략인 셈이다.

펭귄은 자신의 체온을 나눔으로 상대방의 체온을 내 것으로 삼는다. 진정한 협력은 내 것을 먼저 내어 놓는 것에서 시작한다. 그 결과 더 큰 시너지를 누리는 것은 은혜의 덤이라고 할 수 있다. 그리스도인은 자신의 것을 내어 놓음으로 몸의 공동체 속에서 은혜의 덤을 누리는 삶을 사는 사람들이 아닐까?

그리고 여기에 이제 한 가지 더 필요한 것은 '노블레스 오블리제(noblesse oblige)'라는 헌신된 지도력이다. 고귀한 신분에 따른 윤리적 의무를 뜻하는 노블레스 오블리제는 사회와 법의 강제가 아닌 귀족 스스로 그들의 명예와 입지를 세우기 위해 전략적으로 부과한 자율적 도덕률이다. 하지만 노블레스 오블리제는 비단 특정 계층의 명예 고양과 입지 고수 차원에 그치는 문제가 아니다. 국가의 운명과 성쇠를 가를 정도로 중요한, 없어선 안 될 무형의 사회 인프라다. 역사적으로 보

1 "그 다음은 드고아 사람들이 중수하였으나 그 귀족들은 그들의 주인들의 공사를 분담하지 아니하였으며" (3:5).

면 국가나 사회 붕괴의 주된 원인은 지도층의 타락이었다. 한 국가의 위기 중 사회 지도층의 타락만큼 큰 위기는 또 없다.

그런데 재건 공사 과정에서 바로 그런 문제가 생겼다. 이스라엘 백성들이 전심으로 성벽 건축에 참여하였지만, 어떤 귀족들은 공사 책임자들의 지시도 따르지 않았다.[1]

드고아의 귀족들은 하나님 나라의 일에 협력하려 하지 않고 그것을 기피했다. 어느 곳에든지 이렇게 일하는 사람과 일을 기피하는 사람으로 나뉘기 마련인데, 느헤미야는 이런 사람들을 그냥 내버려 두었다. 공동체 속에서 협력하지 않는 사람 때문에 상처받고 속상해 할 필요가 없다. 그런 사람은 그냥 내버려 두라.

내가 교회를 개척하고 나서 얼마 되지 않았을 때, 꼭 와야 할 사람, 있어야 할 사람이 안 보이는 경우가 있었다. 그러면 그 사람 때문에 좀 섭섭하기도 하고 속상하기도 했다. 그런데 어느 날 주님이 깨우쳐 주셨다. 참여하지 않는 사람 때문에 속상해 할 시간에, 기쁘게 나와서 일하는 사람들과 열심히 신나게 일하는 편이 훨씬 낫다고 말이다.

공동체 안에는 여러 종류의 사람들이 모여 있다. 거기에는 다른 사람을 어렵게 한다든지 꼭 있어야 할 자리에 빠지는 사람들이 늘 있기 마련이다. 그러나 하나님의 공동체라면 "귀족들이 분담하지 아니하였다" 하는 말씀을 생각하며 그냥 넘어가야 한다. 성경에는 이들이 분담하지 않았다고 해서 느헤미야가 분노하며 징벌을 생각했다는 내용이 없다. 그는 그저 내버려 두었다. 우리도 협력하는 정신을 가지고 자원해서 참여하는 사람들을 소중히 여겨야 한다. 바로 그런 사람들에게 주님은 일을 맡기신다.

교회가 하나님이 기뻐하시는 영광스런 공동체가 되려면 모두가 받은 은사대로 봉사하는 주역이 되어야 한다. 하나님을 사랑하고 하나님의 일에 깊이 헌신하되, 드고아 귀족들처럼 변명하면서 자신의 사명을 회피하지는 말아야 한다.

땀 한 방울에 인생을 담았던 바룩

셋째, 하나님의 공동체에는 감사와 존중의 원리가 필요하다. 일이 잘 풀리는 가정이나 교회를 들여다보면 구성원 서로 간에 감사하고 존중해 주는 것이 자연스러운 것을 알 수 있다. 느헤미야서 3장에 많은 이름들이 열거된 것도 이러한 감사와 존중의 표현이라고 할 수 있다. 일일이 거명된 38명의 사람들은 다름 아닌 성벽을 쌓은 공헌자들이었다. 느헤미야는 이 헌신된 귀한 일꾼들의 노고를 인정하고 그 이름들을 기억했다.

"그 다음은 삽배의 아들 바룩이 한 부분을 힘써 중수하여 성 굽이에서부터 대제사장 엘리아십의 집 문에 이르렀고"(3:20).

여기서 '한 부분'이라는 것은 각자가 맡은 구간을 가리킨다. 그 한 부분을 삽배의 아들 바룩이라는 사람이 '힘써' 중수했다고 했다. 여기서 '힘써'라는 말이 나오는데, 38명의 일꾼들 가운데 '힘써 일했다'고 표현된 사람은 바룩이 유일하다. 대부분의 사람들도 맡은 바대로 열심히 일했다. 그런데 바룩이란 사람은 특심으로 열심을 내어 일했다. 그래서 느헤미야는 많은 사람 가운데 특히 바룩이 열심히 일했다고 기록한 것이다. 바룩은 그의 땀 한 방울 한 방울마다 그의 인생을 담았던 사람이다.

지금으로부터 무려 2,500여 년 전에 하나님의 영광을 위한 성벽 재건에 열심으로 나서서 일한 사람들이, 이렇게 자기 이름이 영광스럽게도 성경에 적혀서 그 공로를 인정받고 존중받을 줄 과연 알았을까? 이것은 느헤미야만이 인정해 준 것이 아니라, 사실 하나님께서 인정해 주신 것이다. 혹 어떤 경우 사람은 몰라줄 수도 있다. 그러나 하나님만은 알아주신다. 하나님의 사역 책에는 그런 수고들이 빠짐없이 기록되어 있다.

두 종류의 목마름

외부의 인정을 받는다는 것은 인간의 삶의 큰 동력원이다. 공병호의 ≪부자의 생각, 빈자의 생각≫을 보면 심리학자 윌리엄 제임스(William James)는 "인간성의 가장 심오한 부분은 다른 사람으로부터 인정과 칭찬을 받고자 하는 갈망이다"라고 말했다. ≪역사의 종언≫으로 필명을 드높인 프랜시스 후쿠야마(Francis Fukuyama)도 인간 역사를 이끌어 가는 동력을 타인으로부터 인정을 받고 싶어하는 욕구에서 찾고 있다. 그런데 인정을 받고 싶어하는 욕구가 지나치면 화근이 되고 병이 된다. 심리학자 앨리스 밀러(Alice Miller)에 의하면 신경증 환자일수록 주변의 모든 사람으로부터 사랑받거나 인정받으려고 몸부림을 친다는 것

> 하나님으로부터 오는 인정은 사람의 그것처럼 가변적이거나 한시적인 것이 아니라 불변하며 영원하다. 따라서 우리가 하나님의 인정에 목말라 할수록, 영혼의 갈급함을 느낄수록 세상의 그것과는 달리 우리의 영혼은 더욱 안정되고 편안해진다는 사실은 영적인 패러독스라고 할 수 있다.

이다. 달리 말하면 주변의 인정에 너무 예민하게 반응하는 것 자체가 병의 원인이라는 말이다. 요즘 사회에 문제가 되고 있는 명품족이나 짝퉁족 모두 어떻게 하면 자신을 다른 사람에게 알리고 또 인정받을까 하는 심리에서 나온 것으로 보인다.

그런데 이처럼 사람에게서 받는 인정은 가변적이고 한시적이며, 따라서 타인의 인정을 받으려고 몸부림을 칠수록 더욱 불안하고 위태한 삶을 살게 마련이다. 그러나 우리가 하나님으로부터 받는 인정과 사랑은 그렇지 않다. 하나님으로부터 오는 인정은 사람의 그것처럼 가변적이거나 한시적인 것이 아니라 불변하며 영원하다. 따라서 우리가 하나님의 인정에 목말라 할수록, 영혼의 갈급함을 느낄수록 세상의 그것과는 달리 우리의 영혼은 더욱 안정되고 편안해진다는 사실은 영적인 패러독스라고 할 수 있다.

로마서 14장 12절에 "이러므로 우리 각 사람이 자기 일을 하나님께 직고하리라"고 하였다. 내가 한 일을 하나님께 직접 보고 드린다고 하니 참으로 부담스럽고 두려운 일이다. 인생은 누구나 반드시 하나님 앞에서 자신의 삶을 셈해야 할 때가 있다.[1] 주인이신 하나님께서 인생의 청지기인 우리에게 자기가 한 일을 점검하고 평가하라고 명령하는 것이다. 셈의 결과에 따라 잘한 사람은 칭찬을 들을 것이고 못한 사람은 심판을 받게 될 것이다.[2]

내가 하는 일들이 누가 보든 안 보든 하나님의 사역 책에는 지금 이 순간에도 낱낱이 기록되고 있음을 확신하라. 현재 우리가 하나님의 영광을 위하여 하는 모든 일들이 빠짐없이 기록되고 있다는 것은 사실 엄청난 부담이다. 그러나 이것은 거룩한 부담이다. 바룩은 자신이 한 일이 후대에 알려질 줄은 꿈에도 몰랐을 것이다. 주어진 일을 그저 열심히 했고 그 사실을 본인 외에 아무도 모른다고 생각했을 것이다. 그러나 하나님이 인정해 주셔서 그 사실이 성령의 감동으로 기록되어, 수천 년의 세월이 흐른 지금까지도 그는 충성된 일꾼의 모범처럼 등장하고 있다. "구름 같은 이 세상 모든 부귀영화 나는 분토와 같이 내어버리고서 오직 천국의 복만 사모하며 사니 주여 내 작은 이름 기록하옵소서"라는 찬송가 532장의 가사를 생각하며, 우리 모두 이 시대의 바룩이 되자. 하나님의 역사에 기록되는 주의 백성으로 생명의 공동체에 아름답게 공헌하는 인생을 살자.

1 "주인이 그를 불러 이르되 내가 네게 대하여 들은 이 말이 어찌 됨이냐 네가 보던 일을 셈하라"
(눅 16:2).
2 "잘하였도다 착하고 충성된 종아 네가 적은 일에 충성하였으매 내가 많은 것을 네게 맡기리니 네 주인의 즐거움에 참여할지어다" (마 25:21).

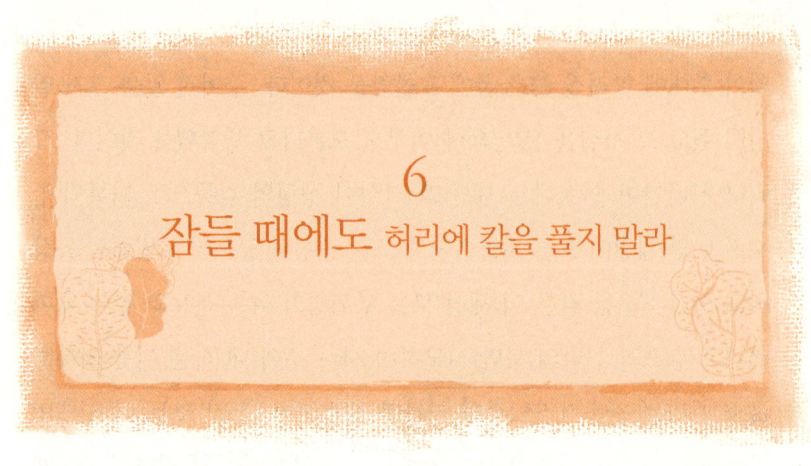

6
잠들 때에도 허리에 칼을 풀지 말라

느헤미야의 성벽 재건은 거룩한 일(holy work)인 동시에 거룩한 전투(holy war)였다. 양손에는 삽과 칼, 일과 전투가 결합돼야 한다.

세속적이고 반신앙적인 세상에서 그리스도인으로 제대로 살아가기란 결코 만만치 않다. 왜냐하면 세상이 우리를 미워하기 때문이다. 성경은 오히려 세상이 우리를 미워하지 않는다면 그것이 이상한 일이라고 말씀하고 있다.[1]

오늘날 그리스도인으로서 제대로 사는 것이 그렇게 어려운 것은 상담심리학의 대가인 M. 스캇 펙(M. Scott Peck)이 ≪아직도 가야 할 길≫에서 분석했듯이 이 세상에는 "은혜에 저항하는 사람들"이 너무도 많기 때문이다. 예수님의 은혜가 들어가면 자기 속에 있는 이기적인 본성이 드러나는 아픔이 있다. 떳떳하지 못한 어둠의 쾌락을 더 이상 누릴 수 없다는 아쉬움이 있다. 게다가 마귀는 자신의 영토가 줄어드는 것을 참지 못하고 저항한다. 그래서 그리스도인들은 이 세상을 살아가는 동안 대적 세력들로부터 수많은 공격을 받는다. 사탄은 맹공격을 퍼붓는다. 이는 어찌 됐건 우리가 감당해야 할 몫이며, 그 공격들을 이겨 내고 승리해야 한다.

> 예수님의 은혜가 들어가면 자기 속에 있는 이기적인 본성이 드러나는 아픔이 있다. 떳떳하지 못한 어둠의 쾌락을 더 이상 누릴 수 없다는 아쉬움이 있다. 게다가 마귀는 자신의 영토가 줄어드는 것을 참지 못하고 저항한다. 그래서 그리스도인들은 이 세상을 살아가는 동안 대적 세력들로부터 수많은 공격을 받는다.

느헤미야서 4장은 바로 이 문제, 그러니까 우리가 악한 세력의 공격을 어떻게 잘 막아 낼 수 있는가를 다룬다. 이 말씀을 통해 어떻게 해야 포기하지 않고 한 차원 높은 믿음을 소유할 수 있을지 그 해답을 찾기 바란다.

4장에서도 성벽 재건은 계속되고 있다. 그런데 이 성벽 재건을 방해하는 본격적인 영적 전투가 이제 시작된다. 이것은 우리가 일상에서 부딪히는 사탄의 교활한 공격과 그 양상이 비슷하다. 사탄은 하나님의 백성들이 회복되지 못하도록 그 목표와 비전을 무너뜨리려고 온갖 책략을 다 동원한다. 이 공격들은 전형적인 것이다.

1 "세상이 너희를 미워하지 아니하되 나를 미워하나니 이는 내가 세상의 일들을 악하다고 증언함이라" (요 7:7).
"형제들아 세상이 너희를 미워하여도 이상히 여기지 말라" (요일 3:13).

세상의 조롱을 조롱하라

우리를 미워하는 세상을 이기기 위해서는 사탄의 공격 전략이 무엇인지 미리 알고 있어야 하고, 벌어지는 사건과 상황 속에서 사탄의 전략을 간파할 수 있는 영적인 민감함이 필요하다. 그럴 때 사탄의 공격에 휘둘리거나 좌절하지 않을 수 있고, 오히려 냉철한 이성과 영적인 시각으로 상황을 정확히 분별하여 자신을 통제하고 상황까지도 주도할 수 있게 된다. 그렇다면 본문에서 보여 주는 사탄의 주요한 공격 전략은 무엇인가?

첫째, 사탄은 조롱한다(4:1~3). 사탄은 하나님의 사람들이 회복되지 못하고, 세상 공격의 파도를 이겨 내지 못하도록 온갖 책략을 꾸민다. 산발랏은 느헤미야와 이스라엘 백성들이 성을 건축한다는 소식을 듣고 크게 분노하였고 비웃었다.[1] 그 비웃음의 내용은 무엇이었는가? 그는 이스라엘 백성들이 건축하는 성벽은 여우가 올라가도 무너질 것이라고 철저하게 무시했다.[2] 미약한 사람들이 뭘 하겠냐며 비웃고 깔본 것이다. 왜 이렇게 산발랏은 느헤미야가 성벽을 쌓는 것을 싫어했던 것일까? 에스라 4장을 보면 산발랏이 임시적으로 유다 지역에 대한 임시 관할권을 부여받았다는 것을 알 수 있다. 그래서 산발랏은 자신의 지배권이 상실되는 것이 싫었을 것이다. 지금까지는 자기 마음대로

1 "이 미약한 유다 사람들이 하는 일이 무엇인가, 스스로 견고하게 하려는가, 제사를 드리려는가, 하루에 일을 마치려는가, 불탄 돌을 흙 무더기에서 다시 일으키려는가"(4:2).
2 "그들이 건축하는 돌 성벽은 여우가 올라가도 곧 무너지리라"(4:3).

했는데, 이제는 더 이상 이것이 힘들어지자 그것을 견디기가 어려웠던 것이다. 새롭게 부임하여 성벽을 건축하고 이스라엘의 정체성을 회복시키려는 느헤미야를 산발랏 일당이 그렇게 미워한 이유가 여기 있을 것이다.

그리스도인을 대하는 세상의 태도도 이와 똑같다. 교회를 비웃고 조롱한다. 안티 기독교 사이트에 들어가 보라. 차마 입에 담기 부끄러울 정도의 말들이 난무한다. 이 조롱은 주후 1세기 때부터 행해진 박해의 한 유형이다. 1세기 당시 박해를 피하여 성도들이 지하에서 예배드릴 때 예수 안 믿는 사람들이 뭐라고 조롱했는가? 성찬식하는 것을 보고 애들을 잡아먹는다고 하는 등 말도 안 되는 소문을 퍼뜨리며 온갖 멸시의 포화를 다 퍼부어 댔다.

사자의 이빨에 낀 거룩한 빵

주후 1세기에 이그나티우스(Ignatius)라는 교부가 있었다. 그는 안디옥교회의 감독으로 시리아에 복음의 역사를 많이 펼쳤다. 그의 노년기에 로마의 트라얀 황제(A.D. 98-117)가 동방의 도시들을 순회하던 중 안디옥을 방문하였다. 황제는 이그나티우스의 명성에 끌려 그를 만나게 되었다. 황제는 기독교를 멸시하는 사람이었으며 이그나티우스를 대면하자 혹독한 말로 그를 빈정대기 시작하였다.

"여기 사악한 마귀, 사람들을 속이는 자가 있구나!" "나는 마귀가 아니라 마음에 그리스도를 모신 자입니다." "네 속에 그리스도가 있다고? 본디오 빌라도가 십자가에 못 박아 죽인 그리스도가 너에게 그렇게 중요한 존재인가?" "그렇습니다. 그분은 나의 죄를 대신하여 십자가에 못 박혀 죽으셨기 때문입니다."

이 이야기를 들은 황제는 적법한 절차도 없이 이그나티우스를 로마로 압송하여 콜로세움에 세웠다. 약 4만 5천 명의 구경꾼이 몰려들었고 드디어 이그나티우스를 맹수에게 던지라는 황제의 명령이 떨어졌다. 이때 이그나티우스는 이와 같이 말하였다. "나는 맹수의 이빨 사이에 낀 하나님의 곡식으로 빻아져서 주님을 위한 거룩한 빵이 되고자 한다." 말이 채 끝나기도 전에 사자들이 그를 덮쳐 그는 순교를 당하였다.

《나니아 연대기》의 저자 C. S. 루이스도 《스크루테이프의 편지》라는 책에서 이런 이야기를 한다. "사탄이 가장 좋아하는 것은 그의 원수인 기독교를 조롱하는 것이다. 그리고 사탄이 가장 싫어하는 것은 원수인 기독교로부터 조롱당하는 것이다."

그러면 사탄은 왜 이렇게 조롱을 하는 것일까? 본문 4장 1절을 보면 산발랏이 크게 분노했기 때문에 조롱했다고 나와 있다. 그리고 그렇게 크게 분노한 것은 남이 잘되는 것을 참지 못했기 때문이었다. 성령의 사람이 아니라면, 예수를 믿는다 해도 남 잘되는 것을 좋아하지 않는다. 원래 인간에게는 남의 형통을 배 아파하는 추악한 이기심이 있다. 그래서 영적으로 은혜받을수록, 만사가 잘 풀릴수록 남의 입에 오르내리지 않도록 조심해야 한다.

그런데 이렇게 공격하고 조롱하는 사람들의 특징은 과장을 한다는 것이다.

"하루에 일을 마치려는가"(4:2).

느헤미야를 비롯한 하나님의 백성들은 하루 만에 성벽 재건을 마치겠다고 호언장담한 적이 없었다. 그런데도 산발랏은 하루 만에 끝내려

한다고 터무니없는 과장을 하고 있다. 공격 대상을 철저히 짓밟으려고 과장도 서슴지 않는 것이다.

예수를 믿는 것 때문에 조롱을 당한다면, 그것은 세상이 우리를 미워하는 증거요, 우리가 하나님의 자녀임을 보이는 표라고 할 수 있다.

절반쯤 이루었을 때 조심하라

둘째, 사탄은 동조자들을 규합하여 조직적으로 저항한다. 4장 7절을 보니, "산발랏과 도비야와 아라비아 사람들과 암몬 사람들과 아스돗 사람들이"라고 했다. 유대의 지형을 살펴보면 사마리아는 유대 북쪽에, 아라비아는 유대 남쪽에, 암몬은 유대 동쪽에, 아스돗은 유대 서쪽에 있었다. 그러니까 동서남북에서 조직적으로 하나님의 백성들을 공격했던 것이다. 사면초가의 상황이었다. 사탄은 이런 식으로 아주 야비하게 공격한다. 사탄은 하나님의 일이 실패하는 것이 평생소원이기 때문에 수단 방법을 가리지 않는다. 느헤미야의 적들은 기습공격을 하여 성벽을 건축하려는 하나님의 사람들을 죽일 작정을 하였다.[1]

그러나 이들은 실제로는 그렇게 하지도 못했다. 그러면서도 열심히 일하는 하나님의 사람들을 괴롭히기 위해서 헛소문을 퍼뜨렸다. 유감스럽게도 대적들과 가까이 사는 유대인들은 유언비어에 휘둘렸

1 "우리의 원수들은 이르기를 그들이 알지 못하고 보지 못하는 사이에 우리가 그들 가운데 달려 들어가서 살육하여 역사를 그치게 하리라 하고" (4:11).

다. 그래서 느헤미야에게도 열 번이나 찾아와서 부정적인 이야기를 늘어놓았다.[1]

그러나 그는 유언비어에 넘어가지 않았다. 부정적인 사람이 늘어놓는 교회와 하나님에 대한 비판은 늘 과장되기 마련이다. 그런 사람들 옆에 있다가 분별력을 잃는 것은 안타까운 일이다. 한두 사람도 아닌 조직의 저항에 부딪히자 이제 유대 사람들은 자포자기하려고 한다.[2]

흙 무더기가 아직 많이 남았는데 일하는 사람들이 지치고 약해져 버렸다. 조직적인 훼방에 흔들렸기 때문이다. 그런데 이 같은 일이 언제 벌어졌는가? 바로 성벽이 절반쯤 올라간 때였다.[3] 사실 우리 삶에서도 반쯤 이루었을 때 낙심하고 그만둔 일들이 얼마나 많은가? 하나님의 일도 하다가 반쯤 마친 채 그만두고 낙심할 때가 정말 많다.

선교사를 괴롭힌 영아 소동 소문

헛소문과 나쁜 소문에 시달린 것은 느헤미야뿐만이 아니다. 박용규 교수가 쓴 《한국 기독교회사》를 보면, 1888년 5월부터 9월까지 선교 금지령이 내려졌는데, 이 시기 동안 선교사들에 대한 온갖 루머가 난무하고 있었다. 그 중에서도 선교사들을 가장 괴롭혔던 루머는 영아

1 "그 원수들의 근처에 거주하는 유다 사람들도 그 각처에서 와서 열 번이나 우리에게 말하기를 너희가 우리에게로 와야 하리라 하기로" (4:12).
2 "유다 사람들은 이르기를 흙 무더기가 아직도 많거늘 짐을 나르는 자의 힘이 다 빠졌으니 우리가 성을 건축하지 못하리라 하고" (4:10).
3 "이에 우리가 성을 건축하여 전부가 연결되고 높이가 절반에 이르렀으니" (4:6).

소동(the Baby Riots)으로 알려진 사건이었다. 이것은 선교사들에 대한 불신과 오해가 증폭되면서 터진 것이다.

외국인들이 아이들의 눈알을 빼 약용이나 사진 현상 재료로 사용한다는 음흉한 소문이 나돌았다. 분노에 찬 군중들은 사람들이 자신들의 자녀들을 데리고 가는 것까지도 선교사들의 앞잡이가 자식들을 꾀어 가는 것으로 오해하고 마구 구타하여 심지어 죽이기까지 했다. 특히 선교사들이 의료 선교를 하는 외국인 병원들은 범죄의 소굴로 지목되었다. 이 병원에서는 아기들의 심장과 눈을 잘라 내어 외국인들과 선교사들의 요리상에 진미로 바쳐진다는 소문도 나돌았다.

이러한 악의적 소문들이 얼마나 선교사들에게 위협이 되었는지 훗날 언더우드가 회고한 것처럼 선교사들은 "화산(火山) 위에 살고 있는 것처럼 생각이 들" 정도로 너무도 불안했다.

우리 역시 인생의 신앙 여정에서 이러한 헛소문과 때로는 악의적인 소문을 만날 수 있다. 이처럼 악의적 소문에 휩싸였을 때 느헤미야가 보였던 자세가 우리가 따라야 할 신앙인의 모습이 아닌가 한다. 그렇다면 사탄의 공격 앞에서 어떻게 하면 한 차원 높은 신앙, 포기하지 않는 믿음을 보여 줄 수 있을까? 사탄의 공격에 단호하게 대응한 느헤미야의 기도에 한번 귀 기울여 보자.

"우리 하나님이여 들으시옵소서 우리가 업신여김을 당하나이다 원하건대 그들이 욕하는 것을 자기들의 머리에 돌리사 노략거리가 되어 이방에 사로잡히게 하시고 주 앞에서 그들의 악을 덮어 두지 마시며 그들의 죄를 도말하지 마옵소서 그들이 건축하는 자 앞에서 주를 노하시게 하였음이니이다 하고"(4:4-5).

믿음과 성품은 일류로 키워라

대적의 공격에 맞서기 위해서는 적보다 더 뛰어난 전략이 필요하다. 느헤미야는 세 가지 탁월한 전략을 붙들었다.

첫째, 느헤미야는 오로지 하나님만을 의지했다. 그는 적들에 대항해 싸우지도, 즉시 반론을 제기하지도, 보복하지도 않았다. 이처럼 대적들의 음모와 방해에 맞선 느헤미야의 반응은 싸움이 아니라 기도였다. 좀 부족해도 기도로 의지하며 나아가면 하나님께서는 자신의 일을 행하신다. 기도는 마치 느헤미야가 예루살렘 성벽의 깨어지고 무너진 것을 회복시키는 것처럼 우리의 삶에서 균열된 부분을 붙이고, 깨어진 부분을 다시 맞추고, 패인 부분을 메움으로 정상으로 회복시킨다.

미국 역대 대통령 가운데 가장 존경받는 대통령으로 꼽히는 인물이 로널드 레이건(Ronald Wilson Reagan ; 1981~89년 재임)이다. 레이건은 부시나 케네디 같은 명문가 출신도 아니다. 그의 아버지는 술주정뱅이였다. 그리고 우드로 윌슨처럼 박사 학위를 가진 것도 아니고, 그렇다고 클린턴처럼 명문대 출신도 아니었다. 레이건이 어느 대학 출신인지 기억하는 사람이 거의 없을 정도로 학벌도 평범하다. 잘 알려진 대로 그는 전직 배우였다. 그렇다고 무슨 유명한 주연급 배우였던 것도 아니고 그저 평범한 배우에 지나지 않았다. 그런데도 그는 수십 년 동안 계속된 냉전 체제를 무너뜨림으로써 세계사의 큰 흐름을 바꾸어 놓는 업적을 남겼고, 수많은 미국 대통령을 제치고 미국인들의 존경을 받고 있다. 역사가들이나 정치 평론가들은 이렇게 그를 평한다. "레이건의 지성은 이류였다. 그러나 레이건의 성품은 일류였다." 우리도 마찬가지다. 비록 우리가 부족한 사람들일지라도, 대적자들이 공격하고 힘들게 할 때 믿음만은 일류 수준을 유지해야 한다.

느헤미야의 믿음은 일류였다. 대적들을 비난하고 맞서는 대신, 기도로 하나님께 모든 것을 맡겼다. 하고 싶은 말, 상처받은 것을 사람에게 쏟아 내지 않고 하나님 앞에 물 쏟듯 했다. 은혜의 보좌 앞에 나아간 것이다. 느헤미야는 대적들의 공격을 자신에 대한 공격이 아닌, 하나님을 향한 모욕이라고 생각했다. 그만큼 신앙에서 분명한 자기 정체성이 있었다. 이것은 베드로전서 2장 23절에 나오는 예수님의 모습과 비슷하다.

"욕을 당하시되 맞대어 욕하지 아니하시고 고난을 당하시되 위협하지 아니하시고 오직 공의로 심판하시는 이에게 부탁하시며."

예수님께서는 욕을 받으시되 욕하지 않으셨다. 고난을 받으시되 위협하지 않으셨다. 대신 공의로 심판하시는 하나님께 부탁하고 기도하셨다. 우리에게도 이러한 마음 자세가 필요하다. 날마다 우리는 상처받고 공격받는다. 하지만 그때마다 적에게 덤벼든다거나 보복하려 들지 말라. 주님 앞에 나와 안타까움과 원한과 상처와 슬픔을 모두 털어놓으라. 그런 다음에 무슨 일이 일어날지 한번 기대해 보라.

그런데 느헤미야서 4장 4-5절의 기도를 잘 살펴보면, 그는 적들을 용서해 달라는 자비로운 기도가 아닌 저들에게 벌을 내려 달라는 무서운 기도를 하고 있다. 어떤 사람은 주님께서 원수를 용서하고 사랑하라고 하셨는데 어떻게 이런 기도를 할 수 있는가 의아해 할지도 모른다.

그러나 잘 생각해 보라. 느헤미야는 평범한 개인이 아니었다. 그는 유다의 총독이었다. 즉, 공인이었다. 공인에게는 용서도 필요하지만 정의도 필요하다. 책임 있는 공인은 하나님의 정의를 펼쳐야 한다. 느헤미야의 분노는 거룩한 분노였다. 그는 그런 마음으로 하나님 앞에 자기의 모든 안타까움과 슬픔을 다 아뢰었다. 용서와 사랑은 개인적으로도 베풀 수 있지만, 공인 입장에서 더욱 중요한 것은 정의이다. 느헤미야의 기도는 바로 그런 차원에서 이해되어야 한다.

예수님 역시 사람의 죄를 위해서는 십자가에 달려 돌아가시기까지 무한한 사랑을 보이셨지만, 하나님의 이름이 모욕을 받는 것에 대해서는 단호하게 대처하셨다. 마태복음 21장 12-14절의 세 절은 짧지만 대단히 상반된 예수님의 모습을 담고 있다. 12-13절에서는 예수님이 성전에서 돈을 바꾸는 사람들의 상과 비둘기 파는 사람들의 의자를 둘러엎으시고 기도하는 집을 강도의 소굴로 만드는 그들에게 거룩한 분노를 보이셨다. 그리고 바로 다음 14절에서는 맹인과 저는 자들을 고치시는 장면을 보여 주고 있다. 그러므로 예수님이 보이신 거룩한 분노와 사랑은 모순이 아니라 완벽한 조화이다. 그러므로 그리스도인이 하나님의 이름이 훼손되는 것을 보고서도 방관하는 것은 영적인 유기(遺棄)요 비겁한 행위이다.

세상에서 때에 맞는 분노를 발할 줄 모르는 존재는 두 부류가 있다. 하나는 무덤에 누워 있는 시체요, 둘째는 자존감을 느끼지 못하는 정신지체아들이다. 그러므로 우리가 그리스도인으로서 거룩한 분노를 느끼지 못한다면 자신의 영혼이 잠들어 있는 것은 아닌지, 혹은 그리스도인으로서의 정체성을 상실하고 있는 것은 아닌지 돌아보아야 한다.

마귀의 급습에 대비하라

둘째, 느헤미야는 약점을 보완하는 동시에 싸우기 시작했다. 공격받는 가운데도 하나님만 의지하고 중단 없이 하나님의 일을 해 나가면 대부분의 경우 어려움이 해결된다. 그런데 만만찮은 방해 작전으로 집요하게 괴롭히는 세력을 만날 때가 있다. 산발랏 일당은 예루살렘을 쳐서 민심을 시끄럽게 하는 음모를 꾸몄다. "다 함께 꾀하기를 예루살렘으로 가서 치고 그곳을 요란하게 하자 하기로"(4:8). 방해자들이 조롱이 통하지 않으니 이번에는 음모를 꾸미는 것이다. 반대자들의 끊임없는 공격 앞에 선 느헤미야는 기도로 지혜를 구하면서 동시에 행동하기 시작했다.[1]

그는 기도만 하고 두 손 놓고 가만 있었던 것이 아니라, 기도를 통해 얻은 통찰력으로 파수꾼을 두어 밤낮으로 방비했다. 대개는 집중적으로 기도하면 문제가 쉬이 해결되기도 하지만, 원수의 공격이 식을 줄 모를 때는 파수꾼을 두어 우리 스스로도 경계해야 한다. 밤에 잠들기 전에 "하나님 아버지, 오늘도 우리를 지키시고 특별히 우리 집 안에 도둑이 들어오지 말게 하옵소서" 하고 기도했다면, 기도만 하고 끝낼 것이 아니라 문단속도 잘해야 한다. 기도와 방비, 이 두 가지는 병행되어야 한다.

대부분의 성벽은 아주 높아서 적들이 습격하기가 여간 어려운 것이

[1] "우리가 우리 하나님께 기도하며 그들로 말미암아 파수꾼을 두어 주야로 방비하는데"(4:9).

아니다. 그런데도 느헤미야와 하나님의 백성들은 방심하지 않고 성 뒤 낮은 곳에 파수꾼을 세웠다. 혹시라도 대적이 공격해 들어오지 못하도록 사람들을 칼과 창과 활로 무장시켜 약한 곳, 낮은 부분도 보완했던 것이다.[1]

우리도 기도할 때 우리의 약한 부분이 무엇인가 생각해야 한다. 나의 인생에서 적에게 쉽게 노출되어 공격에 취약한 부분은 어디인가 점검해 보라. 느헤미야가 합심 기도 후 약점을 보완하는 대책을 세웠듯이, 우리도 마음을 모은 기도로 대적의 계략을 파악했다면 안목을 가지고 약한 부분을 보완해야 한다.

느헤미야와 백성들은 건축하면서도 칼을 찼다.[2] 이 장면은 마치 삼국지에서 촉의 강유가 위군이 진지를 급습할 것을 대비해서 장수들에게 밤에 잘 때에도 갑옷을 벗지 말라고 한 명령을 연상시킨다. 우리 믿는 자들은 밤낮으로 우는 사자처럼 삼킬 자를 찾는 마귀의 침투와 공격에 대비해야 하는 사람들이다. 세상의 군사도 적의 급습에 대비해서 밤에 잘 때에도 갑옷을 입고 자야 한다면 우리가 마귀의 공격에 대해서 어떻게 대비해야 할까? 느헤미야는 성벽을 쌓는 동안 기도와 동시에 적의 급습에 만반의 준비를 하였다. 기도는 기도대로 하면서, 마땅히 해야 할 준비도 했던 것이다. 한 손에는 칼을, 한 손에는 삽과 망치를 들었다. 느헤미야는 적들의 집요한 방해 공작에도 성벽 재건을 결코 중단하지 않았다. 그리고 성벽 재건을 계속 해 나가면서 다른 한편으로는 싸웠다. 한 손에는 노동에 필요한 기구를, 다른 한 손에는 전투에 필요한 칼을 준비하여 부역(work)과 전투(war)를 결합했다. 찰스 스펄전의 교회 신문 이름도 '칼과 삽(the Sword & the Trowel)'이었다. 우리에게는 이처럼 믿음과 준비가 모두 필요하다.

진정한 시너지(synergy)는 합심 기도에 있다

4장 9절을 다시 보면, 복수 대명사인 '우리'라는 단어를 쓰고 있다.[3] 지금까지 기도는 느헤미야 혼자 했지만 이제부터는 모두 함께 합심 기도를 드리는 것이다. 이렇게 하나님의 백성들은 합심 기도한 후, 한 손에는 칼을 들고 한 손에는 삽을 드는 또 다른 합심의 능력을 갖게 되었다. 느헤미야와 백성들은 싸우되 너 나 할 것 없이 모두가 합심해서 싸웠다.

함께 기도할 때 하나님께서는 합심해서 싸울 힘을 주신다. 다윗은 한 번도 패한 적이 없었다. 전쟁할 때마다 승승장구했다. 그 비결은 바로 혼자 싸우지 않았다는 데 있다. 늘 동지들과 같이 싸웠다. 그런데 엘리야는 혼자서 외롭게 싸우다가 "로뎀나무 밑에서 내 생명을 취하는 것이 가한 줄로 아오니" 하며 약한 모습을 보였다. 그때 하나님께서는 엘리야를 어떻게 일으키셨는가? "애야, 넌 혼자가 아니야. 내 앞에서 일할 7천 명을 예비해 놓았다." 이 말을 듣는 순간 엘리야는 용기 백배해서 벌떡 일어났다.

1 "내가 성벽 뒤의 낮고 넓은 곳에 백성이 그들의 종족을 따라 칼과 창과 활을 가지고 서 있게 하고" (4:13).
2 "건축하는 자는 각각 허리에 칼을 차고 건축하며 나팔 부는 자는 내 곁에 섰느니라" (4:18).
3 "우리가 우리 하나님께 기도하며 그들로 말미암아 파수꾼을 두어 주야로 방비하는데" (4:9).

> 합심 기도에는 연합의 능력이 있다. 한 공동체가 얼마나 견고한지는 어려움이 찾아왔을 때 드러난다. 필요할 때는 마음을 모으는 것이 중요하며, 그 연합의 힘으로 견고한 진을 파할 수 있다.

이처럼 함께 모여 기도하면, 비록 사탄이 모략을 꾸미고 어려운 상황으로 몰아간다 할지라도 능히 그것을 감당할 만한 영적 능력을 얻게 된다. 합심하여 기도하면 믿음의 역사에 기적이 일어난다.

합심 기도에는 연합의 능력이 있다. 한 공동체가 얼마나 견고한지는 어려움이 찾아왔을 때 드러난다. 필요할 때는 마음을 모으는 것이 중요하며, 그 연합의 힘으로 견고한 진을 파할 수 있다. 합심 기도의 위력은 동경대학원 공학연구과 하타무라 요타로 교수가 ≪실패를 살리는 사람≫이라는 책에서 예를 들고 있는 철사의 힘을 통해서도 설명될 수 있다. 아무리 두꺼운 철사도 자꾸 구부리면 끊어지고 마는데, 그것은 금속이 피로를 이기지 못하기 때문이다. 어떤 금속이 10의 힘을 받으면 100만 번의 움직임을 견디어 낼 수 있지만, 20의 힘을 받으면 50만 번의 움직임을 견디는 것이 아니라 불과 100번밖에 견디지 못한다고 한다. 가해진 힘에 따라 산술적이 아닌 기하급수적인 엄청난 차이가 생기는 것이다. 바로 이것이 합심 기도의 능력이다. 합심 기도의 힘은 한 사람의 마음이 더해질 때마다 산술적인 힘이 아니라 기하급수적인 힘으로 작용한다.

거미보다 못한 인생들

셋째, 느헤미야는 대적자들에게 둘러싸였어도 하나님이 주신 소명을 끝까지 붙들었다.

하나님이 주신 소명을 끝까지 붙들고 합심해서 기도하고 매달리며 마음을 모아 영적 전투에 나설 때, 우리는 하나님을 두려워하는 성숙한 인격을 갖게 된다.

"내가 돌아본 후에 일어나서 귀족들과 민장들과 남은 백성에게 말하기를 너희는 그들을 두려워하지 말고 지극히 크시고 두려우신 주를 기억하고"(4:14).

놀라운 말씀이다. 사람을 두려워하면 하나님을 두려워하지 않게 된다. 그러나 하나님을 두려워하면 사람을 두려워하지 않게 된다. 이것이 영적인 원리이다.

이렇게 은혜를 받게 되면 결코 포기하지 않고 계속 일하고 싸워 나갈 수 있다. 어떤 조롱과 비판과 반대가 있어도 하나님의 영광을 위한 영적 전투와 실제적인 전투 모두를 다 잘 감당할 수 있게 된다.

반대에 부딪혀 그만두어야 하는 일이 있는가? 소명으로 알고 지금까지 열심히 해 왔지만 방해 세력이 너무 대단해 보여 그만 포기하고 싶은 일이 있는가? 낙심한 일이 있는가? 교회를 기쁘게 섬기고자 하는데, 꿈과 비전을 가지고 수고하려고 하는데 시험 들게 하는 것이 있는가? 그러나 이 모두 장애물에도 불구하고 하나님은 말씀하신다. 포기하지 말라! 열정을 잃지 말라!

잉글랜드와 전쟁을 하던 14세기 초 스코틀랜드 왕 로버트 브루스는 현명하고 용맹스러웠지만 다섯 번 싸워 모두 패배했다. 여섯 번째는 마지막이라는 각오로 출정했으나 역시 완패했다. 홀로 산속으로 도망친 그는 비바람이 몰아치자 낡고 빈 오두막을 찾아 들어갔다. 그리고 이제는 끝이 난 자신과 국가의 운명을 한탄하며 무심코 처마 끝을 바라보니 거미 한 마리가 집을 짓고 있었다. 그러나 워낙 비바람이 거세 줄을 칠 수가 없었다. 그래도 거미는 포기하지 않고 다시 시작했다. 그렇게 하기를 여섯 번. 역시 실패였다. "너도 꼭 나처럼 실패로 끝나는구나" 하며 브루스는 중얼거렸다. 그러나 거미는 패배 의식에 빠진 왕과 달리 일곱 번째 도전을 감행했다. 무모하기 짝이 없는 일이었다. 그러나 놀라운 일이 벌어졌다. 이번에는 첫 거미줄을 정확하게 붙이더니 그걸 바탕으로 훌륭한 집을 완성했다.

이를 본 왕은 자기도 모르게 벌떡 일어나 "좋아, 나도 일곱 번째 도전을 해 보자"며 소리쳤다. 곧 산을 내려가 흩어진 병력을 모은 뒤 불굴의 기세로 적진을 향해 나아간 그는 마침내 대승을 거두었다.

기독교인의 삶은 어떤 면에서 영적인 칠전팔기의 싸움이다. 낙심하고 포기하는 것은 하나님께서 그의 자녀에게 원하시는 모습이 아니다. 선한 일이 우리의 피곤 방지를 담보하는 것은 아니다. 하나님의 일을 하다가도 얼마든지 낙심할 수가 있다. 그래서 바울은 "우리가 선을 행하되 낙심하지 말지니 피곤하지 아니하면 때가 이르매 거두리라"(갈 6:9)고 말씀하고 있는 것이다.

은혜의 기름을 붓는 손

사탄의 가장 중요한 무기는 낙심과 좌절이다. 사탄은 기생충같이 우리를 갉아먹으려고 한다. 이것이 우리 삶에 통하게 하지 말라! 선을 행하되 낙심치 말라! 때가 이르면 거둔다! 모든 방해물과 문제들은 파도처럼 왔다가 또 파도처럼 가는 것이다. 그렇기에 승리의 비결은 딱 하나이다. 사탄보다 더 오래 버티면 된다.

≪천로역정≫에는 우리가 낙심하지 않고 포기하지 말아야 할 이유가 또 한 가지 나온다.

> 기독도가 한 방으로 들어갔는데 한쪽에 벽난로가 있고 불이 활활 타오르고 있었다. 한 사람이 벽난로 옆에 서서 그 불길을 끄기 위해 많은 물을 끼얹고 있었지만 불은 꺼지지 않고 계속 타고 있었다. 기독도가 곁에 있는 안내자에게 무슨 뜻이냐고 묻자 "물을 끼얹어 불을 꺼 버리려고 애쓰는 자는 마귀인데, 그럼에도 불구하고 불은 점차 세차게 타오르고 있습니다. 이제 그 이유를 보여 드리겠습니다" 하면서 기독도를 벽 뒤쪽으로 데리고 갔다. 거기에서는 한 사람이 손에 기름통을 들고 끊임없이 불 위에 기름을 붓고 있었다.

그분이 바로 그리스도시다. 인간의 마음에 부어진 은혜를 보존하기 위해서 끊임없이 은혜의 기름을 부어 주고 계신 것이다. 그러므로 힘들 때는 기독도가 보았던 '끊임없이 은혜의 기름을 부어 주시는 하나님의 손'을 잊지 말아야 한다.

매일 승리하며 한 차원 높은 그리스도인의 삶을 살고자 한다면 결코 포기하지 말라! 포기하고 싶어도 포기치 말라! 우리에겐 아직도 소명이 남아 있다. 크고 두려우신 하나님을 기억하라!

느헤미야서 등장인물

느헤미야 거룩한 실천적 모험가

포로였지만 잊지 않았다.
가야 할 곳, 예루살렘.
최고의 위치에서도 안주할 수 없었다.
왕의 왕, 하나님의 성전을 다시 세워야 한다!

느헤미야는 유다 지방을 다스렸던 총독으로 하가랴의 아들로 태어났다. 포로로 잡힌 나라에서 술 맡은 관원이라는 직책을 맡았는데, 왕의 신뢰를 얻어 고향 예루살렘으로 돌아와 성전을 재건한다. 또한 백성들에게 율법을 가르치고 회개케 했으며 헌신을 강권했다.
이 거대한 개혁은 "나를 기억해 주소서"라는 그의 고백으로 끝이 난다.

산발랏 간악한 정치적 술수가

사마리아의 실세.
예루살렘과는 화해할 수 없는 운명의 권력.
느헤미야의 성전 재건을 막아야 한다!

산발랏은 호론 사람으로, 페르시아 통치 아래 있던 사마리아의 총독이다. 느헤미야의 성벽 재건으로 인한 자신의 세력 약화를 우려해 성벽 재건을 비웃고 이는 페르시아 왕을 배반하는 행위라 협박하기도 한다. 성전을 재건하는 일꾼들을 죽이고 느헤미야까지 암살하려 했지만 실패로 돌아가고 만다.

이스라엘 백성 **영광아래 일어선 사람들**

주전 450년, 예루살렘은 비탄에 빠졌다.

다윗과 솔로몬의 성전은 무너졌다.
영광의 역사는 능욕을 받고 백성들은 하나님의 언약을 잊어 갔다.

피폐해진 예루살렘의 소식을 들은 느헤미야가 성전 중수의 꿈을 안고 찾아 오고, 이스라엘 백성들은 힘을 모아 성벽을 쌓아 올린다. 말씀을 통해 언약은 갱신되고, 그 백성은 예배와 회개로 부흥의 여정을 시작한다.

"그 백성이 율법의 말씀을 듣고 다 우는지라."
오랜 포로 생활에 피폐해진 영혼이 살아나는 때였다.
수문 앞 광장에 모인 하나님의 공동체가 기쁘게 일어서는 때였다.

도비야 **교활한 모략꾼**

암몬 계열 사람은 하나님의 회에 들어올 수 없다!
태생적 한계로 인한 두려움,
그에게 필요한 건 동맹이었다.

그는 뛰어난 정치 수완으로 유대 사회와 결속을 유지한다. 또한 안정적인 지위를 위해 유대 사회의 유력한 사람 스가냐의 딸과 결혼한다.
"암몬 계열 사람은 하나님의 회에 들어올 수 없다"는 율법을 피해 회당 안에 머물렀지만 느헤미야에 발각되어 쫓겨나고 만다.
산발랏과 함께 성전 재건에 반대하며 느헤미야를 끊임없이 위협한다.

2 눈물의 기도, 부흥을 심다

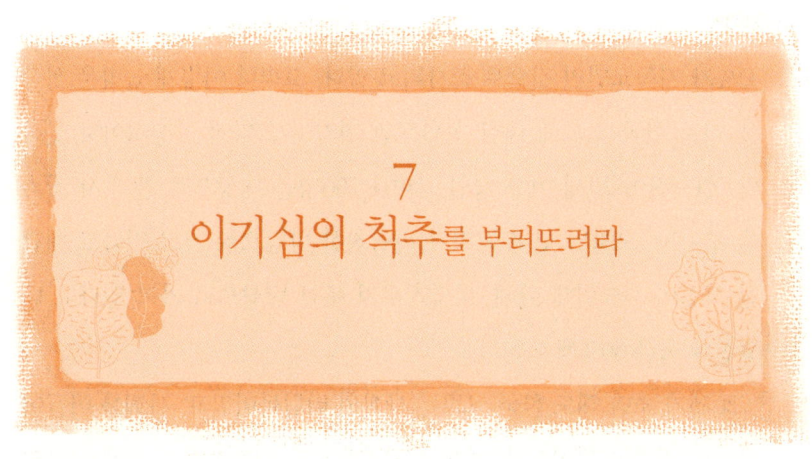

7
이기심의 척추를 부러뜨려라

어두운 역사의 혈관 속에는 이기심이 흐른다.
이웃에 대한 무관심은 순환하지 않는 피와 같이 우리 사회에 적신호를 울린다.

2004년 KBS에서 개신교 선교 120주년을 맞아 '한국 교회, 위기인가' 라는 제목으로 방송을 한 적이 있다. 여기서 한국 교회 위기의 징후로 지적된 몇 가지는 함께 고민해 볼 문제라 생각된다.

성장과 성숙은 다르다

현재 전체 국민의 4분의 1이 신자이며, 세계 선교를 두 번째 규모로 감당하는 선교 대국이며, 세계 10대 대형 교회 중 다섯 개가 한국에 있고, 국회의원 255명 중 120명이 개신교 신자이고, 상장 기업 임원의

43%가 기독교인인 것으로 조사되고 있다. 그러나 이렇게 놀라운 성장을 이룬 한국 교회에 대한 현실적인 평가는 그다지 긍정적이지 못하다. 취재진이 20세 이상 성인 남녀 1,200명을 대상으로 한 조사 결과를 보아도, 오늘날 한국 교회가 바람직한 방향으로 가고 있다고 대답한 사람이 31%인데 반해, 바람직하지 못한 방향으로 가고 있다고 대답한 비율은 60%에 이른다.

20세기 초만 해도 한국 교회는 사회의 버팀목이었고, 사회를 이끌어 가는 존경받는 곳이었다. 비록 숫자적으로는 기독교인이 전체 인구의 2%도 되지 않았지만, 사람을 가르치고, 병을 치료하고, 어려운 사람을 돕는 일에 교회가 가장 앞장섰고, 지금도 많은 사람이 그때 세워진 교육 기관이나 의료 기관 혹은 복지 단체로부터 도움을 받고 있다.

그럼에도 불구하고 90년대 이후로 교회의 성장은 정체 상태에 빠졌으며, 사회에는 점점 반기독교 정서가 만연해지고 있다.

개신교의 위기는 최근의 조사 결과에서도 분명한 사실로 나타나고 있다. 2006년 5월 말 통계청이 발표한 2005년 인구 주택 총조사 결과를 보면 지난 10년 동안 개신교인 수는 14만 4천 명이 줄었다. 더구나 지난 20년 동안 종교 인구가 10% 이상 증가하였다는 것을 감안하면 참으로 슬픈 일이 아닐 수 없다.

실제로 교회는 젊은이들의 공동화 현상이 두드러지고, 사회적으로는 반기독교적인 문화가 기승을 부리고 있다. 사회를 깨우고 민족의 선구자적 역할을 했던 교회의 모습은 희미해지고 있다. 지금의 교회는 1907년 평양대부흥이 일어났을 때 가졌던 권위와 영향력을 잃어버리고 사회의 빛과 소금으로서의 사명을 다하지 못한 채 하나님의 영광을 가리우는 아픔을 겪고 있다. 이것이 오늘날 교회의 안타까운 모습이다.

그렇다면 한국 사회는 어떠한가? 극단적 양극화로 심화되고 있는 빈부 격차, 점점 그 정도가 심해져 가는 부정부패, 균형을 잃고 심각한 대결 양상으로 치닫고 있는 사회집단 간의 갈등, 사회 전반에 만연된 도덕성의 부재와 타락…. 이 모든 것이 사실은 한국 교회의 위기에서 비롯된 것이다. 교회가 소금과 빛으로서 이 시대의 버팀목이 되었다면 우리 사회가 이렇게까지 병들지는 않았을 것이다.

한국 교회가 위기를 맞게 된 것은 첫째, 교회와 지도자들이 세상과 구별되지 못하고 거룩함을 잃어버렸기 때문이다. 거룩함을 상실한 순간부터 교회는 세상 사람들 앞에서 힘을 잃고 벼랑 끝의 위기를 맞게 되었다. 둘째, 교회가 사회를 섬기는 사역을 제대로 감당하지 못했기 때문이다. 셋째, 교회가 성도들을 제대로 가르치지 못했기 때문이다. 축복받을 때는 아멘 하면서도, 죄를 지적당할 때는 심히 불쾌해 하며 거부하기까지 하는 것이 오늘날 교인들의 현주소다.

기독교 역사학자인 이만열 박사는 한국 교회는 부흥에는 성공했지만 복음화에는 실패했다고 평가했다. 다시 말해 한국 교회는, 교회 성장에는 성공했지만 질적인 성숙 면에서는 실패했다는 것이다. 이에 대한 동의 여부는 사람에 따라 다르겠지만, 어쨌든 현재의 위기 상태에서 벗어나 이 시대를 향한 사명을 감당하는 것이 한국 교회의 당면 과제임에는 틀림없다. 위기의 순간은 교회가 주님 앞에 엎드려 하나님의 옷자락을 붙잡을 수 있는 축복의 기회이기도 하다.

삶에 씌운 탐욕의 껍질을 벗겨 내라

느헤미야서 5장은 위기 상황 타개에 대한 답을 제시한다. 지금까지는 산발랏, 게셈, 도비야 등 외부의 적들이 등장했지만, 5장에서는 내부의 적이 서서히 고개를 든다. 즉, 내부적 갈등으로 분열이 일어났다. 이때 느헤미야는 이 어려운 상황을 외면하거나 도피하지 않고, 하나님이 문제를 해결하시는 데 자신이 도구가 되겠다는 마음으로 문제와 '부딪히고 대면'했다.

느헤미야는 백성의 부르짖음과 원망을 듣고 크게 노했다.[1] 그는 인격적으로 훌륭한 사람이었지만 내부에 균열이 일어나는 상황 앞에서는 분노를 감추지 않았다. 이는 하나님 나라의 일을 염려하여 민족의 불신앙을 향해 발한 거룩한 분노였다.

그렇다면 예루살렘에서는 어떤 일이 벌어지고 있었던 것일까? 사람들이 성벽 재건에 나서다 보니 농사지을 여유가 사라졌고, 급기야 흉년까지 들자 곡식이 모자라는 사태가 빚어졌다. 그러면 상부상조하는 자세로 이 어려움을 극복해야 하는데, 실상은 정반대로 돌아갔다. 중요한 사실은 지금 동족들의 고통은 게으름이나 나태로 인한 것이 아니라 흉년이 든 데다 많은 가족으로 인해 어쩔 수 없었다는 것이다. 가족

1 "우리 육체도 우리 형제의 육체와 같고 우리 자녀도 그들의 자녀와 같거늘 이제 우리 자녀를 종으로 파는도다 우리 딸 중에 벌써 종 된 자가 있고 우리의 밭과 포도원이 이미 남의 것이 되었으나 우리에게는 아무런 힘이 없도다 하더라 내가 백성의 부르짖음과 이런 말을 듣고 크게 노하였으니" (5:5-6).

이 많은 경우는 돈이나 곡식, 포도주와 기름을 빌릴 수밖에 없었다. 흉년이 나자 부자들은 물고기가 물을 만난 듯 창고에 있는 것들을 큰 이익을 붙여 팔아 폭리를 취했다. 사람의 본성은 위기 상황에서 고스란히 드러나는 법이다. 청천하늘에 갑자기 비가 내려 얼굴을 적시면 얼굴에 덧칠된 화장은 지워지고 맨 얼굴이 드러나는 것처럼 위기는 사람의 심령에 덧칠된 모든 위선을 벗겨 내고 깊숙이 숨겨진 본능을 드러내게 마련이다. 지금 흉년이 들고 있는 이스라엘의 상황이 그랬다.

탐욕의 횡포에 전부를 빼앗긴 사람들

흉년이 들어서 당시 먹고 사는 것이 얼마나 다급했는지, 사람들은 밭과 포도원과 집을 저당 잡혔다. 이 세 가지는 이스라엘 백성들에게는 생명과도 같은 삶의 전부라고 할 수 있었다. 그들이 판 것은 이것만이 아니었다. 마지막에는 그들의 자녀조차 종으로 팔았다. 이런 상황을 가리켜 죽지 못해 산다고 표현할 것이다. 지금 이스라엘의 많은 사람들은 죽지 못해 사는 형편이었다. 이런 상황을 더욱 부채질하였던 것은 외부의 적이 아니라 바로 귀족과 지도자라고 자처하는 동족들이었다.

이스라엘 백성들의 상황은 내우외환의 위기에 처해 있었다. 외부적으로는 흉년과 세금의 위기가 있었고, 내부적으로는 고리대금으로 고혈을 짜는 동족들이 있었다. 이런 진퇴양난 상황에서 신앙인이라면 어떻게 해야 하는가를 느헤미야가 보여 주고 있다.

≪100년 기업의 조건(Going the Distance)≫을 쓴 케빈 케네디와 메리 무어(Kevin Kennedy & Mary Moore)는 기업의 경우를 예로 들면서

"기업이 성장하면 반드시 위기를 맞게 되는데, 진짜 위기는 환율이나 유가와 같은 외부적인 요인이 아니라 지속적인 혁신의 실패나 학습 역량의 상실 같은 내부 요인에서 비롯된다"고 지적하고 있다. 기업이든 인생이든 진짜 위기는 내부에서 시작된다는 말이다. 그런데 여기까지는 일반 사람들의 진단일 수 있지만, 신앙인은 이러한 내부의 위기를 극복하는 힘도 내부에서 나올 수 있다는 사실을 기억해야 한다. 느헤미야는 우리에게 이것을 보여 주고 있는 것이다. 그러므로 위기는 삶에 씌운 모든 위선의 껍질들을 벗겨 내는 순간이기도 하지만, 신앙인에게는 자신 속의 하나님을 드러낼 수 있는 절호의 기회이기도 한 것이다. 지금 느헤미야의 모습은 마치 세익스피어가 《리처드 3세》에서 소리쳤던 "한 사람의 양심은 천 명의 적을 무찌르는 창칼"이라는 말처럼 거룩한 창칼이 되어 썩은 것을 도려내고 상처를 치유하고 있는 것이다.

많은 유대인들이 밭과 포도원, 집을 저당 잡히거나 심지어는 자녀들을 종으로 파는 비참한 신세로 전락했다. 사정이 이 지경까지 된 데에는 다 이유가 있었다. 지도층과 부자들이 솔선하여 어려운 처지의 사람들에게 곡식을 나누어 줌으로써 함께 살길을 모색해야 하는데, 그러기는커녕 오히려 사채놀이를 한 것이다. 가난한 사람들에게 높은 이자를 받고 돈을 빌려 주고, 이자를 갚지 못하면 땅과 집을 빼앗거나 심지어 자녀들을 종으로 팔아 버렸다. 이런 이유로 백성들은 크게 부르짖어 동포를 원망하기에 이르렀던 것이다. 이처럼 동족끼리 화합하지 못하고 갈등을 빚자 느헤미야는 아픈 가슴으로 크게 분노한다. 그러나 단순히 감정적인 분노에서 그치지 않았다. 돌이켜 이 문제를 어떻게 해결할 것인지 신중하게 생각한 후 해결 절차를 밟아 나간다.

일차적으로 느헤미야는 동족의 고혈을 짜는 고리대금업을 하는 부자들과 지도자들을 크게 책망하였다. 출애굽기 22장 25절에 따르면 동족 유대인들끼리는 돈을 꾸어 주더라도 사채놀이를 하면 안 되었다. "네가 만일 너와 함께한 내 백성 중에서 가난한 자에게 돈을 꾸어 주면 너는 그에게 채권자같이 하지 말며 이자를 받지 말 것이며."

그런데도 유대 민족의 지도자라고 하는 사람들과 돈 있는 부자들이 하나님 말씀을 어기고 고리대금업을 했던 것이다.[1] 따라서 이 문제를 공론화시켜 다루기 위해 대회를 열고, 조목조목 그들의 죄를 지적하고, 어떻게 처신할 것인지 구체적 실천 방법까지 명시했다.[2]

어두운 역사의 혈관 속에는 무엇이 흐르는가

지금 이스라엘의 가장 큰 문제는 공동체 의식의 실종이라 하겠다. 그리고 이 문제는 우리 한국 교회가 갖는 문제라고 할 수 있다. 필립 얀시(Philip Yancey)는 ≪하나님 당신께 실망했습니다≫에서 많은 사람이 하나님께 실망한 나머지 교회를 떠나고 있는 현실을 상기시키고

---

[1] "깊이 생각하고 귀족들과 민장들을 꾸짖어 그들에게 이르기를 너희가 각기 형제에게 높은 이자를 취하는도다 하고 대회를 열고 그들을 쳐서 그들에게 이르기를 우리는 이방인의 손에 팔린 우리 형제 유다 사람들을 우리의 힘을 다하여 도로 찾았거늘 너희는 너희 형제를 팔고자 하나 더구나 우리의 손에 팔리게 하겠느냐 하매 그들이 잠잠하여 말이 없기로"(5:7-8).
[2] "그런즉 너희는 그들에게 오늘이라도 그들의 밭과 포도원과 감람원과 집이며 너희가 꾸어 준 돈이나 양식이나 새 포도주나 기름의 백분의 일을 돌려보내라 하였더니"(5:11).

있다. 그런데 사실 교회를 떠나는 사람들의 대다수는 하나님께 실망해서 떠나는 것이 아니라 하나님을 믿는 신자들에 대한 실망이라고 할 수 있다. 이 장의 서두에서도 언급한 대로 한국 교회는 지난 10년을 어쩌면 잃어버린 10년이라고 할 정도로 성장을 멈춘 시기를 보냈다. 그 이유가 무엇일까? 어떤 이는 한국 교회가 이미지 전쟁에서 패했기 때문이라고 말하기도 하고, 또 어떤 사람들은 교회가 너무 자기 중심적이며 폐쇄적이기 때문에 사람들이 교회를 떠난다고 말하기도 한다. 그 이유가 무엇이든 간에 그것을 둘러싸고 있는 공통분모에는 뒤틀린 이기심이 자리 잡고 있으며 그 결과 나타난 공동체 의식의 실종이 교회에 오는 발걸음을 실망감으로 되돌리게 하였던 것이다.

어두운 역사의 혈관 속에는 무엇이 흐르는가? 생명의 공동체를 분열의 공동체로 만드는 것이 무엇인가? 지금 이스라엘 지도층과 부자들이 보였던 바로 그 이기심이다. 느헤미야 당시 귀족 유대인들의 이웃에 대한 도덕적 무관심이 그랬다. 지금 이스라엘이라는 공동체가 무너진 이유도 지도층들이 자신에게만 눈이 어두워 이기심의 덫에 걸렸기 때문이다. 하나님의 공동체를 일구는 것에 우선순위를 두었던 느헤미야이기에 공동체의 뿌리부터 흔드는 귀족들이나 지도층의 이기적인 횡포에 분노할 수밖에 없었다.

역사의 어두운 세력의 혈관을 타고 도는 것은 이기심의 바이러스이다. 이런 점에서 베델 대학의 영문학 교수인 다니엘 테일러(Daniel Taylor)의 말은 주목할 만하다. " '그건 내 문제가 아니야' 라는 사고가 역사적으로 볼 때 거대한 악에 협력하도록 만들어 왔다." 도덕적 무관심이 악의 뿌리라는 말이다. 유대 귀족들은 이웃의 어려움을 보면서도 도덕적 무관심으로 일관하였고 오히려 자신의 배를 채우기 위해서 그것을 더욱 부채질하였다. 그러는 사이에 공동체 의식의 담에는 균열이 가기 시작하였다.

태생적으로 혼자일 수 없는 그리스도인

기독교인은 어떤 경우에도 태생적으로 혼자일 수가 없다. 유명한 기독교 심리학자인 폴 투르니에(Paul Tournier)는 이것을 잘 지적하고 있다. "혼자서는 할 수 없는 것이 둘 있다. 하나는 결혼이고, 또 하나는 그리스도인이 되는 것이다." 그러므로 교회 내에서 관계의 사각지대를 만드는 모든 것들, 그 결과 공동체 의식의 균열을 가져오는 모든 것들은 선이 아니라 악에 속하는 것이라고 할 수 있다.

이 당시 상황은 오늘날로 치면 계층 간의 갈등이라고 할 수 있다. 오늘날 우리나라는 지역 갈등 못지않게 이념 갈등으로 심각한 분열 현상을 겪고 있다. 계층 갈등에 대한 이해와 해결 방안의 차이 때문이다. 몇 가지 입장 가운데 계층 갈등의 근본 원인을, 가난한 사람들을 계속 가난하게 만드는 사회구조, 즉 구조 악으로 규정하는 측이 있다. 이런 주장에 대해 옳다 그르다 왈가왈부하고 싶지는 않다. 그러나 분명한 것은 구조 악의 문제가 세상적인 정책이나 심지어 계급투쟁을 통해 해결될 성질의 것은 아니라는 점이다.

구조 악의 문제는 성경이 인도

> 기독교인은 어떤 경우에도 태생적으로 혼자일 수가 없다. 유명한 기독교 심리학자인 폴 투르니에는 이것을 잘 지적하고 있다. "혼자서는 할 수 없는 것이 둘 있다. 하나는 결혼이고, 또 하나는 그리스도인이 되는 것이다." 그러므로 공동체 의식의 균열을 가져오는 모든 것들은 선이 아니라 악에 속하는 것이라고 할 수 있다.

하시는 방향으로 다루지 않는다면 결코 해결될 수가 없다. 왜냐하면 이 문제의 밑바닥에는 인간의 이기심이 자리 잡고 있기 때문이다. 이기심이라는 것이 인간의 본성인데 어떻게 한번에 해결될 수 있겠는가? 잘사는 사람이든 못사는 사람이든 인간 내면 깊은 곳에는 이기심이 자리 잡고 있다. 최근 삼성경제연구소에서 발표한 보고서에 따르면, 한국 사회의 세대, 지역, 계층, 노사 간의 갈등은 불평등 구조의 심화와 확산이 가장 큰 원인이며, 그 구조의 기저에는 이기주의가 흐르고 있다는 것이다. 그리고 이기주의의 만연으로 사회 공동체가 안으로부터 무너져 내리고 있다고 진단한다.

가난한 사람의 집과 밭과 포도 농장이 저당 잡히고, 가난한 사람이 점점 더 가난해지고 자식을 종으로 파는 이런 일들은 당시에만 있었던 일이 아니다. 그 형태만 달리 나타날 뿐 오늘날도 여전히 일어나고 있는 일이다. 느헤미야는 바로 이런 사람들을 향해 분노했던 것이다. 사람들의 이기심, 탐욕에 대한 의분이었다. 교회 공동체는 병들고 경제는 나날이 어려워지고 사회 어느 한구석 부패하지 않은 곳이 없는 시대에, 그저 나만 잘되면 무슨 의미가 있겠는가? 하나님이 주시는 거룩한 분노가 필요한 때이다.

각종 갈등을 잉태하는 사회구조적 불균형이라든지 불공정함, 공공선(公共善)에 대한 문화의 결핍, 협상 문화의 부재, 냉소주의의 만연 등 현 상태를 그대로 방관한다면 우리나라는 물론이요, 개인의 삶도 결코 한 단계 올라설 수 없다. 이러한 시대에 한국 교회의 사명은 공동체를 해체하고 갈등을 양산하는 실체인 이기주의에 대해서 느헤미야처럼 거룩한 노를 발하는 것이다.

거룩한 의분은 인간의 이기심을 이겨 낸다

거룩한 의분은 기독교의 귀한 전통이다. 만일 루터가 중세 교회의 부패와 타락에 의분을 가지지 않았다면 종교개혁은 없었을지 모른다. 우리나라의 초대 교회사를 보면 의분을 가지고 부정부패와 싸운 사람들이 적지 않았다. 그래서 기독교인이 있는 곳에는 불의한 관리들이 오는 것을 겁을 먹고 다른 곳으로 옮겨 달라는 요구까지 생겨났다. 박명수 교수의 ≪이야기 교회사≫에 나오는 내용이다.

> 매관매직이 성행했던 1899년 당시 어느 지방 관리로 임명된 사람이 기독교인이 많다는 이유로 부임을 꺼린 사건이 일어났다. 북쪽 지방에서도 새로 군수로 임명된 양반이 부임을 거부하고 영남으로 옮겨 달라고 요청하고 있는데 그 이유는 북쪽 지방에는 예수 믿는 사람들이 많기 때문이라는 것이다.
>
> 이에 대해서 <대한 그리스도인 회보>는 예수교 신자들은 하나님을 공경하고 이웃을 사랑하며 아무런 잘못을 행하지 않는데 예수교인 때문에 부임하지 못한다는 것은 말이 되지 않는다고 지적하고 있다. 아울러 그 양반이 부임을 거부하는 이유는 무단으로 백성들의 재물을 빼앗아 가려고 하기 때문인데 예수교는 그런 부당한 행동에 대해서 좌시하지 않을 것이라고 못 박는다. 실제로 1900년과 1901년에 황해 감사로 있던 윤덕영은 흉년 중에도 가난한 백성들에게 과중한 세금을 거두어 예수교인들의 강력한 항의를 받았고 결국은 해직되었다.

느헤미야는 이기심이 원인이 되어 빚어진 이 내부의 갈등이 해결되기 전까지는 성벽 재건이 불가능하다고 보았다. 그리고 이 문제를 회피하거나 덮어 두지 않고 정면 대결했다. 느헤미야의 책망 앞에 유대의 지도자들은 순순히 따랐다. 그러나 입술의 서약만으로는 부족하여 제사장 앞에서 맹세까지 시켰다.[1]

또한 여기서 머무르지 않고 한 걸음 더 나아간다. 그들이 약속대로 행하지 않을 경우 '그 집과 산업'에 하나님의 심판을 받을 것이라고 경고하였다. 그 집과 산업은 고리대금업자들이 자신의 사회적인 힘과 지위의 토대로 삼는 그들의 재산 전부를 말한다. 만일 그들이 또다시 하나님의 말씀을 어기고 고리대금으로 동족의 피를 빨아먹는 경우 마치 옷에 담겨 있는 모든 것을 땅에 내동댕이치듯이 그들의 자랑인 그 모든 것을 쓸어내어 버리신다는 말이다.[2]

반(反) 홉니와 비느하스 교육

가정이나 직장을 비롯하여 어떤 조직에서든 갈등과 분열을 조장하는 사람들이 있다. 그리고 이들 때문에 상처받고 힘들어 하는 사람들이 생기게 마련이다. 이런 사람들은 그냥 내버려 두어서는 안 되고 영적으로 대면(confrontation)해야 한다. 느헤미야는 바로 그런 차원에서, 제사장 앞에서 맹세시키고 그것도 모자라, 옷자락을 떨쳐 보이며 하나님 말씀대로 행치 않으면 이렇게 하나님께서 집과 산업에서 떨쳐 버릴 것이라고 경고했다. 당시 유대 사람들은 통자 옷 하나를 입었기 때문에 그것을 떨쳐 내면 금방 옷을 다 벗어 버릴 수 있었다. 그러니 그 생생한 시청각 자료 앞에서 사람들은 정신이 번쩍 났을 것이다. 느

느헤미야는 이처럼 거룩한 의분을 품고 난관을 타개해 나갔다.

사실 직접 대면해서 잘못을 지적하는 것은 누구에게나 즐거운 일이 아니다. 그러나 하나님의 공동체인 교회 전체의 조화를 깨뜨리는 사람이 있을 때는 모두의 유익을 위해서 단호히 대처할 필요가 있다. 그런데 책임자가 대면을 꺼려 문제를 회피해 버린다면, 한 사람의 그릇된 언행으로 공동체 전체의 사기가 저하될 수도 있다.

자녀가 잘못했을 때 부모가 훈계하는 것을 두려워하여 가정이 풍비박산 난 것을 본 적 있는가? 적시에 자녀를 대면하여 바로잡아 주면 장차 있을지도 모를 큰 화를 막게 된다. 엘리 제사장의 두 아들 홉니와 비느하스를 기억하라. 그들은 제사장이면서도 성전을 더럽히고 이스라엘 백성들을 수탈했다.[3] 그 말을 듣고 엘리 대제사장이 아들들을 불렀다. 그는 "앞으로도 그렇게 하면 족보에서 내칠 것이다" 하는 식으로 강경하게 대처해야 했는데, "그렇게 하면 되겠니? 좀 조심해라" 하며 은근슬쩍 타이르고 말았다. 이런 솜방망이 교육이 그 아들들에게 무슨 도전이 되었겠는가? 홉니와 비느하스는 그 후로도 못된 짓을 계속했고, 결국 이들 때문에 이스라엘은 망하고 법궤까지 빼앗겼다. 어린 시절 나는 철저한 '반 홉니와 비스하스 교육'이라고 할까, 그로 인

---

[1] "그들이 말하기를 우리가 당신의 말씀대로 행하여 돌려보내고 그들에게서 아무것도 요구하지 아니하리이다 하기로 내가 제사장들을 불러 그들에게 그 말대로 행하겠다고 맹세하게 하고" (5:12).

[2] "내가 옷자락을 떨치며 이르기를 이 말대로 행치 아니하는 자는 하나님이 또한 이와 같이 그 집과 산업에서 떨치실지니 저는 곧 이렇게 떨쳐져 빌지로다 하매 회중이 다 아멘 하고 여호와를 찬송하고 백성들이 그 말한 대로 행하였느니라" (5:13).

[3] "이 소년들의 죄가 여호와 앞에 심히 큼은 그들이 여호와의 제사를 멸시함이었더라" (삼상 2:17).

해 적잖이 스트레스를 받곤 했다. 목회자인 부친이 내게 매를 들 때마다 가장 많이 하신 말씀은 "너는 내 자녀이기 전에 하나님의 자녀다"라는 것이었다. 어린 내게는 적지 않은 부담이었지만, 그럼에도 그때 성경에 기초한 매가 내 몸과 영혼이 건강하게 뿌리내리는 토양을 만들었다고 해도 과언이 아니다.

희생으로 인생의 선순환을 경험하라

그러나 거룩한 분노만으로는 시스템을 바꿀 수 없다. 시스템을 바꾸는 것은 저항할 수 없는 감동이 이기심의 뿌리를 쓸어 낼 때이다. 지금 이스라엘 귀족들이 도무지 자신들의 행동에 대한 질책에 저항할 수 없었던 것은 먼저 느헤미야가 희생의 역사를 언급하고 있기 때문이다. 그들의 이기심의 척추를 부러뜨린 것은 "우리는 이방인의 손에 팔린 우리 형제 유대 사람들을 우리가 힘을 다하여 도로 찾았거늘 너희는 형제를 팔고자 하느냐"[1] 하는 천둥 같은 소리였다. 당시 바벨론이나 페르시아에 살던 이스라엘 백성들은 자신의 동족 중에서 그 땅의 이방인에게 노예로 팔린 경우 가능한 한 모든 방법을 동원해서라도 율법의 명령[2]에 따라 속전을 지불하고 해방시켜 주었다.

[1] 느헤미야 5:8
[2] "만일 너와 함께 있는 거류민이나 동거인은 부유하게 되고 그와 함께 있는 네 형제는 가난하게 되므로 그가 너와 함께 있는 거류민이나 동거인 또는 거류민의 가족의 후손에게 팔리면 그가 팔린 후에 그에게는 속량받을 권리가 있나니" (레 25:47-48).

희생이 능력이다. 시스템을 바꾸는 것은 결국은 희생이다. 기독교 용어로 말하면 교회의 역사를 선순환으로 바꾸는 것은 순교의 피값이요, 교회의 혈관에 희생의 피가 흐를 때이다. 느헤미야는 우리에게 무엇이 사회의 시스템을 바꾸는지를 보여 주고 있다. 느헤미야가 직접 대면을 하자 백성들은 하나님의 사람으로서 자기의 부족함을 솔직히 시인하고, 개인적 책임을 회피하지 않았다.

기독교 공동체는 서로에게 진솔하며 또 서로 용서를 주고받는 커뮤니티가 되어야 한다. 특히 지도자일수록 실패와 부족함을 인정하는 여유가 있어야 한다. 이것이 하나님의 사람이 가져야 할 진실되고 성숙한 모습이다. 지도자가 투명하고 진실하지 않으면 하나님께서는 그를 통하여 자신을 드러내실 수가 없다. 느헤미야는 그 자신이 하나님 앞에서 깨끗한 그릇이 되고자 했다. 그래서 솔선하여 자신을 공개했던 것이다.

"나와 내 형제와 종자들도 역시 돈과 양식을 백성에게 꾸어 주었거니와 우리가 그 이자 받기를 그치자"(5:10).

물론 느헤미야는 동포들에게 돈과 곡식을 꾸어 주고도 이자를 받지 않았다. 그럼에도 "의로운 나만이 거룩한 분노를 발할 자격이 있다"며 남들을 비난하거나 손가락질하지 않았다. 오히려 "나 역시 부족하고 약한 부분이 있다. 나와 내 친족들과 내 수하에 있는 사람들도 돈과 곡식을 꾸어 주었다. 그러나 제발 이제부터는 백성에게서 이자 받는 행위를 그만두자"며 솔직하게 고백함으로 백성들과 공감대를 형성해 나갔다.

오늘날 한국 사회의 지도자들도 이 자세를 본받아야 한다. 지도자

자리에만 오르면 자기 눈의 들보는 숨겨지고 다른 사람의 티는 드러나 보이는 이유는 무엇인가? 신문의 논조를 보아도 너무나 공격적이다. 자신의 부족함을 안고 가는 사람이 별로 없다. 그러나 하나님의 투명한 거울 앞에서 우리는 누구나 다 예외 없이 허물 많고 부족한 사람들이다. 누가복음 12장 2절 말씀을 기억해 보라.

"감추인 것이 드러나지 않을 것이 없고 숨긴 것이 알려지지 않을 것이 없나니."

이 얼마나 두려운 말씀인가? 하나님의 거룩한 눈으로 보면 우리의 실상은 투명하게 다 드러나도록 되어 있다.

느헤미야는 동족들 앞에서 자기의 부족함을 시인하고 아울러 예루살렘으로 오기 전 페르시아에서 유대 땅 총독으로 재임 당시 그가 어떻게 청렴결백하게 임무를 수행했는지 이야기하고 있다. 그는 이전 지도자들의 관례에 따라 행하지 않았다.[1] 느헤미야는 총독이라는 자신의 지위에 걸맞게 권리를 사용하고 요구할 수 있었음에도 불구하고 마치 신약의 사도 바울처럼 희생과 섬김의 본을 보였다.[2] 이러한 희생이 사람들의 강퍅한 마음을 부드럽게 하고 굳어진 혈관을 뚫는 치료제가 되었다.

[1] "또한 유다 땅 총독으로 세움을 받은 때 곧 아닥사스다 왕 제이십 년부터 제삼십이 년까지 십이 년 동안은 나와 내 형제들이 총독의 녹을 먹지 아니하였느니라 나보다 먼저 있었던 총독들은 백성에게서 양식과 포도주와 또 은 사십 세겔을 그들에게서 빼앗았고 또한 그들의 종자들도 백성을 압제하였으나 나는 하나님을 경외하므로 이같이 행하지 아니하고" (5:14-15).
[2] "우리에게 권리가 없는 것이 아니요 오직 스스로 너희에게 본을 보여 우리를 본받게 하려 함이니라" (살후 3:9).

거룩한 두려움이 세상을 변화시킨다

그는 이전 총독들이 가렴주구(苛斂誅求)했던 전철을 자신은 밟지 않았다고 당당히 고백한다. 노블레스 오블리제, 곧 가진 자의 책임을 자신이 할 수 있는 한 최선을 다해 감당했다고 고백하는 것이다. 이처럼 자신을 추스를 수 있었던 것은 단 한 가지 이유였다. 15절 후반부에서 말했듯이 '하나님을 경외'했기 때문이었다. 하나님을 경외한다는 말에는 두 가지 의미가 담겨 있다.

첫째, 자발적인 경외를 의미한다. 우리가 하나님을 경외하는 것은 종처럼 억지로 하는 것이 아니다. 우리는 종의 영이 아닌 아들의 영을 받았다. 창세기 3장을 보면 하나님은 우리에게 자유의지를 주셨다. 하나님을 사랑하는 자녀로서 그 아들의 영을 가질 때 우리는 기쁨으로 주님을 섬길 수 있다. 주와 같이 가는 것을 즐거워했기에 느헤미야는 '개인적 이기심을 채우는 토색을 행치 않겠다'는 마음이 절로 우러났던 것이다.

둘째, 거룩한 두려움을 의미한다. 이것은 하나님 앞에서 살겠다는, 이른바 신전(神前) 사상이다. 라틴어로 '쿠람데오'라고 한다. 혼자 있다는 것은 한편으론 기회이면서 동시에 위기이기도 하다. 혼자 있을 때 하나님을 만날 수도 있지만, 반대로 하나님을 외면할 수도 있기 때문이다. 야곱이 얍복

> 우리가 하나님을 경외하는 것은 종처럼 억지로 하는 것이 아니다. 우리는 종의 영이 아닌 아들의 영을 받았다. 창세기 3장을 보면 하나님은 우리에게 자유의지를 주셨다. 하나님을 사랑하는 자녀로서 그 아들의 영을 가질 때 우리는 기쁨으로 주님을 섬길 수 있다.

강 언덕에서 깊은 밤 주님과 대면했을 때, 모세가 광야에서 여호와를 뵈었을 때, 이사야가 성전에서 주의 음성을 들었을 때, 바울이 아라비아에서 주님의 부름을 받았을 때, 사도 요한이 밧모섬에서 하나님의 계시를 받았을 때, 그들은 홀로 있던 상태였다.

그러나 죄성을 가진 인간이 혼자 있을 때 자신을 지키기란 쉽지 않은 일이다. 율곡 이이도 "모든 악은 홀로 있을 때 삼가지 않음에서 생겨난다(萬惡皆從不謹獨生)"고 했다. 그래서 빌 하이벨스(Bill Hybels) 목사님이 쓴 ≪아무도 보는 이 없을 때 당신은 누구인가?≫라는 책 제목은 우리에게 시사하는 바가 크다. 이 책에서는 인격을 '아무도 보는 사람이 없을 때 우리가 하는 행동' 이라고 정의하고 있다. 이런 점에서 그리스도인들은 세상 누구보다도 고결한 인격의 소유자가 되어야만 한다. 또 그렇게 될 수 있는 존재들이다. 아무도 보는 사람 없을 때, 주변이 깜깜하여 누구도 자신을 볼 수 없을 때에라도, 하나님은 불꽃 같은 눈으로 우리를 지켜보신다는 것을 기억해야 한다.

교회 전문 컨설턴트 조지 바나(George Barna)의 조사 결과에 따르면, 혼전 순결이나 이혼에 대한 인식, 그리고 동성연애의 허용에 대해서 기독교인이나 비기독교인이나 윤리적인 행동 면에서는 별 차이가 없다는 통계가 나왔다고 한다. 오늘날 교회가 이 시대 앞에 무엇을 하기에 앞서 먼저 갖춰야 할 정신이 바로 코람데오 정신이다. 그리스도인은 바로 이 코람데오 정신을 이 땅에 뿌리내리게 할 수 있는 유일한 존재이다.

세상을 바꾸는 것은 거룩한 두려움이다. 거룩한 두려움으로 충만했던 초대 교회는 세상을 확 바꾸어 놓을 수 있었다. 후대의 종교개혁자들은 거룩한 두려움을 가지고 당시의 종교와 문화를 변화시켰다. 오늘날 교회가 세상에서 본래의 소명을 실천하기 위해서 가장 필요한 것은 하나님에 대한 거룩한 두려움을 회복하는 것이다. 느헤미야에게는 이 거룩한 두려움이 있었기에, 먼저 본을 보였고 이것이 강력한 힘이 되어 권력자들로 백성들의 수탈을 멈추게 하고 이러한 과정에서 그들의 거센 반발을 막을 수 있었다.

사회적 책임을 선도하는 그리스도인

자발적으로 하나님을 섬기고 거룩한 두려움을 가질 때 우리에게는 자연스럽게 청지기 의식이 생겨난다. '내 생각, 내 교회, 내 가정, 내 자녀, 내 회사'라는 '내 것' 의식에서 벗어나, '하나님의 것, 하나님의 은혜, 하나님의 축복'이라는 생각으로 충만해진다. 개인의 이기심을 채우려는 생각은 사라지고 하나님의 일이 잘되기만을 원하게 된다. 그럴 때 비로소 거룩한 분노를 가지고 사회 앞에서 맡은 바 책임을 다할 수 있을 것이다.

한국의 크리스천들이 어떻게 사회적 책임을 수행해 왔는지 보여 주는 통계자료들이 꽤 있다. 그 중 주목할 만한 사례가 바로 장기 기증이다. 전체 장기 기증 등록자 가운데 절대다수가 크리스천들이라고 한다. 사랑의장기기증 운동본부가 전체 장기 기증 희망 등록자 현황을 분석한 결과 1991년부터 2004년 8월까지 등록한 10만 명의 장기 기증 등록자 가운데 기독교인이 7만 3천 명이었다고 한다. 하나님을 경외하는 많은 크리스천들이 '내 몸은 내 것이 아니다'라는 생각을 했기에 가능했던 결과가 아니겠는가?

우리나라 전체 사회복지 시설 가운데 70%는 기독교 재단이 설립한 것이라고 한다. 또 최근에 한국종교사회윤리연구소가 대한적십자사와 함께 발표한 종교별 생명 나눔 실천 현황에 따르면, 2002년부터 2004년까지 기독교인이 전체 헌혈 인구의 무려 90%를 차지했다. 1991년부터 2001년까지의 종교별 기부 현황을 보면 기독교계에서 전체 수재의연금의 67%를 냈다. 이것은 모두 하나님을 경외하여 내 것을 내 것이라고 생각하지 않았기 때문에 나타난 결과들이다. 하나님이 주신 사명감을 의식하며 살기에 여러 가지 기부와 헌혈, 장기 기증을 할 수 있는 것이다. 이런 것들이 이 시대 앞에 거룩한 의분을 가진 자가 개인적으로 적용할 수 있는 덕목이다.

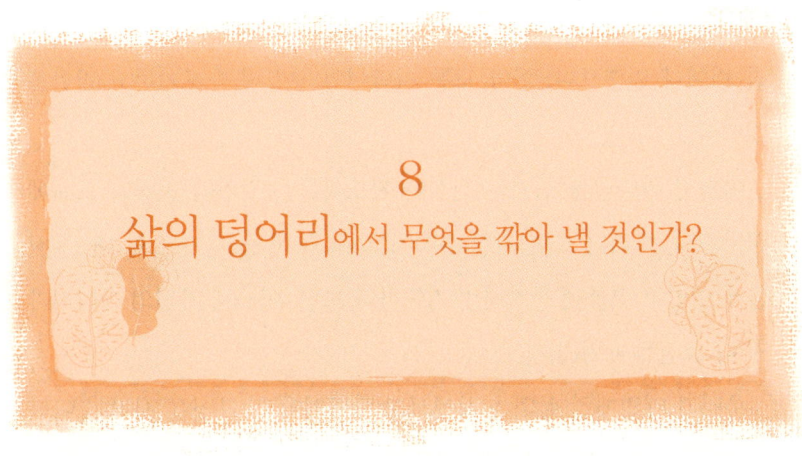

8
삶의 덩어리에서 무엇을 깎아 낼 것인가?

선택의 포화 상태,
우선순위가 시너지의 크기를 결정한다.

느헤미야에게는 단 하루도 마음 편한 날이 없었다. 끊임없이 안팎으로 시련과 도전이 찾아왔다. 외부 적들의 공격은 물론 내부의 분열도 겪었으며, 갖가지 음모로 괴롭힘을 당했다. 그런데 이것은 느헤미야만의 일은 아니다. 예수 믿는 사람이라면 누구나 사정은 마찬가지다. 은혜받고 하나님의 사람으로 주님을 섬기면서 우리는 끊임없는 영적 전쟁에 시달린다.

아프리카의 빛으로 살았던 리빙스턴(D. Livingstone) 박사는 아내와 함께 하나님의 소명을 붙잡고 열심히 일했지만, 아프리카에서 갖은 고생을 다했다. 한 번만 걸려도 목숨이 위태로워지는 말라리아에 스물일곱 번이나 걸렸으니, 아마 보통 사람이었다면 벌써 포기하고 말았을 것이다.

이처럼 하나님을 섬기는 신실한 지도자들은 갖가지 공격과 도전에 시달린다. 그러다 보면 지칠 수밖에 없다. 특히 중도 기도 할 때 큰 짐을 끌어안고 고통에 동참하며 기도하다 보면, 어느새 자신의 에너지마저 다 소진될 때가 많다.

우리가 매일매일 삶의 현장에서 맞닥뜨려야 할 대상은 사람이 아니라 영적 세력이다. 바로 그런 이유로 우리의 몸과 마음이 더욱 힘든 것이다. 우리의 싸움 상대는 이 세상의 어둠의 권세들이다.[1] 사탄의 세력이 우리를 가만히 내버려 두지 않는다.

사도행전을 보라. 성령의 역사로 새롭게 되고 하나님 나라가 확장되는 곳, 느헤미야가 성벽을 재건하듯 무너진 곳이 회복되려고 하는 곳마다 사탄이 준동하여 방해했다. 평화를 깨뜨리고 믿는 자들을 수치로 내몰았다. 복음이 힘 있게 역사하려 할 때마다 바울을 괴롭히려는 사람들이 얼마나 많았는지 모른다. 바울을 죽이기 전에는 먹지도 않고 자지도 않겠다고 맹세까지 하던 악질적인 무리들도 있었다.[2] 그들은 하나님의 사람들을 끝까지 괴롭혔다. 사탄은 하나님 나라가 회복되기를 원치 않는다.

인생의 오노 평지를 만날 때

느헤미야 역시 사탄의 공격 대상에서 예외일 수 없었다. 첫 번째 공격은 사마리아 총독이던 산발랏을 통해서였다. 느헤미야가 성벽을 다 쌓아 가고 있다는 소식을 접한 산발랏과 그 일당들은 가만히 관망만 할 수 없었다.³ 공사가 다 마무리된 것은 아니지만 성문만 만들어 달면 오랜 공사도 종식을 고하는 역사적 순간을 맞이하게 되었다. 허물어진 틈마다 차곡차곡 성벽을 쌓아 갔던 땀과 눈물의 시간에 대한 보상으로 이제 성벽은 이스라엘 백성들 앞에 실체를 드러내고 있었다. 그런데 그 막바지 순간에 결코 긴장을 풀 수 없는 위험한 음모가 찾아 온 것이다.⁴

산발랏 일당은 느헤미야가 성벽을 완공하지 못하도록 아주 교묘한 방해 공작을 폈다. 무력으로 위협하다가 통하지 않자 이번에는 이스라엘 영토를 벗어난 제삼의 장소인 오노 평지에서의 만남을 요청해 왔다. 오노 평지는 예루살렘 북서쪽 약 40km 지점에 위치했는데, 그 당시로서는 사마리아와 아스돗 사이의 중립지대로 완전한 이스라엘 땅이 아니었다. 이런 점을 고려한다면 느헤미야를 이스라엘 영토 밖으로 유인하여 죽이려는 음모가 있었음을 알 수 있다. 만남의 목적은 평화 회담이었지만 여기에는 함정이 있었다. 그러나 하나님과 늘 교제하며

1 "우리의 씨름은 혈과 육을 상대하는 것이 아니요 통치자들과 권세들과 이 어둠의 세상 주관자들과 하늘에 있는 악의 영들을 상대함이라" (엡 6:12).
2 "날이 새매 유대인들이 당을 지어 맹세하되 바울을 죽이기 전에는 먹지도 아니하고 마시지도 아니하겠다 하고" (행 23:12).
3 "산발랏과 도비야와 아라비아 사람 게셈과 그 나머지 우리의 원수들이 내가 성벽을 건축하여 허물어진 틈을 남기지 아니하였다 함을 들었는데 그때에 내가 아직 성문에 문짝을 달지 못한 때였더라" (6:1).
4 "산발랏과 게셈이 내게 보내어 이르기를 오라 우리가 오노 평지 한 촌에서 서로 만나자 하니 실상은 나를 해하고자 함이었더라" (6:2).

깨어 있던 느헤미야는 그 의중을 헤아렸고, 사람을 보내어 이를 거절한다. 이 모습은 기도하지 않고 회담 제의를 덥석 받아들여 어려움을 자초했던 키신저(H. A. Kissinger)와 좋은 대조를 이루고 있다.

베트남 전쟁이 막바지에 이르렀던 1973년 1월 27일 프랑스 파리에서는 5년여의 협상 끝에 전쟁을 종식하는 역사적인 휴전 회담이 열렸다. 이 휴전의 담보를 위해 당시 미 국무 장관이던 키신저는 월맹에 40억 달러의 원조를 제공, 이것으로 피폐한 월맹의 경제 재건을 돕기로 하고, 교전 당사국인 미국·월남·월맹·베트콩(베트남 임시혁명정부) 등이 서명했다. 그리고 월남과 방위조약을 체결, 미군이 철수하지만 월맹이나 베트콩이 휴전 협정을 파기하면 즉각 해공군이 개입하여 북폭(北爆)을 재개하고 월남 지상군을 지원키로 약속했다. 미군이 철수하면서 미군이 보유하고 있던 각종 최신 무기를 월남에 양도, 그 무렵 월남 공군력은 세계 4위를 기록하기도 했다.

이처럼 철저한 제도와 장치를 마련했기 때문에 키신저는 적어도 휴전 체제가 10년은 갈 것으로 낙관했다. 파리 휴전 협정의 성과로 키신저와 월맹 대표였던 레둑토는 1974년 노벨평화상 수상자로 결정됐고 키신저는 노벨평화상을 수상했다.

그러나 이 모든 것은 착각이었다. 월맹은 미군의 폭격과 경제 봉쇄로 피폐해져 전쟁 수행 능력을 상실하자 평화 회담에 나섰던 것이었다. 전략은 변함 없으되 전술만 약간 바꾼 셈이었다. 레둑토는 키신저와 평화 회담을 벌이는 한편, 1950년대 중반에 수립된 대남(對南) 공산화 전략을 더욱 공고히 다듬었다.

휴전 협정 이후 월남은 월맹보다 경제력과 군사력에서 월등히 앞서 있었다. 그래서 월남 지도부와 국민들은 낙관했다. 누구도 공산군의 남침을 믿지 않았다. 그 믿음이 국방 소홀을 가져왔고, 극심한 정쟁(政爭)의 원인이 되었다. 결국 키신저는 눈에 보이는 그럴듯한 명분에 속아 넘어가는 어리석음을 범한 것이다.

하지만 느헤미야는 은혜를 아는 하나님의 사람이었다.

"내가 곧 그들에게 사자들을 보내어 이르기를 내가 이제 큰 역사를 하니 내려가지 못하겠노라 어찌하여 역사를 중지하게 하고 너희에게로 내려가겠느냐 하매"(6:3).

느헤미야는 사탄의 계략을 눈치챘다. '말이 평화 회담이지, 내가 하는 사역을 중지하게 하고 시간과 에너지를 빼앗아 갈 뿐이다. 이 사람들의 교묘한 방해 공작에 넘어가지 말아야겠다'고 판단하고 말려들지 않았다.

사탄의 집은 박쥐가 서식하는 동굴이 아니다

그러나 현실 세계에서 보면 문제는 파우스트처럼 악마에게 영혼을 팔 요량이 아니라면 아무도 사탄과 협상을 하고 악마와 친구가 되려고 마음먹지 않지만, 자신의 의도와는 다르게 사탄과 협상하고, 사탄과 더불어 전략을 함께 짜며, 사탄이 우리의 계획을 주도하게 하는 데 있다. 이것을 인간의 어리석은 탓으로만 돌릴 수는 없다. 왜냐하면 우리를 기만하고 때로는 달래는 사탄의 모습은 거칠고 무섭고 지저분한 모습이기보다는 고린도후서 11장에 나오는 것처럼 광명의 천사요, 의의 일꾼으로 다가올 때가 많기 때문이다. 그래서 정신을 바짝 차리지 않으면 넘어가기 십상이다.

사탄의 집은 박쥐가 서식하는 어두운 동굴이 아니다. 사탄이 먹는 음식은 죽은 시체가 아니다. 사탄이 즐기는 것은 공동묘지에서 노는 것이 아니다. 그래서 C. S. 루이스는 ≪스크루테이프의 편지≫ 61년판 서문에서 이렇게 말한다.

가장 큰 악(사탄)은 찰스 디킨스가 즐겨 그렸듯이 지저분한 '범죄의 소굴'에서 행해지지 않는다. 그렇다고 강제수용소나 노동 수용소에서 행해지는 것도 아니다. 그런 장소에 보게 되는 것은 악의 최종적인 결과이다. 가장 큰 악은 카펫이 깔려 있으며, 불이 환하게 밝혀져 있는 따뜻하고 깔끔한 사무실에서 흰 셔츠를 차려입고 손톱과 수염을 말쑥하게 깎은, 굳이 목소리를 높일 필요가 없는 점잖은 사람들이 고안하고 명령하는 것이다.

그러면 어떻게 광명의 천사로 의의 일꾼으로 분장한 사탄의 계략을 파악하고 물리칠 수 있을까? 느헤미야가 어떻게 산발랏과 그 일당이 계획한 전모를 파악하였는지 생각해 볼 필요가 있다. 만일 느헤미야가 자신의 안일과 형편에만 관심이 있었다면, 그들의 제안을 덥석 물었을지도 모른다. 그러나 느헤미야의 관심은 자신이 아니라 하나님께 있었다. 하나님께 집중하는 사람은 하나님의 보호를 받는 축복이 따르게 되어 있다. 다윗은 이 은혜를 알았고, 하나님만이 자신을 지킬 반석이요 구원임을 고백했던 복된 사람이었다.[1]

인생의 전쟁터는 최고의 전략가가 필요하다

사탄은 교묘한 작전으로 삶을 혼란스럽게 한다. 그럴 때마다 느헤미야처럼 흔들리지 말고 하던 사역을 그대로 진행해야 한다. 온갖 공격 앞에서도 느헤미야의 우선순위는 흔들리지 않았다. 무엇에 우선순위를 두고 무엇에 집중해야 하는지 그는 잘 알고 있었다. 우리도 살아가면서 우선순위를 제대로 파악하고 흔들리지 말아야 한다. 하지만 이것은 실상 힘든 일이지만 그럼에도 우선순위를 선택해야 하는 이유를 오스 기니스(Os Guiness)는 ≪소명≫에서 이렇게 말했다.

> 현대 세계에는 너무 많은 선택안이 있다. 관계할 사람이 너무 많고, 할 일이 너무 많으며, 볼 것, 읽을 것, 따라잡을 것과 쫓을 것이 너무 많다. 사야 할 것도 너무 많다. 우리는 과중한 짐에 치이고 포화 상태에 이른다. 거기에 휩쓸리다 보면 우리는 과중한 짐에 치일 뿐 아니라 삶에서 통일성과 집중력, 조화 등을 상실하게 된다. 우리의 경험은 조각난 파편들로 다가온다. 이렇게 파괴된 모든 것을 다시 엮어 삶에 집중하게 하는 것이 무엇인가? 그것이 바로 우선순위이다. 이렇게 다양하고 복잡한 삶에서 인생의 조각난 것(시간)을 하나로 모아서 시너지를 만드는 고리가 바로 우선순위이다.

1 "나의 영혼아 잠잠히 하나님만 바라라 무릇 나의 소망이 그로부터 나오는도다 오직 그만이 나의 반석이시요 나의 구원이시요 나의 요새이시니 내가 흔들리지 아니하리로다" (시 62:5-6).

우선순위가 잡혀 있으면 시간을 낭비하지 않고 그 생산성을 최고로 높여 시간을 가장 부가가치 있게 사용할 수 있다. 이리하여 우선순위는 우리를 삶의 위기에서 보호하는 보호막이 되어 준다.

우선순위는 선명하고 단순해야 한다. 지금 머릿속에 삶의 우선순위로 떠오른 것이 다섯 개 이상이라면 사실상 당신 인생에는 우선순위가 없는 것이다. 2003년 〈뉴욕 타임즈〉가 그 해의 최고의 책으로 선정했던 ≪실행에 집중하라≫의 저자인 래리 보시디(Larry Bossidy)는 "내가 해야 할 우선순위가 열 가지나 된다고 말하는 리더는 사실 어떤 일을 해야 할지 전혀 모르고 있는 것이다"라고 지적했다. 시간의 덩어리를 집어 들고 최우선순위가 아닌 것은 다 깎아 내라. 예수님을 위한 유익한 일이라고 해서 다 삶의 우선순위가 되는 것은 아니다. 알다시피 마르다는 예수님을 섬기는 일에는 한 발 앞서 있었는지 몰라도, 정작 중요한 일에는 한 발 뒤쳐져 있었다. 그래서 예수님은 그에게 삶의 우선순위에 문제가 있음을 지적하신 바 있다.

자신의 한 주간의 삶의 시간들을 살펴보라. 어윈 루처(Erwin W. Lutzer)의 ≪목사가 목사에게≫를 보면 재미있는 일화가 나온다. 어떤 사람이 한 유명한 조각가에게 코끼리를 어떻게 조각하냐고 묻자 그는 이렇게 대답했다. "대리석 덩어리를 하나 집어 들고는 코끼리를 닮지 않은 부분은 다 깎아 내면 됩니다." 지금 시간의 덩어리, 삶의 덩어리를 들고 삶의 최

> 어떤 사람이 한 유명한 조각가에게 코끼리를 어떻게 조각하냐고 묻자 그는 이렇게 대답했다. "대리석 덩어리를 하나 집어 들고는 코끼리를 닮지 않은 부분은 다 깎아 내면 됩니다." 지금 시간의 덩어리, 삶의 덩어리를 들고 삶의 최우선순위를 정하여 우선순위가 아닌 부분은 과감히 깎아 내라.

우선순위를 정하여 우선순위가 아닌 부분은 과감히 깎아 내라.

　우선순위를 가지고 실천하는 삶의 진가는 위기에 직면하거나 어려움을 당할 때에야 비로소 드러나는 법이다. 2001년 9월 11일 미국에서 전대미문의 테러가 터졌을 때, 당시 뉴욕의 상황을 장악하고 문제를 해결한 사람은 부시 대통령이 아니라 루돌프 줄리아니 뉴욕 시장이었다. 그는 그 공로로 2001년 〈타임〉지에서 올해의 인물로 선정되기도 했다. 그는 자신의 저서 ≪리더십-위기를 경영한다≫에서 9·11 때 세 가지를 우선순위에 둠으로 사태를 해결했다고 밝혔다. 첫째는 언론 매체를 이용하여 시민들의 동요를 막고 안전한 대피 체제를 확립한 것이었고, 둘째는 부상자들을 위한 만반의 준비를 갖춘 것이었으며, 셋째는 다음의 위기 상황에 대비한 것이었다. 당신에게는 삶의 위기에서 당신을 건져 낼 분명한 우선순위가 있는가?

중요한 것은 환경을 해석하는 능력이다

　어떤 사람들은 환경이 삶을 결정한다고 말한다. 그러나 이것은 부분적인 사실에 불과하다. 결국은 생각이 어디를 향하고 있는지, 무엇을 삶의 최우선순위에 두고 있는지가 삶을 결정한다. 이러한 예를 찾는 것은 어렵지 않다. 에이든 토저(A. W. Tozer)의 ≪나는 진짜인가 가짜인가≫에 나온 예를 들어 보자. 시인과 식물학자와 목재업자 세 사람이 숲속 길을 걸어가고 있다. 그들을 둘러싼 환경은 똑같았지만, 그들 모두가 동일한 것을 보는 것은 아니며, 동일한 생각을 하는 것은 더욱 아니다. 시인은 우람한 나무의 잎 사이로 비치는 햇빛을 보면서 인생의 빛에 대해서 생각한다. 식물학자는 나무 껍질과 거기에 붙어 있는 이끼들을 보면서 식물의 생태를 생각한다. 목재업자는 우람한 나무를 보면서 큰 집에 사용할 기둥을 생각한다. 여기서 중요한 것은 환경이 아니다. 우리의 사고 속에 들어온 사물이나 사건을 어떻게 가공하느냐에 따라 최종적인 생산품이 결정된다. 예수님을 배반한 가룟 유다와 예수님의 사랑을 받은 요한은 동일한 외적 세계에서 살았지만 각자 그 세계를 너무도 다르게 해석함으로써, 전혀 다른 삶의 결과를 보여 주었다.

위기의 순간일수록 그 위기를 해결하는 최선책은 하나님께 집중하는 것이다. 여호수아서 8장 30-35절은 믿는 사람이 인생길에서 삶의 우선순위를 어디에 두고 살아야 하는지를 생생하게 보여 준다. 이스라엘 백성들이 여리고 성을 무너뜨리고 승리에 도취해 자신만만하게 아이 성을 쳤다가 아간의 죄 때문에 크게 패배한 후, 다시 하나님께 용서를 구하고 아이 성을 쳐서 이긴 직후의 장면이다. 여호수아는 제단을 쌓고 그 돌 위에 모세의 율법을 새겼다. 그렇게 율법을 새긴 후에는 축복과 저주하는 율법의 모든 말씀을 낭독하였다. 이스라엘 백성들이 하루 종일 말씀을 들은 것이다. 분명 그들은 전시 상태에 있었다.

그러나 전쟁이라는 절박한 상황에서도 이스라엘 백성들은 하루 종일 하나님의 말씀을 듣고 마음에 새겼다. 전쟁 중에 그 어떤 전략을 세우는 것보다도 중요한 것은 하나님의 말씀을 그 마음에 새기는 것이었다. 하나님의 말씀이 우선순위가 되어야 흔들리지 않을 수 있다. 이것이 바로 이후에 다시는 아이 성의 패배와 같은 수치를 당치 않고 이스라엘 백성들이 연전연승하였던 비결이라고 할 수 있다. 바로 하나님이 여호수아의 최고의 전쟁 전략이었다. 세상의 상식으로 똘똘 뭉쳐진 사람들로부터 미련하다는 소리를 들을 정도로 하나님께 집중해 보라. 그리고 인생의 전쟁터에 최고의 전략가이신 하나님을 초대하라.

무죄한 자의 피의 소리를 들어라

느헤미야를 향한 두 번째 공격은 중상모략과 음해였다.

6장 4-5절에 보면, 산발랏은 평화 회담 제의가 네 번이나 무산되자, 다섯 번째는 봉하지 않은 편지를 보내 왔다. 그 편지에는 이렇게 적혀 있었다.

"이방 중에도 소문이 있고 가스무도 말하기를 너와 유다 사람들이 모반하려 하여 성벽을 건축한다 하나니 네가 그 말과 같이 왕이 되려 하는도다 또 네가 선지자를 세워 예루살렘에서 너를 들어 선전하기를 유다에 왕이 있다 하게 하였으니 지금 이 말이 왕에게 들릴지라 그런즉 너는 이제 오라 함께 의논하자 하였기로"(6:6-7).

이 내용은 느헤미야가 성벽을 다 쌓은 뒤 왕이 되어 예루살렘을 멋대로 주무르려고 한다는 모략과 음모였다. 전에 에스라가 성전을 건축할 때도, 당시 방백이었던 르훔과 서기관 심새가 근거 없는 유언비어를 퍼뜨려 페르시아 왕이 건축 중지 명령을 내린 적이 있었다.[1] 바로 그 사실을 기억한 산발랏이 똑같은 방법으로 중상모략을 하여 그를 음해했다. 그는 느헤미야의 인격과 평판에 대해 흑색선전을 퍼뜨렸다.

[1] "아닥사스다 왕의 조서 초본이 르훔과 서기관 심새와 그의 동료 앞에서 낭독되매 그들이 예루살렘으로 급히 가서 유다 사람들을 보고 권력으로 억제하여 그 공사를 그치게 하니"(스 4:23).

그런데 이런 거짓말에 넘어간 많은 백성들이 그 곁을 떠나가고 말았다. 그랬으니 그의 마음이 과연 어떠했겠는가? 요즘 세상에도 중상모략으로 느헤미야처럼 마음이 무너지는 고통을 당하는 사람들이 있다. 세상에서 제일 많이 쓰는 언어는 영어도, 중국어도 아닌 거짓말이라는 우스갯소리가 있을 만큼 이 사회에는 온갖 거짓들이 난무하고 있는 것이다.

죄 없는 자를 험담하고 중상모략 하는 것은 하나님이 가장 싫어하는 것 중의 하나이다. 성경은 하나님께서 교만과 거짓된 혀와 더불어 무죄한 자의 피를 흘리는 손을 싫어하신다고 말씀하고 있다.[1] 성경에 보면 죄 없는 사람의 피를 흘리는 중상모략의 행위를 하나님이 얼마나 싫어하시는지 보여 주는 사건이 있다. 열왕기하 24장 3절 하반절과 4절을 보면 "이는 므낫세의 지은 모든 죄 때문이며 또 그가 무죄한 자의 피를 흘려 그의 피가 예루살렘에 가득하게 하였음이라"고 했다. 이 말씀은 하나님께서 자신이 택한 백성이요 사랑의 대상이었던 유다의 멸망을 예언하면서 멸망의 가장 큰 요인으로 "무죄한 자의 피를 흘린 것"이라고 강조하고 있다. 도대체 므낫세 왕은 어떻게 무죄한 자의 피를 흘렸던가? 전해지는 바에 의하면 므낫세는 당시 자신의 잘못을 경고하고 하나님의 심판을 전하는 선지자들의 입을 봉하기 위하여 선지자들을 핍박하고 매일 그들 중 몇 사람을 살해하였다고 한다. 그리고 선지자 이사야도 이때 톱에 켜이어 순교를 당했다고 한다. 하나님은 무죄한 자의 피를 결코 잊지 않으신다. 의로운 자의 신원과 피 흘림에 대하여 하나님은 반드시 갚으신다는 것이 성경의 가르침이다.

한편, 인생길을 가다가 중상모략을 당하지 않는 것이 좋지만, 현실의 얼굴은 그렇게 늘 웃음으로 우리를 반기는 것은 아니다. 인생사에 적어도 한두 번은 뜻하지 않게 중상모략을 당할 수 있는 것이 사실이다. 어떻게 해야 하는가? 느헤미야의 삶이 해답이다. 그는 자신의 삶에 중상모략의 끈을 남기지 않았다. 때로 끈이라는 것은 당기다 보면 처음과 다르게 전혀 예상치 않았던 것이 끝에 매달려 있어서 험담의 빌미를 제공할 때가 있다. 내 삶에 죄의 빌미를 심고 있지 않는지, 그래서 누군가 당기는 줄 끝에 매달려 끌려가는 일이 없도록 자신을 살펴야 한다.

가끔 지나다가 불법 주차된 차가 견인되는 것을 본다. 그런데 아무리 견인차가 와서 차를 끌고 가고 싶어도 불법 주차 딱지가 붙어 있지 않으면 끌고 갈 수가 없다. 반대로 불법 주차 딱지가 붙어서 일단 견인되면 뒤늦게 나타나서 울고불고 난리를 쳐도 아무런 소용이 없다. 내 삶에 죄의 빌미를 심는 것은 언제든 사탄이 나를 끌고가도록 자신도 모르게 불법 주차 스티커를 내 몸에 붙이는 것과 같다.

그러면, 이제 느헤미야가 중상모략에 대해 어떠한 반응을 보이고 있는지 살펴보자. 느헤미야는 단호하게 선포한다. "나는 깨끗한 사람이고 그런 적이 없다"고 말이다.[2] 그는 자신의 정결함과 정직과 성실을 내세워 대적자와 당당히 맞섰다.

---

[1] "여호와께서 미워하시는 것 곧 그의 마음에 싫어하시는 것이 예닐곱 가지이니 곧 교만한 눈과 거짓된 혀와 무죄한 자의 피를 흘리는 손과…" (잠 6:16-18).
[2] "내가 사람을 보내어 그에게 이르기를 네가 말한 바 이런 일은 없는 일이요 네 마음에서 지어낸 것이라" (6:8).

세상 사람들이 말도 안 되는 흑색선전으로 우리를 넘어뜨리려고 해도, 느헤미야처럼 "나는 깨끗한 사람이다. 나는 너희들이 말한 것 같은 그런 사람이 아니다"라고 말할 정도로 당당해야 한다. 이 당당함은 오직 그리스도의 보혈로 말미암은 것이다. 우리는 누구나 하나님 앞에서 부끄러운 자들이다. 온전하다고 주장하기에는 턱없이 부족한 자들이다. 그러나 그리스도의 보혈의 능력과 그리스도의 몸의 은혜를 누리며 살기에, 그 능력과 은혜를 덧입어 사람들 앞에서도 당당할 수 있는 것이다.

우는 사자의 이빨에 물리지 않으려면

느헤미야를 향한 세 번째 공격은 타협이었다.[1]

산발랏과 그 대적들은 느헤미야가 자신들이 쏜 화살을 번번히 피해가자 이번에는 느헤미야의 진영에 있는 선지자를 매수하여 거짓 예언을 하게 한다. 선지자 스마야는 "원수들이 당신을 죽이러 오기 전에 어서 성전으로 피하라"며 겁을 주었다. 그러나 느헤미야는 어떻게 지도자로서 일신을 위해 몸을 피할 수 있으며, 아무리 생명이 경각을 다툰다 할지라도 제사장의 신분이 아닌 몸으로 율법을 범하면서까지 성전으로 피할 수 있겠냐며 스마야의 제안을 단호히 거절한다. 스마야는 그를 실족시키려고 거짓말을 한 것이었다. 이처럼 타협을 유도하는 상황에서도 느헤미야는 분별력을 잃지 않았다.[2]

사탄은 두려움을 주고 그 두려움 때문에 판단이 흐려져 범죄하도록 스마야와 같은 모습으로 우리를 교묘히 공격한다. 두려움이 생기면 진리를 깨닫지 못하게 된다. 따라서 우리에게는 영적 분별력이 필요하다. 분별력을 가지면 함부로 타협하지 않는다. 이 시대를 향해서도 분별력이 있어야 하고, 교회를 섬기면서도 분별력이 있어야 한다. 또한 자신을 향해서도 분별력이 있어야 한다. 그러나 이 분별력은 내 생각과 내 뜻에서 나오는 것이 아니다. 오직 하나님께서 진리에 대한 분별력을 주셔야만 한다.

얼마 전, 하워드 노리쉬(Howard Norrish)라는 영국의 유명한 선교사를 만난 적이 있다. 그는 캠브리지 대학에서 생화학 박사 학위를 받고, 1963년 OM선교회에서 모슬렘 선교 사명을 받고 지난 40여 년 동안 모슬렘 지역에서 사역한 훌륭한 분이다. 그분에게 이렇게 질문했다. "영국은 2차 세계대전 전까지는 세계 최대의 기독교 국가였고 가장 규모가 큰 선교사 파송국이었는데, 왜 이렇게 쇠락하게 되었습니까? 왜 기독교가 힘을 잃게 되었습니까?" 그러자 그분이 이렇게 말했다. "19세기 말부터 20세기 초반에 스펄전 목사님 같은 훌륭한 지도자들이 나와서 교회가 사회적 책임을 느끼고 어렵고 힘든 사람들을 돕는 일에 힘썼습니다. 또 교육에도 힘써 많은 인재들을 키웠습니다. 그런데 교

1 "이후에 므헤다벨의 손자 들라야의 아들 스마야가 두문불출하기로 내가 그 집에 가니 그가 이르기를 그들이 너를 죽이러 올 터이니 우리가 하나님의 전으로 가서 외소 안에 머물고 그 문을 닫자 저들이 반드시 밤에 와서 너를 죽이리라 하기로 내가 이르기를 나 같은 자가 어찌 도망하며 나 같은 몸이면 누가 외소에 들어가서 생명을 보존하겠느냐 나는 들어가지 않겠노라 하고" (6:10-11).
2 "깨달은즉 그는 하나님께서 보내신 바가 아니라 도비야와 산발랏에게 뇌물을 받고 내게 이런 예언을 함이라 그들이 뇌물을 준 까닭은 나를 두렵게 하고 이렇게 함으로 범죄하게 하고 악한 말을 지어 나를 비방하려 함이었느니라" (6:12-13).

회의 성장과 함께 국가가 융성하게 되니, 나라에서 교회가 감당하던 사회적 책임과 구제, 봉사 등을 떠맡게 되었고, 마침내 교회는 그런 일들을 등한시하게 되었던 것입니다. 국가에 교육을 맡겨 진화론과 같은 세상의 학문으로 아이들을 가르치니 창조론도 사라지게 되고 하나님을 제대로 알지 못하게 되었고, 또 독일의 자유주의 신학이 마구 유입되어 교회마저도 약해졌습니다." 이 모든 결과 영국 교회가 쇠락하게 되었다는 것이다.

나는 그 말을 들으며 하나님께 "한국 교회는 영국 교회의 전철을 밟지 않도록 교회의 역할을 잘 감당하게 해 주십시오. 할 수 있으면 교회가 다음 세대를 제대로 키우게 해 주십시오. 이에 필요한 분별력을 주십시오" 하고 기도했다. 미국에 있는 대형 교회들 가운데는 학교를 지어 다음 세대들을 제대로 양성하는 곳이 꽤 있다. 그래서 지적 설계론[1] 같은 내용을 공립학교에서도 가르치게 되었다.

오늘날 우리나라에도 자유주의 신학이 들어와 성경을 하나님의 말씀으로 믿지 않는 사람들이 많아졌다. 성경이 하나님의 영감으로 기록되었다는 것을 믿지 않는 것이다. 온갖 자유주의 사상이 판을 치는 가운데 극단적인 환경론자들이 등장하기 시작했고, 교회 안에서도 인본주의자와 똑같은 시각으로 인권을 이야기하고 있다. 교회가 사방으로부터 온갖 공격을 당하고 있는 것이다.

이런 때일수록 우리는 성령의 감동으로 기록된 하나님의 말씀을 보존하고, 영적 분별력을 가지고 우는 사자처럼 삼킬 자를 찾고 있는 사탄의 공격[2]을 막아 내야 한다.

거짓이 진리를 위협할 때

1998년, 일본 선교는 어렵다고 할 그 당시 김규동 목사님은 일본에서 2천여 명의 성도를 모아 예배를 드렸다. 일본에서 2천여 성도라면 굉장한 수다. 한국 교포 1,500명, 현지 일본인 500명이 출석했다. 그 500명 가운데 200여 명이 와세다대학 출신이었다. 이때 와세다대학의 극좌파 공산주의자들이 김 목사님에게 전도하지 말라고 계속 경고했다. 그런데도 "이 길은 죽어도 가야 하는 길이야" 하면서 조금도 겁내지 않았다. 그들은 적군파와 관계된 무리들이었는데, 먼저 경고하고 다음에는 폭력을 행사하고 결국에는 사람을 죽이는 잔인한 자들이었다.

1998년 10월 어느 날, 목사님이 예배드리러 가던 아침에 7명의 적군파 테러리스트와 50명의 망보는 자들이 아파트에서 테러를 가했다. 철봉, 망치, 칼 따위로 사정없이 때려 근육이 끊어지고 광대뼈가 으스러지는 큰 부상을 당했다. 테러리스트들은 옷이 피로 흥건히 젖은 것을 보고 선교사님이 죽은 줄로 알고 가 버렸다. 그리고 신문사로 전화해서 자신들의 소행이었다고 알렸다.

그런데 죽은 줄 알고 버려졌던 김규동 목사는 기적처럼 살아났다. 그러자 책임 소재를 놓고 내부 분열이 일어나 자기들끼리 서로 싸우는

1 지적 설계론(Intelligent Design)은, 생명체는 너무나 복잡해 우연을 기초로 한 진화론만으로는 기원(起源)을 설명할 수없으며, 어떤 '지적 초월자' 가 의도적으로 만든 것으로 봐야 한다는 이론이다.
2 "근신하라 깨어라 너희 대적 마귀가 우는 사자같이 두루 다니며 삼킬 자를 찾나니" (벧전 5:8).

온갖 소동을 벌이다가 간부들만 24명이 죽었다. 이제 그는 회복되었고, 현재는 3천 명 가까운 성도가 모여 예배드리고 있다. 그가 나중에 이런 인상 깊은 말씀을 했다. "일본은 전도가 잘 되지 않아 선교사의 무덤이라고들 하는데 결코 그렇지 않다. 전도의 가능성은 99.75%다. 왜냐하면 일본인의 0.25%밖에 예수를 믿지 않기 때문이다." 그분은 사탄이 우는 사자같이 온갖 공격을 하는 가운데서도 99.75%의 가능성을 확보하고 오늘도 선교에 힘쓰고 있다.

　사탄은 김규동 목사의 경우처럼 물리적인 방법으로도 우리를 공격하지만, 이것만이 사탄의 유일한 공격 방법은 아니다. 사탄은 우는 사자와 같이 물어뜯기도 하지만 어떤 때는 광명의 천사로 가장한다.[1] 온갖 달콤한 이론들이 오늘을 사는 우리들을 현혹시키고 있다. 그런 말들에 솔깃하여 적당히 타협하게 되면, 그야말로 우는 사자같이 돌아다니는 사탄의 좋은 먹잇감이 되어 버리고 만다.

　진리를 가장한 거짓 이론들이 난무하는 때일수록 하나님께 진리에 대한 분별력을 구해야 한다. 분별력이 있어야 사탄의 최후 공격인 유혹을 이겨 낼 수 있다. 성령이 주시는 지혜와 분별력으로 "우리는 그 계책을 알지 못하는 바가 아니다"(고후 2:11)라고 말할 수 있어야 한다. 1974년 로잔 세계복음화국제대회에서 선포된 로잔언약의 열두 번째 서약인 '영적 전투' 중에 이런 말이 나온다.

[1] "이것은 이상한 일이 아니니라 사탄도 자기를 광명의 천사로 가장하나니"(고후 11:14).

우리는 하나님의 투구로 자신을 무장하고 진리와 기도의 영적 무기를 가지고 이 싸움을 싸워야 한다는 것을 안다. 적은 교회 밖에 있는 거짓 이데올로기 속에서도 활동할 뿐만 아니라, 교회 안에서 성경을 왜곡하며 사람을 하나님의 자리에 놓는 거짓 복음 속에서도 활동한다. 우리는 성서적 복음을 수호하기 위해 깨어 있어야 하고 분별력을 가져야 한다. 우리의 생각과 행위는 세속주의화에 대한 면역성을 갖고 있지 못하다.

70년 세월을 단시간에 이루는 영적 집중력

결국, 교묘한 방해 공작이건, 무서운 중상모략이건, 타협이건 간에 이 모든 사탄의 공격을 이겨 낼 수 있는 유용한 해결책은 하나님께서 우리를 위대한 일로 부르셨다는 사실을 기억하는 것이다. 느헤미야는 오직 하나님이 주신 사명만 생각했다. 그는 하나님께서 엄청난 역사를 계획하시고 그 일을 위임하셨다는 소명을 확신했기에 어떤 역경이 찾아와도 포기하지 않을 수 있었다. 오스 기니스도 《소명》에서 이렇게 강조했다.

그리스도인의 소명은 하나님에 대한 긍정이요, 현대의 혼란스러운 요구에 대한 부정이다. 소명이야말로 우리 인생의 줄거리를 파악하는 열쇠이고, 혼란한 세상에서 수수께끼 같은 우리 존재의 의미를 풀어 내는 열쇠다. 삶이 헝클어진 것처럼 느낀다면, 자신의 소명 의식이 인생의 창고 속에 던져져 먼지 묻고 녹슬어 있지는 않는지 돌아보고, 이제는 다시 끄집어내어 닦고 또 닦아서 늘 왕래하는 문지방에, 침대의 머리맡에, 차의 핸들 위에 붙여 놓아야 할 것이다.

하나님의 사람들에게는 예외 없이 하나님이 주신 위대한 소명이 있었다. 이것이 그들의 삶을 앞으로 나아가게 한 추진력이었다. 느헤미야는 사탄의 그 어떤 공격에도 흔들리지 않고 오직 소명만을 붙든 채 한 걸음 한 걸음 나아갔다. 그 결과 70년 동안 못한 일을 52일 만에 완성하는 영광을 맛보게 되었다.[1] 무엇이 이것을 가능하게 했을까? 하나님의 영광을 위한 고도의 집중력이 해답이다. 우리의 인생에서 오랜 시간 노력함에도 번번히 주변의 부정적인 상황으로 목적을 이루지 못할 때가 있다. 그럴 때는 영적 집중력을 가지고 주님께 나가 보자. 마음을 정하여 새벽 기도를 하든지, 금식을 하든지 중요한 것은 하나님께 집중하는 것이다.

순도 100%의 힘

모든 빛이 쇠를 뚫거나 잘라 내는 것은 아니다. 두꺼운 쇠에 구멍을 내는 것은 빛을 증폭시켜 집중시킨 레이저 광이다. 물리학자에 의하면, 야간에 경기를 벌이고 있는 야구장에서 붉은 색의 5mW 헬륨 네온 레이저를 달로 향하게 하고 달에서 지구를 본다면, 야구장의 수백 kW에 달하는 조명은 보이지 않고 단지 세기가 수만 분의 일에도 미치지 못하는 레이저 빛만 볼 수 있다고 한다. 이것은 우리의 마음을 어떻게 하나님께로 집중해야 하는지를 시사하고 있다. 하나님께 영적으로 고도의 집중력을 보인다는 것은 우리의 분산된 마음을 하나로 묶어서 하나님께 집중하는 것이다. 우리가 우리의 심령에서 불순물을 제거하고 순도 100%의 집중력을 가지고 하나님 앞에 나올 때 하나님께서 느헤미야에게 주셨던 일의 성취를 우리에게도 허락하실 것이다.

> 모든 하나님의 사람들에게는 예외 없이 하나님이 주신 위대한 소명이 있었다. 이것이 그들의 삶을 앞으로 나아가게 한 추진력이었다. 느헤미야는 사탄의 그 어떤 공격에도 흔들리지 않고 오직 소명만을 붙든 채 한 걸음 한 걸음 나아갔다. 그 결과 70년 동안 못한 일을 52일 만에 완성하는 영광을 맛보게 되었다.

 마침내 하나님께서 그분의 역사를 이루셨다. 그러나 사탄은 거짓과 중상과 위협의 공격을 결코 중단하지 않았다.[2] 우리가 이 땅에서 무엇을 이룬다는 것은 사탄의 공격에 더욱 노출되는 것을 의미할 수 있다. 튼튼한 성벽을 쌓으면 모든 것이 끝날 줄 알았다. 그러나 언제나 그렇듯이 제국의 붕괴는 내부에서 시작되는 것이다. 사탄의 공격이 얼마나 집요한지 느헤미야서의 마지막 장에서 예루살렘 성전의 중심부에 안방을 차지하고 있는 도비야의 방[3]을 보면 우리의 삶에서 죄악의 그림자를 쫓아내는 것이 얼마나 힘든지 알 수 있다.

---

1 "성벽 역사가 오십이 일 만인 엘룰 월 이십오 일에 끝나매 우리의 모든 대적과 주위에 있는 이방 족속들이 이를 듣고 다 두려워하여 크게 낙담하였으니 그들이 우리 하나님께서 이 역사를 이루신 것을 앎이니라" (6:15-16).

2 "그들이 도비야의 선행을 내 앞에 말하고 또 내 말도 그에게 전하매 도비야가 내게 편지하여 나를 두렵게 하고자 하였느니라" (6:19).

3 "도비야를 위하여 한 큰 방을 만들었으니 그 방은 원래 소제물과 유향과 그릇과 또 레위 사람들과 노래하는 자들과 문지기들에게 십일조로 주는 곡물과 새 포도주와 기름과 또 제사장들에게 주는 거제물을 두는 곳이라" (13:5).

영적 전쟁은 점점 더 격렬해질 수 있다. 우리는 본향에 갈 때까지 사탄의 간교하고도 집요한 공격 앞에 놓여질 것이다. 그러니 그 어떤 어려움도 없을 것이라고 낙관치 말라. 그런 안일함은 이 세상이 추구하는 것이다. 그래서 본회퍼는 "고난(suffering)은 제자의 배지(badge)다"라고 했다. 사탄의 유혹과 공격은 계속될 수 있다. 근거 없는 비방에 마음고생할 수 있다. 그러나 주님 주신 소명에 대한 확신으로 어떤 강풍에도 굴하지 말고 "오히려 이 풍랑에 힘입어 더 빨리 갑니다"라고 찬양하며 나아가자. 그리고 마침내 하나님이 이루셨음을 널리 알리는 영적 전쟁의 승리자들로 우뚝 서자. 최후 승리를 얻기까지 주의 십자가 붙들고 힘 있게 영적 전쟁을 감당하도록 하자. 대적들이 두려워 떨 것이다.

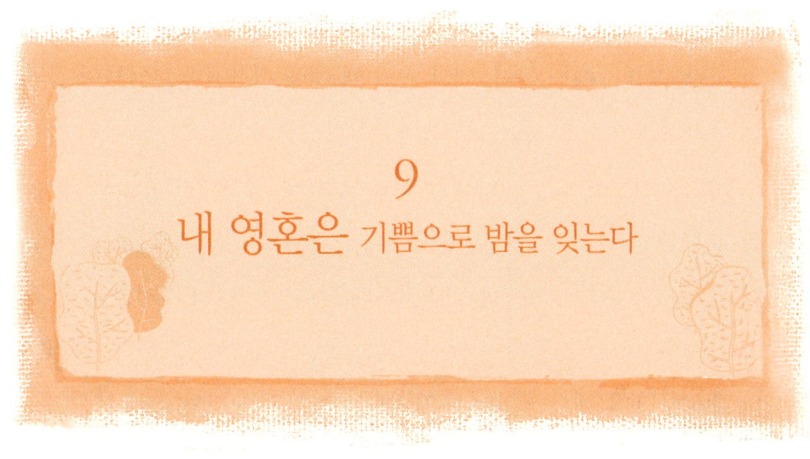

우리가 말씀 앞에 엎드리는 시간은
우리의 영혼이 하나님 앞에 일어서는 시간이다.

세상에는 세 종류의 기독교 신자들이 있다.

첫째, 많이 아는 교인이다. 이들은 어릴 때부터 신앙생활을 해 와서 교회라든지 성경에 관해 많이 알고 있다. 구약과 신약성경이 모두 몇 장이냐 물으면 "구약이 929장, 신약이 260장, 더해서 모두 1,189장"이라는 대답이 바로 나오고, 성경에서 제일 긴 장이 어디냐고 하면 "시편 119편"이라고 막힘없이 대답한다. 그러나 이런 성도들을 살펴보면 정작 삶의 변화는 없다. 남들의 본이 되지 못한다. 생명의 역사가 나타나지 않는다. 예수 믿지 않는 사람을 붙여 주면 전도도 못하고 벌벌 떨기만 한다.

둘째, 동화된 교인이다. 어떤 교단이나 어떤 신앙의 컬러에만 적합

한 사람들이다. 예를 들어, 내가 어릴 때 예배 시간에 장로님들이 강단에 올라가서 이렇게 기도하곤 했다. "하나님 아버지, 오늘도 우리 정통 보수주의 장로교에서 신앙생활하게 하신 것 감사합니다." 구원받은 것이 감사하지, 자기 교단이 장로교다, 감리교다, 침례교다 하는 사실이 감사한 것은 아니지 않는가? 그런데도 어느 교단이 자기한테 꼭 맞는다고 주장하는 사람들이 많이 있다. 교단도 물론 중요하다. 그러나 더 중요한 것은 예수님 안에서 진정으로 변화되는 것이다.

셋째, 변화된 교인이다. 로마서 12장 2절에 보면 "너희는 이 세대를 본받지 말고 오직 마음을 새롭게 함으로 변화를 받아 하나님의 선하시고 기뻐하시고 온전하신 뜻이 무엇인지 분별하도록 하라"고 명했다. 그런데 많은 성도들이 변화라는 문 앞에서 망설이고 있다. 이 점을 존 오트버그 목사님은 잘 지적하고 있다.

"하나님은 우리를 변화(transformation)하라고 부르셨지만, 우리는 회심(conversion)에 만족하고 있다. 하나님의 나라는 지금 우리 삶의 변혁을 촉구하지만, 우리는 하나님의 나라가 미래의 천국에서나 이루어지기를 기대하고 있다."

20년 낚시인의 변화 대(對) 20년 신앙인의 변화

사실 누구나 변화의 필요성에 대해서는 공감하고 있다. 얼마 전 구글이라는 검색 회사가 기업공개를 하면서 미국의 증권가에서 마이크로소프트사보다 더 큰 주목을 받자 IT업계의 최고 회사인 마이크로소프트사가 위기의식을 느꼈다고 한다. 얼마 전까지만 해도 아무도 넘볼 수 없었던 마이크로소프트사가 왜 이토록 위기감에 빠지게 되었는지를 〈포춘〉지는, PC(개인용 컴퓨터)에서 네트워크로 넘어가는 패러다임의 변화를 마이크로소프트사가 붙잡지 못했기 때문이라고 분석했다. 지난 10년 사이 PC 문화에서 인터넷 문화로 넘어가는 변화를 제대로 읽어 내지 못했기 때문이라는 말이다. 사실 마이크로소프트사가 기업 사상 초유의 기록적인 성장을 거듭하며 세계 최고의 기업이 된 원동력은 바로 발 빠른 변화에 있었다. 하드웨어에서 소프트웨어로 넘어가는 패러다임의 변화를 포착하여 재빨리 대응했던 것이다. 그러나 이제는 네트워크라는 틀로의 변화를 제대로 붙잡지 못한 채 신생 기업에게 수모를 당하고 있다.

세상에서 가장 위대한 성경 번역

이처럼 세계 최고의 기업조차 달라진 환경을 이해하고 받아들이는 데 실패하여 단번에 어려움에 빠지는 것을 보면, 변화에 성공하느냐의 여부가 바로 기업의 존폐를 결정짓는 열쇠임을 절감하게 된다. 이는 개인의 삶에서도 마찬가지이다. R. A. 토레이라는 위대한 신앙의 선배는 이런 이야기를 했다. "성경에는 많은 번역본이 있다. 그런데 이 세상에서 가장 위대한 성경 번역이 있다면 그것은 바로 우리의 변화된 삶으로 하는 번역이다." 또 이런 말씀도 있다. "예수님의 제자로 철저하게 변화되면 우리가 세상을 포기하는 것이 아니라 세상이 우리를 포기할 것이다." 참으로 마음에 와 닿는 말씀들이다.

하지만 누구나 변화의 필요성을 절감하기는 해도, 사실 변화란 그리 만만한 일이 아니다. 최근 〈복음과 상황〉이라는 잡지에 "20년 낚시 다

> 20년 동안 낚시하러 다닌 사람은 아마도 낚시에 관한 한 대단한 고수이자 전문가가 되었을 것이다. 그런데 20년 동안 매주 예배에 참석하여 3,40분씩 꼬박꼬박 말씀을 듣고 매일 말씀을 묵상했는데도, 20년 전이나 지금이나 신앙 상태에 별 차이가 없다면 문제가 있는 것 아니겠는가?

닌 사람과 20년 교회 다닌 사람과의 차이"라는 제목의 글이 실렸다. 20년 동안 낚시하러 다닌 사람은 아마도 매주 낚시 잡지를 보면서 연구하고, 또 실제 낚시 현장에도 참여했을 터이니 낚시에 관한 한 대단한 고수이자 전문가가 되었을 것이다. 20년 동안 낚시만 했는데 어찌 아무런 변화가 없겠는가? 그런데 20년 동안 매주 예배에 참석하여 3,40분씩 꼬박꼬박 말씀을 듣고 매일 말씀을 묵상했는데도, 20년 전이나 지금이나 신앙 상태에 별 차이가 없다면 문제가 있는 것 아니겠는가? 이러한 매너리즘을 극복하고 주님 앞에서 진정한 변화를 체험하기 위해서는 과연 무엇이 필요할까?

떡집에 떡이 없으면

말씀에 대한 극심한 굶주림이 있어야 한다. 누구든 마음을 새롭게 변화받으려면 말씀에 대한 갈증과 사모함이 극심해야 한다. 2002년에 우리나라 축구 국가 대표 팀 감독이었던 히딩크는 "나는 아직도 배가 고프다"라는 유명한 말을 남겼다. 운동장에서 뛰고 있는 축구 선수들은 경기가 끝날 때까지 단 한 골이라도 더 넣으려고 몸부림을 친다. 그야말로 한 골에 목마르고 굶주려 있다. 우리는 사도행전에 나오는 베뢰아 성도들처럼 하나님 말씀에 굶주려서 "이 말씀이 과연 하나님 말씀인가 자세히 살펴보고 자신을 내어 드릴 수 있게 하옵소서" 하는 기도를 할 수 있어야 한다. 이러한 갈급함 없이 변화를 꿈꾼다는 것은 나무에서 물고기를 찾는 연목구어(緣木求魚)일 뿐이다.

느헤미야서 8장에는 하나님의 말씀에 대한 백성들의 갈급함이 잘 드러나 있다.

"이스라엘 자손이 자기들의 성읍에 거주하였더니 일곱째 달에 이르러 모든 백성이 일제히 수문 앞 광장에 모여"(8:1).

"수문 앞 광장에서 새벽부터 정오까지 남자나 여자나 알아들을 만한 모든 사람 앞에서 읽으매 뭇 백성이…"(8:3).

'모든 백성이 일제히', 그리고 '뭇 백성이' 자발적으로 수문 앞 광장에 모였다. 수문은 말씀을 듣는 장소였는데, 오로지 말씀에 대한 굶주림 때문에 백성들이 그곳으로 모여든 것이었다. 마음속에 하나님 말씀을 깊이 사모하여 자기도 모르게 백성들이 일제히 모여들었다. 어른, 아이, 제사장, 일반 백성 가릴 것 없이 모두가 하나님 말씀에 대한 목마름 때문에 한데 모였다.

그러자 무슨 일이 일어났는가? 수문 앞 광장에 모인 사람들이 학사 에스라에게 여호와께서 이스라엘에게 명하신 모세의 율법책을 가지고 오기를 청했다.

13년 전에 학사 에스라는 페르시아 왕으로부터 성전 재건에 대한 허락을 받아, 귀환한 백성들과 함께 성전을 재건했다. 그리고 이제 느헤미야가 총독으로 와서 성벽까지 재건한 것이다. 성전도, 성벽도 다시 세워졌다. 그러나 오랜 기간 건축에만 매달린 결과 정작 자신들의 영적인 필요를 채우는 데는 소홀했음을 알게 되었다. 마음은 여전히 허전했고 영혼은 텅 빈 것 같았다. 그 공간을 다른 것으로 채우려고 해도 만족이 되지 않았다. 겉으로 볼 때 많은 성공을 거두고 출세했어도 그 영혼은 텅 빈 것을 느낀 사람처럼 말이다.

한국 교회가 예배당도 번듯하게 잘 짓고 밤마다 십자가 네온사인으로 도시의 불야성을 이루지만, 사실 하드웨어보다 더 중요한 것은 소프트웨어이다. 우리 영혼의 텅 빈 공간을 채울 수 있는 말씀의 능력과 은혜에 대한 갈급함과 굶주림과 사모함을 회복해야 한다. 그 간절함이 우리에게 필요하다.

교회가 말씀의 떡을 주지 못할 때

그러나 중요한 것은 우리의 간절함만으로는 우리의 텅 빈 공간이 채워질 수 없다는 것이다. 우리의 간절함은 그것을 꽉 채울 내용과 함께 가야 한다. 아무리 배가 고파도 먹을 것이 없으면 오히려 갈급함은 고통이 될 수 있는 것이다. 성경에 보면 흥미로운 사건이 나온다. 룻기 1장 1절을 보면 유대의 베들레헴에 사는 엘리멜렉이라는 사람이 그 땅에 기근이 들어서 그의 아내 나오미와 두 아들을 데리고 모압 지방으로 가는 장면이 나온다. 언뜻 보면 전혀 이상할 것이 없다. 땅에 기근이 들면 양식이 있는 곳으로 가서 생명을 보존하는 것은 자연스러운 것이다. 그런데 기근 때문에 이들이 등져야 했던 고향 땅의 이름인 베들레헴의 뜻이 떡집이라는 사실을 안다면 묘한 기분을 느끼게 될 것이다. 이들은 '떡집'에 먹을 양식이 없어서 고향을 떠난 것이다.

오늘날 말씀을 가르친다고 하는 교회가 정작 먹을 양식(말씀)은 없고, 떡 제조법을 적은 책자만 흩어져 있는 것은 아닌지 돌아보게 된다.

교회가 먹을 말씀(양식)을 주지 못하면 사람들은 먹을 양식을 찾아서 다른 곳을 찾아 떠나게 마련이다. 문제는 그것이 해답이 아니라는 사실이다.

베들레헴을 떠나 이방 지역인 모압으로 간 나오미에게 10년의 세월 동안 남은 것은 기름진 음식과 화려한 거처가 아니라, 남편도 죽고 두 아들도 죽고 이제는 과부가 된 두 며느리뿐이었다. 이것은 교회가 말씀의 떡을 주지 못할 때 오는 비극을 그대로 보여 주는 것이다.

다행스럽게도 갈급함으로 수문 앞 광장에 모인 이스라엘 사람들에게는 말씀이 있었다. 나는 우리 믿는 자들의 양손에 갈급함과 그것을 채울 생명의 떡이 함께 들려 있기를 바란다. 나아가 믿는 자의 손에 들린 성경책이 단순히 양식을 만드는 조리법을 담은 책자가 아니라 생명의 양식 자체가 되기를 기도하고 있다.

수문 앞 광장에 모인 이스라엘 백성들은 얼마나 간절하게 말씀을 사모했는가? 새벽부터 정오까지 남자, 여자, 무릇 알아들을 만한 자의 앞에서 율법을 읽었다고 했다. 그러니까 모인 사람들은 무려 여섯 시간이나 줄곧 말씀을 들었던 것이다. 이들은 다른 그 무엇보다 율법책 듣기를 원했다. 정치나 경제 따위에 관한 책이 아니라 율법책이었다. 다른 ㄱ 어떤 책들도 사람을 바꾸거나 영혼의 텅 빈 공간을 채워 주지 못한다. 우리 마음의 텅 빈 공간은 오직 율법책, 곧 하나님의 말씀만이 채워 줄 수 있다. 여기서 율법책은 모세의 토라를 가리킨다. 창세기, 출애굽기, 레위기, 민수기, 신명기 다섯 권이다. 새벽부터 정오까지 줄곧 들으면 웬만큼 다 들을 수 있는 정도의 분량이다. 이 말씀들을 듣는 가운데 백성들에게 변화가 일어났다.

영혼의 허기를 채우는 만찬

우리나라에는 교회 건축과 관련하여 전해 내려오는 속설이 하나 있다. 교회 건축하고 난 다음 3년 뒤에는 반드시 시험에 드니 조심해야 한다는 것이다. 사실, 그럴 수밖에 없다. 건축하는 데 많은 에너지를 쏟아 붓다 보면 지도자부터 말씀에 대한 굶주림과 사모함을 상실하고 교회에 말씀을 풍성히 하는 일을 자칫 등한시하기가 쉽다. 그래서 성전 완공해 놓고 시험에 든다고 하는 말이 나온 것 같다. 나는 교회를 두 번 건축해 보았는데 그때마다 이렇게 기도했다. "하나님 아버지, 성전 건축 이후 3년 동안 더 큰 말씀의 은혜가 있게 도와주십시오." 다시 한 번 강조하건대, 겉으로 아무리 튼튼한 성벽을 재건한다 하더라도 우리 마음의 재건을 간과해서는 안 된다. 그리고 이것은 말씀에 대한 굶주림으로만 가능하다는 것을 잊지 말라.

우리나라는 수십 년 동안 남북통일이라는 민족적 과제를 안은 채 지내 왔고, 지금도 역시 그 해결에 골몰하고 있다. 그러나 이 문제를 가지고 지나치게 고민할 필요는 없다. 크로아티아복음주의신학교 총장 피터 쿠즈믹(Peter Kuzmic) 박사가 말하기를, 1980년대 후반 동유럽 공산권이 무너지기 직전, 동구에서는 교회들마다 하나님의 말씀을 들으려고 인산인해를 이루었다고 한다. 사람들이 너무 많이 모여 앉을 자리가 없어 선 채로 말씀을 들을 정도였다. 교회마다 하나님의 말씀에 대한 갈증과 열정을 가진 사람들로 넘쳐났고, 이렇게 뜨겁게 끓어오르기 시작한 지 얼마 되지 않아 베를린 장벽이 무너졌다고 한다.

말씀에 굶주린 한국의 초대 교인들

한국 교회 초대 교회사를 보면 말씀을 사모하는 열정이 얼마나 뜨거웠는지 모른다. 오늘날 한국 교회의 부흥은 육신의 허기짐 가운데서도 말씀을 붙들었던 우리의 신앙의 선조들이 뿌린 씨앗이 열매로 나타난 것에 불과하다. 1901년에 한국 선교사로 왔던 윌리엄 뉴턴 블레어 (William N. Blair ; 邦緯良)는 이렇게 말하고 있다.

> 유대인들이 유월절을 지키듯이 한국 기독교인들은 부흥사경회를 경건하게 기도하며 하나님의 말씀을 공부하며 보낸다. 부흥사경회의 기간 동안은 모든 교인들이 만사를 제쳐 놓고 교회에 모여 매일 조직적으로 성경을 공부하며 기도하며 개인 전도를 한다. 하루에 한 시간이 아니라 이른 새벽부터 저녁 늦게까지 하루 종일 그렇게 한다. 먼저 5시에서 6시까지 새벽 기도회가 있다. 9시에서 10시까지 성경 공부 시간에는 모두 함께 공부하거나 교회의 크기에 따라 몇 개 반으로 나누어 공부한다. 10시에서 10시 45분까지 또 다른 기도회 시간이다. 11시에서 12시까지 또 다른 성경 공부 시간이다. 오후에는 2시에서 3시까지 성경 공부 시간이고, 그 후에 이 집, 저 집 전도하러 나가 저녁 예배에 사람들을 초청한다.

이 내용은 마치 수문 앞 광장에 모여 말씀을 들었던 유대인들을 생각나게 한다. 이스라엘 백성들은 말씀에 대한 사모함이 어찌나 강렬했던지 여섯 시간의 말씀 선포에도 심령의 갈증이 다 채워지지 않았다. 말씀에 대한 갈급함은 그 이튿날에도 계속되었다. 그래서 다음 날에도 모여서 말씀을 들었다.[1] 이 장면은 마치 다윗이 하나님의 말씀을 사모하는 마음 때문에 밤잠을 자지 못하고 아침을 기다리는 모습이 연상된다.[2] 말씀의 기쁨이 시인에게서 밤마저 잊게 한 것이다.

오늘날 한국 교회는 다시 한 번 말씀에 대한 굶주림과 갈증을 회복해야 한다. 아니, 바로 지금 나 자신부터 시작해야 한다. 일제시대 그 암울한 시기에도 사경회가 열린 자리자리마다 수많은 사람들이 몰려들어 말씀의 부흥을 경험하게 되었을 때 하나님께서 우리 민족에게 광복을 허락하셨다. 마찬가지로 오늘날 전국의 5만여 교회가 자리한 곳곳마다 말씀에 굶주린 사람들이 다시 한 번 말씀을 들으려고 인산인해를 이루며 모여든다면, 언젠가는 통일 문제도 하나님께서 반드시 해결해 주실 것이다. 또한 우리가 말씀을 통해 우리의 영적인 용량을 넓히고 강화함으로 말미암아 남북통일의 새 과제를 떠안아도 내부 균열이 생기지 않도록 통일 시대의 그릇을 준비하게 될 것이다.

영혼의 짐을 벗어내는 말씀의 능력

하나님의 말씀은 사모하는 자의 심령을 통달하신다. 하나님의 말씀은 사모하는 자의 마음을 변화시켜 주신다. 하나님 말씀은 사모하는 자에게 생명의 씨앗이 되어 마침내 열매를 맺게 하신다.

1 "그 이튿날 뭇 백성의 족장들과 제사장들과 레위 사람들이 율법의 말씀을 밝히 알고자 하여 학사 에스라에게 모여서" (8:13).
2 "나 곧 내 영혼이 여호와를 기다리며 내가 그 말씀을 바라는도다 파수꾼이 아침을 기다림보다 내 영혼이 주를 더 기다리나니 참으로 파수꾼의 아침을 기다림보다 더하도다" (시 130:5-6).

오대원 목사님이 쓴 ≪묵상하는 그리스도인≫이라는 책에 말씀의 놀라운 능력을 증거하는 이야기가 나온다.

론다라는 18세 소녀가 있었다. 고등학교를 졸업하고 대학을 가야 할 나이인데, 론다는 어릴 때부터 마약을 해서 마약중독자이면서 알코올 중독자이기까지 했다. 결국 폐인이 되어 정신병원에 입원했다. 그 소식을 듣고 론다를 너무나 불쌍히 여긴 오 목사님은 도와주려는 마음에 담당 의사를 찾아갔다. 론다에게 하나님의 말씀을 들려주기를 원한다고 하니 의사는 거절했다. 그래도 오 목사님은 포기하지 않고 계속 요청했다. 그랬더니 마지못해 조건을 달면서 허락하기를, 성경은 읽어도 좋지만 무리하게 전도하려고 해서는 안 된다는 것이었다. 그래서 오 목사님은 매일 한 시간씩 6개월 동안 찾아가서 아이에게 성경을 읽어 주었다. 그러자 론다의 심경에 변화가 일어나기 시작했다. 미래에 대해 아무런 희망도 없던 론다는 그 영육이 회복되고 치유되기 시작하여, 마침내 새사람이 되었다. 하나님이 원하시는 모습으로 변화된 것이다. 생명의 말씀이 심겨지자 내면에 변화가 일어났다. 하나님의 말씀은 절망의 무거운 짐을 진 소녀의 영혼에서 그 짐을 벗겨 내고, 앞으로 어떻게 살아야 할지 길을 인도해 주었다.

신학 잡지 등에서 발표한 통계 자료를 보면, 우리나라 교인들 가운데 규칙적으로 성경 말씀을 읽는 사람은 전체의 3,40%밖에 되지 않는다고 한다. 규칙적으로 성

> 사람이 아프면 제일 먼저 나타나는 현상이 밥맛이 없어지는 것이다. 우리의 영혼도 마찬가지다. 영혼이 병들면 하나님의 말씀에 대한 배고픔이 사라진다. 자기가 병든지도 모르고 사는 사람은 다시 한번 말씀의 입맛을 회복해야 한다. 손길 닿는 가까운 곳에 늘 하나님의 말씀을 두고 은혜를 받아야 한다.

경을 읽지 않는데 어떻게 말씀에 대한 굶주림과 갈증이 해결될 수 있겠는가? 사람이 아프면 제일 먼저 나타나는 현상이 밥맛이 없어지는 것이다. 우리의 영혼도 마찬가지다. 영혼이 병들면 하나님의 말씀에 대한 배고픔이 사라진다. 하나님의 말씀에 대한 갈증이 사라진다. 자기가 병든지도 모르고 사는 사람은 다시 한 번 말씀의 입맛을 회복해야 한다. 손길 닿는 가까운 곳에 늘 하나님의 말씀을 두고 은혜를 받아야 한다.

내 인생의 가장 아름다운 순간

우리가 변화하기 위해서는 하나님의 말씀에 대한 존경심과 경외감이 있어야 한다. 누군가 말하기를, 한 사람이 변화되었는지 보려면 말씀에 대한 자세를 살펴보라고 했다. 마찬가지로, 한 교회의 영적 수준을 가늠하려면 그 교회 성도들의 말씀에 대한 경외심과 존경심이 어느 정도인지를 살펴보면 된다. 그렇다면 수문 앞 광장에 모인 이스라엘 백성들은 하나님의 말씀을 어떤 식으로 경외했는가?

"에스라가 모든 백성 위에 서서 그들 목전에 책을 펴니 책을 펼 때에 모든 백성이 일어서니라"(8:5).

하나님의 말씀이 낭독되자 모두들 벌떡 일어났다. 모든 백성들이 한 사람도 예외 없이 말씀 앞에서 일어서는 장면은 생각만으로 가슴이 뛰고 장엄한 감동이 솟구친다. 이 장면은 성경에서 가장 아름답고 감동적인 장면 중 하나이다. 성경에는 더러 하나님의 영광에 압도되어 일어서는 장면이 있지만,[1] 모든 백성이 한 장소에 모여 말씀 앞에 모두가 스스로 일어서는 장면은 여기가 유일하다.

　우리 기독교인의 삶에서 가장 아름다운 순간 역시 말씀 앞에 마음의 옷깃을 여미고 말씀 속에서 우리의 영혼이 일어서서 하나님을 만날 때가 아닐까? 우리가 말씀 앞에 엎드리는 시간은 우리의 영혼이 하나님 앞에 일어서는 시간이다. 기독교적인 성공과 실패의 기준은 세상의 그것과는 다르다. 세상에서는 자신의 돈이나 지위나 권력으로 다른 사람들을 일어서게 하는 사람을 성공자로 여기지만, 기독교에서는 하나님 앞에 일어서는 사람이 성공자이다.

강화읍 김씨 부인의 말씀 순종

　그러면 오늘날 누가 말씀 앞에 서는 사람인가? 말씀대로 사는 사람이다. 말씀을 읽고 영혼이 일깨움을 받는 대로 따르는 사람이다. 한국에 복음이 처음 들어왔을 때 강화읍에 김씨 부인이 살았다. 그는 80세의 고령으로 친척 하나도 없이 종 하나만을 데리고 살았다. 그에게 성경이 건네졌지만, 글을 모르는 할머니는 성경을 읽을 수가 없었다. 그러나 매일 한글을 공부하여 깨우친 뒤에 성경을 읽다가 말씀 속에서 주인은 한 분뿐이며 모두 한 형제라는 것을 알게 되었다. 어느 날 그녀는 교회 식구들과 자신이 종 복섬이를 불러 놓고 마태복음 18장 15절에서 20절을 읽은 다음 종 문서를 태웠다.[2] 그리고 "이제부터 너를 내

[1] "모세가 회막에 들어갈 때에 구름 기둥이 내려 회막 문에 서며 여호와께서 모세와 말씀하시니 모든 백성이 회막 문에 구름 기둥이 서 있는 것을 보고 다 일어나 각기 장막 문에 서서 예배하며" (출 33:9-10).
[2] 박명수 교수의 《이야기 교회사》 중에서

종으로 알지 아니하고 딸로 아노라"고 선언하였다. 이것이 말씀 앞에 일어서는 사람의 모습이다. 그리고 이처럼 말씀 앞에 영혼의 옷깃을 여미고 일어서는 사람이야말로 인생에서 가장 아름다운 순간순간을 사는 사람이라 하겠다.

이스라엘 백성들은 하나님의 말씀에 대한 경외감 때문에 감히 앉아 있지도 못했다. 이 뿐만이 아니라 에스라가 하나님을 송축할 때에 모든 백성이 손을 들고 아멘으로 응답하고 몸을 굽혀 얼굴을 땅에 대고 하나님께 엎드렸다. 하나님의 찬란한 영광 앞에 자기도 모르게 손이 올라가는 모습이다.

좋은 교회인가 아닌가를 판단하는 기준이 무엇인가? 좋은 교회는 성경 말씀이 삶의 유일한 규범이요 법칙이라고 인정되는 교회이다. "성경 말씀이 곧 하나님의 말씀"이라고 정확하게 선포되는 교회이다. 그런데 어떤 교회는 "이 말씀 속에 하나님의 말씀이 포함되어 있다"고 가르친다. 그러니까 성경에 하나님의 말씀이 아닌 부분도 들어 있다는 얘기인 셈이다. 인간의 해석에 따라서 성경의 권위가 좌우되는 경우이다. 또 어떤 교회에서는 "성경이 하나님의 말씀이 되었다"고 가르친다. 이렇게 되면 하나님의 말씀 가운데 성경에 기록되지 않은 부분도 있게 된다.

하지만 우리 복음주의자들은 '성경을 하나님의 말씀'이라고 믿는다. 좋은 교회는 하나님 말씀의 권위를 높이는 교회, 즉 성경 자체가 하나님의 말씀이라고 믿는 교회이다. 말씀으로 하나님과 인격적인 교제를 회복하는 교회이다.

오늘날 신학교는 크게 두 종류로 나뉜다. 하나는 철학 중심의 커리

큘럼을 가진 신학교다. 성경 자체를 공부하는 것이 아니라 성경에 관한 공부를 많이 시킨다. 반면 어떤 신학교는 창세기부터 요한계시록에 이르기까지 성경 전체를 가르친다. 이것이 바로 성경 중심의 커리큘럼이다. 또 신학적 입장 역시 둘로 나뉜다. 자기 지식과 생각으로 성경을 해석하는 신학적 입장을 추리 의존적인 사색이라고 하며, 성경의 권위를 인정하고 높이는 신학을 계시 의존적인 사색이라고 한다. 하나님의 말씀이 무엇이라고 하는지, 성경의 권위에 압도되어 생각하는 것이 바로 계시 의존적인 사색이다.

말씀이 사라진 교회의 비극

오늘날 교회의 비극이 무엇인가? 오늘날의 교회는 성경의 진리를 따르기보다는 시대의 흐름이나 시대의 정신을 따르는 경향이 너무나 많다. 요즘 진보주의 신학자나 여성 신학자 가운데는 사도신경이나 주기도문에 나오는 '하늘에 계신 우리 아버지'란 구절에 이의를 제기하는 사람들이 있다. "아버지만 되고, 어머니는 안 되냐? 하나님 아버지란 말을 빼자"고 주장한다. 다양한 해석이라는 측면에서 나름대로 일리 있는 말이다. 하지만 성경은 분명히 하나님을 '아버지'라고 말씀하고 있다. 예수님도 적어도 100번 이상 하나님을 '아버지'라고 부르셨다. 설마 그 누구도 이런 주님에게 틀렸다고는 할 수 없을 것이다.

교회에서 하나님 말씀의 권위가 시대의 흐름에 휩쓸려 약화되는 일이 없어야 한다. 말씀의 권위가 살아야 우리 민족에게 소망이 있다. 바울, 다니엘, 베드로, 손양원 목사님, 주기철 목사님…. 이들은 성경의 권위가 적용되는 삶을 살았다. 그들은 성경이 말씀하는 바에 온전히 따랐기 때문에 핍박을 당했고 순교도 마다하지 않았다. 성경에 대한 확신이 없는 한, 점점 더 짙어지는 영적 어두움에 맞설 수 없게 된다. 세속 신학에 대한 복음적 신학의 방파제였던 프란시스 쉐퍼(Francis A. Schaeffer)는 이런 경고를 했다. "오늘날 교회의 위기는 진리를 진리로 선포하지도 못하고 수호하지도 못하는, 복음의 위기이다. 적당히 타협하고 순응하는 것이야말로 복음의 위기가 아닐 수 없다." 종종 우리는 말씀의 확실성과 견고성에 대해서 회의하거나 두려워하는 경우가 있다. 그래서 진보적인 신학자들이 말씀의 권위에 대해서 비판하면, 혹시나 말씀의 오류가 드러날까 봐 아예 귀를 막거나 피해 버리는 경향이 있다. 그러나 아무리 힘들고 어려워도 성경의 권위가 우리 삶을 주관하도록 해야 한다. 나이 마흔이 되면 자기 얼굴에 책임을 지라는 말이 있듯이, 신앙의 나이 스물이 넘으면 성경의 권위, 성경을 보는 시각에 대해 스스로 책임을 져야 한다.

마룻바닥에 끼인 말씀에 사로잡힌 인생

에이브러햄 링컨은 남북전쟁의 와중에도 하나님 말씀의 권위가 자기 삶에 그대로 나타나기를 원했다. 그는 시편 34편 6절 말씀을 자기 삶의 모토인 동시에 기도 제목으로 삼았다. "이 곤고한 자가 부르짖으매 여호와께서 들으시고 그의 모든 환난에서 구원하셨도다." 하나님 말씀의 권위를 인정했던 링컨은 놀랍게도 이 말씀이 삶에 그대로 이루어지는 은혜를 맛보았다. 이 말씀은 링컨을 구했고 또한 변화시켰다. 우리도 매일의 일상생활에서 나를 살릴 약속의 말씀을 붙잡고 조금도 흔들리지 말아야 한다.

하나님께서는 말씀을 높이는 자를 변화시켜 주신다. ≪한국 교회 인물연구사≫를 보면 월남 이상재 선생이 어떻게 말씀을 통해서 한국 교회의 위대한 신앙의 선조가 되었는지를 이야기하고 있다.

월남 이상재 선생은 정부 전복을 음모했다는 개혁당 사건에 연루되어 1902년 6월 한성 감옥에 투옥되어 독방 생활을 하였다. 어느 날 선생은 하도 심심해서 독방 구석구석을 살폈는데 마루 틈바구니에서 착착 접혀 있는 종이쪽지를 발견했다. 그것은 마태복음 5장 38절부터 48절까지 기록된 복음서의 한 장이었다. 그리고 그 말씀이 이상재를 기독교 신앙에 바탕을 둔 무저항 비폭력의 민족운동을 주도한 위대한 선각자로 바꾸어 놓았다. 다음은 ≪한국 교회 인물연구사≫ 6권에 나오는 그가 예수를 믿게 된 동기이다.

"또 하신 말씀을 너희가 들었나니 눈은 눈으로 갚고 이는 이로 갚으라 하였으나 오직 나는 너희에게 이르노니 악한 사람을 대적하지 말라 누구든지 네 오른편 뺨을 치거든 왼편까지 돌려대며… 너희 원수를 사랑하며 너희를 핍박하는 자를 위하여 기도하라 이같이 한즉 너희가 하늘에 계신 아버지의 아들이 되리니 대개 하나님이 해를 악인과 선인에게 비추게 하시며 비를 의로운 자와 불의한 자에게 주시느니라 너희가 너희를 사랑하는 자를 사랑하면 무슨 상급이 있으리요 세리도 이같이 아니하느냐 그러므로 하늘에 계신 너희 아버지의 온전하심과 같이 너희도 온전하라"

마태복음 5장 후반부에 있는 성경 구절이었다. 선생은 픽 웃었다. "좋기는 좋으나 안 될 소리!" 혼잣말로 중얼거리고 꼬깃꼬깃 종이 조각을 접어서 마루 틈바구니에 도로 끼웠다. 선생은 심심하면 또 그 종이 쪽지를 꺼내서 읽었다. 그리고 픽 웃고 또 꽂아 놓았다. 이상한 것은 읽으면 읽을수록 그 말씀은 새롭고 좋았다. 그러나 선생은 "탁상공론이야. 그것은 실행 불가능이야!" 하고 생각을 돌렸지만 다른 생각은 모두 머리에서 떠나가고 쪽지 글만 남아 선생을 일깨우는 것이었다. "그렇게 할 수만 있다면!" 심심하면 꺼내 읽고 다시 끼워 두고 이렇게 하기를 열 번도 더하게 되니 그 성구가 머릿속에 기억되고 이젠 마음으로 파고들어갔다. "하나님의 말씀은 살아 움직인다!" 이 말은 사실이다. 결국 선생은 이 진리의 말씀 앞에 무릎을 꿇었다. 선생은 전에도 그리스도를 믿는 이들과 상종하여 그리스도교 진리를 듣기는 들었으나 워낙 유교 사상에 젖은 탓에 그 완고한 사상이 움직이지 않았는데 살아 있는 하나님의 말씀은 선생을 감화시켜 옥중에서 그리스도를 구주로 믿게 된 것이다. "나는 그 쪽지에 사로잡히고 말았습니다. 내가 예수를 믿게 된 것이 여생을 뜻있게 살게 했습니다." 이것이 선생의 후일 간증이었다.

백만 달러 하이웨이보다 나은 인생길

느헤미야서에서 백성들이 모두 모여 말씀에 굶주려 몇 날 며칠 하나님의 말씀을 청해 들은 날이 7월 1일이었다. 하나님은 이날을 잊지 말라고 말씀하셨다. 그리고 하나님의 말씀을 사모하고 경외하는 백성들

의 이름을 잊지 않고 기록하셨다.[1]

히브리 사람들이 아니면 발음하기도 힘든 어려운 이름들이다. 하지만 하나님은 그 이름들을 결코 잊지 않으셨다. 사람이 이름값을 한다는 것은 쉬운 일이 아니다. 세상적으로는 남다른 업적을 쌓은 사람에게만 주어지는 자산이다. 만일 우리가 특별한 업적을 쌓아야 하나님의 기억이 될 수 있다면 하나님의 가슴에 기억될 수 있는 자격을 갖는 사람은 아무도 없을 것이다. 그러나 하나님은 그저 그의 말씀을 기억하고 높이는 사람들의 이름은 그 누구든지 기억하신다.

서부 콜로라도에 백만 달러 하이웨이(Million Dollar Highway)라고 이름 지어진 도로가 있다. 관광객이나 심지어 그곳에 사는 사람조차도 왜 그런 이름이 지어졌는지 잘 모르고 있다. 대개의 사람들은 그 도로를 만들 때 든 경비가 엄청나게 많이 들었기 때문에 그런 이름이 붙여진 것으로 생각할 것이다. 물론 그 도로를 세울 때 건설하기 어려운 지역적 상황과 높은 고도 때문에 비용이 많이 든 것은 사실이다.

그러나 백만 달러 도로로 이름 지어진 것은 그 때문이 아니다. 그 도로는 근처 금광에서 원석을 캐고 난 폐기물들을 사용해서 노반을 깔았다. 그런데 그 당시의 기술로는 제련 과정에서 원석 속에 있는 모든 금들을 추출할 수가 없었다. 따라서 폐기된 금광석에는 여전히 금가루들이 들어가 있었다. 그리고 그렇게 노반에 깔린 광석 속에 들어 있는 금

[1] "맛디다와 스마와 아나이야와 우리야와 힐기야와 마아세야요… 브다야와 미사엘과 말기야와 하숨과 하스밧다나와 스가랴와 므술람이라" (8:4).
"예수아와 바니와 세레뱌와 야민과 악굽과 사브대와 호디야와 마아세야와 그리다와 아사랴와 요사밧과 하난과 블라야…" (8:7).

의 가치가 백만 달러 이상의 가치가 되는 것으로 생각했기 때문에 도로의 이름을 백만 달러 하이웨이라고 지은 것이다. 그 도로의 이름은 도로를 만들 때의 경비보다는 그 속에 들어 있는 가치 때문에 지어진 것이었다.

믿는 자의 인생길도 마찬가지이다. 처음에는 그저 초라하기 그지 없지만 우리가 말씀 앞에 일어서고 엎드림이 반복됨에 따라 우리도 모르는 사이에 황금보다 빛나는 말씀의 조각들이 인생길에 점점 깔려 어느덧 말씀으로 빛나게 될 것이며, 우리의 이름이 생명책에 영원히 기록되는 영광을 입게 될 것이다. 느헤미야 8장 4절과 7절처럼 여러 이름들이 하나님의 성경책에 기록된 것은 그들이 가치 있어서가 아니라 하나님의 귀한 말씀으로 그들의 영혼이 수놓아졌기 때문일 것이다. 우리의 영혼이 하나님의 말씀으로 날마다 수놓아지기를 바란다.

수문 앞에서의 민족의 부흥, 이 얼마나 놀라운 일인가? '워터 게이트(Water Gate)' 사건에 연루된 닉슨 대통령의 이름은 수치스러운 역사의 대명사가 되었지만, '수문(水門)' 앞 광장의 역사에 참여한 사람들의 이름은 은혜와 영광의 이름이 되었다. 이날 7월 1일은 성경에 기록된 날들 중 가장 강력한 부흥의 날이었다.

오늘날 우리는 여러 가지 생각들로 머릿속이 아주 복잡하다. 이제 그 모든 것을 다 접어 두고, 눈길과 손길이 닿는 곳곳마다 하나님의 말씀을 두고 말씀 읽는 일에 집중하라. 갈급한 심정으로 말씀을 읽으라. 그럴 때, 하나님께서는 해결하지 못할 여러 난관이 해결되도록 반드시 실타래를 풀어 주실 것이다.

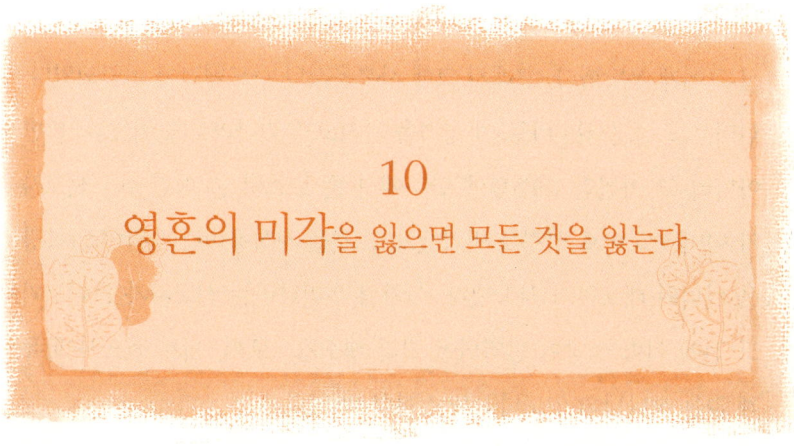

10
영혼의 미각을 잃으면 모든 것을 잃는다

나환자들에게 최후까지 남아 있는 감각이 있다면
그것은 미각, 즉 맛에 대한 쾌락이다.

　전세계 교회는 매년 12월 둘째 주일을 성서주일로 기념하고 있다. 잘 알려진 대로 한국 교회와 성경은 특별한 관계가 있다. 세계 선교 역사를 살펴보면, 선교지에는 성경보다 선교사가 먼저 들어가서 성경을 번역하여 배포하는 형태가 일반적이다. 그런데 언더우드 선교사가 120여 년 전에 인천 항으로 들어왔을 때 이미 우리나라에는 한국어 성경이 있었다. 아주 특별한 경우이다.
　1883년 당시 홍문관 벼슬을 지냈던 이수정이라는 사람이 일본에 갔다가 회심하여 한국 최초의 개신교 교인이 되었는데, 그때 일본 선교사로 와 있던 헨리 루이스라는 미국인이 성경을 한국어로 번역해 달라고 그에게 부탁했다. 그래서 그때 사복음서와 사도행전이 번역되었다. 언더우드 선교사는 바로 이 성경을 가지고 우리나라로 들어왔다. 뿐만 아니라 그 이전인 1875년에 만주에서 존 로스와 존 맥킨타이 선교사가 이미 한국어로 성경을 번역했고, 그것을 서상용이란 사람이 압록강을 건너와 배포하기 시작했다. 이처럼 우리나라는 선교사가 들어오기도 전에 이미 성경이 번역되어 널리 배포됨으로써, 세계 선교사에 유례 없는 하나님의 인도하심을 경험한 바 있다.

내 영혼에 붙은 불

개신교는 가톨릭보다 100년 정도 늦게 이 땅에 들어왔지만 교세 면에서 가톨릭을 몇 배나 더 앞섰다. 신학자들은 그 이유에 대해, 성경 번역과 배포의 시기가 아주 빨랐고, 또한 성경을 제대로 가르쳐서 빠른 시간 안에 교회가 급성장하고 큰 부흥을 이루었기 때문이라고 분석한다.

성경으로 도배한 집

성경과 관련하여 또 한 가지 감사한 일이 있다. 1866년 언더우드 선교사보다 우리나라에 먼저 온 선교사가 있었다. 당시 젊은 청년이었던 토마스라는 영국 선교사였다. 그는 제너럴셔먼호를 타고 대동강으로 들어왔는데, 당시 쇄국정책을 금과옥조로 삼았던 조선 정부는 이 배를 공격해서 침몰시켰다. 지금도 평양에 가면 제너럴셔먼호 격침 장소에 승전비를 세워 놓은 것을 볼 수 있다. 그때 붙잡힌 토마스 선교사는 참

수당하기 직전 자기를 죽이려는 박춘권이라는 병사에게 성경을 건네 주었고 그 후 박춘권은 그 성경을 읽고 예수를 믿게 되었다. 참으로 놀라운 일이다. 토마스 선교사는 박춘권 외에도 이미 1차 전도 여행 때 여러 사람들에게 성경을 나누어 주었는데, 그들 중에는 당시 열두 살이던 최치량이라는 사람이 있었다. 그런데 당시 성경은 금서였기 때문에 최치량은 평양성 관리였던 박영식에게 성경을 주어 버렸다.

박영식은 성경책을 받고서 참 좋아했다. 왜냐하면 종이 질이 좋았기 때문이다. 그래서 그는 버리거나 불태우기가 아까웠는지 성경책을 전부 뜯어서 벽에 도배했다. 이렇게 성경으로 집을 도배했으니, 박영식은 하루 종일 성경과 마주할 수밖에 없었다. 아침에 눈을 떠도 성경이 보이고, 밥 먹을 때도 성경이 보였다. 박영식은 그렇게 날마다 성경을 읽다가 마침내 예수님을 믿고 구원을 얻게 되었다. 그런데 더 감사한 것은, 박영식의 집이 얼마 후에 널다리교회가 되었고, 그 교회가 평양 장대현교회로 바뀌었으며, 마침내 바로 이 교회에서 1907년 평양 대부흥이 일어나게 되었다는 것이다. 참으로 기적 같은 이야기다. 하나님의 말씀이 가는 곳마다 이같이 위대하고도 기적 같은 일들이 펼쳐진다.

하나님의 말씀은 살았고 능력이 있다. 따라서 다소 지나친 말씀의 요구 앞에서도 일단 순종하라. 그러면 하나님께서는 우리가 상상할 수도 없는 엄청난 은혜의 길을 열어주실 것이다. 누가복음은 주님을 따르려는 사람들에게

> 하나님의 말씀은 살았고 능력이 있다. 따라서 다소 지나친 말씀의 요구 앞에서도 일단 순종하라. 그러면 하나님께서는 우리가 상상할 수도 없는 엄청난 은혜의 길을 열어 주실 것이다. 말씀의 위력을 몸소 체험할 것이다.

가혹하다 싶을 만큼 철저한 헌신을 요구한다. 주님을 따르려면 처자도 버리고 목숨까지 포기하고, 있는 소유를 다 정리하라고 한다. 이 얼마나 무시무시한 말씀인가? 하지만 하나님께서 얼마나 자신 있으면 가족도, 소유도, 생명도 다 정리하고 따르라고 명령하시겠는가? 또한 얼마나 자신 있으면 순교도 시키시겠는가? 그러므로 어떠한 말씀이든 하나님의 말씀에 그대로 순종하면 그분이 주시는 특별한 복을 반드시 누릴 것이다. 말씀의 위력을 몸소 체험할 것이다.

서양의 중세 시대에는 성경이 제대로 사람들에게 배포되지 못했다. 당시 성경은 라틴어로 기록되어 있었는데 라틴어는 수도원의 신부들 같이 배운 사람들이나 해독할 수 있는 언어였다. 그래서 일반 백성들은 하나님의 말씀을 직접 접할 기회가 없었다. 세월이 흘러 마침내 마르틴 루터가 라틴어 성경을 독일어로 번역했다. 그러자 성경은 급속도로 퍼지면서 사람들의 마음을 변화시키기 시작했다. 기나긴 암흑 시대를 지나온 사람들은 마침내 한 줄기 빛을 발견하게 되었다. 하나님 안에서의 새로운 생명의 길이 펼쳐지기 시작했다.

성경 번역에 임한 하나님의 역사

지난 수천 년의 역사를 돌이켜보면 시공을 초월하여 부흥의 역사가 일어날 때마다 두 가지 특징이 공통적으로 나타났음을 알 수 있다. 하나님의 말씀이 올바로 선포되었다는 것과, 그 말씀을 들은 사람들이 큰 도전을 받고 깨달음을 얻어 변화되었다는 것이다.

1572년에 출간된 ≪보헤미안 시편 해석집≫이라는 책에 이런 삽화가 그려져 있다. 벽난로 앞에서 어떤 사람이 불을 지피고 있는데 그가 바로 존 위클리프(John Wycliffe)이며, 불이 더 활활 타오를 수 있도록 옆에서 불쏘시개로 석탄을 넣는 사람은 얀 후스(Jan Huss)다. 그리고 횃불을 들고 어둠을 밝히는 역할을 하는 사람은 마르틴 루터다. 위클리프는 세계에서 가장 큰 선교 단체 중 하나인 〈위클리프 성경 번역회〉의 창설자다. 후스도 성경을 자기 나라 말로 번역한 사람이었다.

여기서 점화된 횃불은 점차 확산되어 스코틀랜드로 건너가 존 낙스(John Knox)에게 전해졌다. 당시 영국은 피의 여왕이라는 별명을 가진 폭군, 메리 여왕의 치하에 있었다. 존 낙스는 박해받는 어려운 상황에서도 조금도 굴하지 아니하고 능력 있게 말씀을 선포하는 하나님의 사람이었다. 횃불은 존 낙스에 이어 요한 웨슬레(John Wesley; 1703~91)에게로 넘겨졌다. 요한 웨슬레는 평생에 걸쳐 50년 동안 말씀을 선포하고 전도했는데 그동안 설교한 횟수가 4만 번이었다고 한다. 그리고 지금으로부터 약 300년 전 기차도 없던 그 시절에 무려 22만 5천 마일을 나귀로 여행했다. 그는 나귀 위에서도 성경을 읽었다고 한다. 바로 그런 요한 웨슬레의 입에서 외쳐지는 말씀은 사람들의 심령에 불길을 당기기 시작했다. 그리고 이 불길은 1907년 평양 장대현교회의 대부흥으로까지 이어졌다. 하나님의 말씀이 임하는 곳마다 이렇듯 사람들의 마음속에 거센 부흥의 불길이 타오르기 시작한다. 말씀이 전파되어 온 역사를 돌아보며 이런 기도를 한번 해본다. "말씀과 기도의 불이 붙기를 원하시며 탄식하시던 주님, 온 교회에 그 불을 던지사 영광이 충만케 하여 주옵소서. 교회뿐만 아니라 한국 사회에도 말씀의 불을 던지사 다시 한 번 주님의 영광이 충천케 하여 주옵소서."

말씀의 불로 시대의 어둠을 밝히고자 하시는 하나님께서는 우리에게 세 가지 단계를 거치게 하신다.

회개의 눈물방울로 세상을 보는 렌즈로 삼고

첫째, 말씀을 깨닫는 단계이다. 수문 앞에 모인 이스라엘 백성들도 말씀을 듣고 난 후, 들은 말씀을 깨닫는 과정을 거쳤다.[1] 하나님께서는 부흥 역사를 위해 먼저 말씀을 선포하게 하신다. 그러면 그 말씀을 듣고 사람들이 깨달음을 얻는다. 이 깨달음의 단계가 없이는 그 어떤 부흥도 일어나지 않는다.

말씀을 깨닫는다는 것은 하나님의 말씀 앞에서 비로소 자기 자신이 어떤 존재인지 알게 된다는 것을 뜻한다. 우리는 오직 말씀 앞에서만 자신이 누구이며 어떤 사람인지 제대로 알 수 있다. 그것은 하나님의 말씀은 우리의 영혼을 쪼개고 심령을 찌르는 생명력을 가지고 있어 우리의 마음의 생각과 뜻을 감찰하실 수 있기 때문이다.[2]

말씀이 우리의 생각과 뜻을 감찰할 때 "지으신 것이 하나도 그 앞에 나타나지 않음이 없고 우리의 결산을 받으실 이의 눈앞에 만물이 벌거벗은 것같이 드러나"게 된다(히 4:13). 하나님은 우리의 삶을 벌거벗기신다. 내가 누구인지 너무도 뼈아프게 실감하도록 내 삶의 실체를 다 드러내신다.

[1] "하나님의 율법책을 낭독하고 그 뜻을 해석하여 백성에게 그 낭독하는 것을 다 깨닫게 하니"(8:8).
[2] "하나님의 말씀은 살아 있고 활력이 있어 좌우에 날선 어떤 검보다도 예리하여 혼과 영과 및 관절과 골수를 찔러 쪼개기까지 하며 또 마음의 생각과 뜻을 판단하나니"(히 4:12).

하나님의 말씀이 이렇게 역사하자 성벽 완공식에 모인 백성들에게 무슨 일이 벌어졌는가?

"백성이 율법의 말씀을 듣고 다 우는지라"(8:9).

이 말씀은 성경에서 독특한 자리를 차지하고 있다. 구약성경에 보면 이스라엘 백성이 다양한 사건 속에서 집단적으로 눈물을 흘린 것이 여러 번 기록되어 있다. 광야의 이스라엘 백성들은 애굽의 고기 맛을 잊지 못해 울었고(민수기 11장), 가나안 땅을 정탐한 사람들의 절망스러운 보고를 듣고 두려움으로 울었다(민수기 14장). 그리고 이스라엘과 베냐민 지파의 동족 간의 전쟁에서 동족을 잃은 슬픔으로 울었고(사사기 21장, 22장), 포로 된 유대인들이 바벨론 강가에서 예루살렘을 기억하며 울었다(시편 137편). 그리고 이스라엘 백성들인 에스라 선지자와 함께 회개의 눈물을 함께 흘리는 장면도 기록되어 있다(에스라 10장). 그런데 성경 전체에서 하나님의 말씀을 듣고 집단적으로 눈물을 흘리는 경우는 느헤미야 8장이 유일하다. 이 눈물이 말씀을 듣고 자신의 죄를 깨달아 우는 회개의 눈물이든, 말씀의 은혜에 잠긴 기쁨의 눈물이든, 하나님의 말씀이 눈물의 원천이 되어 이스라엘의 모든 백성들이 함께 눈물을 흘린 것은 여기뿐이다.

말씀 앞에 흘리는 눈물

개인의 인생사에서 흘리는 눈물도 이스라엘 백성의 눈물사와 크게 다르지 않다고 생각한다. 탐욕과 원망이 깊어져서 흘리는 눈물도 있고, 죽음의 두려움 때문에 흘리는 눈물도 있다. 그리고 돌아가지 못할 과거를 추억하며 흘리는 눈물도 있고, 때로는 자신의 죄를 후회하며 흘리는 눈물도 있을 것이다. 그런데 예수 믿고 평생을 살아도 말씀을 읽다가, 혹은 말씀을 듣다가 그 말씀 때문에 눈물을 흘리는 경우는 많지 않다. 나는 하나님 앞에서 우리가 흘리는 눈물의 종류가 우리 인생의 질을 결정한다고 믿는다. 세상의 슬픔과 고뇌가 우리 삶의 눈물의 원천이 아니라 하나님의 말씀이 내 삶의 눈물의 원천이 되기를 바란다.

눈물을 과학적으로 따지면 불과 2%의 소금과 약간의 단백질, 살균작용을 하는 라이소자임 그리고 알칼리 성분이 전부이지만, 우리가 하나님의 말씀 앞에서 흘리는 눈물방울은 영적인 렌즈가 되어 세상을 두루 살피는 하나님의 망원경이 되고, 때로는 세상의 죄악을 세밀히 파악하는 하나님의 현미경이 되어 내 길을 밝히는 것이다.

백성들이 말씀을 듣자 수문 앞 광장은 온통 눈물바다를 이루었다. 한 구절 한 구절 낭독되는 말씀 사이사이 울음소리가 섞이기 시작하더니, 더 이상 읽기를 진행할 수 없을 정도로 수년간 닫혀 있던 눈물샘이 터지기 시작했다. 이처럼 하나님의 말씀을 듣고 깨달음이 생기면, 애통하며 회개하게 되는 것은 자연스러운 순서이다. 말씀을 깨닫는 순간 내 불안과 좌절과 파멸의 원인이 무엇인지 드러난다. 하나님의 완벽한 선하심과 대조되는 타락한 인간의 추악함을 보게 된다. 이처럼 말씀 앞에서 내가 어떤 존재인지를 알고 나면 애통하지 않을 수 없는 것이다.

에스라가 말씀을 선포할 때 사람들이 그 앞에서 회개하고 심히 통곡했다. 남녀노소 할 것 없이 회개의 눈물을 흘렸다. 영감 있는 예배를 드릴 때 우리는 말씀 앞에서 자기 자신을 돌아보고 통회하고 자복하는 눈물을 흘리게 된다. 감격의 눈물, 아픔의 눈물이다. 하나님 앞에서, 말씀 앞에서 스스로를 비추어 자신이 어떤 존재인지를 깨닫고 죄책감에 흘리는 눈물이다.

그렇다면 이렇게 죄책감에 눈물 흘려 본 사람이 함부로 남에게 삿대질할 수 있겠는가? 교만하게 남을 멋대로 평가하고 남의 인격을 깎아내릴 수 있는가? 말씀 앞에 자신이 죄인인 줄 깨달은 사람은 결코 다른 사람을 함부로 대할 수 없다.

말씀 없는 심령의 방종

오늘날 우리 민족의 문제가 무엇인가? 만물을 드러내시고 생각과 마음을 통촉하시는 하나님의 말씀 앞에서 자신을 비추어 보지 못하는 것 아닌가? 아니, 그렇게 하기는커녕 자신의 한계에 갇혀 자기 눈으로 세상을 판단하고 정죄하느라 다들 바쁘다. 도대체 무엇 때문에 우리가 불행하고 서로 상처를 주는지 알지 못한 채 헤매고들 있는 것이다.

지금 한국 교회는 소위 '성경 비평(textual criticism)'의 도전을 받고 있다. 성경 비평은 성경에서 자기 입맛에 맞는 것만 취하고 그렇지 않은 것은 과감히 던져 버리는 입장을 취한다. 성경에서는 분명히 동성애를 금지하는데, 성경 비평 추종자들은 온갖 이유를 다 갖다 대어 동성애를 합리화한다. 외국에서는 심지어 동성애자를 목사로도 안수하는데, 정말 심각한 문제가 아닐 수 없다. 이런 안타까운 일들이 일어나는 것은 말씀 앞에서의 통절한 울음이 없기 때문이다. 말씀 앞에 자신을 돌아보지 못하기 때문이다.

자유주의 신학은 윤리를 강조한 나머지 성경도 윤리적으로 해석한다. 성경에 나타난 분명한 교리보다는 윤리를 강조한다. 성경에는 예수의 유일성 같은 아주 독특한 교리들이 있다. 그런데 자유주의 신학은 그것이 윤리와는 별 상관이 없기 때문에 대수롭지 않게 생각한다. 성경에서 거듭 강조하는 죄와 의와 심판에 대해서 심각하게 받아들이지 않는다. 그리하여 능력의 말씀 앞에 서지 못한 자유주의 신학자들은 자기 자신을 돌아보지 않을 뿐 아니라 통회의 눈물도 흘리지 않는다. 자유주의 신학자들은 만물을 밝히 드러내는 성경의 능력을 힘입어 자신의 진정한 모습을 깨닫고 통회하는 은혜를 받아야 한다.

최근 성경을 읽다가 새삼 크게 깨달음을 얻은 구절이 있다. 성령께서 비수처럼 날카롭게 도전하신 말씀이다.

"너희가 땅에서 사치하고 방종하여 살륙의 날에 너희 마음을 살찌게 하였도다"(약 5:5).

여기서 사치한다는 말은 꼭 육신의 사치를 가리키는 것만은 아니다. 영혼의 사치, 정신의 사치, 마음의 사치도 뜻한다. 시대를 향하여 울고 통곡하는 마음 없이 마음을 편하게 놓아 두는 것이다. 나는 이 구절을 읽고 시대의 아픔에 같이 동참하라는 도전을 받았다. 그래서 이런 기도를 드렸다. "주여, 이 민족을 향한 늦은 비와 이른 비의 은혜를 다시 한 번 회복시켜 주옵소서. 베풀 만한 자비를 베풀어 주옵소서. 다시 한 번 참.용.기(참고 용서하고 기다리는 마음)를 회복시켜 주시고 인내하는 마음을 복원시켜 주시기를 원합니다."

상한 마음을 기쁨의 감탄사로 바꾸는 말씀

말씀의 빛으로 시대의 어둠을 밝히는 두 번째 단계는 여호와를 기뻐함으로 힘을 얻는 것이다.[1]

느헤미야가 하나님이 주는 기쁨이 우리의 힘이라고 말할 때에는 경험적인 것이다. 사실 성경은 하나님을 삶의 기쁨으로 삼았던 사람들의 고백록이라고 할 수 있다. 예레미야는 곤고함 속에서도 여호와를 기뻐했다.[2] 주의 말씀을 받았더니 그것이 기쁨이 되었고 내 마음의 즐거움으로 변화되었다고 했다. 시편의 곳곳에는 하나님의 말씀을 기뻐하는 시인의 모습이 담겨 있다. 이 기쁨이 얼마나 큰지 시인은 당시 가장 귀했던 순금보다도 더 귀하며, 혀로 맛볼 수 있는 가장 단 송이꿀보다 더 달다고 표현하고 있다.[3]

조지 뮬러(George Muller)는 일생 동안 5만 번 이상의 기도 응답을 받았던 사람이다. 그런데 그는 기도 응답을 많이 받은 것으로만 유명한 것이 아니다. 무엇보다도 그는 기쁨의 사람이었다. 그가 하나님의 말씀을 대하는 자세는 한마디로 극진했다. 다른 사람들과는 무언가 달랐다. 그는 인생의 황혼기였던 71세 때 그를 따르던 성도들과 젊은이들에게 하나님의 말씀을 통해서 누렸던 기쁨에 대해서 이런 이야기를 들려주었다.

"이제 어린 동료 신자들과 젊은이들에게 영적 즐거움과 기쁨을 유지하는 방법에 대해서 말해 주고 싶다. 정말 기쁨을 누리기를 원하는가?

[1] "느헤미야가 또 그들에게 이르기를 너희는 가서 살진 것을 먹고 단 것을 마시되 준비하지 못한 자에게는 나누어 주라 이날은 우리 주의 성일이니 근심하지 말라 여호와로 인하여 기뻐하는 것이 너희의 힘이니라 하고"(8:10).
[2] "만군의 하나님 여호와시여 나는 주의 이름으로 일컬음을 받는 자라 내가 주의 말씀을 얻어 먹었사오니 주의 말씀은 내게 기쁨과 내 마음의 즐거움이오나"(렘 15:16).
[3] "금 곧 많은 순금보다 더 사모할 것이며 꿀과 송이꿀보다 더 달도다"(시 19:10).

그렇다면 다른 길이 없다. 말씀을 읽는 것이 절대적으로 필요하다. 나는 진실로 애정 어린 마음으로 권면하고 싶다. 나는 성경을 100번 이상 읽었다. 그러나 다시 읽을 때마다 늘 새롭다. 나의 평안과 기쁨의 근원은 말씀을 읽는 것이다."

조지 뮬러처럼 신앙의 위인들은 한결같이 말씀 속에서 그 맛을 알았던 사람들이다. 왜 어떤 이는 말씀을 읽어도 종이를 씹는 것처럼 아무 느낌도 없는데 다윗 같은 인물은 하나님의 말씀이 송이꿀보다 더 달다고 고백했던 것일까? 말씀을 미각으로 느낀다는 것은 경험하지 않으면 말할 수 없는 표현이다. 하나님의 말씀이 얼마나 영혼의 미각을 만족시켰길래 시인은 그렇게 단 것으로 말할 수 있었을까?

"말씀을 먹는다"는 깊은 의미

말씀을 먹는다는 표현은 단순히 수사적인 표현이 아니라 깊은 의미를 담고 있다. 인간에게는 오감이 있지만, 맛을 보는 미각은 나머지 감각들인 청각, 후각, 촉각 그리고 시각과는 근본적으로 차이가 있다. 이어령 교수는 ≪디지로그≫에서 "인간의 먹는 행위는 생리적인 욕구나 물질적인 경제 가치로만 설명할 수 없는 그 이상의 문화적 의미를 나타낸다"라고 말했다. 인간의 몸에 체화되는 것은 결국은 먹는 행위를 통해서 미각을 느끼고 몸에 흡수되어야만 생생하게 남는다는 뜻이다. 앞에 정말 먹음직한 사과가 있어서 아무리 눈으로 보고, 손으로 만지고 냄새를 맡아도 그것은 자기 것이 될 수 없다는 말이다. 사과는 먹을 때에만 비로소 내 것이 되고 내 몸으로 체화된다는 의미이다.

이것이 단순히 수사적이거나 교언(巧言)이 아님은 나환자촌에서 살

앉던 사람의 경험적 고백을 통해서도 알 수 있다. "나환자들에게 최후까지 남아 있는 감각이 있다면 그것은 미각, 즉 맛에 대한 쾌락이다. 손가락, 발가락이 떨어져 나가고 코와 귀와 입이 문드러져도 먹는 즐거움을 느낄 수 있는 미각만큼은 끝까지 살아남는다." 그러므로 우리가 말씀을 먹는다는 것은 단순히 말씀을 듣는다는 것과는 차원을 달리하는 내용을 담고 있는 것이다. 이제 말씀을 보고 읽는 차원에서 맛을 보는 차원으로 올라서기를 바란다. 그래서 우리도 다윗처럼 말씀을 먹는 경지로 올라서서 날마다 송이꿀보다 더 단 것을 우리 영혼의 미각으로 느낄 수 있기를 소원한다.

이러한 경험은 조지 뮬러나 다윗만의 전유물은 아니다. 하나님은 시대를 초월하여 오늘도 말씀 앞에 앉는 자들에게 영적인 교감을 나누길 원하시고 자신의 평안과 기쁨을 공유하길 원하신다. 말씀을 통해 하나님이 부어 주시는 은혜는 묵은 은혜가 아니다. 날마다 새롭고 신선한 은혜이다. 그래서 예레미야 역시 민족과 개인의 고통과 위기 앞에서 이렇게 고백하지 않았는가?

"여호와의 인자와 긍휼이 무궁하시므로 우리가 진멸되지 아니함이니이다 이것들이 아침마다 새로우니 주의 성실하심이 크시도소이다"(애 3:22-23).

지금 이 시간, 너무나 힘들어 살맛이 안 나는가? "이 큰 짐을 어이할꼬" 하는 탄식이 입에서 저절로 튀어나오는가? 그렇다면 말씀 앞에 바싹 다가앉으라. 삶의 고난과 역경 가운데 막다른 골목에 이르렀던 많은 사람들이 말씀을 통해 회복을 경험했다.

인생의 광야 길을 걷는 사람들에게 하나님의 말씀이 불같이 타오를 수 있도록, 그 말씀이 꿀송이보다 더 달다고 고백하라. 이 세상 그 어떤 것도 말씀을 통한 깨달음과 회복의 기쁨을 따라올 수 없음을 고백하라. 그러면 하나님께서는 우리의 입술의 고백이 삶의 고백이 되도록 큰 은혜를 베풀어 주신다.

말씀을 깨닫고 하나님만이 주실 수 있는 기쁨과 평안을 맛보아 알았다면, 이제 말씀을 깊이 알고자 하는 단계로 자연스럽게 나아가게 된다. 말씀을 더욱 사모하는 마음으로 눈빛을 반짝이며 말씀 앞에 다가앉게 된다.

장작을 지고 수백 리 길을 걷는 마음으로

세 번째는 모이는 단계이다. 말씀을 깨닫고 눈물 흘리며 기뻐하는 단계를 지나면, 이제는 말씀을 밝히 알려고 함께 모이는 단계가 된다. "그 이튿날 뭇 백성의 족장들과 제사장들과 레위 사람들이 율법의 말씀을 밝히 알고자 하여 학사 에스라에게 모여서"(8:13).

말씀을 밝히 알고자 하는 갈망이 불붙어 사람들이 모이기 시작했다. 이렇게 영적인 역동성이 한데 응집되면 엄청난 상승 작용이 일어나기 시작한다. 세상의 모든 교회가 그렇듯, 우리나라의 교회 부흥도 이렇게 시작되었다.

1907년 평양대부흥이 일어나기 전 사람들이 얼마나 하나님 말씀을 사모했는지 그 모습이 윌리엄 블레어 선교사가 쓴 《Gold in Korea》라는 책에 기록되어 있다. 당시 우리나라가 농경 사회였기에 겨울 농한기를 틈타 적어도 1, 2주씩 사경회를 열었다고 한다. 요즘은 흔히 부흥

성회라고 하지만 과거에는 사경회라고 했다. '사경회(査經會)'는 곧 말씀을 자세히 연구하는 마음으로 말씀을 밝히 알려고 모이는 집회를 의미한다. 그런데 그 열기가 얼마나 대단했는지 하루 이틀도 아니고 1, 2주일씩이나 계속되었다고 한다. 이 모습을 지켜본 윌리엄 블레어 선교사는 지난 50여 년 동안 한국에 폭발적 부흥이 일어났던 것이 다른 나라에 비해 함께 모여 말씀을 연구하고 말씀을 관찰하고 말씀을 배우기에 힘썼던 성도들의 열심 때문이었다고 결론 내렸다.

말씀이 부흥하면 개인과 가정은 물론 교회와 사회도 부흥하기 마련이다. 이것은 한국 교회사가 분명하게 증거하는 사실이다. 평양 대부흥의 진원지로 알려진 원산부흥운동도 하디 선교사가 인도한 사경회 겸 기도회에서 촉발되었고, 평양 대부흥운동도 평안남도의 한 사경회 기간 중에 일어났다. 당시 대부흥 운동의 한복판에 있었던 스위러(R. E. Shearer) 선교사는 "사경회는 부흥 운동의 진정한 수단이고 한국 부흥 운동의 실제적인 기초"라고 말했다.

부흥 사경회가 한국 부흥 운동의 실제적인 기초가 되었다는 말은 중요한 의미를 갖는다. 이것은 말씀이 사경회를 통해서 사람들 속에서 내면화된 것을 의미한다. 오늘날 한국 교회는 지금의 무기력한 교회 상황과 위기를 보면서 과거 부흥 사경회의 뜨거움과 성령의 역사를 그리워할지 모른다. 그러나 우리가 예전의 부흥 사경을 보면서 정말 찾고 그리워해야 할 것은 사경회의 겉모습이 아니라 사경회를 통해서 말씀이 믿는 자들의 각자의 삶에 깊숙이 내면화된 사실이다. 오늘날 우리 주변을 보면 과거의 사경회에 못지않은 뜨거움도 있고 은혜가 있는 것처럼 보이는 집회들이 더러 있다. 그러나 결정적인 차이라면 말씀을 내면화하는 작업이 부족하다는 것이다.

마실수록 목마르게 하는 샘물

어떤 지식이나 감정을 삶으로 내면화하는 것은 쉬운 일이 아니다. 맥스웰 몰츠(Maxwell Maltz) 박사는 그의 ≪심리 인공두뇌학≫라는 책에서 자신의 느낌을 영구적으로 바꾸기 위해서 내면화하는 데 21일의 시간이 걸리는 것을 밝혔다. 이것은 우리가 말씀을 보고 느끼는 은혜의 감정을 삶 속에 뿌리내리기 위해서는 한두 번 말씀을 보는 것으로는 절대로 부족하다는 것을 말해 주고 있다. 지속적으로 말씀을 붙들고 그 말씀을 읽고 영혼의 미각으로 계속적으로 맛보아야만 결국은 말씀의 은혜가 내 삶 속에 내면화될 수 있는 것이다. 이것이 초대 한국 교회가 신자들의 삶에 미친 축복이라고 할 수 있다.

평양대부흥이 일어났을 때 삭주, 창성, 의주 지역 등 평양에서 150-300리나 떨어진 곳에서도 사람들이 사경회를 위해 모여들었다. 심지어는 황해도, 서울, 강원도, 전라도 목포에서 온 사람들도 있었다. 그런데 당시 교회에는 뫼비우스 정책이라는 것이 있었다. 비록 가난했지만 다른 사람에게 금전적인 도움을 받지 않고 '은혜도 스스로 독립해서 받자'는 운동이었다. 이 정책이 자리를 잡아 우리 신앙의 선배들은 사경회에 모일 때 말씀을 제대로 들으려고 이불, 쌀, 옷, 장작 등을 머리에 이고 등에 지고 와서 1주일, 2주일씩 말씀을 들었다. 그런 열정이 1907년도 평양에 대부흥을 가져오는 기폭제가 되었다.

만일 오늘날도 하나님의 말씀을 더 잘 읽고 더 잘 듣기 위해 수백 킬로미터 떨어진 곳에서도 땔감이며 먹을 것, 입을 것을 스스로 준비해서 오는 그 열정들이 있다면, 한국 교회의 위기는 극복될 수밖에 없을 것이다.

당신은 얼마나 말씀을 사모하고 있는가? 마르틴 루터는 말씀에 대한 갈망과 갈증을 이렇게 표현했다. "성경은 많이 길어 마시면 마실수록 더 목마르게 하는 이상한 샘물이 된다." 말씀을 사모하면 할수록 말씀의 갈급함이 더해지고, 읽으면 읽을수록 더 귀한 것을 얻게 된다. 반대로, 관심이 없고 열정이 없으면 없을수록 말씀에서 더 멀어지고 마음이 식게 된다. 이것이야말로 말씀의 빈익빈 부익부 현상이다.

> 마르틴 루터는 말씀에 대한 갈망과 갈증을 이렇게 표현했다. "성경은 많이 길어 마시면 마실수록 더 목마르게 하는 이상한 샘물이 된다." 말씀을 사모하면 할수록 말씀의 갈급함이 더해지고, 읽으면 읽을수록 더 귀한 것을 얻게 된다.

"내가 날이 밝기 전에 부르짖으며 주의 말씀을 바랐사오며 주의 말씀을 조용히 읊조리려고 내가 새벽녘에 눈을 떴나이다"(시 119:147-148)라는 시편 기자의 그 열정을 품고 말씀을 가까이하자. 이스라엘 백성들이 진정으로 회복된 것은 그들 속에 말씀의 부흥이 일어나기 시작했을 때였다. 오늘날 무너지고 균열된 우리의 삶을 회복하기 위해서도 바로 그 출발점으로 돌아가야 한다. 예루살렘 수문 앞 광장에서 말씀을 통해서 자신을 깨닫고, 말씀이 기쁨의 원천임을 확인하고, 말씀을 갈급해 했던 이스라엘 백성들처럼 우리 역시 말씀으로 돌아가야 한다. 그리하여 내 삶의 현주소가 어디인지 깨닫고, 이 어둡고 황폐한 세상에서 기쁨을 회복하며, 일생 동안 조지 뮬러처럼 날마다 새롭고 평안하고 기쁨이 넘치는 삶을 누려 보자.

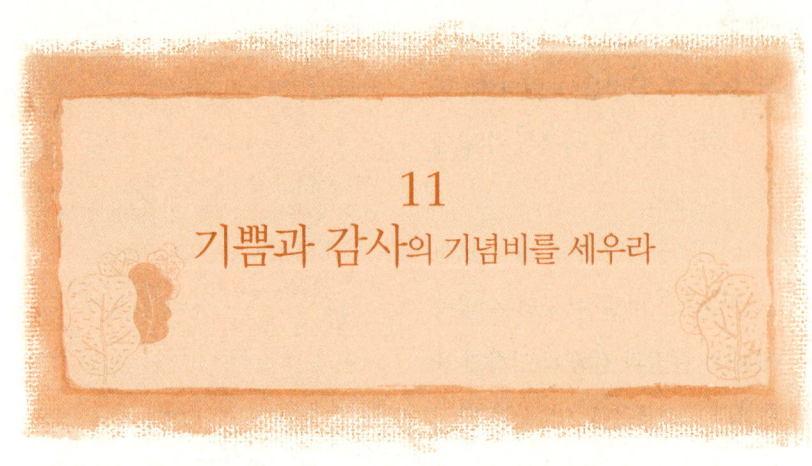

11
기쁨과 감사의 기념비를 세우라

**믿는 자의 감사 의식은
하나님이 우리를 기억하시고, 우리가 하나님을 기억한다는 약속이다.**

어떤 사람은 지금으로부터 무려 2,450여 년 전에 기록된 느헤미야서가 오늘날 우리와 무슨 관계가 있을까 의문을 가질지도 모르겠다. 그런 의문이 있을 것을 미리 대비했던 것인지, 바울 사도는 이렇게 말했다.

"그들에게 일어난 이런 일은 본보기(거울)가 되고 또한 말세를 만난 우리를 깨우치기(경계) 위하여 기록되었느니라"(고전10:11).

고린도전서 10장 11절에서 본보기라는 말보다는 예전 번역판인 '거울'이라는 단어가 시각적으로 선명하게 다가올지 모른다. 바울은 하나님의 말씀인 구약성경이 우리에게 '거울'이 된다고 말한다. 거울이 된다는 것은 거기에 우리의 삶을 반영(reflection)해 볼 수 있다는 말이다. 거울을 통해 내가 지금 어떤 삶을 살고 있는지 파악할 수 있다는 말이다. 또 바울은 구약의 말씀이 '경계'가 된다고 말한다. 이 말은 구약의 말씀을 통해 우리 자신의 삶을 가다듬을 수 있다는 의미이다.

느헤미야서 8장도 우리에게 그런 '거울'과 '경계'가 되어 준다. 초막절이라는 의식을 통하여 이스라엘 백성들의 상처받고 손상된 삶이 회복되는 모습을 아주 드라마틱하게 보여 주고 있다.

거울과 경계로 주신 의식(儀式)

하나님은 자기 백성들을 위하여 때로는 의식과 절기를 통해서도 자신의 뜻을 펼치신다. 창세기 17장을 보면, 아브라함이 하나님의 약속의 말씀을 받고도 분명한 태도를 취하지 못한 때가 있었다. 그는 약속의 자녀를 기다리지 못하고 첩을 통하여 이스마엘을 낳았는데, 그때 하나님께서는 아브라함에게 할례 의식을 지키게 하셨다. 하나님과 아브라함의 관계는 언약 관계인만큼 그것을 머리에만 새기지 말고 몸에도 새기라는 의미였다. 이렇게 할례 의식을 치르며 아브라함은 자신의 태도와 마음가짐을 다시 한번 새롭게 할 수 있었다.

또 창세기 35장에서는, 야곱이 헤매다가 벧엘로 올라가는 상황에서 세겜에 있는 상수리나무 아래에 모든 이방 신상들을 묻어 버리는 의식을 행했다. 이것은 이 땅에서 소중하게 여기는 것들을 모두 정리한다는 결단의 의지를 보여 주는 의식이었다.

성경에는 야곱처럼 개인적인 의식은 물론이요, 공적인 의식도 많이 행하고 있다. 주로 성전을 봉헌할 때 의식을 따라 행했는데, 솔로몬의 성전 봉헌식이 대표적이다.[1] 느헤미야 12장에 나오는 성전 봉헌식도 마찬가지이다. 그리고 법궤를 옮길 때에도 의식을 따라 행했다.[2] 이러한 의식들이 후세를 지나면서 외식(外式)을 강조한 나머지 정신을 잃어버린 문제가 있었지만, 신약시대라 해도 하나님께서 왜 구약시대에 그렇게 의식을 강조하셨는지 그 정신과 의미는 헤아려야 할 필요가 있다.

왜 성경에는 그렇게 많은 의식과 여기에 따른 의례가 있는가? 민수기 10장의 서두는 하나님께서 군대를 소집하는 장면에서 모세에게 지시한 의례이다. 그런데 왜 이렇게 구체적으로 의례를 지켜야 하는지 그 목적이 9절과 10절에 나오고 있다.

"또 너희 땅에서 너희가 자기를 압박하는 대적을 치러 나갈 때에는 나팔을 크게 불지니 그리하면 너희 하나님 여호와가 너희를 기억하고 너희를 너희의 대적에게서 구원하시리라 또 너희의 희락의 날과 너희가 정한 절기와 초하루에는 번제물을 드리고 화목제물을 드리며 나팔을 불라 그로 말미암아 너희의 하나님이 너희를 기억하시리라 나는 너희의 하나님 여호와니라."

이스라엘 백성이 하나님께서 명령하시는 의식을 끝내고 나팔을 부는 것은 "우리가 여호와 하나님의 명령을 다 따랐습니다"라는 뜻을 상징적으로 보여 주는 것이다. 그러므로 이스라엘 백성들이 의식을 드렸던 핵심은 우리가 하나님을 기억하고 있다는 뜻이다. 우리의 모든 마

[1] 열왕기상 8:1-66
[2] 사무엘하 6:2-8

음과 정성이 하나님을 향해 있다는 것이다. 따라서 의식과 의례의 목적은 하나님께서 이스라엘 백성을 기억하고, 이스라엘 백성들도 하나님을 잊지 않고 기억하는 것을 보여 주는 것에 있다. 한편으로 의례는 사람들이 품고 있는 핵심적 가치를 드러내고 무리에 대한 소속감을 확인하는 가시적인 확인 방식이었기 때문에 하나님은 세밀한 의식과 의례를 통해서 이스라엘이 추구해야 할 핵심적 가치를 기억하고 지키기를 원하셨던 것이다. 그래서 구약의 역사서를 보면 이스라엘 백성들이 다시 하나님께 돌아올 때마다 하나님께서 말씀하신 절기를 다시 지키는 것을 볼 수 있다.

예배자의 내면의 걸음걸이

반면에 오늘날 교회를 보면 때로는 내용을 지나치게 강조한 나머지 예배의 형식이나 성찬식과 같은 의식조차도 소홀히 대하는 경향이 있다. 우리가 어렸을 때만 해도 주일예배를 위해서 입고 갈 옷은 전날 다려서 준비하였고, 헌금도 깨끗한 돈으로 준비하였으며, 주일이 되면 오락이나 금전적인 사용을 일절 금했다. 시대적 상황의 변화에 따라 이런 것을 지금 요구할 수는 없지만, 하루 전부터 예배를 정성껏 준비하고 마음을 쏟는 사람과 주일이 되어 그냥 준비해서 나오는 사람이 어떻게 예배를 드리는 내면의 걸음걸이가 같을 수 있겠는가?

물론 의식 자체가 절대적인 것은 아니다. 그러나 의식을 통해 다시 한번 우리의 경계를 삼고, 또 거울을 들여다보듯 자신을 바라보면서 무엇을 적용하고 변화시켜야 할지 도전받는 것이다.

이제 이스라엘 백성들이 수문 앞 광장에 모여 은혜를 받은 이후, 하나님께서 모세에게 말씀하신 초막절[1]의 규례대로 다시 지키는 것을 볼 수 있다. 이것은 이스라엘 백성들이 "우리가 말씀을 듣고 이제 다시 여호와 하나님을 기억하려고 당신께 나아갑니다"라는 의미의 의식이라고 할 수 있다.[2]

그런데 지금 이스라엘 백성들이 지키는 초막절의 의식은 느헤미야 시대에 갑자기 나타난 것이 아니다. 레위기 23장 40절에도 하나님께서 율법을 통하여 이스라엘 백성들에게 명하시는, 초막절에 관한 내용이 제시되어 있다. 이처럼 하나님이 이스라엘 백성들에게 초막절 의식을 요구하신 데에는 아주 중요한 뜻이 있었다. 거기에는 하나님께서 그 백성들에게 원하시는 삶의 모습이 들어 있다.

초막절은 이스라엘 백성들이 광야 길을 갈 때 하나님이 어떻게 함께 하셨는지를 확인하는 절기였다. 광야 생활 때 하나님이 보호하시고 지켜 주신 은혜를 기억하고 감사 드리며, 그 사실을 만방에 드러냄으로써 하나님께 영광 돌리는 시간이었다.

이스라엘 민족은 애굽에서 온갖 역경과 고난을 겪다가 하나님의 역사로 애굽 장자들의 죽음을 보았고, 애굽을 벗어나 홍해 앞에서 엄청난 긴장과 기적을 경험했다. 이같이 극적인 일련의 모든 과정에 함께 하셨던 하나님은 광야 생활 중에도 함께하시며 많은 기적을 베풀어 주셨다. 반석에서 샘물이 나게 하시고 만나를 먹여 주셨으며, 광야 생활 40년 동안 옷이 해어지지 않도록 도와주셨다. 그리고 미래의 가나안 땅인 하나님 나라에서 일어날 일을 초막절을 통해 미리 경험하게 하셨다. 스가랴서 14장도 장래에 일어날 새 예루살렘, 새 하늘, 새 땅에 대한 예표로서 초막절을 지키라고 말씀한다. 초막절은 이스라엘 백성들의 과거와 현재와 미래의 삶 전체를 다시 한 번 조망하며 지금 어디쯤 와 있는지 돌아보게 하는 의미가 있는 중요한 절기이다.

인생의 지평을 여는 기쁨

초막절에는 대궐같이 화려하고 으리으리한 집에서 살던 사람이나 가난한 사람이나 무조건 모두 밖으로 나와서, 마당이든 들이든 지붕이든 어느 곳에나 초막을 짓고 일주일 동안 야외 생활을 해야 했다. 느헤미야를 비롯한 이스라엘 백성들이 초막절을 지키라는 말씀에 순종하자 무슨 일이 벌어졌는가?[3]

초막절을 지키자 두 가지 결과가 나타났다.

첫째, 크게 즐거워했다. 하나님의 말씀대로 의식을 지켰을 때 큰 기쁨이 있었다. 하나님의 뜻에 순종하여 행한 절기 의식 자체가 백성들에게는 무엇과도 비교할 수 없는 천국 잔치요, 영적인 진리를 몸소 체

---

[1] 초막절은 성경에 장막절, 혹은 수장절이라고도 불리며, 땅에서 산출되는 모든 곡식을 거두어 들일 수 있게 해 주신 하나님께 감사하는 절기였다. 이 절기는 보통 유대력으로 디스리 월, 즉 7월(양력으로는 10월) 15일에 시작하여 8일 동안 지켜졌으며 첫날과 마지막 날에는 성회(聖會)가 있었다.

[2] "율법에 기록된 바를 본즉 여호와께서 모세를 통하여 명령하시기를 이스라엘 자손은 일곱째 달 절기에 초막에서 거할지니라 하였고 또 일렀으되 모든 성읍과 예루살렘에 공포하여 이르기를 너희는 산에 가서 감람나무 가지와 들감람나무 가지와 화석류나무 가지와 종려나무 가지와 기타 무성한 나무 가지를 가져다가 기록한 바를 따라 초막을 지으라 하라 한지라 백성이 이에 나가서 나뭇가지를 가져다가 혹은 지붕 위에, 혹은 뜰 안에, 혹은 하나님의 전 뜰에, 혹은 수문 광장에, 혹은 에브라임 문 광장에 초막을 짓되" (8:14-16).

[3] "사로잡혔다가 돌아온 회중이 다 초막을 짓고 그 안에서 거하니 눈의 아들 여호수아 때로부터 그날까지 이스라엘 자손이 이같이 행한 일이 없었으므로 이에 크게 기뻐하며" (수 8:17).

험하는 생생한 현장이었던 것이다.

물론 여호수아 시대로부터 그 당시까지 초막절 절기를 지키지 않은 것은 아니었다. 성경에 낱낱이 언급되지는 않았지만 이스라엘 백성들은 가나안 땅에 들어가서는 물론, 그 이후에도 초막절을 지켰다고 성경은 증거하고 있다.[1] 특히 최초의 귀환 직후에도 초막절이 지켜졌다.[2] 따라서 "여호수아 때로부터 그날까지 이스라엘 자손이 이같이 행한 일이 없었다"는 말씀은 초막절 행사가 모세의 율법이 말하는 근본 정신에 매우 합당하게 지켜졌음을 뜻하는 것이다. 초막절의 근본 정신이란 광야 생활에서 보호하고 지켜 주신 하나님의 은혜에 감사하고, 그것을 세상에 드러냄으로써 하나님께 영광 돌려드리는 것이다.

기쁨의 초막절을 경험하라

사실 초막절을 지키기 위해 멀쩡한 자기 집을 두고 벌판에 나와, 나뭇가지를 얼기설기 엮어 만든 집에서 일주일 이상 지내기란 쉬운 일이 아니다. 한번 상상해 보라. 온 백성이 산에 가서 각종 나뭇가지를 주워다가 저마다 초막을 짓고 그곳에서 기거하는 모습을 말이다. 지붕 위에도, 마당에도, 하나님의 성전 뜰에도, 그리고 수문 앞 광장과 에브라임 문 앞 광장에 이르기까지 어디를 둘러보아도 온통 엉성하기 짝이 없는 초막 세트장이 눈앞에 펼쳐져 있다.

그러므로 초막절은 과거의 광야 생활의 기억하면서 현재와 미래의

1 삿 21:19 / 왕상 8:2, 65 / 왕하 23:22 / 대하 30:26, 35:18
2 "기록된 규례대로 초막절을 지켜 번제를 매일 정수대로 날마다 드리고"(스 3:4).

인생길에 기쁨과 감사의 기념비를 세우는 시간이라고 할 수 있다. 적어도 초막절을 지키는 이 한 주간만큼은 빈부귀천 지위 고하를 막론하고 동일한 초막에서 지내고, 동일한 음식을 먹으며, 동일한 말씀을 듣고, 동일한 기쁨을 나누면서 서로 동일한 정체성을 가진 언약 공동체임을 확인하게 되었을 것이다.

과연 그들은 나뭇가지를 주우면서 어떤 생각을 했을까? 전에도 나뭇가지를 주워 보긴 했겠지만 그때와는 전혀 다른 기쁨과 감흥을 누리면서 초막에 사용될 재료들을 모았고, 이 가지들을 엮어 임시 초막을 세웠다. 어떻게 보면 수고롭고 번거로울 뿐 아니라 이상한 의식이 아닐 수 없다. 그러나 모든 백성들이 하나님의 말씀에 순종했고, 그럴 때 고역의 고통이 아닌 환산할 수 없는 축제의 기쁨으로 돌아오는 것을 경험하게 되었다.

신앙생활은 누구도 억지로 못한다. 코뚜레에 코 꿴 소처럼 어떻게 날마다 억지로 신앙생활을 할 수 있겠는가? 고난도 있고 어려움도 많지만 그것들을 능히 감당하게 할 만한, 주님과 나만이 아는 은밀한 기쁨도 있어야 한다. 이 기쁨은 하나님이 명하신 일에 순종하는 자들이 받는 선물이다. 그러므로 세상에서 가장 지혜로운 자는 말씀에 순종하는 자요, 가장 어리석은 자는 말씀에 순종하지 않는 자이다.

성경 주석가 매튜 헨리(Matthew Henry)는 "거룩한 기쁨은 순종이라는 바퀴의 기름이 된다"고 했다. 맞는 말이다. 순종이라는 바퀴가 잘 굴러가기 위해서는 거룩한 기쁨이라는 기름을 자꾸 쳐 주어야 한다. 기쁨이 없는 신자에게는 하나님의 뜻을 행하는 것이 형벌처럼 느껴지고 고된 짐처럼 느껴지지만, 주님을 즐거워하는 성도에게는 하나님의 뜻을 이루는 것이 기쁨의 양식이 될 것이다.

그 유명한 하이든의 〈천지창조〉도 기쁨의 산물이었다. 이 곡은 천지창조와 그 창조된 자연의 아름다움과 하나님의 은혜가 새들의 지저귐 등으로 절묘하게 표현된 걸작이다. 그런데 하이든은 이 곡을 자신이 쓴 것이 아니라 하나님이 주셨다고 고백했다. 즉, 자신이 하나님의 뜻대로 행하려고 하자 하나님께서 기쁨과 즐거움을 주셨고, 그 기쁨과 즐거움 가운데 악상이 떠올랐다는 것이다.

미래를 결정하는 초막절 순종의 은혜

초막절에는 과거와 현재와 미래라는 시간의 스펙트럼이 펼쳐져 있다. 이스라엘 백성들의 과거는 "하나님이 여기까지 우리를 도우셨다"는 것이다. 사무엘상 7장을 보면, 블레셋 대군이 이스라엘에 쳐들어왔을 때 사무엘이 하나님의 도우심으로 블레셋의 모든 침공을 격파하고 난 다음 미스바와 센 사이의 돌을 가지고 기념비를 만든 후 이렇게 말했다. "여호와 하나님께서 여기까지 우리를 도우셨다"(12절). 그리고 기념비에 에벤에셀이라는 이름을 붙였다. 초막절의 순종을 통해 기쁨을 누리려면 우리에게도 이런 고백이 필요하다. 여기까지 우리를 도우신 에벤에셀의 하나님을 찬양하고 묵상해야 한다.

하나님은 광야 생활 가운데에도 옷이 해어지거나 발이 부르트지 않도록, 그리고 곡식이 떨어져 주리지 않도록 이스라엘 백성과 함께하셨다. 그런데 그 하나님은 지금도 우리와 함께하시는 하나님이시다. 그런 믿음이 있으면 성령께서 우리의 생각을 주장하셔서 날마다 성령의 임재를 누릴 수 있다. 순간순간 자신도 모르게 성령 중심의 삶을 살게 된다. 전에는 뭘 받는 일에 관심이 많았지만, 이제는 어떻게 하면 주님을 더 기쁘시게 할까, 어떻게 하면 주님을 더 닮아 갈까, 어떻게 하면 주님을 더 깊이 알아 갈 수 있을까 헤아리게 된다. 이것이 임마누엘[1]의 은혜를 받은 사람들의 모습이다. 하나님이 함께하심으로 이스라엘 백성들이 광야의 현장에서 승리를 경험했던 것처럼, 하나님은 오늘도 우리에게 임마누엘의 은혜를 주신다.

또한 초막절은 미래의 하나님 나라의 예표이자 새 예루살렘의 예표요, 가나안 입성에 대한 예표이다. 그렇다면 하나님께서는 우리의 삶을 어떠한 예표를 통해 보장하시는가? 어느 날 하나님은 아브라함에게 아들 이삭을 바치라고 명하셨다. 아브라함으로서는 어떻게 외아들을 바치라는 거냐며 얼마든지 항의할 수도 있었다. 하지만 그는 하나님의 말씀이므로 그 요구에 순종했다. 그러자 하나님이 이삭을 대신할 제물로 양을 예비하셨고, 아브라함은 "여호와 이레"(창 22:14)의 하나님을 찬양했다. "하나님이 우리를 위하여 예비하셨다"는 뜻이다.

이처럼 하나님은 초막절의 은혜를 통하여 우리의 미래를 예비하시는 하나님이다. 여호와께서는 원수의 목전에서 내게 상을 베풀어 주시는 분이고, 원수의 목전에서 여유만만하게 은혜의 테이블을 준비하시는 분이다. 억지 인생을 살게 하시지 않고 "내 잔이 넘치나이다" 하는 고백이 우러나오게 하시는 여호와 이레의 하나님이다. 우리를 위하여

[1] "보라 처녀가 잉태하여 아들을 낳을 것이요 그의 이름은 임마누엘이라 하리라 하셨으니 이를 번역한즉 하나님이 우리와 함께 계시다 함이라" (마 1:23).

예비하시는 은혜의 하나님을 시편 기자는 이렇게 찬양했다.

"주를 두려워하는 자를 위하여 쌓아 두신 은혜 곧 주께 피하는 자를 위하여 인생 앞에 베푸신 은혜가 어찌 그리 큰지요"(시 31:19).

하나님께서는 우리를 위해 영광스런 유업을 예비하고 계신다. "그때(마지막 때)에 임금이 그 오른편에 있는 자들에게 이르시되 내 아버지께 복 받을 자들이여 나아와 창세로부터 너희를 위하여 예비된 나라를 상속받으라"(마 25:34)고 하실 것이다.

우리 모두에게 다음과 같은 고백이 넘쳐 나면 좋겠다. "나의 과거는 에벤에셀의 하나님이 인도하셨다. 그리고 현재에는 상황에 관계없이 임마누엘의 하나님이 함께해 주신다. 하나님이 나와 함께하시지 않았다면 내가 어떻게 이 자리에 있겠는가? 뿐만 아니라 나의 미래에도 여호와 이레의 하나님이 내게 필요한 것들을 채워 주신다." 그럴 때 우리의 삶에 큰 기쁨이 넘칠 것이다.

순례자여, 과거를 기억하고 미래를 기대하라

초막절을 지킴으로 얻게 된 두 번째 축복은 나그네 의식을 갖게 되었다는 것이다. 영적인 순례자 의식을 갖는 것이야말로 세상에서 정말 잘 사는 비결임을 하나님께서 보여 주셨다. 초막을 짓고 1,2주 동안 거기서 살 때 대부분의 사람들은 '이 땅이 내 인생의 종착역이 아니다. 이 세상에서 나는 그저 나그네구나' 라고 느꼈을 것이다. 이 땅이 전부가 아니라는 것을 믿는 그 순간부터 하나님이 주시는 독특한 축복을 깨닫게 된다. 하나님께서 가장 좋은 것, 가장 귀한 것을 내가 주인처럼 살 그 곳에 나를 위해 모두 예비하셨음을 확신하게 된다.

중세 시대에 수사들은 성도들을 일컬어 라틴어로 '비아토르(viator)' 라고 했다. 비아토르는 여행자나 나그네, 곧 '세상을 지나가는 자'라는 의미다. 성경에서도 창세기부터 요한계시록까지 우리를 나그네라고 하고 있지 않는가? 우리가 순례자의 삶을 산다고 일관되게 말씀하고 있다. 우리는 창세기에서 아브라함이 하나님의 말씀에 따라 옮기고 떠나는 삶을 산 것을 보게 된다. 또한 출애굽기를 통해 이스라엘 백성들이 40년간 기나긴 광야 행군을 감행한 것을 보게 된다. 그리고 소선지서들을 통해 이스라엘이 바벨론 포로 생활에서 예루살렘으로 귀환하는 모습을 보며 떠나는 삶의 또 다른 예를 보게 된다. 신약성경도 예외는 아니다. 신약에서 그리스도인을 지칭하는 초창기 표현이 "도를 좇는 사람"(행 9:2)이었다. 새 예루살렘으로 가는 길을 따르는 나그네라는 뜻이었다.

다시 말해 초막절은, 일주일 넘게 밖에서 먹고 자고 하면서, 아무리 좋은 집도 내가 영원히 머물 곳은 아니라는 순례자 의식을 다시금 마음에 새기는 절기였다. 우리 역시 지금 살고 있는 이 땅이 영원한 집이 아니라는 사실을 기억해야 한다. 지금 우리는 이 세상을 지나가는 여정 가운데 있을 뿐이다. 가장 영광스럽고 위대한 축복은 현세에서 누릴 수 있는 것이 절대 아니다. 가장 귀한 축복은 아직 오지 않았고 우리 앞에 기다리고 있

> 영적인 순례자 의식을 갖는 것이야말로 세상에서 정말 잘사는 비결임을 하나님께서 보여 주셨다. 하나님께서 가장 좋은 것, 가장 귀한 것을 내가 주인처럼 살 그 곳에 나를 위해 모두 예비하셨음을 확신하게 된다.

음을 명심하자.

그러므로 순례자의 삶은 그의 눈을 이 땅에 두는 사람이 아니라 위를 향하는 사람이다. 세상의 뜻이 아니라 하늘의 뜻에 늘 민감하게 반응하는 사람이다. 이러한 순례자의 모습에 대해서 마크 부캐넌(Mark Buchanan)은 《보이지 않는 것에 눈뜨다》에서 실감나게 이야기하고 있다.

위를 보라! 이것이 당신과 내가 받아야 할 훈련이다. 위에 있는 것들에 마음을 쏟아라. 천국에, 성령에, 그리스도에게로. 이것만이 자유와 거룩함의 삶을 위한 유일한 소망이며 최고의 소망이다. 우리 심령과 마음을 위에 있는 것들에 두지 못하면 못할수록 이 땅에서의 삶이 더욱 비참해질 것이요, 비통해질 것이며, 두려워질 것이다. 위에 있는 것들에 마음을 두지 않으면 당신의 거룩함은 햇빛 찬란한 정원이 아니라 격통과 무정함과 눈보라와 권태가 지배하는 가혹한 툰드라의 땅이 될 것이다.

초막절의 은혜를 아는 사람들은 이 땅에서 바라던 것을 얻지 못했다고 해서 가슴 아파하거나 악착같이 그것을 취하려고 들지 않는다. 어느새 그런 마음이 사라지고 하나님에게서 오는 평안과 여유로 충만하게 된다.

예전에 자주 부르던 복음성가 중에 "죄 많은 이 세상은 내 집 아니네 / 내 모든 보화는 저 하늘에 있네 / 저 천국 문을 열고 나를 부르네 / 나는 이 세상에 정들 수 없도다"라는 노래가 있다. 이 부분을 영어 원문으로 보면 이렇다. "This world is not my home ; I'm just a passing through…(이 세상은 내 집이 아닙니다. 나는 그저 이곳을 지나고 있을 뿐입니다)." 이 가사가 의미하는 바가 무엇인가? 이 땅이 전부가 아니라는 것이다. 우리의 보화는 하늘에 쌓여 있다는 것이다. 이 세상 것을 너무 꽉 쥐면 모래처럼 우수수 빠져나갈 것이다.

순례자의 삶을 좀 더 역동적으로 살아가기 위해서는 두 가지 태도가 필요하다. 하나는 기억을 잘하는 것이고, 다른 하나는 기대를 잘하는 것이다.

초막절에 이스라엘 민족은 광야 생활 중에 하나님이 지금까지 어떻게 인도하셨던가를 기억했다. 애굽에서 모든 장자의 죽음으로부터 보호하시고 홍해를 건너가게 하신 그 하나님을 기억했다. 우리도 영적으로 구원받지 못할 자들을 그리스도의 피값만큼 귀한 존재로 구원해 주신 사실을 항상 기억해야 한다. 또 이스라엘 백성들이 가나안을 향한 기대를 가졌듯이, 하나님이 우리에게 예비된 것을 상속하라고 하신 약속을 붙들고 장차 다가올 삶을 기대해야 한다. 이러한 기억과 기대가 늘 떠나가지 않을 때 우리는 순례자의 삶을 잘 감당해 나갈 수 있다.

거룩한 현실주의자의 지혜

C. S. 루이스는 우리가 순례자로서 인생길을 잘 걸어가기 위해 명심해야 할 것에 대해 이렇게 말했다. "우리의 친절한 하늘의 하나님 아버지께서는 우리가 이 땅에서 여행하는 동안 묵을 멋진 여관들을 많이 준비해 놓으셨다. 하지만 우리가 그 멋진 여관을 영원한 집으로 착각하지 않도록 세심한 주의를 기울이신다." 그래서 하나님은 우리에게

가끔 고난을 주셔서 경계를 삼게 하신다. 내가 이 땅에서 순례자로 살아간다는 사실을 잊지 않도록 말이다.

우리의 시민권은 천국에 있지만, 이 땅에 발을 딛고 있는 한 우리는 이 땅의 시민으로도 살아가야 한다. 그리스도인이 이 땅에서 갖는 이처럼 미묘한 위치에 대해 필립 얀시는 《내 눈이 주의 영광을 보네》에서 잘 표현하고 있다. "나는 나 자신을 물질계와 영적 세계, 서로 다른 두 환경에서 살아가는 양서류로 생각하는 것이 열쇠임을 알게 되었다. 물질계에서 나는 굳이 생각하지 않아도 숨을 쉰다. 반면, 영적 세계의 호흡인 기도(祈禱)는 애써 마음을 다잡고 하지 않으면 안 된다."

얀시는 천국의 시민권을 가지고 이 땅을 살아가는 그리스도인의 입장을 마치 두 세계를 사는 양서류에 비유하고 있다. 그리스도인으로서 하늘의 세계와 땅의 세계를 동시에 살아가기 위해서 가장 중요한 것은 두 세계를 보는 눈과 두 세계를 살아가는 능력이다. 한쪽으로 치우치는 순간 삶은 기형적이 되고 허기진 인생을 살게 마련이다.

얀시의 말은 계속 이어진다. "별다른 노력을 하지 않아도 잘생긴 사람이나 이웃의 새 스포츠카는 그냥 눈에 들어온다. 그러나 음식을 구걸하는 문구가 적힌 푯말을 든 노숙자나, 길 건너 남편 없이 장애 아이와 홀로 사는 여인에게 주의를 기울이려면 끊임없는 노력이 필요하다." 우리가 이 땅에서 하늘의 은혜로 살아가기 위해서는 세상 사람들과 똑같이 그냥 있는 대로 마음 가는 대로 살 수는 없는 일이다. 이런 점에서 "두렵고 떨림으로 너희 구원을 이루라"(빌 2:12)는 바울 사도의 말은 나그네로서 살아가는 우리에게 가장 필요한 말이 아닐까?

나그네의 길은 가벼워야 한다

우리가 이 땅에서 거룩한 현실주의자로 살아가기 위해서 필요한 지혜가 있다. 이 땅에서는 나그네처럼 살아가지만 하늘에서는 주인같이 살겠다는 마음의 소원을 가지고, 정리할 것은 정리해야 한다.

삶을 단순화시켜야 한다. 〈뉴욕 타임즈〉의 한 기자가 어떤 대기업의 훌륭한 CEO를 방문했다. 그 CEO는 1분 1초도 아껴 가며 일하는 사람이었는데, 책상을 보니 아주 깨끗했다고 한다. 기자는 나중에 이렇게 썼다. "내 책상은 마치 폭탄 맞은 것처럼 엉망진창인데, 이 사람은 어떻게 살기에 책상이 이렇게 깨끗한가?" 그래서 이 기자는 '책상 깨끗이 하기 운동'을 펼쳤는데, 그것이 이름하여 'TRAF'이다.

T는 Toss : 버릴 것은 무조건 버리라.

R은 Refer : 위임할 것은 위임하라. 혼자 다 하려고 들지 말라.

A는 Act Now : 지금 실천하라.

F는 File : 중요한 내용은 파일로 만들라.

그런데 이처럼 단순한 삶을 살기 위해서는 조건이 있다.

날마다 백성들은 하나님의 말씀을 읽었다. 날마다 하나님의 생각이 자신들의 머릿속에, 사고방식 속에 스며들게 했다.[1] 이것은 거룩한 현실주의자가 되는 것이다. 말씀을 통해 하나님의 가치관으로 삶을 바라보는 것이야말로 가장 현실적이 되는 것이다. 말씀이 체화될 때 우리는 현실을 직시하게 된다. 가족, 민족, 자녀들을 있는 그대로 보게 된

[1] "에스라는 첫날부터 끝날까지 날마다 하나님의 율법책을 낭독하고 무리가 이레 동안 절기를 지키고 여덟째 날에 규례를 따라 성회를 열었느니라"(8:18).

다. 잘못되고 혼동을 주는 이 세상의 환상과 망상에서 벗어날 수 있다. 미망에서 깨어나게 된다. 말씀을 통해 온전함과 치유를 경험하여, 이 땅의 것들에 집착하지 않고 초연해지며 영원한 삶을 준비할 수 있다. 그리고 하늘 아버지가 이 세상 누구보다도 가깝게 느껴진다. 이 모든 것이 거룩한 현실주의자의 지혜이다.

단순한 삶을 살려면 이스라엘 백성들이 첫날부터 끝날까지 날마다 하나님의 율법책을 낭독한 것처럼, 계속해서 말씀을 묵상하고 말씀과 동행하는 삶을 살아야 한다. 그렇게 할 때 하나님의 말씀은 더 이상 남의 얘기가 아니라, 지금 나를 변화시키고 지금 나에게 와서 말씀하시며 지금 나를 품어 주시는 임마누엘의 은혜로 연결된다.

데살로니가전서 2장 13절은 느헤미야서 8장 18절과 아주 흡사한 말씀이다.

"이러므로 우리가 하나님께 끊임없이 감사함은 너희가 우리에게 들은 바 하나님의 말씀을 받을 때에 사람의 말로 받지 아니하고 하나님의 말씀으로 받음이니 진실로 그러하도다 이 말씀이 또한 너희 믿는 자 가운데에서 역사하느니라."

우리는 이 땅에서는 나그네처럼 살아가지만 하늘에서는 주인같이 살겠다는 마음의 소원을 가지고, 정리할 것은 정리해야 한다.
T는 Toss : 버릴 것은 무조건 버리라.
R은 Refer : 위임할 것은 위임하라.
　　　　　혼자 다 하려고 들지 말라.
A는 Act Now : 지금 실천하라.
F는 File : 중요한 내용은 파일로 만들라.

8장 18절에 대한 신약의 재해석이라고 할 수 있을 정도이다. 당시 데살로니가 교인들은 바울에게 칭찬을 들었는데, 그 이유는 두 가지였다. 하나는 하나님의 말씀을 받을 때 사람의 말이 아닌 하나님의 말씀으로 받았기 때문이었다. 또 하나는, 그 말씀이 믿는 그들 속에서 역사했기 때문이었다. 이로써 그들의 신실한 믿음은 사람들에게 증거될 수 있었다.

우리도 하나님이 하시는 말씀과 그 말씀의 권위를 인정해야 한다. 말씀을 사람의 말이 아닌 하나님의 말씀으로 받아야 한다. 그럴 때, 이 말씀이 믿는 우리 속에서 역사하여 세상 사람들이 알지 못하는 능력을 체험하게 된다.

하나님의 말씀은 우리에게 고통을 주기 위한 말씀이 아니다. 오히려 우리 삶에 능력을 가져다 준다. 말씀으로 말미암아 평안을 누리고, 말씀으로 말미암아 영적인 웰빙의 삶을 살아갈 수 있다. 이제 우리 모두 말씀의 아웃사이더가 아닌, 말씀의 강력한 주인공이 되어 에벤에셀의 능력, 임마누엘의 은혜, 여호와 이레의 복을 누리며 살아가자.

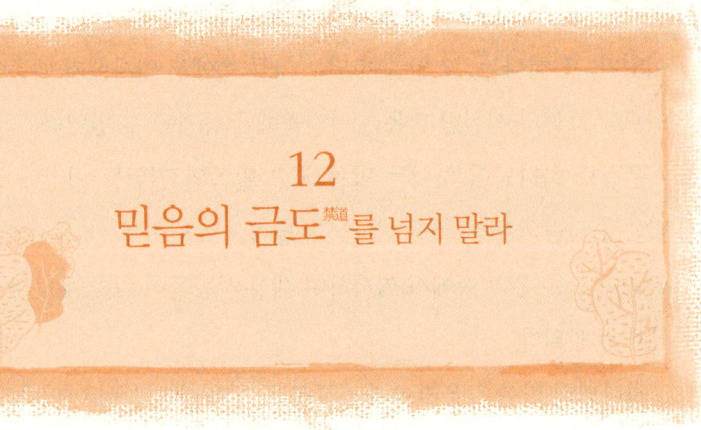

12
믿음의 금도(襟度)를 넘지 말라

내 삶은 내가 이끌어 온 역사가 아니다.
홍해를 가르고 이적과 기사를 베푸신 분의 역사다.

성경에는 많은 기도문이 나오는데 그 중에서 가장 긴 기도문은 느헤미야서 9장이다. 그 핵심은 우리를 지으신 하나님께 기도로 나아가 무릎을 꿇는 것이다. 여기서 느헤미야는 이스라엘 민족의 역사의 흥망성쇠를 조명하며 기도하고 있다. 이스라엘 민족 전체를 향한 이러한 기도문은 에스라서 9장과 다니엘서 9장에도 나오는데 특히 느헤미야서 9장은 요즘 우리 사회에서 벌어지는 반목과 깊은 갈등의 골을 치유할 수 있는 맞춤형 말씀이라는 생각이 든다. 우리가 이 말씀을 붙잡고 계속 기도하면 하나님께서는 반드시 이 나라의 역사도 새롭게 해 주실 것이다.

말씀에 씻긴 사람들

9장의 기도는 8장의 수문 앞 광장에서 선포된 말씀의 결과이다. 말씀에 투영된 자신의 모습을 보면 저절로 무릎을 꿇게 되고 자복의 기도가 나오기 마련이다. 말씀이 기도의 원천이 되어야 하는 이유는 여러 가지가 있겠지만 그 중의 하나가 영적 균형 감각 때문이다. 지난 수십 년 동안 목회 사역을 하면서 많은 사람을 만나 보았는데, 때로는 신앙적으로 좀 이상한 느낌을 주는 사람들이 있다. 겉으로 보기에는 기도 많이 하는 사람으로 알려져 있고, 은혜가 넘치는 사람으로 소문난 사람이지만, 뭔가 이상한 느낌을 줄 때에 내가 짚어 보는 한 가지 기준은 기도와 말씀의 균형이다.

우리의 모든 기도가 성경 말씀에 기초하는 것은 아니다. 때로는 자기 감정에 비춰서 하는 기도가 있고, 자기의 어그러진 과거를 생각하며 회개의 기도를 드리는 경우가 있다. 그런데 자신의 감정이나 생각의 거울에 비춰 기도를 드리는 삶을 추적해 보면 다시 원래의 상태로 돌아가는 경우가 많다. 그런데 말씀의 거울에 비춰 기도를 드리는 사람들의 신앙생활은 조금씩 성숙으로 나아가는 경우가 많다. 왜 말씀을 통한 자복하는 기도는 능력이 있을까?

우리의 영혼을 변화시키는 힘은 우리의 생각이나 감정에 있지 않다. 저명한 복음주의 신학자 달라스 윌라드(Dallas Willard)는 《하나님의 음성》이라는 책에서 우리의 영혼에 스며드는 말씀의 힘을 이렇게 표현하고 있다. "하나님의 말씀은 하나님의 뜻에 어긋나는 모든 잘못된 것들을 밀어내고 바꾸는 새 창조를 통해 우리를 이 땅에서 독특한 자리에 서게 해 준다. 말씀을 들을 때 마치 물과 세제가 옷의 올 속으로 침투해 들어가듯 말씀은 우리의 성품의 구석구석 파고든다."

그러므로 지금 수문 앞 광장에서 말씀을 듣고 기도하는 이스라엘 백성은 말씀이 그들의 영혼의 구석구석을 씻긴 결과라고 할 수 있다. 다시 말해 그들은 말씀에 씻겨 마음이 변화를 받아 회개의 기도에 이른 사람들이다. 수문 앞 광장의 이스라엘 백성들처럼 말씀을 통해 우리의 영혼이 날마다 씻겨지는 은혜가 우리 속에 있기를 바란다.

말씀으로 씻긴다는 것이 무슨 뜻인가? 에베소서 5장 26절에 "이는 곧 물로 씻어 말씀으로 깨끗하게 하사 거룩하게 하시고"라고 표현한 구절이 있다. 문맥상 이 구절은 예수님의 십자가의 희생을 통해서 교회가 깨끗함을 입게 되었다는 말이지만, 한편으로는 교회라는 공동체에 속한 하나님의 백성들이 이 땅에서 깨끗함을 입는 비결은 말씀으로 심령을 씻는 것이라는 뜻도 포함되어 있다. 우리의 몸은 예수님의 보혈로 완전히 죽을 죄로부터 씻음을 받은 것이 사실이다. 그러나 이 땅에 발을 딛고 사는 동안은 날마다 말씀이라는 거울 속에 자신을 비춰 더러운 부분은 씻어 내지 않으면 깨끗함을 유지할 수 없다는 의미도 있다. 우리의 몸의 때는 비누로 씻어 낼 수 있지만, 우리의 영혼의 더러움은 세상의 무엇으로도 깨끗하게 하지 못한다. 그래서 예레미야는 우리가 아무리 잿물로 씻고, 비누로 씻어도 우리의 죄악은 조금도 없어지지 않는다고 말한 것이다.[1]

[1] 주 여호와의 말씀이니라 네가 잿물로 스스로 씻으며 네가 많은 비누를 쓸지라도 네 죄악이 내 앞에 그대로 있으리니 (렘 2:22).

그러면 잿물을 마시고 비누로 씻어도 더러움을 씻어 낼 수 없다면 어떻게 해야 하는가? 여기에 대한 하나님의 음성이 있다.

"오라 우리가 서로 변론하자 너희의 죄가 주홍 같을지라도 눈과 같이 희어질 것이요, 진홍같이 붉을지라도 양털같이 희게 되리라"(사 1:18).

변론하자는 말씀은 우리가 한번 허심탄회하게 이야기해 보자는 뜻이다. 다시 말하면 "너희의 생각을 절대 진리인 나의 말에 비춰 보고, 너희의 행동을 있는 그대로 내 계명 위에 올려 놓아 보라. 그래서 더러운 것은 씻고, 틀린 것은 교정하고, 구부러진 것은 바로 펴라"는 말이다.

절대 진리의 말씀에 우리 자신을 적시고, 우리를 씻어 내자. 이것만이 냄새나고 썩어지는 이 땅에서 깨끗함을 유지하는 비결임을 믿어야 한다.

자녀에게 남길 수 있는 가장 귀한 유산

9장 1-2절은 전체 기도 내용 가운데 핵심 부분이다.

"그 달 스무나흗 날에 이스라엘 자손이 다 모여 금식하며 굵은 베옷을 입고 티끌을 무릅쓰며."

앞 장에서 살펴본 대로 초막절에 "이스라엘 자손이 이같이 행한 일이 없었으므로 이에 크게 기뻐"(8:17)했다. 예루살렘에는 기쁨의 강물이 넘쳐흘렀다. 그런데 갑자기 분위기가 반전했다. 잔칫집이 돌연 초상집이 돼 버린 것처럼 이스라엘 백성들이 슬피 울며 하나님 앞에 매달리는 상황이 되었다. 그것은 바로 죄 때문이었다. 그들은 자신의 죄

를 자복하였다.[1]

그들은 자기 죄뿐 아니라 열조의 죄 때문에 슬퍼했다. 부모 세대의 악이 다음 세대에도 전달된 것이 너무나 가슴 아팠던 것이다.

부모라면 누구나 자녀가 잘되기를 바란다. 그러나 그리스도인이라면 그보다 먼저 꼭 기억해야 할 것이 하나 있다. 부모가 하나님 앞에서 갖는 신앙과 영적 자세가 자녀들에게도 그대로 전해진다는 점이다. 따라서 자녀의 장래를 걱정하기 전에, 부모부터 하나님 앞에서 의롭게 살아야 한다. 그러면 하나님께서 자녀 세대를 책임져 주실 것이다.

통계에 따르면, 부모의 직업을 자식이 이어받는 경우는 두 가지라고 한다. 하나는 자식이 부모의 직업을 정말 가치 있게 생각할 때, 또 하나는 부모가 자신의 직업을 자랑스럽게 생각할 때이다.

이것은 영적으로도 마찬가지다. 부모가 신앙을 가치 있게 여기고 자녀들과 함께 가정 예배를 드리며, 자신의 신앙이 정말 살아 있는 신앙이요, 평생을 바쳐도 될 만한 신앙임을 보여 주면, 자녀들도 그 신앙을 이어받을 것이다. 하지만 부모가 교회를 다니면서도 신앙인인지 아닌지 구별도 안 되게, 박쥐 같은 신앙인으로 살아간다면 자녀들에게 올바른 신앙이 전해질 수 없다. 신앙만 제대로 전수되면 자녀 교육은 사실상 다 된 것이나 다름없다. 자녀들이 은혜받고 변화되는데 걱정할 게 뭐가 있겠는가?

그러나 영적인 가문을 이어가고 신앙을 계승하는 것은 쉬운 일이 아니다. 지금 기독교는 역사적으로 타민족에게 복음 전도에는 성공했지만, 부모의 신앙을 자식에게 물려주는 데에는 실패했다는 말을 듣고 있다. 이것은 과장된 표현은 아니다. 우리나라의 주요 교단의 경우 최근 6년 동안 주일학교 학생 수가 15만 명이나 줄어들었다는 조사 통계가 보고되었다.[2] 미국에 있는 교포 학생들의 경우도 대학에 들어가면 70%가 교회를 떠나고 대학을 졸업하면 90%가 교회를 떠난다는 조사 결과가 있다. 이를 가리켜 침묵의 탈출이라고 무서운 표현을 하고 있다. 이것은 현재의 신앙 교육과 가정교육이 잘못되고 있다는 말이다. 조금 심하게 표현하면 실패하고 있다고 해도 그리 틀린 말은 아니다.

세대 차이를 극복하는 비결

믿음의 성공적인 전수를 위해서는 먼저 부모의 자기 희생과 절제가 있어야 한다. 자녀 교육으로 유명한 유대인들의 집을 방문해 보면 정통 유대인의 집에는 TV가 없다. 대신 자녀들에게 신문을 통해 세상을 알게 한다. 또 13세가 될 때까지 아이들 방에 인터넷을 들여놓지 않는다. 유대인들은 13세를 기준으로 성인식을 거행한다. 유대인에게 성인이란 하나님과 계약을 맺은 사람을 의미하기 때문에, 13세가 되어 성인식을 마친 유대인 소년 소녀는 하나님과의 계명을 지켜야 할 의무를 가지게 된다. 그래서 유대인 부모들은 13세 이하의 자녀들에게는 방에 인터넷을 설치해 주지 않는 대신 율법을 암송하게 하고 고전을 읽게 한다. 날마다 TV를 주인으로 섬기는 부모 밑에서 인터넷을 하며 자란 아이들과, TV 대신 성경을 가까이하는 부모 밑에서 율법을 암송하며 자란 아이들이 같은 생각을 하고 같은 인생을 살 것이라고는 생

1 "자기의 죄와 조상들의 허물을 자복하고" (9:2).
2 예장 통합 통계위원회가 86차 총회에 보고한 자료

각지 말라. 자녀에게 공부를 강요하고 세상의 이치를 말하기 전에, 먼저 말씀을 이야기하고 신앙의 고결함을 알게 하라. 그러면 하나님께서 그 자녀들을 어떻게 보호하고 자라게 하시는지 볼 수 있을 것이다.

사고방식이나 행동 양식의 차이로 자녀 세대와 깊은 단절감을 느끼는가? 그러나 자녀와 신앙의 끈으로 연결되어 있기만 하면 그 어떤 식의 세대 차이도 지나가는 바람처럼 여겨질 것이다. 이것은 유대 2,000년의 역사를 보면 알 수 있다. 유대인들은 할아버지부터 손자에 이르기까지 세대 차이가 없다고 한다. 그것은 쉐마 교육 때문이다. 자녀와의 세대 차이를 극복할 수 있는 가장 좋은 방법이 신앙의 세대 계승이다. 따라서 이제 부모 세대의 악이 아닌, 신앙을 계승시키라. 신앙이야말로 자녀에게 남길 수 있는 가장 귀한 유산이다.

가장 무서운 중독

이스라엘 백성들은 자기 자신과 조상의 죄 때문에 울며 금식하고 베옷을 입고 티끌을 뒤집어썼다. 그런데 그들이 그렇게 통회했던 데는 또 하나의 이유가 있었다.

"주를 섬기지 아니하며 악행을 그치지 아니하였으므로 우리가 오늘날 종이 되었는데"(9:35-36).

이스라엘 백성들은 악행을 그치지 않고 죄의 노예로 살아왔다. 그렇게 죄의 근성에 속박당하는 것이 그들로서는 너무나 가슴 아팠다. 이러한 아픔을 오늘날 우리도 느껴야 한다. 사실 우리도 죄의 노예의 사슬을 끊을 길 없어 신음하는 경우가 참 많지 않은가?

왜 우리는 원치 않는 죄에 끌려가거나 죄의 종이 되는 것일까? 달라스 윌라드는 우리가 원치 않음에도 죄의 노예가 되는 이유를 《영적 훈련》이라는 책에서 이렇게 재미있게 표현하고 있다. "죄는 평범한 인간의 삶을 혐오스러운 것으로 보이게 하기 때문이다." 죄의 즐거움에 빠지면 평범한 삶이 하찮은 것으로, 무의미한 것으로, 심지어 혐오스러운 것으로 보이게 된다. 여기에 우리가 죄의 노예가 되는, 한마디로 죄에 중독되는 메커니즘이 있는 것이다. 그래서 처음에는 죄악에 발을 들여놓기가 망설여지지만, 한 번 발을 떼기 시작하면 이제는 그 죄가 가져다 주는 쾌락의 전리품에 마음을 빼앗기게 되고, 결국 무뎌진 감각은 더 큰 말초적인 감각적 쾌락을 탐닉하게 되어 완전히 죄에 옥죄인 죄의 노예가 되고 만다. 간혹 뉴스를 보면 끔찍한 죄를 짓고도 일말의 후회나 죄책감을 보이지 않는 사람들이 있는데, 사람을 중독시키는 죄의 메커니즘을 이해한다면, 이를 쉽게 납득할 수 있을 것이다. 이것은 꼭 무서운 범죄에만 국한되는 것은 아니다. 일상에서 작은 죄에 대해 눈감기 시작하면, 그것이 바로 죄에 중독된 초기 증상인 것이다.

죄의 중독 상태, 죄의 노예에서 벗어나는 길에 대해서 신학교 교수인 아치발드 하트(Archibald Hart)의 말에 귀 기울일 필요가 있다. 하트 교수는 복음주의 심리학자로서 수많은 임상 경험을 통해 죄의 중독에서 벗어나는 한 가지 효과적인 기술을 발견했다. 그것은 죄악된 생각이 떠오를 때마다 "그런 생각을 멈춰(STOP)!"라고 크게 소리치는 것이다.

  S는 Sinful : 죄악된 생각을 고백하라 (요일 1:9)

  T는 Think : 말씀을 생각하라 (빌 4:8)

O는 Order : 모든 생각들에게 명령하라(고전 10:5)

P는 Pursue : 그리스도의 마음을 추구하라(골 3:2)

하나님은 이스라엘 백성에게 두 가지 큰 줄기의 기도, 즉 자복의 기도와 찬양의 기도를 하게 하심으로써 그들의 모든 죄 짐을 벗게 하신다.[1]

4절에서 '부르짖었다'는 것은 자복했다는 것을 뜻한다. 그러니까 지금 한 무리는 자복하고 있고 다른 한 무리는 송축하고 있는 것이다. 이스라엘 백성이 금식하고 티끌을 뒤집어쓰며 주님 앞에 엎드렸을 때, 레위 사람들이 앞에 나와서 그들 중 한 무리는 죄를 자복했고 또 한 무리는 하나님을 찬양했다. 이렇게 '자복'과 '송축'은 장문의 기도인 9장의 두 축을 이루고 있다.

자학적 역사관에서 구원사적 역사관으로

두 가지 기둥 가운데 먼저 찬양하는 기도를 살펴보자.

[1] "레위 사람 예수아와 바니와 갓미엘과 스바냐와 분니와 세레뱌와 바니와 그나니는 단에 올라서서 큰 소리로 그들의 하나님 여호와께 부르짖고…마땅히 일어나 영원부터 영원까지 계신 하나님 여호와를 송축하라"(9:4-5).

[2] "주께서 우리 조상들이 애굽에서 고난받는 것을 감찰하시며 홍해에서 그들의 부르짖음을 들으시고 이적과 기사를 베푸사 바로와 그의 모든 신하와 그의 나라 온 백성을 치셨사오니 이는 그들이 우리의 조상들에게 교만하게 행함을 아셨음이라 주께서 오늘과 같이 명예를 얻으셨나이다 또 주께서 우리 조상 앞에서 바다를 갈라지게 하사 그들이 바다 가운데를 육지같이 통과하게 하시고 쫓아오는 자들을 돌을 큰 물에 던짐같이 깊은 물에 던지시고 낮에는 구름 기둥으로 인도하시고 밤에는 불 기둥으로 그들이 행할 길을 그들에게 비추셨사오며"(9:9-12).

"오직 주는 여호와시라 하늘과 하늘들의 하늘과 일월성신들과 그리고 땅과 땅 위에 만물과 바다와 그 가운데 모든 것을 지으시고"(9:6).

하나님께 송축하고 찬양하는 기도를 할 때 첫 번째로 기억해야 할 것은 "하나님이 나를 지으셨다"는 사실이다. 하나님이 나를 창조하셨다는 것은 곧 내가 내 생명의 보존자가 아니라는 뜻이다. 그래서 내가 내 삶을 통제하지 않고 창조주 하나님이 나를 통제하심을 인정하는 것이다. 그럴 때 나도 모르게 저절로 영광의 왕께 찬양하게 된다.

하나님을 송축하고 찬양하는 기도를 할 때 두 번째로 기억해야 할 것은 "우리가 택함받았다"는 사실이다.

"주는 하나님 여호와시라 옛적에 아브람을 택하시고 갈대아 우르에서 인도하여 내시고 아브라함이라는 이름을 주시고…"(9:7).

하나님은 우리를 창조하셨고 우리가 아직 죄인 되었을 때에 그리스도께서 우리를 위하여 죽으심으로 말미암아 하나님이 우리를 구원하셨다. 그러므로 하나님을 찬양할 때는 하나님이 나를 택하여 인도하시고 구원하심을 감사드려야 한다. 위대하신 그분 앞에 무릎을 꿇자.

이어서 느헤미야는 아브라함의 부르심과 출애굽으로부터 시작되는 이스라엘 민족의 역사를 재진술하고 있다.[2]

이스라엘 백성은 왜 하나님을 찬양하는가? 뒤에는 애굽의 군대가 쫓아오고 앞은 홍해로 가로막힌 그 절박한 상황에서 하나님이 그들을 구하셨을 뿐만 아니라, 광

> 하나님께 송축하고 찬양하는 기도를 할 때 첫 번째로 기억해야 할 것은 "하나님이 나를 지으셨다"는 사실이다. 하나님이 나를 창조하셨다는 것은 곧 내가 내 생명의 보존자가 아니라는 뜻이다.

12. 믿음의 금도를 넘지 말라

야 생활 중에도 낮에는 구름 기둥으로 인도하시고 밤에는 불기둥으로 길을 비춰 주셨기 때문이다. 이스라엘 백성들은 하나님이 택하시고 인도하신 그들의 역사를 새롭게 조명함으로써 그 은혜를 더 깊이 깨닫고 하나님을 찬양하고 있다.

하나님을 제대로 찬양하고 싶은가? 그러면 당신의 삶을 인도하신 하나님의 역사를 새롭게 조명해 보라. 하나님은 이스라엘 백성을 인도하신 것처럼 당신의 삶도 그렇게 인도해 오셨다. 하나님은 당신을 택하셨을 뿐 아니라 당신 삶의 여정을 인도해 주셨다. 누가 뭐라고 하든, 당신의 삶은 스스로 이끌어 온 역사가 아니라 홍해를 가르는 이적과 기사를 베푸신 하나님의 역사임을 확인하라.

여기서 우리는 스페인 철학자 조지 산타냐나(George Santanyana)의 지혜로운 말을 기억해야 한다. "과거를 잊는 자는 그것을 되풀이할 운명이 될 수밖에 없다." 이것은 영적으로도 그렇다. 하나님께서 가르쳐 주신 교훈을 잊고 똑같은 잘못을 반복하여 죄의 노예 자리로 자신을 빠뜨리는 경우가 많다.

8·15 해방은 하나님의 구원 역사다

우리 민족은 하나님의 크신 손의 도움으로 구원받았다. 나는 이러한 진실이 오늘날 한국 사회에도 그대로 접목되어야 한다고 믿는 사람 중 하나이다. 우리나라 역사는 우리 민족 혼자서 담당해 온 역사가 아니다. 특히 지난 120여 년 동안 한국 민족의 역사는 하나님이 분명하게 개입하신 구원의 역사였다. 그러므로 자학적 민족사관은 구원사적 역사관으로 대체되어야 한다. 우리나라는 하나님이 개입하셔서 세계에서 유례가 없을 정도로 복음화된 나라이기 때문이다.

함석헌 선생이 쓴 ≪뜻으로 본 한국 역사≫는 과거 6·70년대 지식인들에게 많은 영향을 주었다. 함석헌 선생은 잡지 〈사상계〉의 주간이었고 상당히 진보적인 인물이었다. 나는 그분의 사상에 전적으로 동의하지는 않지만, 청소년 시절 이 책을 접하면서 감동받은 부분이 있었다. 일례로 이 책에서는 8·15 해방이 하나님의 전적인 도우심 때문에 가능했다고 주장하는데, 그 내용은 이렇다.

> 일본의 지배로부터 해방은 도둑같이 뜻밖에 왔다. 해방이 이렇게 도적같이 올 줄 아무도 모른 것은, 아무도 꾸민 사람이 없기 때문이다. 아무도 이에 대하여 공로를 주장할 만한 중간적인 자가 없다. 이 해방은 어느 인물이 힘써서 된 것도 아니요, 어느 파가 투쟁을 해서 된 것도 아니다. 왜 갑자기 하늘에서 떨어졌을까? 그 까닭 중 하나는 민중의 마음이 하나님에게로 향하기 위해서다. 이 해방은 민족주의자가 한 것도 아니요, 공산주의자가 한 것도 아니요, 전체주의자가 한 것도 아니요, 무정부주의자가 한 것도 아니다. 하나님이 뜻이 있어서 우리에게 값없이 생명의 길을 열어 주셨다. 그 감사의 일념은 모두 역사적 대차관계를 일소해 버리기에 족하고, 모든 현실의 인과관계에 얽힌 것들을 끊어 놓기에 넉넉하다. 낡은 시대의 열패자를 갑자기 새시대의 주인으로 만드는 것은 오직 한 가지 이 생각이다. 감사한다는 것은 하나님께로 돌아가는 마음이다. 역사의 의미를 깨닫는 마음이다.

오늘 한국 사회에 존재하는 모든 갈등 구조를 해결할 수 있는 한 가지 길은, 무슨 사상이나 이념이 아니다. 그것은 하나님이 우리 역사를 이끌어 주셨다고 고백하는 것이다. 함석헌 선생은 그 점을 아주 잘 보았다. 우리 민족이 여기까지 온 것은 궁극적으로 하나님의 손길이었다고 고백할 때 변할 수 있다. 자학적 역사관에서 벗어나 구원사적 역사관으로 우리 역사를 새로이 바라볼 수 있다. 바로 이스라엘 민족처럼 말이다.

하나님을 섬긴다고 하면서도 성경의 기적을 제대로 믿지 않는 사람들이 종종 있다. 자유주의 신학자들은 홍해가 갈대밭이었고 이스라엘 백성들이 그곳을 건너갔다고 폄하한다. 그들은 홍해가 갈라지고, 광야에서 만나를 먹고, 40년 동안 옷이 해어지지 않은 것을 어떻게 믿을 수 있냐고 도전한다. 그럴 때, 이스라엘 민족의 역사를 조명하면서 하나님이 창조주 하나님이심을 믿는 우리는 이렇게 선포해야 한다.

"나는 그런 일들이 어떻게 일어났는지 알 수 없어. 그러나 나는 하나님이 내 창조주이심을 믿어. 하나님이 내 삶의 창조주이신 것을 확신해. 그 하나님이 창조주시라면 홍해도 가를 수 있어."

비행기를 탈 때 우리는 그 비행기가 만들어지기까지의 설계 과정이나 제작 과정을 눈으로 직접 보고 타지는 않는다. 항공공학이나 유체역학 따위에 대해서도 아는 바가 거의 없다. 그런데 도대체 뭘 믿고 그 비행기에 몸을 맡길 수 있는가? 우리는 믿을 수 있는 항공기 회사에서 만들었으니까 그냥 믿고 비행기를 탄다.

아침에 집에서 우유 한 잔을 마실 때, 그 우유가 멀쩡한지 아닌지 어떻게 믿고 마시는가? 우유가 집으로 배달되기까지 그 과정을 직접 눈으로 확인하지도 않았는데 그냥 믿고 마시지 않는가? 마찬가지로, 하나님이 우리 삶의 창조주이심을 인정한다면, 어떤 기적도 당연히 믿을 수 있는 것이다.

이어지는 9장 13-15절은 하나님이 이스라엘 백성들 가운데서 정직한 규례와 진정한 율법과 선한 율례와 계명을 주셨음을 전한다. 그리고 하나님이 "그들의 굶주림 때문에 그들에게 양식을 주시며 그들의 목마름 때문에 그들에게 반석에서 물을 내셨다"고 했다.

하나님은 이스라엘 백성이 가나안 땅에서 가나안의 타락한 문화에 오염되지 않도록 그들에게 명확한 규례를 주시고 그들의 모든 필요를 다 채워 주셨다.

그러므로 우리는 네 가지 모습의 하나님을 기억해야 한다. 창조주 하나님, 나를 택하신 하나님, 광야 같은 인생에서 기적 같은 은혜를 베푸시고 자유를 주신 하나님, 그리고 영육 간의 모든 필요를 다 채우시는 하나님이다. 하나님께서는 우리의 영적, 육적 필요를 다 채우시는, 찬양받기 합당하신 분이다.

세속화의 중력을 끊으려면

이제 두 번째 기둥인 자복하는 기도를 살펴보자. 이는 통회하는 기도요, 회개의 기도다. 이에 관한 내용은 9장 16-28절에 나온다. 그들은 무엇을 자복했는가?

이스라엘 백성들은 다시 옛날의 악습으로 돌아가려고 했던 것을 자복했다.[1] 우리의 죄의 본성은 잘못된 옛날로 돌아가려고 하는 것이다. 한때 빠졌던 죄의 습성으로 돌아가 다시 휘청거리려는 것이다. 주님을 섬기고 헌신하기로 결심한 다음에도 수많은 유혹을 이겨 내지 못하여 옛날의 부끄러운 모습으로 다시 돌아가는 경우들을 우리 주변에서도 종종 보게 된다.

우리가 이스라엘의 역사에서 보는 것은 반복되는 죄의 악습이다. 성경에서 자주 이스라엘 백성의 못된 습성을 가리켜 "종 되었던 땅으로 돌아가고자 하였다"고 표현한 것을 볼 수 있다. 문자적으로는 애굽에서 나온 이스라엘 백성들이 광야의 고난을 피하고자 다시 애굽으로 돌아가려는 것이지만, 이것은 사실 우리의 생각이나 몸과 마음이 조금만 기회가 주어지면 옛날의 습성으로 돌아가려는 것을 말한다. 한마디로 악의 중력에서 벗어나지를 못하는 것이다. 사실 이것은 이스라엘 민족에게만 해당되는 것은 아니다. 악의 중력은 남녀노소 빈부귀천을 가리지 않고 누구에게나 보편적으로 적용되는 것이다. 누구든지 의의 고난보다는 죄의 쾌락을 탐하기 마련인데, 그 이유는 죄성을 가진 인간에게는 죄의 중력이 의의 중력보다 더 강하게 느껴지기 때문이다.

우리가 이러한 죄의 중력에서 벗어나는 길은 죄의 중력에 반(反)하는 정도의 의의 힘을 기르는 데 있지 않다. 그 정도로는 죄의 중력에서 벗어날 수 없다. 세속화의 힘이 얼마나 큰지는 헨리 나우웬과 리차드 포스터(Richard J. Foster)와의 대화에서도 그대로 드러난다. 나우웬의 대담 중에 가슴에 새겨지는 말이 있다. "성욕, 물욕, 일상사의 안락 그리고 세상의 권세에 대항하는 것은 엄청난 힘을 소비한다. 이러한 세속의 힘보다 열 배는 더 매력적인 것이 있지 않는 바에야 어떻게 계속

'No'라고 할 수 있을까?" 세속의 중력을 끊어 내려면 열 배나 더 매력적인 무엇이 우리에게 있어야 한다는 뜻이다. 그러므로 신앙의 삶에서 하나님과 우리의 관계가 세속의 모든 죄악된 중력을 압도하는 은혜가 주어지기를 기도하자.

죄의 고집·불통 길들이기

이스라엘 백성들은 이스라엘 역사를 세 부분으로 나누어 자복했다. 9장 17-18절은 시내 산에서의 역사이고, 22-26절은 가나안에서의 역사이며, 나머지는 사사기까지의 역사이다. 그들은 이러한 역사적 장면들을 돌아보면서 자복한다. 지금 이스라엘 백성들이 자복하고 있는 이스라엘의 반역의 역사는 한마디로 믿음의 금도를 넘었기 때문에 일어난 것들이다.

시내 산에서의 역사와 관련해서는 금송아지를 만들어서 하나님에게 설만하게 하였던 것을 자복한다.[2] 즉, 하나님을 모독했던 일을 회개한 것이다.

가나안에서의 역사와 관련해서는 하나님이 이스라엘에게 가나안 족

1 "그들과 우리 조상들이 교만하고 목을 굳게 하여 주의 명령을 듣지 아니하고 거역하며 주께서 그들 가운데에서 행하신 기사를 기억하지 아니하고 목을 굳게 하며 패역하여 스스로 한 우두머리를 세우고 종 되었던 땅으로 돌아가고자 하였나이다 그러나 주께서는 용서하시는 하나님이시라 은혜로우시며 긍휼히 여기시며 더디 노하시며 인자가 풍부하시므로 그들을 버리지 아니하셨나이다"(9:16-17).
2 "또 그들이 자기들을 위하여 송아지를 부어 만들고 이르기를 이는 곧 너희를 인도하여 애굽에서 나오게 한 신이라 하여 하나님을 크게 모독하였사오나"(9:18).

속들을 쳐서 그 자손에게 들어갈 땅을 차지하게 해 주시고, 견고한 성읍들을 정복하게 해 주셨으며, 기름진 땅을 취하게 하고 배불리 먹게 하셨음을 되짚어 본다. 이스라엘 민족은 호전적인 사람들도 아니고 싸움에 능한 용맹한 사람들도 아니었지만, 하나님은 그들이 가나안 땅을 정복하게 해 주셨다. 전쟁에서 승리하게 이끌어 주셨다. 마찬가지로 우리는 본래 전쟁을 잘 수행할 수 있는 사람들이 아니다. 그러나 하나님은 우리를 일상의 영적 전쟁에서 승리할 수 있는, 싸움에 능한 믿음의 용사로 세워 주셔서 지금까지 살아오게 하셨다.

그런데 이스라엘 백성들은 하나님께서 그렇게 돌보아 주셨는데도 그 은혜를 저버리고 하나님을 거역하며 율법을 등졌고, 하나님의 선지자를 죽이는 죄를 지었다.[1]

하나님에게서 그 어느 민족보다도 많은 은혜를 받아 누린 이스라엘 민족이 불순종하고 그분의 율법을 저버렸던 것이다. 지금 느헤미야와 백성들은 바로 그 죄를 자복하고 있다. 우리도 그동안 베푸신 은혜와 축복을 다시 한 번 돌아보며 은혜를 저버렸던 죄를 자복해야 한다.

마지막으로 사사 시대의 죄를 자복하고 있다.[2] 사사 시대는 죄의 악순환이 반복된 시기이다. 사사기를 보면, 이스라엘 백성들은 범죄하고 난 다음 죽을 지경이 되어서야 겨우 하나님 앞에서 자복했다. 그러면 하나님은 긍휼을 베푸시고 그들을 구원해 주시고 죄에서 돌이키게 해 주셨다. 그런데 얼마 지나면 이스라엘 백성들은 그 은혜를 잊고 또다시 하나님 앞에서 죄를 지었다. 그러면 또 어려움을 겪고 힘들어 하다가 결국 회개하고 자복하는 이런 악순환을 거듭했던 것이다. 하나님은 이스라엘이 죄를 범한 후 자복하고 회개할 때마다 긍휼을 베푸셨다.

이것이 죄의 고집불통인 이스라엘을 길들이시는 하나님의 방법이다. 인간의 지치지 않는 범죄 행각에 매를 대시지만, 조금이라도 머리를 하나님을 향해 들면 그저 용서하시고, 받아 주시는 하나님이다. 어찌 보면 인간의 못된 버릇을 그냥 내버려 두시는 것처럼 보인다.

왜 하나님은 인간의 못된 근성을 그대로 받아 주시는 것일까? 아무도 멸망하지 않고 모두 회개하기를 원하시기 때문이다.[3] 우리를 기다리시되 한이 없이 오래 참으시는 하나님이시다. 이것이 죄악의 못된 버릇으로 똘똘 뭉친 고집불통을 하나님께서 길들이시는 방법이다. 우리가 자발적으로 돌아오기를 눈물겹게 기다리시는 하나님이시기에 이스라엘 백성들처럼 우리도 살아 있는 것이다.

인간을 참으시는 하나님

하나님은 광야 길에서도, 사사 시대에도, 백성들에게 자주 징계하셨다. 그것은 그들이 진정 자유롭게 살도록, 진정 하나님의 은혜를 체험하며 살도록 하시기 위함이었다. 하나님이 말씀을 통하여 무언가를 금하시는 이유는, 우리가 그것을 우리 힘으로 다룰 수 없고, 또한 그 결과가 너무나 파괴적이기 때문이다. 하나님은 우리를 보호하시기 위하

---

1 "그들은 순종하지 아니하고 주를 거역하며 주의 율법을 등지고 주께로 돌아오기를 권면하는 선지자들을 죽여 주를 심히 모독하였나이다" (9:26).
2 "그들이 평강을 얻은 후에 다시 주 앞에서 악을 행하므로 주께서 그들을 원수들의 손에 버려두사 원수들에게 지배를 당하게 하시다가 그들이 돌이켜 주께 부르짖으매 주께서 하늘에서 들으시고 여러 번 주의 긍휼로 건져내시고" (9:28).
3 "주의 약속은 어떤 이들이 더디다고 생각하는 것같이 더딘 것이 아니라 오직 주께서는 너희를 대하여 오래 참으사 아무도 멸망하지 아니하고 다 회개하기에 이르기를 원하시느니라" (벧후 3:9).

여 제한하신다. 하나님께서는 적절한 경고와 금하시는 것 없이는 우리를 징계하시지 않는다.

시편 25편 10절 말씀처럼 "여호와의 모든 길은 그의 언약과 증거를 지키는 자에게 인자와 진리"다. 하나님의 제한과 경고를 진지하게 듣고 돌이켜 주께로 향할 때 더 큰 자유와 더 큰 능력을 얻게 된다. 우리를 택하시고 인도하신 창조주 하나님 안에서 평안을 누리고 은혜를 체험하는 거룩한 종들로 삼아 주신다.

하나님이 선지자를 보내 경계하셨지만 이스라엘은 그 말씀을 듣지 않았다.[1] 그래서 이후 바벨론의 포로가 되고 여러 가지 수난을 겪었다. 그러나 이 가운데서도 하나님은 자비의 손길을 놓지 않으셨다. 여기에 우리가 기억해야 할 중요한 진리가 있다. 하나님은 우리의 반역과 범죄함에도 오래 참으시고 우리를 사랑하신다. 회개하고 돌아오기를 기다리신다. "주의 약속은 어떤 이의 더디다고 생각하는 것같이 더딘 것이 아니라 오직 너희를 대하여 오래 참으사 아무도 멸망치 않고 다 회개하기에 이르기를 원하시느니라"(벧후 3:9). 이것이 복음이다.

자복의 기도를 드리라. 우리의 발은 날마다 씻지 않으면 냄새가 나게 되어 있다. 우리는 천국 가는 그날까지 하나님의 자비로 용서받지 않으면 한날 한시도 살 수 없는 존재인 것이다. 그러므로 날마다 하나님께 자복하고 하나님의 자비를 구하는 기도를 드려야 한다. 스펄전은 천국 가는 그날까

> 하나님은 이스라엘이 죄를 범한 후 자복하고 회개할 때마다 긍휼을 베푸셨다. 인간의 지치지 않는 범죄 행각에 매를 대시지만, 조금이라도 머리를 하나님을 향해 들면 그저 용서하시고, 받아 주시는 하나님이다.

지 하나님의 자비를 구해야 하는 우리의 모습을 이렇게 표현하고 있다. "하나님의 자비는 죄인에게 울리는 금종이다. 우리의 발이 황금문이 달린 천국 앞에 섰다 할지라도 그 문을 들어서는 순간에는 하나님의 자비가 필요한 사람이다. 우리가 천국에서 성도의 합창단원이 되어서도 그의 자비는 우리가 부를 영원한 찬송이 될 것이다."

하나님께 도와달라고 기도의 손을 비비면 세상 사람들에게 아쉬운 손을 비비지 않아도 된다. 사람들에게 애통한 심정을 토하기보다 하나님 앞에 쉼 없는 기도로 마음을 토하면 사람들에게 아쉬운 소리하지 않고 오히려 간증할 수 있는 은혜를 베풀어 주신다.

특별히 9장 32-35절을 보면, 그전까지는 '그들', '열조', '조상'이라는 3인칭을 많이 썼는데 여기서는 '우리 하나님이여', '우리에 대해서', '우리 열왕과', '우리의 당한 것', '우리는', '우리가 어떻게' 등 '우리'라는 말이 여러 번 반복된다. 이는 다른 그 누구의 죄도 아닌 바로 자기 자신의 죄를 자복하는 것임을 나타내는 표현이다.

하나님 앞에서 "우리는 악을 행하였사옵니다", "우리가… 율법을 지키지 아니하였습니다"라고 말함으로써 민족의 죄도 바로 자신의 죄라고 고백한다. 오늘날 우리도 이와 같이 민족의 죄를 내 죄로 알고, "주

1 "다시 주의 율법을 복종하게 하시려고 그들에게 경계하셨으나 그들이 교만하여 사람이 준행하면 그 가운데에서 삶을 얻는 주의 계명을 듣지 아니하며 주의 규례를 범하여 고집하는 어깨를 내밀며 목을 굳게 하여 듣지 아니하였나이다 그러나 주께서 그들을 여러 해 동안 참으시고 또 주의 선지자들을 통하여 주의 영으로 그들을 경계하시되 그들이 듣지 아니하므로 열방 사람들의 손에 넘기시고도 주의 크신 긍휼로 그들을 아주 멸하지 아니하시며 버리지도 아니하셨사오니 주는 은혜로우시고 불쌍히 여기시는 하나님이심이니이다"(9:29-31).

여, 제가 죄를 범하였나이다. 이것은 남의 문제가 아니라 바로 제 문제입니다"라고 고백하며 하나님께 용서를 구해야 한다. 민족의 고난과 어려움을 먼 산 보듯 하지 말고, 그 문제를 들고 살아 계신 하나님 앞에 무릎 꿇을 때 그분은 우리를 이적과 표적과 기사의 주인공으로 삼아 주실 것이다.

귀환 성을 다시 쌓을 자

수산 궁의 술 관원 느헤미야는 예루살렘의 극심한 상황에 가슴이 아프다. 허물어진 성과 불탄 성문, 환난 당한 사람들…. 그는 밤낮으로 기도했다. "이들은 주께서 일찍이 큰 권능과 강한 손으로 구속하신 주의 종들이요 주의 백성이니이다!"

그는 이제 영광의 성을 가슴에 품고, 예루살렘으로 간다.

부흥 초막절의 부활

성벽이 건축되고 사람들은 노래한다. 기쁨에 가득 찬 사람들이 간청했던 것은 말씀, 곧 율법 책이었다. 학사 에스라는 말씀을 가르쳤고, 율법에 기록된 바에 따라 초막 짓기를 선포한다.

초막절을 다시 맞은 이스라엘은 절기를 지켜 성회를 열고 부흥의 여정을 시작한다!

열성 거룩한 분노

느헤미야의 성전에 대한 애착은 누구도 말릴 수 없었다.
도비야와 산발랏. 성전 재건의 유명한 반대파로 기억할 것이다. 그는 도비야의 세간을 방 밖으로 내던지고 이방 여인과 결혼한 사람들의 머리털을 뽑았다. 또 산발랏의 사위가 된 젊은이를 쫓아 버린다.

느헤미야는 이방 사람을 떠나 민족을 깨끗케 하고 성전의 질서를 세웠다.
느헤미야는 하나님께서 이를 기억해 주시기를 간청했다.

3 기쁨의 봉헌식이 시작되다

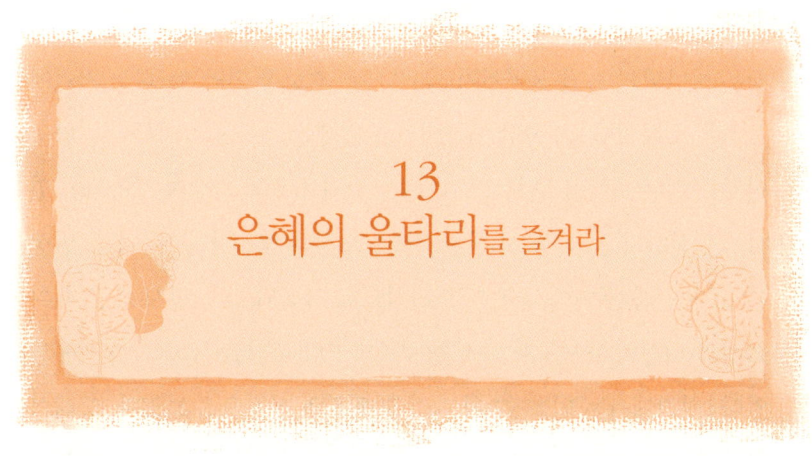

13
은혜의 울타리를 즐겨라

기독교의 혈관에는 예수의 피 외에는 어떤 것도 흘러서는 안 된다.
세상과의 타협은 기독교의 심장을 세상의 피로 수혈하는 것과 같다.

우리 인생에는 회복이 필요하다. 외적 공격 때문이든, 내면의 악습이나 잘못된 태도 때문이든, 그 원인이 무엇이건 간에 갈라진 관계, 무너진 인생 같은 부서진 삶의 방벽을 복구시켜야 한다. 이스라엘 백성들은 말씀을 통해 마음을 새롭게 하고, 회복시켜 주신 하나님께 찬양과 자복으로 나아가며, 이제 새로운 삶을 살겠다는 서약을 하고 있다.

거룩한 족쇄

느헤미야는 이스라엘의 정치 지도자들과 종교 지도자들과 함께 다시는 하나님의 율법을 어기지 않겠다는 '견고한 언약'을 하고 거기에 '인봉'을 하였다.[1] 견고한 언약이라는 말에는 계약 당사자들이 언약을 어겼을 경우 죽음을 면치 못한다는 당시의 상징적 의식이 포함되어 있다. '인봉한다', '인을 친다'는 것은 '도장을 찍는다'는 뜻이다. 인장은 고대 근동 전역에서 매우 보편적으로 사용되었다. 당시 인장은 확실성과 위엄의 표시로서 문서를 보증하거나 출입을 금하는 데 사용되었다. 성경에서는 인(도장) 치는 것을 권위의 상징으로 보았다. 그래서 창세기 41장 42절에 바로 왕이 요셉에게 애굽의 모든 통치 권위를 넘겨줄 때 자신의 인장 반지를 요셉의 손에 끼워 주는 의식을 통해 그의 권위를 만방에 알렸다. 에스더서에도 나온 것처럼 페르시아 법에는 한 번 인을 치면 왕조차도 취소할 수 없을 만큼 그 권위가 절대적이었다.[2] 그러므로 본문 말씀에 나오는 백성들의 언약은 단순한 약속 이상의 것이었다. 더구나 이것은 사람에게가 아니라 하나님 앞에서 언약의 약속을 지키겠다고 인 친 것이기 때문에 신적 권위와 위엄이 수반되었다.

이미 인을 친다는 것은 신약 시대를 사는 우리에게도 낯선 것이 아니다. 하나님께서는 우리가 그분의 것임을 확증하는 인을 치셨다.[3] 또 우리는 약속의 성령으로 인 치심을 받았으며,[4] 우리에 대한 하나님의

---

1 "우리가 이 모든 일로 말미암아 이제 견고한 언약을 세워 기록하고 우리의 방백들과 레위 사람들과 제사장들이 다 인봉하나이다 하였느니라" (9:38).
2 "왕의 이름을 쓰고 왕의 반지로 인 친 조서는 누구든지 철회할 수 없음이니라" (에 8:8).
3 "그가 또한 우리에게 인 치시고 보증으로 우리 마음에 성령을 주셨느니라" (고후 1:22).
4 에베소서 1:13
5 "너희가 구원의 날까지 인 치심을 받았느니라" (엡 4:30).

인 치심은 구원의 날까지 영원하다.[5] 하나님께서는 영원히 변치 않을 인 치심으로 우리의 구원과 미래를 보장하셨다. 그러므로 이제는 우리가 하나님께서 신적 권위와 위엄으로 인 치신 것에 합당한 새로운 삶을 살겠다는 약속의 인, 곧 서약하고 결단을 내려야 할 차례가 되었다.

도장을 찍는다는 것, 서약한다는 것은 상황적인 이해관계, 현실적인 어려움과 희생을 넘어서는 것을 의미한다. 도장을 찍는 행위에는, 어떠한 여건에서도 그 다짐을 지키겠다는 뜻이 담겨 있었다. 이스라엘 백성들은 바로 그런 뜻을 담아 하나님 앞에서 도장을 찍었다. 어떤 특정한 부류의 사람만이 아니라, 느헤미야로부터 레위 지파 사람들, 그리고 지도자와 일반 백성들에 이르기까지 모두가 도장을 찍고 다짐하는 행사에 참여했다. 이들이 모두 인봉에 참여한 것은 지금까지 일어났던 모든 일들을 통해 하나님과 견고한 언약을 세우고, 그 언약을 꼭 실천하겠다는 의지를 표현하기 위해서였다.

느헤미야서 1-7장을 통해 살펴보았듯이, 이스라엘은 하나님의 도우심으로 무너진 예루살렘 성벽을 재건했다. 또 9장에서는 회개의 기도를 통해 하나님께서 그들에게 회복의 은혜를 부어 주셨다. 민족의 역사가 수치와 파멸의 길로 빠질 뻔했는데 하나님이 도우시고 보살펴 주셔서 그들은 무너진 민족의 운명을 회복할 수 있었다. 이스라엘 백성들은 그 은혜가 너무나 감사해서 도장을 찍은 것이었다.

약속은 지켜져야 한다

약속이 의미 있기 위해서는 지켜져야 한다. 약속의 소중한 의미를 아는 사람들은 그것을 위해 목숨도 내어놓는 경우도 있다. 2004년 5월

18일 계명대 에베레스트 원정대의 박무택 대장과 장민 대원이 정상에 오른 후 하산하다가 8,750m 지점에서 마지막 통신을 끝으로 조난당하여 죽음을 맞는 비극이 발생했다. 그로부터 1년 후인 2005년, 등반 역사상 최초로 휴먼 원정대가 결성되어 이들의 시신을 수습하기 위해서 떠나게 되었다. 이 일은 등반보다도 더 힘들고 목숨을 담보로 하는 일이었다. 그런데 엄홍길은 왜 그런 모험을 감행했을까? ≪엄홍길의 약속≫이라는 책을 보면 그것은 엄홍길이 박무택에게 했던 "넌 해낼 수 있어. 내가 널 돌봐 줄게"라는 단 두 마디의 약속 때문이었다. 박무택이 선배였던 엄홍길에게 산악인으로서의 진로를 고민할 때, 산악인으로서의 박무택의 자질과 됨됨이를 보면서 그런 말을 해 주었던 것이다. 책에는 이렇게 쓰여 있다. "'넌 해낼 수 있어. 내가 돌봐 줄게', 이 말이 전부다. 공식석상에서 기자회견을 한 것도 아니고, 변호사 사무실에서 공증을 받은 것도 아니다. 하지만 그것은 사선을 함께 넘어온 산 사나이들끼리의 약속이다." 산악인 엄홍길은 자신이 했던 약속을 지키기 위해서 하나뿐인 목숨을 걸었다. 그는 그의 약속에 자신의 생명 이상의 가치와 무게를 부여했던 것이다.

세상 사람들 간에도 자신의 약속을 천금처럼 생각하고 그것을 위해서 목숨을 거는 삶을 산다면, 하나님 앞에서 일생을 새롭게 살겠다는 각오와 서약은 어떤 의미를 가지며 또 어떻게 실천해야 하는지는 너무도 자명하다.

하나님이 베풀어 주신 은혜와 사랑에 진정 감사하여 우리는 다짐과 각오를 한다. 그분 앞에서 언약을 하고 도장을 찍는다. 느헤미야 시대 사람들뿐만 아니라, 숱한 우리의 신앙 선배들도 자신이 받은 은혜를 지속시키기 위해 이러한 다짐과 각오를 해 왔다. 이러한 다짐과 각오는 스스로의 행동을 규제하는 규범이자 거룩한 족쇄다. 남편과 아내가 하나님 앞에서 결혼 서약을 한 후 그것을 지키려고 애쓰는 것과 같이, 하나님이 주신 은혜를 삶에서 지켜 나갈 수 있도록 행동 규범으로 삼는 것이다.

이제 이스라엘 백성들이 하나님 앞에서 다짐한 내용처럼 우리도 네 가지 다짐을 해 보자.

세상에 영혼을 파는 사람

첫째, 느헤미야와 이스라엘 백성은 하나님 앞에 언약을 세워 인을 치면서 제일 먼저 신앙이 다른 자와는 혼인하지 않겠다고 다짐하였다.[1]

이방 여인과의 통혼은 이스라엘의 고질적인 악습이었다. 에스라서 9장과 10장에서 회개 기도의 시작도 이 문제의 자복에서 시작한다는 점은 그것이 당시 이방 문화의 악습이 이스라엘의 신앙에 얼마나 악영향을 끼쳤는지를 말해 주고 있다.

바울도 고린도 교인들에게 믿지 않는 자들과 멍에를 같이하지 말라고 했다.[2] 이것은 단순히 불신자와 결혼하면 안 된다는 차원이 아니다.

[1] "우리의 딸들을 이 땅 백성에게 주지 아니하고 우리의 아들들을 위하여 그들의 딸들을 데려오지 아니하며"(10:30).
[2] "여러분은 불신자들과 연합하지 마십시오. 의와 악이 어떻게 하나가 되며 빛과 어두움이 어떻게 어울릴 수 있겠습니까?"(현대인의 성경, 고후 6:14).

13. 은혜의 울타리를 즐겨라   263

그렇다면 하나님 앞에서 불신자와 결혼하지 말라는 이 말씀은 어떤 다짐을 요구하는 것일까? 그것은 세상의 사고방식과 가치관 때문에 주님을 향한 믿음의 삶에 영향 받지 않겠다는 것이다. 이스라엘 백성이 자신의 자녀들을 이방인과 결혼시키지 않겠다고 다짐한 것도 그런 맥락에서다.

당시에는 이방인들과 결혼하면 이방 사람들이 그들의 사고방식과 가치관까지 함께 가지고 왔다. 그중에는 이방신 숭배도 있었다. 이방인과의 통혼으로 인한 이방 문화의 악습이 얼마나 컸던지 에스라 9장 11절은 "이방 백성들이 더럽고 가증한 일을 행하여 이 끝에서 저 끝까지 그 더러움으로 채웠다"고 지적하고 있다. 여기서 말하는 더럽고 가증한 일이란 우상 숭배와 그것에 관련된 것을 말한다. 느헤미야 시대의 가나안 문화는 음란하고 타락했다. 심지어 성기 숭배 사상까지 있었다. 특히 몰렉이라는 이방 신상에 절하며 자식을 제물로 바치는 타락한 문화가 혼인과 함께 이스라엘로 들어와 백성들의 혼을 빼놓곤 했다.

이전 역사 속에서도 그런 경우를 쉽게 찾아볼 수 있다. 솔로몬같이 지혜로운 왕도 이방 여인과 결혼하여 우상 숭배의 불씨를 그 나라에 들여놓았다.[1] 솔로몬의 처첩들이 자기 나라에서 가지고 들어온 이방의 우상들 때문에 이스라엘에 극한 분열과 부패가 초래되었다. 솔로몬이 이방 여인을 취함으로 이스라엘 역사에 남긴 악습의 폐해가 얼마나 컸던지 느헤미야가

> 기독교의 혈관에는 예수의 피 외에는 어떤 것도 흘러서는 안 된다. 세상과의 타협은 기독교의 심장을 세상의 피로 수혈하는 것과 같다. 세상살이가 아무리 힘들다고 해도 악마 메피스토텔레스에게 영혼을 파는 현대판 파우스트는 되지 말아야 한다.

성전을 정화하면서 다시 솔로몬의 범죄에 대해서 언급하고 있을 정도였다.[2] 한 번 뿌리내린 악습은 자손 대대로 영향을 미친다는 사실이 우리의 가슴을 서늘하게 하고 있다. 물론 룻처럼 반대의 경우도 있다. 룻은 비록 모압 여인이었지만, 하나님을 잘 섬겼기 때문에 이스라엘의 유력자인 보아스와 결혼했고 예수님의 조상이 되었다. 그러나 이방인과 결혼한 대부분의 경우 좋은 결과를 얻지 못했다.

복음주의의 대재앙

이스라엘 민족의 잘못은 무엇인가? 그들은 자신의 즐거움을 위해 세상과 타협하는 잘못을 저질렀다. 기독교의 혈관에는 예수의 피 외에는 어떤 것도 흘러서는 안 된다. 세상과의 타협은 기독교의 심장을 세상의 피로 수혈하는 것과 같다. 그래서 복음주의의 보루였던 프란시스 쉐퍼는 타협이 복음주의의 대재앙이 될 것이라고 경고하였다. "복음주의의 대재앙은 복음주의권이 진리를 진리로 대변하지 못했다는 데 있다. 이것에 해당하는 단어는 하나뿐이다. 다름 아닌 타협이다. 복음주의 교회는 이 시대의 정신과 타협해 왔다. 첫째 성경을 세상의 문화와 타협하였다. 지난 세기 독일에서 개신교 교회가 성경의 권위를 무너뜨린 것도, 금세기 초에 자유주의자들이 성경의 권위를 무너뜨린 것

[1] 열왕기상 11:1-2
[2] "또 이르기를 옛적에 이스라엘 왕 솔로몬이 이 일로 범죄하지 아니하였느냐 저는 열국 중에 비길 왕이 없이 하나님의 사랑을 입은 자라 하나님이 저로 왕을 삼아 온 이스라엘을 다스리게 하셨으나 이방 여인이 저로 범죄케 하였나니" (13:26).

도 바로 그런 방법이었다는 것을 기억하라." 세상살이가 아무리 힘들다고 해도 악마 메피스토텔레스에게 영혼을 파는 현대판 파우스트는 되지 말아야 한다.

그러나 우리가 이 세상의 즐거움을 보고 있는 한 아무리 애를 쓴다 해도 세상의 마수를 끊는 것은 쉽지 않다. 그렇다면 어떻게 해야 하는가? 세상과 이기는 방법은 세상의 즐거움에 눈을 감는 것이 아니라 하나님 나라의 영광과 즐거움에 눈을 뜨는 데 있다. 모세는 현재의 고난보다 장차 누릴 영광과 즐거움에 눈을 뜬 사람이었다. 그렇기 때문에 그는 잠시 죄악의 즐거움을 누리기보다는 예수 그리스도를 위해 고난 받는 것을 선택할 수 있었다.[1] 세상과 타협하지 않는 길은 세상을 피하는 수동적인 자세가 아니라 하나님을 향해 눈을 여는 적극적인 자세가 필요하다. 그리고 하나님의 나라의 즐거움에 눈을 뜰 수 있도록 그저 하나님께 엎드리는 것 외에는 다른 왕도가 없다.

이방인과의 결혼 문제에서 핵심이 되는 것은 하나님과의 관계다. 즉, 믿음의 근본이 흔들리지 않아야 한다는 것이다. 우리 주위에서도 불신자와 결혼해서 많은 시간을 눈물과 회한과 안타까움으로 보내는 사람들을 자주 본다. 그들은 믿는 사람과 결혼해서, 그런 슬픔의 시간을 좀 더 가치 있는 다른 일, 가령 믿음을 더 굳게 하고 하나님의 일을 하는 데 사용하면 좋을 텐데 하고 탄식한다. 바로 이런 면에서 이방인과의 결혼이 문제 되는 것이다. 이 명령에 불순종할 때, 이제 비통함과 투쟁의 몸부림과 불행의 문을 여는 것이 된다. 성경에는 이미 이러한 실수를 저지른 사람들을 위한 여러 말씀들이 있다. 실수를 저질렀다고 하더라도 하나님은 보완해 주신다. 그만큼 하나님은 실제적이시고 자비로우시다. 그분은 여러 가지 이유로 신앙이 다른 사람과 결혼할 수 있음을 인정하신다. 그러한 상황들을 다루는 데 도움이 되는 지침들도 있다. 하지만 지혜가 있는 사람이라면 인생을 낭비해서는 안 될 것이다.

성령의 감각을 마비시키는 불순종

하나님이 분명히 계시하신 말씀에 불순종하면 그 순간 마음에 휘장이 덮이며 그 휘장 때문에 시야가 흐려지고 왜곡된다. 이것이 미혹이다. 사울은 사무엘상 15장에서 자기 논리에 자기가 미혹당했다. 명백히 틀렸으면서도 자기가 옳다고 믿었다. 일단 이 습관이 굳어지면 진리와 죄를 구별하기가 점점 어려워진다. 사울은 사무엘을 열렬히 맞이하며 말했다. "내가 여호와의 명령을 행하였나이다"(삼상 15:13). 기쁨의 확신에 차서 사울은 진심으로 그렇게 말했을 것이다. 정말 자기가 명령을 행한 줄 알고 말이다. 그러나 하나님께서는 사무엘에게 "내가 사울을 왕 삼은 것을 후회하노니…"라고 말씀하신 바 있다. 사울이 얼마만큼 눈이 어두웠는지를 잘 보여 주는 대목이다.

교회는 다니지만 갖가지 이유로 계속 불순종하며 살아가는 사람들은 사울 왕처럼 대부분 자신이 처한 상황이 얼마나 심각한지 모른다. 존 비비어(John Bevere)는 《순종》에서 그 이유를 순종에 무게를 두지 않는 왜곡된 은혜관에 매여 이미 심령의 감각이 마비되었기 때문이

1 "하나님의 백성과 함께 고난받기를 잠시 죄악의 낙을 누리는 것보다 더 좋아하고 그리스도를 위하여 받는 수모를 애굽의 모든 보화보다 더 큰 재물로 여겼으니 이는 상 주심을 바라봄이라"(히 11:25-26).

라고 분석했다. 불순종하면 삶에 위기가 끊이질 않는다. 올가미 하나를 피하자마자 금방 또 다른 덫에 걸린다. 이런 문제들 때문에 삶의 에너지가 끊임없이 소진되고 마는 것이다.

그러므로 만일 불신자와의 결혼을 앞두고 있다면, 하나님 앞에서 "결혼으로 말미암아 믿음의 근간과 뿌리가 흔들리지 않도록 하겠다"고 재차 굳은 다짐과 각오를 해야 한다. 믿음과 신앙을 저버리고 다른 것을 선택할 만큼 이 세상에는 그렇게 가치 있는 것도, 영원한 것도 없다. 결혼을 통해 나 자신의 믿음을 가꾸고 성숙시키는 것은 물론이고 계속해서 믿음의 계승을 이루어 갈 수 있는지도 깊이 생각할 부분이다.

창조의 피날레를 즐겨라

모든 일에 제일 중요한 것은 마무리다. 개인의 삶뿐만 아니라 기업이나 국가의 운명도 문서에 글자 하나, 심지어 인용 부호나 쉼표 하나를 제대로 마무리하지 못해서 엄청난 손해를 보거나 운명이 바뀌는 사건이 가끔 뉴스를 장식하기도 한다. 이 마무리의 중요성에 대해서 실감나는 예는 명품과 짝퉁에서 찾을 수 있다. 요즘은 '짝퉁 명품'이라는 말이 나올 정도로 가짜가 진짜처럼 정교하기도 하지만 자세히 살펴보면 차이를 발견할 수 있다. 색깔, 글자체, 봉제선 위치, 마감, 재질, 제품 번호 등 제품의 마무리를 꼼꼼히 살피면 진짜와 가짜를 구별할 수가 있는 것이다.

마무리는 일이 소중할수록, 가치가 있을수록, 영향력이 클수록 중요한 법이다. 이 세상의 마무리 중에서 가장 중요한 마무리를 찾는다면 무엇이 있을까? 그 어떤 것도 천지창조의 마무리만큼 중요한 것은 없을 것이다. 하나님께서 천지창조의 피날레를 어떻게 장식하셨는지를 안다면, 우리는 인생의 굉장한 비밀 하나를 알게 되는 것이다. 그리고 우리 믿는 사람은 이미 그 비밀을 알고 있다. 하나님의 천지창조의 피날레는 이렇게 기록되어 있다.

"…하나님이 그 창조하시며 만드시던 모든 일을 마치시고 그날에 안식하셨음이니라"(창 2:3)

하나님의 천지창조의 피날레는 안식이었다. 그러므로 우리 피조물들이 가장 건강하고 영적인 축복을 누리는 비결은 이 안식에 있다고 생각한다. 모든 그리스도인들이여, 천지창조의 피날레를 즐겨라. 이것은 하나님이 당신에게 허락하신 특권이다. 하나님은 인간 이외에 어떤 존재에게도 안식을 명하지 않았다는 사실을 기억하라.

이스라엘 백성들은 지난날 동안 하나님께서 어떻게 이스라엘을 축복으로 인도하셨고 또 죄를 징계하셨는지를 회상하면서 율법의 뼈대인 안식일과 안식년을 제대로 지키겠다고 다짐했다. 더 이상 안식일에 물건을 팔지도 사지도 않겠으며, 안식년에는 땅도 쉬게 하고 빚도 탕감하겠다고 약속했다.[1]

안식일을 지키라는 명령은 레위기부터 시작해서 구약성경에 계명으로 지켜져 내려왔다. 그리고 신약 시대에는 안식일이 주일로 바뀌었

[1] "혹시 이 땅 백성이 안식일에 물품이나 온갖 곡물을 가져다가 팔려고 할지라도 우리가 안식일이나 성일에는 그들에게서 사지 않겠고 일곱째 해마다 땅을 쉬게 하고 모든 빚을 탕감하리라 하였고"(10:31).

> 하나님의 천지창조의 피날레는 안식이었다. 그러므로 우리 피조물들이 가장 건강하고 영적인 축복을 누리는 비결은 이 안식에 있다.
> 예배를 통해 영적인 쉼을 가지며, 하나님이 대신 일해 주실 것을 믿어야 한다. 이것이 하나님께 맡기는 태도이다. 이것이 안식일의 핵심이다.

다. 예수님의 은혜를 통해 주일을 안식일로 지키게 되었다. 구약 시대의 안식은 '노동 후의 안식'이었다. 그러나 신약시대에는 '안식 후의 노동'이 되었다. 히브리서 4장 10절은 "그의 안식에 들어간 자는 하나님이 자기의 일을 쉬심과 같이 그도 자기의 일을 쉬느니라"고 말씀한다.

우리가 아무리 애쓰고 수고한다 할지라도 그것만으로는 불충분하다. 하나님이 도와주시기 때문에 우리가 애써 헌신한 것이 열매 맺을 수 있는 것이다. 안식일은 바로 그 의미를 되새기고 하나님을 기억하며 그분 앞에 새로이 다짐하면서 쉬는 날이다.

열심히 집을 세우는 수고를 하고 파수꾼처럼 성을 지키려고 애쓴다 해도, 하나님이 도와주시지 않으면 아무 일도 이룰 수 없다.[1] 주일에 교회 가서 예배드리고 쉰다는 것 자체가 하나님께 모든 것을 맡기는 태도를 나타낸다. 우리에게는 쉼이 필요하다. 열심히 땀 흘리며 일해야 하지만 그것만으로는 부족하다. 예배를 통해 영적인 쉼을 가지며, 하나님이 대신 일해 주실 것을 믿어야 한다. 이것이 하나님께 맡기는 태도이다. 이것이 안식일의 핵심이다.

요한복음 6장을 보면, 남자만 5천 명이나 되는 사람들이 먹을 음식

[1] "여호와께서 집을 세우지 아니하시면 세우는 자의 수고가 헛되며 여호와께서 성을 지키지 아니하시면 파수꾼의 깨어 있음이 헛되도다"(시 127:1).

이 필요한 상황에서 안드레가 고작 보리떡 다섯 개와 물고기 두 마리를 가지고 와서 주님 손에 올려 드렸다. 그러나 예수님은 그것을 보고 적다고 물리치지 않으셨다. 오히려 그 위에 축사하셨다. 안드레는 '이런 보잘것없는 것에도 주님이 축사를 하시다니' 하고 깜짝 놀랐을 것이다. 주님은 우리 삶에도 이와 같이 역사하신다. 우리 삶의 오병이어를 들고 와서 주님께 맡길 때, 주님은 그것을 받으시고 축사하신다. 그러므로 당신의 오병이어를 하나님께 맡기고 쉬라. 그러면 주님이 축사해 주신다. 주님이 놀라운 일을 행하신다. 이것이 안식일에 담긴 중요한 뜻이다.

그러나 어떤 면에서는 요즘같이 복잡다단한 세상에서 주일을 주일답게 지키는 것은 쉬운 일이 아니다. 사회가 다양해지고 주일과 평일의 구분이 어려운 상황에서 평신도들이 과거에 비해서 주일을 지키는 것이 어려워진 것은 사실이다. 또 어떤 사람들은 주일 성수의 개념을 율법적인 것으로만 이해하여 신약 시대에 살고 있는 신자들은 여기에 얽매일 필요가 없이 자유롭게 처신하는 것이 좋다는 입장을 취하기도 하기 때문에 주일 개념 자체가 희미해져 가는 것처럼 보이기도 한다.

창조 질서의 뼈대인 주일 성수

그렇다면 오늘날 주일 성수를 해야 하는 이유는 어디에 있는가? 신학적인 이유를 떠나서 현실적인 면에서 몇 가지를 생각해 볼 수 있다.

첫째는 창조의 질서적인 면에서 생각해 볼 필요가 있다. 우리의 몸을 가장 잘 아시는 분은 창조주 하나님이시다. 그 하나님께서 세상을 만드시고 우리에게 쉼을 명하셨을 때에는 분명한 이유가 있는 것이다. 엿새를 열심히 일하고 하루를 쉬는 것은 우리의 몸과 마음이 건강을 유지할 수 있는 창조주의 처방책이라고 할 수 있다. 십계명에서 "엿새 동안은 힘써 네 모든 일을 행하라"는 말씀은 우리에게 주어진 시간의 한순간도 소홀히 해서는 안 된다는 의미도 있지만, 한편으로는 그것이 우리의 영육에 최선의 삶이라는 뜻이 들어 있는 것이다.

러시아에서 공산혁명이 일어난 후에 레닌은 노동생산성을 높인다는 구실로-그러나 사실은 주일을 없애면 기독교가 사라질 것이라는 의도를 가지고-7일을 일하고 하루를 쉬는 정책을 단행했다. 그 결과 생산성이 높아진 것이 아니라 오히려 30%나 낮아졌다. 그래서 다시 5일 동안 일하고 하루는 쉬는 정책을 취했지만 이것 역시 생산성을 높이지 못했다. 그래서 할 수 없이 성경대로 엿새를 일하고 하루를 쉬는 원래의 방식으로 되돌아갔다.

우리가 안식일을 생산성의 측면에서 바라볼 수는 없지만 이런 통계가 우리에게 엿새를 일하고 하루를 쉬도록 명하신 하나님의 창조 질서의 일면을 보여 주는 것은 사실이다.

둘째는 우리의 영혼의 건강함을 위해서다. 이것은 우리가 주일을 지켜야 하는 보다 중요한 이유라고 할 수 있다. 예전에 주일을 평일에 비해서 지나치게 편중하여 강조한 결과 반발이 나타났다. 주님과 함께하는 하루 하루가 주님의 날이기 때문에 굳이 주일을 따로 지켜야 할 필요가 없다는 말까지 나오기도 했던 것이다. 그러나 우리는 십계명에서 안식일을 기억하여 "거룩하게 지키라"는 말에 주목해야 한다. 우리가 매일매일을 거룩하게 생활해야 하지만, 하나님은 굳이 매일매일이라고 하지 않고 안식일을 강조하여 거룩하게 지키라고 했을까?

은혜의 울타리

성경에서 '거룩'이라는 단어는 항상 하나님과의 관계를 나타낼 때 사용된다. 따라서 거룩하게 지키라는 말 속에는 하나님과의 깊은 관계의 시간을 가지라는 의미가 포함되어 있다. 사실 우리가 삶을 영위하기 위해서 엿새 동안 열심히 일할 때에는 시간적으로나 질적으로 온전히 하나님과 관계를 갖는 것이 어렵다. 그래서 "거룩하게 지키라"는 말 속에는 이날 하루만이라도 하나님과의 관계를 방해하거나 훼손하는 모든 것에서 떠나 온전하게 하나님과 더불어 깊은 관계를 누리라는 의미가 들어 있는 것이다.

이것을 유명한 성경 주석가인 매튜 헨리는 ≪하나님과 함께하는 하루≫에서 안식일을 '은혜의 울타리' 속에서 보내는 시간이라고 표현하고 있다. 우리의 매일의 삶이 하나님의 보호를 받아야 하지만, 주일을 하나님의 울타리 속에서 세상적인 어떤 것으로도 방해받지 않고 주님과 함께하는 시간을 가질 때에 나머지 평일의 시간에 영적인 건강함을 누릴 수 있다는 뜻이다.

내가 그토록 주일의 살아 있는 예배를 위해서 사역의 생명을 걸 정도로 강조하는 이유도 여기에 있다. 이 험한 세상에서 일주일에 하루만이라도 은혜의 울타리 속에서 하나님과 깊은 관계를 가지면서 우리의 영혼을 전율케 하는 감동과 회복을 통하여 영적인 근력을 키우지 못한다면 주 중의 세상살이의 온갖 어려움 속에서 어떻게 기쁨과 감사의 삶을 누릴 수가 있겠는가!

소유권을 이전등기하라

셋째, 이스라엘 백성은 모세의 율법대로 번제를 드리고 나무를 가져와 제단에서 사르고, 동물을 희생 제물로 드릴 것을 약속했다.[1]

이 말씀은 하나님 앞에 제물을 드리고 제단 쌓는 것을 회복해야 함을 보여 준다. 이스라엘 백성들은 자기의 죄 문제를 단순한 방법으로는 해결할 수 없었다. 소나 양이나 희생 제물의 피가 필요했다.

지금 이스라엘 백성들이 번제를 드리겠다는 약속은 당연한 것처럼 보이지만 사실은 굉장한 결심을 한 것이다. 왜냐하면 이스라엘 백성들은 동물을 번제로 드릴 만큼 넉넉한 형편이 아니었기 때문이다. 흉년으로 자신의 집과 밭과 심지어 자식마저 종으로 팔 정도로 어려운 상황이었다. 그럼에도 하나님과의 관계를 회복하면서 그들이 가진 모든 소유물의 주인이 누구인지를 깨닫자, 믿음으로 소유권 이전등기를 한 것이다. 삶의 소유권 이전등기의 첫 단계가 자신의 몸을 하나님께 드리는 것이다. 그러나 죄와 더러움을 가진 몸으로는 하나님의 제단 앞에 자신을 올려놓을 수가 없었다. 그래서 자신을 위한 희생 제물로 소나 양을 드리겠다고 약속한 것이다. 소나 양의 피를 통해서 자신의 죄를 씻고자 했던 것이다. 지금 그들이 얼마나 어려운 형편에 처해 있는지, 그들의 상황을 이해한다면, 이러한 약속이 얼마나 큰 결심을 수반하고 있는지를 알 수 있다.

오늘날 우리는 예수님의 피로 죄로부터 완전히 씻음을 받았기 때문에 이스라엘 백성들이 드렸던 소와 양의 희생 제물을 가지고 하나님께 나아갈 필요는 없다.

피의 능력

예수의 피가 우리의 죄를 어떻게 사하는지 R. A. 토레이의 ≪능력 충만의 비결≫이라는 책에서 실감나게 표현하고 있다. "그리스도의 피는 아무리 검은 전과 기록이라도 희게 씻기는 능력이 있다. 우리 모두는 다 검은 과거를 가지고 있다. 만일 우리가 자신의 과거가 예수의 보혈로 씻겨지기 이전 상태를 하나님처럼 볼 수만 있다면 우리들 가운데 가장 선한 사람의 기록도 검고 검고 검을 것이다. 그러나 우리가 예수를 믿으면 오늘 우리의 기록은 변화산에서 제자들이 보았던 그리스도의 옷같이 희게 될 것이다." 무슨 뜻인가? 예수 믿기 전에는 그 누구도 영원한 죽음이라는 사망 선고의 붉은 오랏줄에서 벗어날 수 없었지만 예수 믿은 후에는 예수의 보혈의 씻기는 능력이 모든 사람의 죄과를 동이 서에서 먼 것처럼 영원히 멀리 옮기셨다는 말이다.[2]

구약 시대 때 제물을 바치고 제단을 쌓던 제사 의식이 신약 시대에는 성만찬의 은혜로 바뀌었다. 그래서 초대 교회 성도들은 모일 때마다 성만찬을 했다. 모일 때마다 예수님의 피를 기념했던 것이다. 성만찬을 통해 예수님의 피가 그들을 새롭게 하는 것을 확인했다. 어거스틴은 그의 ≪참회록≫에서 예수의 피를 먹고 마시는 은혜를 잘 표현하

---

[1] "우리가 또 스스로 규례를 정하기를 해마다 각기 세겔의 삼분의 일을 수납하여 하나님의 전을 위하여 쓰게 하되 곧 진설병과 항상 드리는 소제와 항상 드리는 번제와 안식일과 초하루와 정한 절기에 쓸 것과 성물과 이스라엘을 위하는 속죄제와 우리 하나님의 전의 모든 일을 위하여 쓰게 하였고 또 우리 제사장들과 레위 사람들과 백성들이 제비 뽑아 각기 종족대로 해마다 정한 시기에 나무를 우리 하나님의 전에 바쳐 율법에 기록된 대로 우리 하나님 여호와의 제단에 사르게 하였고" (10:32-34).

[2] "동이 서에서 먼 것같이 우리의 죄과를 우리에게서 멀리 옮기셨으며" (시 103:12).

고 있다. "내가 얻은 구원은 귀한 보혈로써 얻어졌다. 이 보혈을 먹고 마시며 다른 사람들에게 나누어 줌으로 겸손한 자는 먹고 먹고 배부를 것이며, 여호와를 찾는 자는 그를 찬송할 것이라." 어거스틴은 보혈의 피를 나누는 자에게 주는 영적 충만의 은혜를 이야기하고 있다.

예수님의 보혈이 구원의 능력이 있는 것은 하나님께서 우리를 보실 때 반드시 그의 피를 통해서 우리를 보시기 때문이다. 이미 하나님께서 사람을 볼 때에 먼저 피를 보시는 것은 출애굽의 이스라엘 백성들에게서 확인된 것이다. "내가 피를 볼 때에 너희를 넘어가리니…." 하나님께서 애굽에 있는 이스라엘 백성들에게서 찾으신 것은 그의 소유나 지위가 아니었다. 단 한가지 어린양의 피가 있느냐 없느냐였다. 하나님의 심정에 깊은 파장을 일으키고 하나님을 움직이는 것은 예수의 피뿐이다. 우리의 기도도, 우리의 찬송도, 우리의 믿음도 그의 피가 우리의 심장에서 돌 때에만 의미가 있는 것이다. 왜냐하면 우리는 오직 "예수의 피를 힘입어"[1] 하나님의 성소 앞으로 나아갈 수 있기 때문이다.

어린양의 피가 유대인들을 보호하고 해방시킨 것처럼, 예수의 피가 세상살이에서 우리를 보호하고, 우리의 짐들로부터 우리를 자유케 하는 것을 믿어야 한다. 이것이 보혈의 능력이다. 예수를 믿는다고 하면서 능력의 근원이 되는 보혈의 능력을 믿지 못하여 우리가 불필요하게 고통을 당하는 경우가 얼마나 많은가!

나아가 예수님의 피의 능력을 의지하여 제단을 쌓을 때, '나'의 소유권이 자동으로 하나님께로 이전등기된다는 사실을 기억하라. 그래서 지금 느헤미야와 이스라엘 백성은 집과 소유를 전부 팔아야 할 정도로 궁핍한 어려움 가운데 있었다. 그럼에도 그들은 자신들이 가진 모든 것이 하나님 것임을 고백하면서 그 증표로 토지와 가축의 처음 난 것 전부를 하나님께 드리겠다는 다짐을 하고 있는 것이다.[2]

그들은 하나님께 제단을 쌓을 때 초태생, 즉 처음 난 것, 심지어 맏아들까지도 하나님께 드려야 함을 가르쳐 준다. 이는 삶의 우선순위를 분명히 하라는 뜻이다. 좀 더 깊이 들어가면, 나의 소유권은 하나님께 있다는 뜻이다.

"오직 흠 없고 점 없는 어린 양 같은 그리스도의 보배로운 피로"[3] 우리를 회복시켜 주셨으니 우리 몸은 우리 것이 아니요 주님의 것이다. 우리는 하나님이 값을 치르고 사신 존재이다. 우리의 존재가 소유권 이전등기가 되어 주님의 것이 되었으므로 주님께 나와 가정과 교회와 민족의 주인이 되어 달라고 기도해야 한다. 그럴 때 주님은 내 마음의 정결한 공간에 임하여서 내 안에서 역사하는 은혜를 베풀어 주신다.

인간이 가장 공포를 느끼는 믿음의 높이

마지막으로, 이스라엘 백성들은 자신들의 모든 소유권을 하나님께 이전등기를 했다는 증거로 율법이 정한 십일조를 드리겠다는 다짐을

1 히브리서 10:19
2 "해마다 우리 토지 소산의 맏물과 각종 과목의 첫 열매를 여호와의 전에 드리기로 하였고 또 우리의 맏아들들과 가축의 처음 난 것과 소와 양의 처음 난 것을 율법에 기록된 대로 우리 하나님의 전으로 가져다가 우리 하나님의 전에서 섬기는 제사장들에게 주고" (10:35-36).
3 베드로전서 1:19

했다.[1]

이것은 말라기 3장 10절에 "만군의 여호와가 이르노라 너희의 온전한 십일조를 창고에 들여…" 라는 내용과 그대로 연결된다.

십일조는 신앙생활의 동기와 마음이 어디에 있는지를 시험하는 리트머스지다. 십일조는 신앙생활이 영적으로 더 높은 단계로 올라가는 첫 관문이라고 말할 수 있다. 따라서 내 신앙생활이 좀 더 고차원으로 올라가지 않는다거나 영적으로 헤매는 경우가 많다면 이 십일조 문제를 점검해 봐야 한다.

어느 목사님은 십일조에 관해서 이런 이야기를 한다. "십일조는 인간이 가장 공포를 느끼는 액수다." 이 말은, 십일조라는 액수의 '공포'로부터 벗어나면 신앙은 다음 단계로 올라가지만, 벗어나지 못하면 다음 단계로 올라가지 못하게 된다는 속뜻을 담고 있다.

공수 특전단 군인들이 반드시 거치는 막타워라는 훈련이 있다. 지상 11m 높이에서 뛰어내리는 훈련인데, 11m는 인간이 가장 두려움을 느끼는 높이라고 한다. 이 높이에서 뛰어내리는 훈련을 반복하다 보면 나중에는 비행기를 타고 하늘에서 뛰어내릴 수 있는 담력이 길러진다. 결국 이 훈련의 목표는 11m 높이에서 뛰어내리는 것이 아니라 비행기에서 뛰어내리는 것이다. 십일조도 이와 마찬가지다.

1 "…또 우리 산물의 십일조를 레위 사람들에게 주리라 하였나니 이 레위 사람들은 우리의 모든 성읍에서 산물의 십일조를 받는 자임이며 레위 사람들이 십일조를 받을 때에는 아론의 자손 제사장 한 사람이 함께 있을 것이요 레위 사람들은 그 십일조의 십분의 일을 가져다가 우리 하나님의 전 곳간의 여러 방에 두되"(10:37-38).

하나님이 우리에게 십일조에 대해서 말씀하시는 것은, 십일조 때문에 고민하라는 것이 아니다. 오히려 하나님 앞에서 삶의 동기를 점검하고 놀라운 은혜의 세계로 한 차원 올라가, 하나님이 내 인생을 어떻게 주장하시는지 맛보아 알라는 것이다. 그래서 하나님께서는 십일조를 하나의 테스트로 요구하신다. "주님, 사랑해요. 온 맘과 정성 다해 하나님의 신실한 신자 되기 원합니다" 하고 찬송하면서도 십일조는 하지 않는 사람들이 의외로 많다.

물질과 은혜가 따로 가는 것이다. 그러나 마음의 회개는 지갑의 회개에서부터 시작한다는 말에는 지나칠 수 없는 깊은 진리가 담겨 있다. 만일 십일조 때문에 시험 든다면 신앙에 문제가 있는 것이다. 그러면 한 차원 더 높은 신앙생활을 할 수 없다.

화장품업계에서 화제를 모았던 참존 화장품 김광석 회장(소망교회 장로). 김 회장은 만나는 사람마다 '십일조 축복론'을 강의한다. "저는 사업을 하면서 깨달은 것이 있습니다. 바로 십일조의 역사죠."

사업가가 십일조를 한다고 하면 모두 정신없는 사람이라는 말부터 했다. 그러나 십일조 자체가 그에게 놀라운 간증이 됐다. 주일마다 십일조를 내는 그는 새해 첫날이면 선교 헌금을 작정한다. 버는 만큼 베풀고 살자는 것이 그가 신앙을 가지면서 하나님과 한 약속이다. 그래서 매주 월요일이면 그의 비서실은 단체, 개척 교회 등 20여 군데가 넘는 곳에 후원금을 보내는 일로 분주하다. 이 일은 벌써 10년째 계속되고 있다.

"신앙생활하면서 한 가지 경험한 것은 하나님을 기쁘시게 하면 반드시 축복이 내려온다는 사실입니다. 부자가 되길 원하시면 하늘나라에

저금을 많이 하면 됩니다."

그는 하나님의 은혜를 잊지 않는 사람이다. 그는 열심히 일해서 벌어들인 돈으로 선한 사업에 사용한다. 이름 없이 빛도 없이 사랑을 실천한다. 그의 물질관은 단순하다. 주가 사용하시겠다면, 물질을 아끼지 않는다.

그는 자신을 찾아오는 기업인들에게 말한다. "사업 성공의 3대 비결이 있다. 첫째는 온전한 십일조. 사업하는 사람은 십일조를 드리기가 쉽지 않다. 십일조 액수를 생각하면 시험에 들기 때문이다. 그러므로 매주 십일조를 기쁨과 감격으로 드리라. 둘째는 새벽 기도다. 하나님께서는 미명에 지혜를 주신다. 셋째는 청지기 정신이다. 하나님이 주인이고, 나는 CEO일 뿐이다. 이런 마음으로 사업하면 스트레스를 훨씬 덜 받고 영적인 자유함과 통찰력도 생긴다"고 한다. 열의 하나를 구별해 드린다는 것은 내가 더 고차원적인 신앙생활로 올라가기 위한 하나님이 주신 테스트 관문이다.

사랑하니까!

내 주위에 십의 5조, 6조를 드려 하나님 앞에 놀랍게 쓰임받는 사람이 많다. 만일 십의 5조, 6조를 드리더라도 나머지로 내 생활을 충분히 할 수 있다면 얼마나 축복받은 일이겠는가? 그 정도 차원으로 높아지고 싶지 않은가? 언제까지 열의 하나만 생각하다가 시험에 들겠는가? 고차원적인 신앙으로 오르기 위해서는 이것 한 가지만 점검하면 된다. "나는 주님을 사랑하는가?"

얼마 전 우리 아이들이 미국에서 공부하다가 잠시 귀국해 집에 머물렀다. 그 기간 동안 아내는 온갖 정성과 노력을 기울여 아이들을 돌보았다. 아침부터 밤까지 아이들을 섬기느라 정신없었다. 아이들이 가고 난 다음 물었다. "대단한 헌신과 희생이야. 어떻게 아이들을 위해서 그렇게 할 수 있지?" 그러자 아내가 딱 한마디 했다. "사랑하니까."

그 말을 듣자 획 스치는 생각이 있었다. 주님을 사랑하면 되는구나. 사랑하면 하나님의 일을 할 때 힘들지 않다. 10장 39절 후반부에 "그리하여 우리가 우리 하나님의 전을 버려 두지 아니하리라"고 하였다. 십일조를 드리면 다시 예배 생활이 회복된다. 우리 삶 자체가 예배 생활로 회복되기 시작한다.

우리가 하지 않는다면, 누가 이 세대에 어떻게 살아야 할지 가르치겠는가? 이것이 바로 하나님께서 그 백성들을 부르시고, 가르치시고, 순종하게 하시는 이유이다. 우리가 행할 때 이 땅이, 우리 공동체가, 우리 가족과 가정이 건강해질 것이다. 우리가 하나님의 능력에 의지하여 삶의 환경을 변화시키는 영광스러운 하나님의 백성이 되겠다는 올곧은 다짐과 각오를 할 수만 있다면 한국 교회에 소망이 있다. 이 시대를 짊어지고 나갈 만한 영적인 권능과 능력을 받을 수 있다.

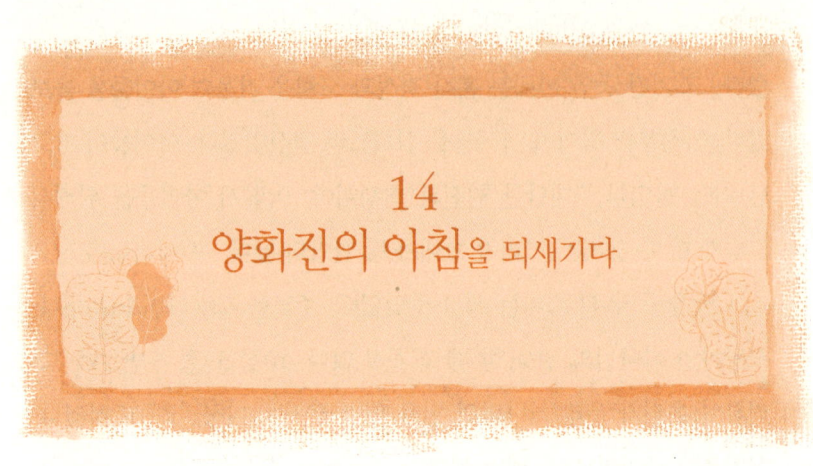

14
양화진의 아침을 되새기다

**기독교가 역사적 신앙에 기초하고 있다면 진정한 그리스도인이란
자신의 삶에서 예수의 흔적을 지우면 아무것도 남지 않는 사람이다.**

이제 예루살렘 성벽이 다 지어졌다. 그런데 이 성에는 사람들이 별로 살지 않았다. 왜냐하면 아직 그 성에 사람이 살 수 있는 여건이 갖춰져 있지 않았기 때문이었다.[1]

거룩한 모순

예루살렘 성은 160여 년 동안 성벽이 없어서 폐허처럼 되어 버린 성이었다. 그래서 이 성은 어떻게 보면 거대한 쓰레기더미 같았고 사람이 살 곳이 못 되었다. 성벽을 짓기 전에는 외적이 침입해 와도 막을 수 없어 사람들이 살지 않았다. 그러니 성벽을 다 지었다고 해도 사람들이 선뜻 들어와 살기는 어려웠을 것이다. 그래서 백성의 지도자들이 모범을 보이려고 먼저 이곳에 들어와 살았다. 그리고 백성들은 제비를 뽑아 10%는 성안에서 살도록 하고 나머지는 성밖에서 흩어져 살았다.[2]

그런데 이런 제비 뽑은 사람들을 향하여 "예루살렘에 거주하기를 자원하는 모든 자를 위하여 백성들이 복을 빌었느니라"(11:2)고 했다. 여기서 '자원하는 자'라고 했지만 실제로는 자원한 것이 아니라 제비 뽑힌 것이었다. 지금 느헤미야는 적들의 음해와 음모 속에서 어렵게 성벽을 완성한 상태에 있었다. 조금만 긴장을 늦추면 그들이 예루살렘 성을 훼손할 것이며, 그 결과 성벽 건축의 수고가 허사가 될 수 있었다. 그래서 장기적인 측면에서 느헤미야가 지지하는 규범과 원칙들에 헌신한 사람들이 도성에 정착하는 것이 필요했다. 그러나 상황적으로는 사람들이 자원해서 오고 싶어 하는 형편이 아니었다.

따라서 제비뽑기를 통해서 예루살렘에 거할 사람들을 정한 것은 한마디로 '자발적인 징집'이라고 할 수 있다. '자발적'이라는 말과 '징집'이란 말은 서로 모순이다. 그런데 바로 이것이 하나님의 사역 스타일 중 하나다. 사도 바울은 주 안에서 기뻐하라고 말했으며, 그 자신이 로마 감옥이라는 어려운 환경에서도 기뻐하는 삶을 살았다. 보통 사람으로서는 이해가 되지 않는 태도다. 감옥에 있는데 어떻게 기뻐하는

1 "그 성읍은 광대하고 그 주민은 적으며 가옥은 미처 건축하지 못하였음이니라"(7:4).
2 "백성의 지도자들은 예루살렘에 거주하였고 그 남은 백성은 제비 뽑아 십분의 일은 거룩한 성 예루살렘에서 거주하게 하고 그 십분의 구는 다른 성읍에 거주하게 하였으며"(11:1).

가? 그런데도 바울은 예수님 때문에 기뻐했다. 이는 거룩한 모순이다. 말이 안 되는 것 같아도 예수님 때문에 기뻐하면, 죽은 자 가운데서도 우리를 살리시고 없는 것을 있게 하시는 하나님의 능력을 체험할 수 있다.

사실 성경을 보면 일반 상식의 관점에서 보면 이해할 수 없는 거룩한 모순들이 곳곳에 박혀 있다. "네 오른 뺨을 치거든 왼뺨도 돌려대라"(마 5:39), "원수를 사랑하고 너희를 미워하는 자를 선대(善待)하라"(눅 6:27), "오른손이 하는 일을 왼손이 모르게 하라"(마 6:3), "좁은 문으로 들어가라"(눅 13:24), "섬기는 자가 큰 자다"(마 23:11), "주는 것이 받는 것보다 복이 있다"(행 20:35). 그리고 이러한 거룩한 모순들이 압축된 구절이 고린도후서 6장 9-10절이다.

"무명한 자 같으나 유명한 자요 죽는 자 같으나 보라 우리가 살아 있고 징계를 받는 자 같으나 죽임을 당하지 아니하고 근심하는 자 같으나 항상 기뻐하고 가난한 자 같으나 많은 사람을 부요하게 하고 아무 것도 없는 자 같으나 모든 것을 가진 자로다."

거룩한 모순의 절정은 바로 예수님에게서 찾을 수 있다. 만왕의 왕께서 누구도 원하지 않는 말 구유에서 태어나셨고, 무죄한 자로 유죄한 자의 죄를 대신 지셨으며, 세상을 이기기 위해서 스스로 십자가에서 죽으셨다.

오늘날 거룩한 모순의 실체를 찾는 것은 전혀 어렵지 않다. 바

> 오늘날 거룩한 모순의 실체를 찾는 것은 전혀 어렵지 않다. 바로 우리가 예수 믿는 것 자체가 모순이다. 우리 중에서 누구도 자격이 있어서 예수를 믿은 사람은 아무도 없다. 재력이나 미모나 건강이나 지식으로 따지면 우리 가운데 자신 있는 사람이 몇이나 되겠는가?

로 우리가 예수 믿는 것 자체가 모순이다. 우리 중에서 누구도 자격이 있어서 예수를 믿은 사람은 아무도 없다. 재력이나 미모나 건강이나 지식으로 따지면 우리 가운데 자신 있는 사람이 몇이나 되겠는가?

그러나 한편으로는 우리가 부족하고 미련하고 천한 존재이기 때문에 하나님의 가장 귀한 자녀로 선택을 받게 된 것이다. 그러므로 하나님께서 우리를 선택하신 것은 거룩한 모순 그 자체라고 할 수 있다. 이것은 바로 성경이 밝히 말씀하는 바다.[1]

세상에서 이보다 더 큰 모순이 어디에 있는가? 세상에서는 지혜 있는 자가 미련한 자를 부끄럽게 하고, 강한 자가 약한 자를 부끄럽게 하며, 있는 자가 천한 자, 없는 자를 업신여기는 것이 상식이다. 그러나 성경은 그 반대로 말씀하고 있다.

이러한 거룩한 모순은 바로 하나님의 관점을 사람의 눈으로 이해한 결과라고 할 수 있다. 이것을 토미 테니(Tommy Tenney)가 ≪하나님의 관점≫에서 잘 설명하고 있다.

"하나님의 팀원 선발 시험은 우주상 어느 팀의 선발 시험과도 근본적으로 다르다. 우리는 잘 뛸 수 있어서가 아니라 잘 넘어지기 때문에 팀원이 된다. 우리는 높이 뛸 수 있기 때문이 아니라 낮아질 수 있기 때문에 점수를 받는다. 사람 가운데 가장 작은 자가 하나님의 팀에서는 가장 높은 자리를 얻으며, 가난하고 갈급한 마음으로 찾아오는 사

[1] "그러나 하나님께서 세상의 미련한 것들을 택하사 지혜 있는 자들을 부끄럽게 하려 하시고 세상의 약한 것들을 택하사 강한 것들을 부끄럽게 하려 하시며 하나님께서 세상의 천한 것들과 멸시 받는 것들과 없는 것들을 택하사 있는 것들을 폐하려 하시나니"(고전 1:27-28).

람들에게 하나님은 영광스러운 자리를 주신다."

이것이 기독교가 가진 거룩한 모순의 생명성이다. 나는 우리 믿는 자들의 삶이 거룩한 모순의 생명성으로 충만하기를 바란다. 우리의 약함이 세상의 강함을 이기고, 우리의 부족한 것이 세상의 넘침을 제압하며, 그리고 우리의 상처 때문에 자신의 가정과 이웃과 일터의 아픔들이 치료받기를 원한다.

초라한 인생이 믿음의 영웅으로

하나님의 사역은 거룩한 집을 지어 그 백성들이 새 예루살렘의 능력을 체험함으로써, 이 땅에서도 하늘의 예고편을 맛보게 하기 위하여 독특한 단계를 거친다.

자원해서 예루살렘에 거하는 사람들을 분류해 보니 베레스 자손들이 468명이었다.[1] 또 베냐민 자손을 합한 숫자는 928명이었다.[2] 928명은 베냐민 자손을 합한 숫자다. 베냐민 지파는 큰 지파가 아닌데도 베레스 자손들보다도 두 배나 많았다. 베레스 지파와 베냐민 지파는 뜻이 있어서 하나님이 쓰신 사람들이다.

베레스는 믿음의 영웅으로 성경에 묘사되어 있다. 그런데 그는 본래 믿음의 영웅으로 불릴 만큼 신앙 배경이 좋은 사람은 아니었다. 그의

[1] "예루살렘에 거주한 베레스 자손은 모두 사백육십팔 명이니" (11:6).
[2] "그 다음은 갑배와 살래 등이니 도합이 구백이십팔 명이라" (11:8).

출생 과정이 창세기 38장에 나온다. 베레스의 아버지는 유다 지파의 시조인 유다이다. 유다가 성을 거닐다가 어떤 여인과 관계를 맺었는데 그 여인은 유다의 며느리였다. 물론 알고 그런 것은 아니었지만, 부끄러운 기록이다. 며느리 다말은 시아버지와 동침한 후 쌍둥이를 낳았다. 먼저 한 아이의 팔이 나오자 이를 표시하기 위해 그 팔에 분홍색 실을 감았다. 그런데 아이가 나오지 못하고 다시 들어갔다. 두 번째 아이의 기가 더 세서 터뜨리고 먼저 나왔기 때문이다. 그래서 두 번째 아이의 이름을 터뜨렸다는 뜻의 베레스로 지은 것이다. 어쨌든 별로 아름다운 내력을 지닌 집안은 아니다. 그런데 하나님은 이렇듯 초라하고 부끄러운 내력을 지닌 집안의 사람이라 할지라도 필요하면 하나님 나라의 영웅으로 써 주신다. 이것이 하나님의 역사가 가지는 독특한 모순이다.

또 다른 지파인 베냐민 지파는 이스라엘에서 큰 지파가 아니었다. 베냐민 지파도 어디 내놓을 만한 지파는 아니었다. 사사기 20-21장을 보면 동성애가 극치를 이루고 사람의 시체를 조각 내어 소포로 보내는 참으로 끔찍하고 수치스런 장면이 나온다. 이렇게 못된 일을 자행한 지파가 바로 베냐민 지파였다. 사람들은 이를 보다 못해 베냐민 지파를 거의 멸문시켰고 극소수의 사람만이 살아남았다. 그런데 이런 지파를 하나님은 다시 세우셨다. 끝이 좋지 않았지만 이스라엘의 첫 왕이었던 사울도 바로 베냐민 지파 출신이었다. 신약 시대에도 또 하나의 사울이 나온다. 나중에 그 유명한 사도 바울이 된 사울도 역시 베냐민 지파 출신이다.

이러한 하나님의 사역 스타일에서 깨닫게 되는 것은 하나님은 차별

대우를 하지 않으신다는 사실이다. 하나님이 느헤미야를 통해서 선택했던 새 예루살렘에서 일하고 거하게 하신 사람들의 출신 배경은 신약의 정신과도 통한다. 예수께서는 죄인과 창기와 세리와도 가까이하셨다. 하나님은 내가 과거에 어떤 인격이었든지, 또 내가 얼마나 누추한 사람이며 얼마나 비천한 출신인가를 따지지 않으신다. 하나님은 아주 독특한 방법으로 누추한 사람들을 깨끗하게 하시고, 앞이 보이지 않는 사람에게도 성공의 문을 열어 놓으시며, 약한 자를 통해서 강한 자를 부끄럽게 하시는 분이다. 복음성가 가운데 "약한 나로 강하게, 가난한 날 부하게, 눈먼 날 볼 수 있게 주 내게 행하셨네" 하는 찬양이 있다. 이것이 바로 하나님의 특기이자 전공이다. 주님이 즐겨 하시는 일이다.

이와 같이 주님은 자발적 징집을 통하여 하나님의 사람들을 예루살렘에 모으시고, 초라한 인생이 하나님 때문에 역전되게 하시며, 예루살렘에서 하나님의 일들을 감당하도록 이끄신다. 오늘날에도 하나님은 이 시대의 베레스의 자손들, 이 시대의 베냐민의 자손들을 통하여 일하신다.

사회의 모순을 해결하는 복음의 능력

연변과학기술대학의 부총장인 정진호 교수는 그가 쓴 《생명의 떡》이라는 책에서 자신을 이렇게 소개하고 있다. 그는 원래 예수를 믿지 않았다. 청년 시절을 술과 여자와 담배와 문학과 음악에 취해 살고 온갖 세속의 쾌락을 즐기며 살았다. 음악을 들어도 하드락에 미치고 사탄적인 음악만 골라 들었다. 그런데 예수 믿는 여자와 결혼하게 되었다. 결혼 후 아내가 교회에 가면 그는 담배를 뻐끔거리면서 아이를 품에 안고 TV를 보곤 했다. 그렇게 시간이 흐르다가 미국 MIT로 유학을 떠났다. 거기서 교회에 나가게 되었다. 신앙을 갖게 되어서가 아니라 과학자로서 교회에 나가 한번 논쟁이나 붙어 보자는 마음에서였다. 그래서 그는 교회에서 논쟁하고 늘 싸웠다.

그런데 어느 날 새벽, 성경 공부 모임에서 로마서를 공부하던 중 "내가 복음을 부끄러워하지 아니하노니 이 복음은 모든 믿는 자에게 구원을 주시는 하나님의 능력이 됨이라"(롬 1:16)는 말씀이 가슴을 파고들어 왔다고 한다. 그 후로 6개월 동안 말씀과 찬송을 접할 때마다 눈물이 쏟아지는데, 그렇게 차갑고 냉정하던 사람이 눈물의 왕이라도 된 것처럼 바뀌었다고 한다. 복음을 만나지 못했다면 자신만의 아집 속에 갇혀 살았을 사람이 지금은 북한과 중국 등 세계를 품고 일하는 하나님의 사람으로 바뀌게 되었다. 이것이 바로 인생을 역전시키는 복음의 능력이고 하나님의 사역 스타일이다.

베레스, 유다, 그리고 정 교수의 이야기에서 오늘 이 시대의 양극화 문제의 해결 방법을 찾을 수 있다고 생각한다. 오늘날 우리나라의 양극화 문제가 얼마나 심각한지 교회에서도 양극화 문제를 두고 세미나를 할 정도이다. 양극화 문제를 근본적으로 해결하는 열쇠는 복음의 능력 회복에 있다. 베레스와 베냐민같이 완전히 소외된, 수치스럽고 누추한 그룹이 복음의 능력으로 회복될 때 양극화는 해결될 수 있을 것이다. 예수님은 이 땅에 오셔서 간단한 병만 고치신 것이 아니다. 38년 된 병자, 눈 먼 자, 나병 환자도 고치셨고, 심지어 죽은 자도 일으키셨다. 주님은 병들고 가난하고 소외된 약자와 희망 없는 자를 도우셔서 양극화 문제를 해결해 주셨던 것이다. 따라서 한국 교회가 복음의 능력과 복음적 신뢰를 회복하여, 교회의 눈을 성경 말씀대로 가난하고 소외되고 희망 없는 자들에게로 돌릴 때 우리 사회의 양극화 문제가 근본적으로 해결될 수 있다.

은사의 사각지대가 없는 교회

예루살렘 성에 거주하게 된 사람들은 크게 두 부류로 나누어졌다. 하나는 제사장 그룹, 다른 하나는 레위 그룹이다. 제사장 그룹에는 다시 세 종류의 사람들이 있었다.[1] 제사장 그룹에 속한 1,192명이 예루살렘 성에서 거하게 되었다. 하나님의 전에서 일하는 822명은 통상적으로 제사장 업무를 하는 사람들이다. 이들은 제사드리고 제물을 바치고 모세가 명한 의식을 집행하고, 예루살렘에 모인 사람들의 영적인 생활을 책임지는 사람들이었다. 이들은 요즘 말로 하면 구원의 진리나 교리 등을 통하여 사람들을 하나님 앞으로 나아가게 하고, 영적인 은혜를 깨닫도록 말씀을 전하는 그룹이다. 교회 사역자들과 비슷하다.

족장 그룹 242명은 제사장 가족들의 문제나 어려운 일들을 다루었다. 교회 식구들 가운데 힘들고 어려운 일을 겪는 사람들과 함께 짐을 지며 일하는 순장과 같은 역할이었다. 11장 14절의 용사들은 제사장들이었지만 외적이 침입할 때에는 방어하는 역할을 감당했다. 이들은 기도의 용사들로서 교회를 기도로 보호하는 역할을 하는 자들이다. 이처럼 예루살렘에 사는 사람들은 각각 나름대로 역할을 맡아 은사대로 하나님의 일을 했다.

그 다음에는 레위 그룹 284명이 나온다.[2] 이들 284명의 레위 그룹도 세 부류로 나뉜다. 이들 중 한 부류는 성전의 바깥 일을 맡았다.[3] 오늘날로 말하면 교회 안내 위원이나 주차 사역 봉사 위원과 같은 역할로 볼 수 있겠다.

또 성경에서 찬양 인도로 유명했던 아삽과 여두둔의 이름과 더불어 그들의 자손들인 맛다냐와 압다가 등장하고 있다.[4] 맛다냐는 "기도할 때에 감사하는 말씀을 인도하는 자"로 언급되어 있는데, 다른 성경을 보면 '기도할 때 찬송을 선창하는 어른'이라고 표현하고 있다.

아삽과 여두둔의 이름은 시편에 등장한다. 아삽과 여두둔이 나올 때마다 '영장으로 한 노래'라는 말이 나온다. 영장이란 찬송대장이라는 의미다. 그러니까 이들은 찬송을 지휘하고, 그 찬송을 통하여 이스라엘 백성이 힘을 얻고 능력을 갖게 하는 역할을 맡았던 것이다. 그래서 역대상 16장 41절에 "헤만과 여두둔과 그리고 택함을 받아 지명된 나머지 사람을 세워 감사하게 하였고"라고 했다. 찬양의 영원한 주제는 바로 하나님의 영광 아닌가? 하나님이 영광 받으시는 가운데 그분

---

1 "또 전에서 일하는 그들의 형제니 모두 팔백이십이 명이요 또 아다야이니 그는 여로함의 아들이요 블라야의 손자요 암시의 증손이요 스가랴의 현손이요 바스훌의 오대 손이요 말기야의 육대 손이며 또 그 형제의 족장 된 자이니 모두 이백사십이 명이요 또 아맛새이니 그는 아사렐의 아들이요 아흐새의 손자요 므실레못의 증손이요 임멜의 현손이며 또 그들의 형제의 큰 용사들이니 모두 백이십팔 명이라 하그돌림의 아들 삽디엘이 그들의 감독이 되었느니라"(11:12-14).
2 "거룩한 성에 레위 사람은 모두 이백팔십사 명이었느니라"(11:18).
3 "또 레위 사람의 족장 삽브대와 요사밧이니 그들은 하나님의 전 바깥 일을 맡았고"(11:16).
4 "또 아삽의 증손 삽디의 손자 미가의 아들 맛다냐이니 그는 기도할 때에 감사하는 말씀을 인도하는 자가 되었고 형제 중에 박부갸가 버금이 되었으며 또 여두둔의 증손 갈랄의 손자 삼무아의 아들 압다니"(11:17).

의 자비하심과 은혜를 체험하는 것이 찬양의 중심 주제다. 아삽과 여두둔은 그렇게 찬양을 이끌었고, 그의 자손인 맛다냐와 압다도 이 일을 담당하게 되었다.

힘들고 어려울 때마다 살아 있는 찬양이 얼마나 소중한지 모른다. 거의 매주일마다 경험하는 것이지만 6부 예배쯤 되면 에너지가 많이 소진된다. 하지만 예배 시작 전에 30분쯤 찬양을 하면 다시 힘이 펄펄 난다. 교회 찬양대는 아삽과 여두둔의 후예들이다. 역대상 25장을 보면 대규모의 찬양대가 나온다. 나팔 부는 자만 최소한 100명이 넘었으니 그 규모를 짐작할 만하다. 오늘날 세계적인 교향악단 가운데 금관악기 연주자만 100명이 넘는 오케스트라는 없다. 수백 명의 연주자가 악기를 연주하는 가운데 예배를 드린다면 얼마나 흥겹고 감동적이겠는가?

그 다음에는 172명의 성 문지기가 나온다.[1] 이들도 오늘날 교회 관리나 안내 사역을 하는 사람들이다. 교회 냉난방, 환기, 주차 사역 등이 여기에 포함된다. 그리고 왕의 수하에서 백성의 일을 다스리는 사람들도 나오는데,[2] 이 사람들은 분쟁 조정자들이다. 공동체 안에 문제가 생기면 도와주는 사람들이었다. 하나님은 이 일을 대단히 기뻐하신다. 이처럼 사람마다 부름받은 것이 다르고 은사가 다르지만 모두 함께 모여서 일하도록 만들어 주셨다.

하나님의 드라마에는 누구나 배역이 있다

하나님의 백성이라면 독불장군 식으로 혼자 일하는 것이 아니라 모두 같이 일해야 한다. 하나님이 연출하는 드라마에는 그의 자녀들 중한 사람도 빠짐없이 배역이 맡겨져 있다. 우리의 둔함과 게으름 때문에 찾지 못할 뿐이다. 아래 소개하는 〈목수의 연장들(the Carpenter's Tools)〉이라는 짧은 글은 예수 안에서 모두가 하나 되어 하나님의 일을 이루는 한 예화이다.

너무 시끄럽다는 이유로 망치 형제는 다른 연장들에게서 일하는 곳을 떠나 달라는 요청을 받았다. 그러나 그는 이렇게 말했다. "내가 이 목수 가게를 떠나야 한다면 드릴 형제도 나가야 해. 그는 너무 보잘것없어서 아무 영향력이 없거든." 그러자 드릴(drill) 형제가 일어나서 말했다. "좋아, 그럼 나사 형제도 떠나야 해. 그를 어딘가에 두려면 계속해서 돌려줘야 하기 때문이지." 이 말을 들은 나사 형제가 "자네가 원한다면 내가 떠날게. 하지만 대패 형제도 떠나야 해. 왜냐하면 그는 겉으로 드러나는 일만 하거든. 도대체 깊이가 없단 말이야." 대패 형제는 "내가 떠나야 한다면 자도 떠나야 할 거야. 그는 자기만 옳은 것처럼 매사에 다른 사람을 판단하거든." 이 말을 듣고 있던 자 형제는 사포 형제를 향하여 불평을 터뜨렸다. "난 상관없어. 하지만 사포 형제는 필요 이상으로 거칠다고. 툭 하면 다른 사람들과 마찰을 일으키거든."

논쟁이 한참 벌어지던 도중에 나사렛의 목수가 일하러 들어와

---

1 "성 문지기는 악굽과 달몬과 그 형제이니 모두 백칠십이 명이며" (11:19).
2 "유다의 아들 세라의 자손 곧 므세사벨의 아들 브다히야는 왕의 수하에서 백성의 일을 다스렸느니라" (11:24).

서 앞치마를 걸치고, 가난한 사람들에게 복음을 전하는 데 쓰일 설교단을 만들기 위하여 그 모든 도구를 들고 나갔다. 그리고 나사와 드릴과 사포와 톱과 망치와 대패 등 모든 연장을 사용하여 설교단을 만들었다. 설교단이 완성되니 톱 형제가 일어나 말했다. "형제들, 나는 우리 모두가 하나님의 동역자들임을 알고 있었어."

한 자료에 따르면 보통 사람들은 평균 500-700가지의 다른 기술과 재능을 소유하고 있다고 한다. 이 모든 은사들은 그리스도의 몸을 위해 기여하는 데 사용되어야 한다. 당신이 가진 어떤 은사가 너무 평범하더라도 걱정할 것이 없다. 하나님에게는 그 은사들이 영원히 중요한 것들이기 때문이다. 이 말을 기억하라! "하나님의 뜻과 당신의 은사가 만나는 교차점보다 더 행복한 곳은 없다."

역사는 그의 이야기이다(History is His story)

그 다음, 12장 22-26절에 엘리아십, 요야다, 요하난, 얏두아 등의 이름이 나오고, "레위 사람의 족장이 모두 책에 기록되었고 바사 왕 다리오 때에 제사장도 책에 기록되었고 레위 자손의 족장들은 엘리아십의 아들 요하난 때까지 역대지략에 기록되었으며"라고 했다. '책에 기록되었다'는 말을

> 하나님은 자신의 일을 하실 때 그것이 상징이나 막연하고 모호한 꿈, 이상으로 끝나지 않게 하신다. 우리가 분명히 확인할 수 있는 역사적 사실에 근거하도록 하신다.

유심히 생각해 보자. 레위 지파가 문지기 일도 하고 바깥 일도 하고 찬양 일도 하고 어려운 사람들을 도와주는 일도 했는데, 이러한 일이 하나님의 역대지략, 즉 하나님의 은혜의 역사, 영적인 사기에 기록되었다는 뜻이다. 이것은 막연한 전설이 아니라 확실한 역사적 기록과 사실에 근거한다. '바사 왕 다리오'는 페르시아의 다리우스 황제를 말한다. 하나님은 자신의 일을 하실 때 그것이 상징이나 막연하고 모호한 꿈, 이상으로 끝나지 않게 하신다. 우리가 분명히 확인할 수 있는 역사적 사실에 근거하도록 하신다.

역사적 기독교와 복음적 기독교는 다르지 않다. 이것은 마치 신앙과 삶이 다르지 않는 이치와 같다. 교회를 다닌다는 사람 중에 종교적 상징으로서의 예수 그리스도만 믿는 경우가 있다. 예를 들어 마하트마 간디는 예수의 자기 희생적이고 겸손한 모습을 좋아하고 본받기는 했지만, 역사적인 예수 그리스도를 믿지는 않았다.

1990년대 초반에 평양 봉수교회에서 부활절 예배를 드렸다. 그때 한국 통일 운동의 대부라고 하는 목사님이 축사에서 "여러분, 예수 그리스도의 부활은 역사적 사실이 아닙니다. 이것은 상징이 중요합니다. 민중과 민초들이 다시 회복되는 것을 의미합니다"라고 말했다. 그 말의 의도 자체는 이해할 수 있었지만 역사적 존재로서의 예수 그리스도를 믿지 않고 그 말을 하니 시험이 들었다. 이러한 그릇된 생각의 뿌리는 역사적 기독교를 상징적 기독교로만 받아들이는 것에서 시작된 것이다.

기독교는 상징이 아니다. 기독교는 역사적 사실에 근거한다. 예수님의 생애와 부활이 만일 역사적 사실이 아니라면 그분의 삶이 주는 의미는 별로 중요하지 않게 된다. 역사적 사실에 근거를 두지 않는 신학적 지식은 허상일 뿐이다. 역사에 뿌리를 두지 않는 신앙은 자유주의 신앙과 연결된다. 상징적 기독교는 자유주의자들의 공상일 뿐이다.

역사적 사실에 기초한 믿음을 회복하자. 역사적 사실에 기초한 믿음이 얼마나 소중한지는 멀리 갈 것도 없이 양화진의 선교사 묘지를 찾아가보면 된다. 묘비마다 선교사들의 피땀 어린 선교 사역 행로가 담겨 있다.

역사의 가치를 기억하는 성경

성경은 역사의 가치를 기억하고 우리에게 전해 주고 있다. 특히 우리 기독교인은 하나님께서 간섭하신 역사적인 사실들에 대해서 눈을 크게 뜨고 그것을 지금 우리 자신의 거울로 삼아야 한다. 성경에서 과거의 역사를 후세의 교훈으로 삼았던 대표적인 구절이 있다. 이 구절에는 세 가지 역사적 사실이 압축되어 있다.

"화 있을진저 이 사람들이여, 가인의 길에 행하였으며 삯을 위하여 발람의 어그러진 길로 몰려갔으며 고라의 패역을 따라 멸망을 받았도다"(유 1:11).

모두가 수천 년 전에 하나님의 직접적인 간섭이 녹아 있는 사건들이다. 가인은 하나님을 의지하지 않고 오직 자신의 행위로만 하나님께 인정을 받으려다가 하나님께서 아벨의 제사를 받으신 것을 보고 질투하여 성경 최초의 살인자로 불명예스럽게 기록된 주인공이다.[1] 발람은 자신에게 약속된 커다란 보상에 대한 탐욕으로 모압 왕 발락의 요구에 부응하여 이스라엘로 하여금 우상숭배와 음행에 빠지도록 한 거짓 선지자였다.[2] 고라는 당시 유대의 지도자였던 다단과 아비람과 더불어 모세와 아론의 권위에 도전하여 반역하였던 사람이었다.[3]

유다는 지금 수천 년 전의 사건을 다시 일깨우면서 초대교회가 하나님 앞에 바로 서기를 권면하였다. 우리가 여기서 볼 수 있는 것은 당시 유다는 그의 독자들이 이미 이 사건을 알고 있었음을 전제하고 편지를 썼다는 사실이다. 당시는 1세기였고, 지금처럼 이것을 기록한 책이라든지 테이프가 없었다. 그럼에도 독자들이 수천 년 전 역사의 인물인 가인과 발람과 고라의 잘못된 행로를 알고 있었다는 사실은 오늘날 믿는 자들의 기독교 역사 의식에 중요한 메시지를 던지고 있다. 또한 유다는 과거의 사건을 현재의 삶을 돌아보는 거울로 삼고 있다. 이것은 그리스도인의 삶에 역사가 소중하다는 것을 말하고 있다. 그러므로 우리가 역사를 하나의 상징으로만 생각하는 것은 대단히 잘못된 것임을 알아야 한다. 역사를 무시하는 것은 그 속에 담긴 하나님의 섭리적 교훈을 망각하는 것과 같다.

생명의 온기를 간직한 땅

한 장의 사진이 수백 권의 책을 대신할 때가 있다. 역사의 생생한 현장도 거기에 관한 수백 권의 책보다 더 크게 말할 때가 있다. 더구나

[1] 창세기 4장
[2] 민수기 22장, 31장
[3] 민수기 16장

그곳이 순교의 현장이요, 순교의 사람들이 묻힌 곳이라면 그 현장의 역사적 깊이와 의미는 말할 나위가 없다. 우리나라에는 수많은 선교사들이 묻힌 양화진이 있다. 본래 양화진의 절두산은 용두봉이라고도 했는데, 그 주변 한강 일대는 경치 좋기로 소문이 난 곳이었다. 전택부의 ≪양화진 선교사 열전≫에 따르면 양화진의 용두봉 밑의 석벽은 중국의 송대 문인 소동파의 시로 유명해진 적벽강에 비할 정도로 경치가 아름다웠다고 한다.

그런데 그곳이 사람의 목을 자른다는 절두산(切頭山)이 되었고, 양화진은 한국 교회와 민족에게 제물로 바쳐진 선교사들이 묻힌 곳이 되었다. 양화진에 묻힌 선교사들이 없었다면, 오늘날의 한국 기독교도 없었을 것이다. 그만큼 순교의 역사는 기독교의 뿌리라고 할 수 있다.

작년 초에 역사의 현장이요, 선교사들의 묘지인 양화진의 선교 묘역을 다녀와서 쓴 글이 있다.

지난 4일 아침, 시무 예배를 마치고 사랑의교회 교역자들과 함께 양화진의 외국인 묘지를 찾았습니다. 양화진은 이 땅에 기독교의 터를 닦았던 언더우드, 복음을 위한 순교 정신의 정수를 보였던 로제타 홀, 그리고 기독교 민족주의를 몸으로 보여 주었던 헐버트 등 기라성 같은 신앙의 선배들이 묻힌 곳입니다.

선교사의 묘비를 돌아보면서 이곳은 단순히 선교사의 시신이 묻힌 곳이 아니라, 그리스도를 향한 불타는 사랑이 묻힌 곳이라는 생각을 했습니다. 온갖 퇴폐와 세속의 문화로 찌들어 가는 서울이지만 그 심장부에 복음을 위한 순교의 피가 흐른다는 사실에서 적잖은 안도감을 느낀 것은 저만이 아니었을 것입니다. 땅속에 묻혔지만 복음의 열정으로 끓어오르는 심장의 세찬 박동소리는 시대를 넘어 그 자리에 선 우리들의 가슴속에도 울려나고 있었습니다. 그래서 시인은 노래합니다. "땅속에 묻힌 심장에서 뜨거운 피가 흘렀고, 지혈(地血)이 되어 차가운 땅을 녹여, 마침내 이 땅에 생명의 온기가 전해지고 죽어 가던 생명이 되살아났다." 이 땅의 세속화를 막고 생명으로 수혈하는 것은 복음을 위한 순교 정신뿐임을 확인하는 자리였습니다.

양화진에서 제 마음을 사로잡은 것은 오직 예수를 위한 순수의 열정과 영적인 기백이었습니다. 언더우드의 기도문에서처럼 당시의 조선에서 "보이는 것은 고집스럽게 얼룩진 어둠"뿐이었습니다. 그럼에도 그들이 소망을 가지고 자신의 생명을 아낌없이 던질 수 있었던 것은 순수 복음의 열정과 영적인 기백이 있었기 때문이었습니다. 세상의 기백도 때로는 생사를 가르는 결정적인 역할을 합니다. 알렉산더가 4만의 군대로 이소스에서 당시 40만 명의 다리우스 군대를 쳐부순 것도, 중국 공산당의 초기 멤버인 정강산의 23인 동지가 장개석의 국민당을 제압하고 10억 중국을 접수할 수 있었던 이유도 여기에 있습니다. 하물며 우리에게는 세상의 기백과는 비교할 수 없는 예수 보혈의 능력이 있습니다. 아무리 세속의 파고가 높고 거칠게 밀려온다고 해도 초기 선교사들의 영적인 기백을 회복한다면 결코 뒤로 물러설 이유가 없습니다.

그날 아침 체감온도 영하 10도가 넘는 추위 속에서도 큰 소리로 함께 외쳤던 구호가 있습니다. "나는 한국을 사랑합니다."

"나는 세계를 사랑합니다." "나는 주님을 사랑합니다." 그리고 기도하였습니다.

하나님 아버지, 몸을 얼어붙게 하는 이 추위 속에서도 우리가 마음을 다짐하며 영적인 마음을 모았사오니, 이 정신 가지고 온 세상을 품고 빛을 비추는 교회가 될 수 있도록 우리 모두를 붙잡아 주시옵소서. 초대 선교사들이 품었던 이 귀한 정신이 오늘 이 시대에도 그대로 흘러 넘치게 하셔서 다시 한 번 한국이 이 시대를 향하여 귀한 선교의 마무리를 감당함으로 주님의 재림을 앞당기는 영광스러운 우리 민족 될 수 있게 하옵소서.

이처럼 기독교가 상징이 아니라 역사임을 달라스 윌라드는 ≪하나님의 모략≫에서 자로슬로브 펠리칸(Jaroslov Pelikan)의 말을 빌어, 기독교가 역사적 실존에 뿌리내리고 있음을 단적으로 표현했다. "만일 초강력 자석이 있어서 역사에서 예수라는 이름의 흔적이 조금이라도 묻은 모든 쇳조각을 떼내어 버린다면 과연 무엇이 얼마나 남을까?" 이것은 역사의 근본이 예수님이요, 예수님 없는 역사는 공허하다는 것을 말하고 있다. 그렇다면 이것을 한편으로는 이렇게도 말할 수 있지 않을까? 역사의 뿌리가 예수님이고, 기독교 신앙이 이러한 역사에 기초하고 있다면, 진정한 그리스도인이란 자신의 삶에서 예수의 흔적을 지워 버리면 아무것도 남지 않는 사람이라고. 이 질문은 지금 우리의 삶이 참으로 예수님께 뿌리내리고 있는지 알 수 있는 시금석이 아닐 수 없다. "여러분 일상의 모든 삶에서 예수님의 이름, 흔적을 지워 보라. 무엇이 남는가?"

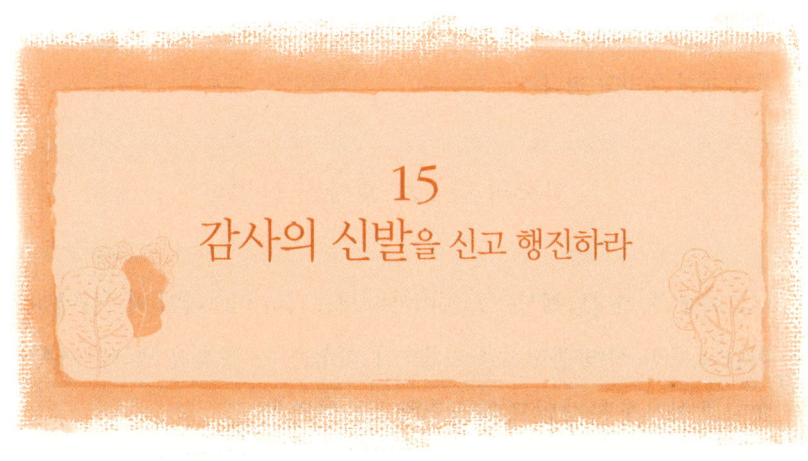

15
감사의 신발을 신고 행진하라

문둥병자 이야기의 절정은 병 고침이 아니라 감사를 드림으로
"일어나 가라 네 믿음이 너를 구원하였느니라"는 말씀대로 구원받은 것이다.

지금까지 이스라엘 백성들은 성벽 재건자로서 땀과 수고를 아끼지 않았고, 마침내 예루살렘 성벽을 완공하고 성벽 봉헌식을 드리게 되었다. 이날 봉헌식은 독특했다. 학사 에스라를 중심으로 한 무리는 성벽 남쪽에서 북문으로 갔다가 동쪽 성벽의 성문과 수문으로 행진했다. 그리고 총독 느헤미야가 또 한 무리를 이끌고 옛 문과 에브라임 문과 어문과 양 문과 감옥 문을 지났다. 그리고 이 두 무리가 동쪽 성전 앞에서 만나 하나님께 기쁨의 제물을 바치면서 봉헌식은 절정에 이른다. 한번 이날의 봉헌식을 상상해 보라. 무리들이 기뻐하고 감사드리면서 대열을 이루고 찬양하며, 한 무리씩 성벽을 돌고 성전 앞에서 절정의

팡파레를 울리고 있다.

기쁨의 벽돌로 쌓아진 인생

그런데 왜 하나님께서는 느헤미야나 에스라나 이스라엘 백성들에게 이런 독특한 성벽 봉헌식을 거행하게 하셨을까? 성전 앞에서만 예배하고 돌아가게 하지 않고 왜 행진하게 하셨을까?

느헤미야가 성벽을 재건하기 전에 혼자 말을 타고 폐허된 성을 돌아보면서 마음 아파했던 일을 기억하는가? 그는 성벽 재건이 결코 쉽지 않을 것임을 예감하면서 공사를 시작했다. 그러다가 산발랏 무리에게서 '이스라엘인들이 건축하는 성벽은 여우가 올라가도 무너질 것'이라는 식의 조롱도 받았다. 그러나 이제 그들 앞에 선 성벽은 수많은 사람들이 올라가 행진해도 끄떡조차 하지 않는 견고한 성벽임을 만방에 보이며 이를 통해 하나님의 영광을 드러내고 싶었을 것이다.[1]

'이것은 우리가 한 것이 아니고 하나님이 이루신 일이야. 우리에게 속한 것이 아니라 하나님께 속한 것이고 하나님만이 영광을 받으셔야만 해'라고 생각했을 것이다. 실로 벽돌 하나하나마다 이스라엘 백성들의 애환과 지난 역사의 고초와 담즙, 그리고 그 가운데 함께해 주신

[1] "이에 내가 유다의 방백들을 성벽 위에 오르게 하고 또 감사 찬송하는 자의 큰 무리를 둘로 나누어 성벽 위로 대오를 지어 가게 하였는데 한 무리는 오른쪽으로 분문을 향하여 가게 하니"(12:31). 예루살렘 서쪽 언덕을 발굴한 결과 이 시기에 추정되는 특별히 두터운 성벽이 발견되었다. 두께가 6m가 넘었는데, 이런 사실은 성벽 위에서 대오를 지어 행진했다는 표현을 역사적으로 뒷받침하고 있다.

하나님의 신실하심이 고스란히 담겨 있었다. 그래서 하나님은 이스라엘 백성들에게 성벽을 행진하게 하시고 성전 앞에서 팡파레를 울리며 성전 봉헌식의 절정을 맞도록 해 주셨을 것이다.

지금 성벽 재건을 끝내고 봉헌식을 하는 느헤미야의 심정은 어느 때보다도 기쁨으로 차올랐을 것이다. 그러나 그것은 단순히 도비야 일당의 조롱에도 불구하고 성벽을 재건했다는 기쁨 때문만은 아니었다. 느헤미야는 성벽 재건의 주체가 자신이 아니라 하나님이심을 알았다. 이것은 느헤미야의 고백 "우리 하나님께서 이 역사를 이루신 것을 앎이니라"(6:16)에 분명히 나타나 있다. 또 그는 성벽이 재건될 때 자신의 이름이 아니라 하나님의 이름이 높아짐을 알았다. 느헤미야서는 13장에 불과하지만 하나님의 이름이 60번 이상 나오고 있다. 이것은 느헤미야가 모든 일을 '하나님 앞에서'라는 신전(神前) 의식으로 행하였다는 것을 말해 주고 있다. 그러므로 성벽 재건을 통한 느헤미야의 기쁨은 하나님의 이름이 높아지고 하나님의 영광이 이스라엘 위에 임했기 때문이었다.

우리의 삶에서 가장 기쁜 순간이 언제일까? 무엇이 우리의 삶을 희열로 가득 차게 하는가? 원하는 시험에 합격하고, 원하는 직장에 들어가고, 원하는 결혼을 하고, 원하는 집을 얻을 때인가? 그럴 수도 있을 것이다. 그러나 여기까지가 전부라면 믿는 자의 삶이나 불신자의 삶은 아무런 차이도 없을 것이다. 믿는 자는 이런 즐거움에서 하나 더 나아가야 한다. 만일 이런 즐거움이 전부라면 느헤미야는 당시 최대의 제국이었던 바벨론 왕의 총애받는 신하 자리를 뒤로하고 예루살렘을 향한 험로를 걸어가지 못했을 것이다. 우리 삶의 기쁨의 수준을 올려야 한다. 무엇을 이루고 무엇을 가졌기 때문이 아니라, 세상적인 것들로 훼손된 신앙의 성벽들이 다시금 재건됨으로 내 삶에서 예수의 이름이 드러나고 하나님의 영광이 선포되는 것 때문에 기뻐할 수 있는 수준으로 올라가야 한다.

> 세상적인 것들로 훼손된 신앙의 성벽들이 다시금 재건됨으로 내 삶에서 예수의 이름이 드러나고 하나님의 영광이 선포되는 것 때문에 기뻐할 수 있는 수준으로 올라가야 한다.
> 성벽 봉헌이라는 것은 단순하게 벽을 쌓는 차원의 문제가 아니라 느헤미야가 꿈꾸고 소원하고 기도하던 것을 하나님께서 이루어 주신 것이다.

성벽 봉헌이라는 것은 단순하게 벽을 쌓는 차원의 문제가 아니라 느헤미야가 꿈꾸고 소원하고 기도하던 것을 하나님께서 이루어 주신 것이다. 오늘날 우리도 마찬가지다. 개인적인 것이든 사회적, 국가적인 것이든 하나님이 도와주시지 않으면 어떤 일도 이룰 수 없다. 비전을 갖는다는 것은 내가 할 수 있는 일이 아니라 오직 하나님이 도와주셔야만 할 수 있는 일을 꿈꾸는 것이다.

과거에 나를 비웃었던 사람들 앞에서 행진하며 역사를 이루신 주님의 높고 위대하심을 찬양할 수 있는 그 증거가 우리에게 필요하지 않겠는가? 내 마음에 절절히 소원하는 것을 하나님이 은혜 주시어 영광 가운데 봉헌할 수 있도록 도와달라고 기도하자.

불행은 기쁨을 이기지 못한다

가나안농군학교라는 곳은 잘 알려진 대로 지난 70여 년간 60여만 명이 넘는 사람들에게 정신적, 육체적 훈련을 실시한 곳이다. 1960년대 초 당시 박정희 대통령도 가나안농군학교의 정신에 감동받아 새마

을운동의 아이디어를 얻었을 정도다. 이곳에서 교육받는 사람들은 겨울에도 새벽 다섯 시에 일어나 영하 10도가 넘는 치악산 중턱에서 칼바람을 맞아 가며 구보한다. 한 발은 땅에, 한 발은 하늘에, 한 발은 현실에, 한 발은 이상에 두고 뛰라! 뛰는 자는 쓰러지지 않는다!'는 정신으로 교육생들은 뛴다. 그리고 아무리 피곤해도 낮에는 눕지 않는다. 거기서는 하다 못해 돌도 다 세워 놓았다. '알도록 배우자, 몸 바쳐 일하자, 겸손히 섬기자, 절약은 부를 낳고 절제는 인격을 낳는다, 수도꼭지는 틀기 위해 있는 것이 아니라 잠그기 위해 있는 것이다.' 이런 모토들이 있는 곳이 바로 이 학교다.

가나안농군학교를 이끌었던 김용기 장로님은 '내가 나라와 겨레를 위하여 몸 바쳐 기도하면 하나님이 우리나라를 지키실 것'이라고 믿고 하루 네 시간씩 새벽 네 시부터 여섯 시, 오후 네 시부터 여섯 시까지 나라와 겨레를 위해 기도했다. 이러한 가나안농군학교의 정신은 한국 사회를 일으킨 구성 요소라고 볼 수 있다.

어떤 일이든 그 일이 이루어지기 위해서는 나름의 구성 요소가 필요하다. 한 손에는 벽돌을, 한 손에는 말씀을 가지고 이루었던 예루살렘 성벽 봉헌에도 그것을 이룬 구성 요소들이 있었다. 하나님이 원하시는 일이 성취되기 위해 반드시 필요한 첫 번째 구성 요소는 바로 즐거움이다.

예루살렘에 사는 사람들은 성벽 봉헌식을 하면서 즐거워 노래하며 악기를 연주했다.[1] 그렇다. 진정한 봉헌식에서는 기쁨이 표현되어야

[1] "예루살렘 성벽을 봉헌하게 되니 각처에서 레위 사람들을 찾아 예루살렘으로 데려다가 감사하며 노래하며 제금을 치며 비파와 수금을 타며 즐거이 봉헌식을 행하려 하매" (12:27).

한다. 기쁨 없는 봉헌식은 없다. 어떤 일도 하나님 안에서 성취되려면 반드시 기쁨과 즐거움이 수반되어야 한다.

많은 그리스도인이 기쁨을 표현하지 않고 살아간다. 침울한 표정을 한 그리스도인들이 너무나 많다. 독일의 반기독교론자 니체는 "내가 예수 그리스도를 믿게 되기를 기대한다면 예수 믿는 사람들은 좀 더 구원받은 자의 기쁨, 구세주를 믿는 자다운 얼굴 표정을 보여 주어야 한다"고 따끔한 비판을 했다. 예수 믿지 않는 사람들은 우리에게 기쁨의 표정을 요구한다. 당연히 우리에게도 슬픔과 비탄의 시기가 있기 마련이다. 그럼에도 불구하고 우리에게는 항상 기뻐해야 할 분명한 이유가 있다.

범브란트 목사의 기쁨

신앙생활에서 happiness와 joy는 다르다. happiness는 주위 환경과 여건에 좌우되지만 joy는 예수님이 우리에게 허락하신 거룩한 기쁨이다. 살다 보면 좋은 일 나쁜 일 모두를 경험한다. 그에 따라 우리의 감정도 기뻤다 슬펐다 할 수 있다. 그러나 내 속에 계시고 나를 의롭게 하신 예수 그리스도께서 친히 주시는 그 즐거움은 누구도 파괴할 수 없다. Joy는 그런 차원에서 비롯된 즐거움이다.

리차드 범브란트(Richard Wurmbrand) 목사는 공산 치하에서 14년 동안 감옥에서 독방생활을 하다가 풀려나는 날 아침의 기분을 이렇게 표현했다.

"감옥에서 보낸 햇수가 저에게는 너무 긴 것으로 여겨지지 않았던 것은 홀로 독방에 갇혀 있으면서도 믿음이나 사랑을 넘어선 어떤 기쁨을 하나님 안에서 발견하였기 때문입니다."

범브란트 목사의 말 속에서 세상의 행복과 신앙의 기쁨의 차이를 분명하게 알 수 있다. 그리스도인의 삶은 '무엇으로' 행복하기 때문에 기쁜 것이 아니고 하나님에 의한 기쁨 때문에 '무엇에도 불구하고' 행복한 것이다.

이스라엘 백성들은 성벽을 완성해서 행복했지만, 거기에서 그친 것이 아니라 '하나님이 이 일을 이루어 주셨다, 하나님이 일하게 해 주셨다'는 생각에 joy, 즉 기쁨이 넘쳤던 것이다. 그리스도인은 자신의 일 속에서 예수님의 꿈을 이루는 소망을 가진 사람들이기에 어떤 일을 하든지 즐거움으로 할 수가 있다.

누구도 기쁘게 일하는 사람을 이기지 못한다. 각 분야의 전문가들이 비록 자기 분야에서 타의 추종을 불허한다고 해도, 기쁘고 즐겁게 일하는 사람의 성취를 당해 낼 수는 없다. 결코 불행은 기쁨을 이기지 못하는 법이다.

주위를 둘러보면 얼굴에 함박웃음을 띠며 항상 즐겁게 일하는 사람은 인생에 대한 간절한 꿈이 있는 사람임을 알 수 있다. 마음속에 꿈이 있으면 얼굴과 눈은 더욱 빛나는 법이다.

즐겁게 일하는 사람은 환경에 지배 받지 않고 오히려 주변을 감동시킨다. 신디 크로터(Cyndi Crother)가 쓴 ≪살아 있는 물고기를 잡아라≫는 책을 보면 매트 라이언이라는 사람의 인상적인 사례가 나온다. 그는 파이크 플레이스 피시라는 어시장에서 물고기를 파는 사람이다. 어느 날 한 손님이 연어를 사러 라이언의 가게에 왔다. 라이언은 그와 이야기를 나누며 손님이 원하는 좋은 연어를 고르기 시작했다. 그런데 라이언은 손님의 까다로운 주문 사항을 한마디도 놓치지 않고 다 들어주며 너무도 흥겹게 그 일을 하였다. 그것을 보면서 손님의 마음도 즐거워지기 시작했다. 라이언의 즐겁게 일하는 모습에 감동된 손님은 처음에 연어 반 마리만 사려는 마음을 바꾸어서 나중에는 세 마리를 통째로 사 버렸다. 저자는 이렇게 끝을 맺는다. 아마도 그 손님이 라이언에게서 산 것은 세 마리 연어가 아니라 라이언의 일하는 즐거움이었을 것이라고… 그 손님은 연어를 요리하면서 라이언과 함께 보냈던 즐거움을 기억할 것이라고 말하고 있다.

주님이 마음속에 주시는 기쁨을 회복해야 한다. 기쁨의 성전 봉헌식을 마친 이스라엘 백성들은 하나님께 감사 제사를 드리고 '심히 즐거워' 했다. 부녀와 어린아이, 제사장 할 것 없이 모든 계층의 사람들이 다 기뻐했다.[1] 그들이 즐거워하는 소리가 얼마나 컸던지 예루살렘이 즐거워하는 소리가 멀리서도 들렸다고 했다. 남녀노소 모든 백성과 지도자들이 구별된 것을 기쁨으로 드리는 너무나 아름다운 한 장의 그림이다. 세월이 지나도 이 때의 즐거움, 이 때의 큰 기쁨의 소리를 누구도 잊지 못할 것이다. 이 기쁨이 계속해서 흘러넘칠 때 우리의 인생도 기꺼이 기쁨으로 봉헌하게 될 것이다.

그러므로 우리 신앙인은 하나님의, 하나님에 의한, 그리고 하나님을 위해서 기뻐하는 삶을 사는 사람들이다. 이것을 고백한 사람이 하박국 선지자이다. 그는 무엇이 있기 때문이 아니라 무엇이 없음에도 불구하고 기뻐하겠다는 말로서 믿는 자의 기쁨의 수준을 확증한 사람이다.[2] 이런 면에서 윌리엄 선데이(William A. Sunday)의 "만일 신앙생활에 기쁨이 없으면 당신의 신앙에는 지금 물이 새고 있음을 알아야 한다"

는 말은 기억할 만한 가치가 있다.

눈물의 강가로 나가라

봉헌식의 두 번째 중요한 요소는 정결함이다.

제사장과 레위 사람들은 몸만 정결하게 한 것이 아니라 봉헌하는 성벽도 정결하게 했다.[3] 성경에 보면 성문과 성벽을 정결하게 했다는 이야기는 여기가 유일하다. 이것은 철저한 정결 의식을 뜻한다. 자신과 관계되는 모든 것을 하나님의 이름으로 남김없이 정화한 것이다. 하나님이 원하시는 성취, 하나님이 원하시는 봉헌식에 필수적으로 수반되는 것은 정결함이다. 깨끗함이다. 위선적이거나 이중적인 자세로는 하나님의 일을 이룰 수 없다. 부패하고 황폐한 심정을 가지고는 하나님이 원하시는 봉헌식을 드리지 못한다.

여기서 말하는 정결함은 세상에서 말하는 도덕군자가 되어야 한다는 뜻이 아니다. 이것은 그리스도의 피로 의롭게 된다는 뜻이다. 어떤 일이 성취되기 위하여 하나님이 우리에게 요구하시는 것이 정결함이

1 "이날에 무리가 큰 제사를 드리고 심히 즐거워하였으니 이는 하나님이 크게 즐거워하게 하셨음이라 부녀와 어린아이도 즐거워하였으므로 예루살렘이 즐거워하는 소리가 멀리 들렸느니라" (12:43).
2 "비록 무화과나무가 무성하지 못하며 포도나무에 열매가 없으며 감람나무에 소출이 없으며 밭에 먹을 것이 없으며 우리에 양이 없으며 외양간에 소가 없을지라도 나는 여호와로 말미암아 즐거워하며 나의 구원의 하나님으로 말미암아 기뻐하리로다" (합 3:17).
3 "제사장들과 레위 사람들이 몸을 정결하게 하고 또 백성과 성문과 성벽을 정결하게 하니라" (12:30).

라고 했을 때, 그 정결함을 시편 24편에서는 이렇게 설명한다.

"여호와의 산에 오를 자가 누구며 그의 거룩한 곳에 설 자가 누구인가 곧 손이 깨끗하며 마음이 청결하며 뜻을 허탄한 데에 두지 아니하며 거짓 맹세하지 아니하는 자로다 그는 여호와께 복을 받고 구원의 하나님께 의를 얻으리니"(시 24:3~5).

여호와의 산에 오른다는 말은 주의 전에 오른다는 뜻도 있지만, 하나님의 일을 성취한다는 의미도 갖는다. 하나님께 복 받을 사람은 손이 깨끗하고 마음이 청결하며 뜻을 허탄한 데 두지 않고 거짓 맹세를 하지 않는 자이다.

정결하게 되는 것은 마치 그릇을 깨끗하게 닦는 것과 같다. 귀한 금 그릇, 은 그릇도 있지만 토기같이 투박하고 소박한 그릇도 있다. 그런데 아무리 금 그릇이라도 더러운 것은 식탁에 올라가지 못한다. 반면, 소박한 질그릇이라도 깨끗한 그릇은 식탁에 올라갈 수 있다. 하나님이 우리에게 원하시는 정결은 이와 같이 더러움을 그리스도의 보혈로 깨끗하게 씻음받는 것이다.

사실 그리스도인의 정결함은 심령의 문제이기 때문에 외부의 물리적인 노력으로는 어렵다. 우리가 아무리 피부가 벗겨질 정도로 깨끗하게 목욕을 한다고 해도 그것은 우리의 정결함과는 거리가 멀다. 왜냐하면 예수님만이 우리를 깨끗하게 할 수 있기 때문이다. 그러나 예수님이 우리를 정결하게 하기 위해서는 한가지 조건이 있다. 우리 자신의 죄를

1 "만일 우리가 우리 죄를 자백하면 그는 미쁘시고 의로우사 우리 죄를 사하시며 우리를 모든 불의에서 깨끗하게 하실 것이요"(요일 1:9).

자복하는 것이다. 그래서 성경은 우리가 죄를 자복하면 예수님께서 우리를 모든 불의에서 깨끗하게 하실 것이라고 말씀하고 있다.[1]

움켜쥔 손을 펴라

그러면 무엇을 어떻게 자복해야 하는가? 여기에 대해서 D. L. 무디의 "회개는 꽃병 속에 넣은 주먹과 같다"는 말에서 힌트를 얻을 수 있다. 꽃병의 주둥이는 좁기 때문에 움켜쥔 주먹으로는 절대로 손을 뺄 수 없다. 만일 병 속에서 동전을 쥐었으면 그것을 놓아야 하고, 사탕을 쥐었으면 손을 펴야 한다. 우리의 죄를 자복한다는 것은 하나님보다 세상을 더 사랑하여 움켜쥔 것들을 놓는 것이다. 권력을 잡은 손, 돈을 끌어안은 손, 더러운 죄를 감싸 쥔 손을 펴고 눈물의 강, 기도의 강, 기름 부음의 강에서 물을 끌어다가 내 심령의 더러워진 부분을 깨끗이 청소해야 한다.

감리교단의 창시자인 요한 웨슬레는 학자의 두뇌와 종교적 열정과 타고난 언변을 갖춘 사람이었다. 처음에 그는 다른 사람에게 영향을 끼칠 수 있는 믿음의 능력과 변화의 역사를 체험하고 싶었지만 뜻대로 되지 않았다. 그렇게 많은 능력을 갖추었는데도 자기를 통해서는 아무 일도 일어나지 않았다.

그러던 중 1738년 5월 24일 엘도스 게이트 스트리트라는 곳에서 열린 기도회에서 그는 자신의 마음을 비우고 "하나님, 나를 정결하게 하옵소서. 하나님 나를 깨끗하게 하옵소서" 하는 간절한 기도를 드렸다. 그러자 성령께서 강하게 역사하사 그를 정결하게 하셨고, 그 후 하나님께서는 그를 능력 있는 사역자로 세우셨다. 그는 복음을 들고 50여

년 동안 말을 타고서 지구를 열 바퀴 이상 돈 것과 맞먹는 거리를 다녔다. 50이 넘은 나이에도 하루 32km씩 다니면서 복음을 전하는 사람으로 쓰임 받았다. 그의 마음속에는 '나의 교구는 전세계요, 세계는 나의 일터' 라는 소명 의식이 있었다. 그는 결국 대단한 성취를 이루었다. 지식과 열정과 언변, 물론 바람직한 요소들이다. 그러나 그것만으로는 안 된다. 정결함이 필요하다.

그리스도인이라면 누구나 순결한 신부가 되어 정결함으로 하나님께 나아가고 싶을 것이다. 그러나 우리가 그렇게 하지 못하는 이유는 무엇일까? 찰스 콜슨(Charles Colson)이 《하나님을 사랑한다는 것은》에서 제리 브리지즈(Jerry Bridges)의 말을 빌려 이야기하고 있다.

"우리 그리스도인들은 거룩해야 할 우리들의 책임을 회피하지 말고, 정면으로 맞서야 할 때가 되었다. 우리는 너무 흔히 이런 저런 죄에 패배했다고 말한다. 아니다. 우리는 패배한 것이 아니라 단지 불순종한 것이다."

우리가 정결함으로 나아가는 방법은 예수님의 말씀에 순종하는 데 있다. 그러므로 순종을 통하여 정결함을 얻고, 신앙의 정결을 통해서 하나님의 일을 기쁨으로 성취하는 은혜를 입을 수 있는 것이다.

작은 감사가 큰 미래를 결정한다

예루살렘의 성벽 봉헌처럼 하나님의 일을 성취하기 위해 필요한 세 번째 요소는 감사다.

이스라엘 백성들은 성벽을 봉헌한 뒤, 성벽 위를 '감사 찬송' 하면서 행진하였다.[1] 여기의 '감사 찬송'이라는 말은 12장 38, 40, 46절에도 나온다. 감사는 진정한 봉헌식에 없어서는 안 될 필수 요소다. 필생의 기도 제목과 소원을 이루기 위해서 꼭 필요하다. 그 어떤 하나님의 일도 감사가 없이는 성취되지 않는다. 느헤미야와 그 백성들은 진실로 하나님께 감사했다. 성전 봉헌식 내내 하나님께 드리는 감사 찬송이 떠나지를 않았다.

그리고 그들은 또 어떤 감사를 했을까? 그들의 심중에는 여러 가지 감사의 제목들이 있었을 것이다.

먼저 페르시아 왕의 마음이 움직여 이 모든 계획이 이루어진 것도 감사했다. 또 성벽이 재건되는 동안 천군천사로 보호해 주심도 감사했다. 적들의 방해를 극복하게 하신 것도 감사했다. 하나님의 영으로 한 마음이 되어 협력해서 일한 것도 감사했다. 또한 먹을 것과 쉴 곳을 주신 것도 감사했다. 그리고 무엇보다도 각자에게 일할 용기와 목표와 의지를 주셔서 그 계획을 끝까지 완수하게 하심으로 말미암아 성벽 봉헌을 하게 하신 것을 감사했다.

오늘날 우리는 우리가 누리는 것에 대해서 얼마나 감사하며 살고 있는가? 사실 감사의 마음은 우리의 후각의 감각만큼이나 금방 무뎌진다. 아무리 심한 악취도 코의 후각은 금방 익숙해져 버리는 것처럼 감사가 아무리 크다고 해도 조금 후면 또 다른 불평이 터져 나오는 것이 인간의 심성이다. 오늘날의 세상 형편과 대중매체는 쉽게 불평불만을

1 "이에 내가 유다의 방백들을 성벽 위에 오르게 하고 또 감사 찬송하는 자의 큰 무리를 둘로 나누어"(12:31).

늘어놓으며 우리의 마음을 상하게 하고 우울하게 만든다. 대중매체들은 우리를 자꾸만 불평하는 마음, 불만스러운 마음을 갖도록 길들인다. 그리고 하나님이 주신 자유함과 삶의 기회와 현재 누리고 있는 축복에 대해서 감사하는 마음을 갖지 못하도록 한다.

우리가 감사하는 마음을 갖지 못하는 또 다른 이유는 감사의 단어에 무감각해졌기 때문인지 모른다. 요즘은 어디를 가나 감사하다는 말을 듣는다. 심지어 은행의 단말기에서조차 감사하다는 말을 한다. 그러는 사이에 감사는 의례적인 말로 전락해 버렸다. 감사의 말 속에 담긴 은혜를 잊고 사는 것이다.

사실 감사의 말은 쉬울지 모르지만 진정한 감사는 쉬운 것이 아니다. 왜냐하면 감사는 반드시 기억을 수반하고, 감사의 현장으로 가는 수고를 아끼지 말아야 하기 때문이다. 그러므로 고든 맥도날드의 말처럼 감사는 끈기가 없으면 할 수 없는 것이다. 누가복음 17장에 나오는 문둥병자 열 명의 이야기는 진정한 감사를 위해서 필요한 감사의 과정을 잘 보여 주고 있다. 병을 고친 열 명의 문둥병자 중에서 한 사람만이 자신의 과거와 현재의 모습을 기억하고 사건 현장으로 돌아가 감사를 표하고 있다. 그 역시 달라진 모습을 자신의 가족들에게, 자신을 천대했던 사람들에게 보여 주고 싶었을 것이다. 그러나 먼저는 감사의 현장으로 돌아가서 예수님께 감사를 드리는 수고를 아끼지 않았다. 우리 속담에 "말 한마디가 천냥 빚을 갚는다"는 말이 있다. 이것을 우리 식으로 표현하면 작은 감사가 당신의 큰 미래를 결정한다고 말할 수 있다. 문둥병자 이야기의 클라이맥스는 병 고침이나 혹은 한 문둥병자가 잊지 않고 돌아와서 감사를 드린 것에 있지 않다. 돌아온 문둥병자에게 예수님께서 하신 말씀이 이 이야기의 절정이다. "일어나 가라 네 믿음이 너를 구원하였느니라"(눅 17:19) 감사를 드림으로 그 인생이 구원받은 것이다.

느헤미야가 이스라엘 백성들을 이끌고 성벽 위를 행진하면서 감사 찬송을 드린 것은 그들에게 감사의 현장을 기억하고 다시는 하나님의 은혜를 잊지 말도록 하는 마음에서였다.

감사의 신발

오래 전에 한 신문사에서 도둑의 권위자들을 한 자리에 모아놓고 좌담회를 연 적이 있다. 일종의 '도둑방지 세미나'라고 할 수 있는데, 쟁쟁한 전력을 가진 그들의 발언 중에서 이제는 상식이 되어 버린 잊혀지지 않는 이야기가 있다. 도둑들은 집털이를 할 때 신발들이 가지런히 놓여 있으면 의욕이 상실되어 대개의 경우 도둑질을 포기하지만, 반대로 벗어 놓은 신발들이 무질서하게 멋대로 널려 있는 집을 보면 마음놓고 도둑질을 한다는 것이다.

만일 마귀들이 믿는 자들의 마음을 뺏기 위해 전략 회의 하는 것을 몰래 듣는다면 어떤 말들을 들을 수 있을까? C. S 루이스의 ≪스크루테이프의 편지≫ 식으로 한다면, 이런 말을 듣게 될지도 모른다. "야, 원수[1]의 집에 들어갔다가 아무것도 건지지 못하고 그냥 나왔어. 아, 재수없게 그 사람의 현관에 감사의 신발들이 가지런히 놓여 있지 않겠

[1] ≪스크루테이프의 편지≫는 스크루테이프라는 악마가 그의 조카이자 신참 악마인 웜우드에게 보내는 편지로 되어 있다. 이 책에서 지칭하는 원수 혹은 적(敵)은 기독교, 혹은 기독교인을 뜻한다.

> 사실 감사의 말은 쉬울지 모르지만 진정한 감사는 쉬운 것이 아니다. 왜냐하면 감사는 반드시 기억을 수반하고, 감사의 현장으로 가는 수고를 아끼지 말아야 하기 때문이다. 그러므로 고든 맥도날드의 말처럼 감사는 끈기가 없으면 할 수 없는 것이다.

어. 경험적으로 그런 사람들의 서랍과 장롱을 열면 우리가 제일 싫어하는 기쁨, 만족, 사랑, 소망과 같은 보기만 해도 역겨운 것들이 잔뜩 들어있을 뿐이야. 욥이 그랬잖아. 우리가 모든 것을 빼앗고, 그의 손에 아무것도 남아 있지 않았을 때에도 '주신 이도 여호와시요, 거두신 이도 여호와시오니 여호와의 이름이 찬송을 받으실지어다'라고 말해서 우리를 질겁시켰잖아."

마귀는 감사의 신발이 가지런히 놓인 집에는 자신이 헛수고할 것을 알기 때문에 얼씬도 하지 못한다는 사실을 기억하자.

영혼의 영토를 넓히는 거룩한 땅 밟기

즐거움과 정결함과 감사, 이 세 요소를 가지고 이스라엘 백성들이 성벽 위를 걸었던 것처럼 이제 거룩한 땅 밟기를 하라.

성벽 봉헌식에 참여한 사람들은 두 무리로 나뉘어 성벽을 행진하면서 '하나님이 이루셨다', '내 힘과 내 실력으로는 결코 할 수 없다'는 생각들을 했다. 예루살렘 성벽을 봉헌하면서 땅 밟기를 하던 이스라엘 백성들이, 하나님이 역사하셔서 내가 밟는 곳마다 하나님의 땅으로 만들어 주신다는 확신을 가졌듯이, 오늘날 우리에게도 이러한 확신이 있어야 한다. 하나님께서 믿음의 선진들에게 땅 밟기의 은혜를 주신 것을 기억하라. 아브라함은 자신의 발이 내딛는 곳을 기업으로 주시겠다는 약속의 말씀을 받았다.[1] 여호수아에게는 한 걸음 더 나아가 발바닥으로 밟는 모든 곳을 이미 주었다고 말씀하셨다.[2] 기독교를 비판하는 사람들은 이 부분을 가리켜 땅만 밟으면 무조건 제 것이라고 한다고 비난도 하지만, 이는 내 야망과 내 욕심을 위한 것이 아니다. 하나님 나라와 하나님의 영광을 위하여 내 마음이 순수하게 드려지는 것이라면, "너희 발바닥으로 밟는 곳을 모두 네게 주었다"는 말씀이 적용되는 것이다.

그러므로 우리는 '거룩한 땅 밟기'를 해야 한다. 내가 목표하고 기도하고 소원하고 주님 앞에 간절히 매달리는 성취를 위하여 기도로, 찬양으로, 헌신으로 거룩한 땅 밟기를 하라. 하나님의 일은 하나님이 성취시켜 주신다. 거룩한 땅 밟기를 하지 않고서는 어떤 일도 이루어지지 않는다.

거룩한 땅 밟기는 어떤 지역을 영적으로 소유하는 것을 의미한다. 미국의 헤밋 시 북쪽에는 소호바 인디언 보호구역이 있다. 이 지역은 파창가(Pachanga) 부족이 소호바 사람들을 대량 학살하면서부터 역사적인 원한관계로 서로간에 증오의 골이 깊게 자리 잡은 곳이었다. 그 결과 양 부족 간의 반목과 폭력적인 대립으로 1980년대에 미국 정부가 전국에서 가장 폭력이 심한 보호구역 중 하나라 평가했던 곳이다. 평균 한 달에 한 건의 살인 사건이 일어나고 폭력이 난무하던 곳으로,

[1] "너는 일어나 그 땅을 종과 횡으로 두루 다녀 보라 내가 그것을 네게 주리라" (창 13:17).
[2] "내가 모세에게 말한 바와 같이 무릇 너희 발바닥으로 밟는 곳은 모두 내가 너희에게 주었노니" (수 1:3).

심지어 구급차 운전자나 소방관들조차 경찰의 호위가 없으면 들어오지 않으려고 했던 지역이었다. 그런데 1990년 캘리포니아 장막교회의 밥 베킷(Bob Beckett) 목사님의 인도로 그 지역에 영적 지도를 그리고 가장 폭력이 심하였던 곳을 찾아 중보 기도 모임을 하면서 그 지역을 하나님의 영이 장악하도록 기도하였다. 그때부터 그 지역의 영적 기후가 바뀌기 시작했다.

1990년 여름 어느 토요일 오후, 그날도 밥 베킷 목사님과 열두 명의 교인들이 그 지역을 걸으면서 기도하는데, 기도 모임이 끝난 다음에 파창가 부족을 대표하는 여인이 소호바 부족을 대표하는 여인 앞에 무릎을 꿇고 용서를 비는 일이 일어났다. 소호바 여인이 말했다.

"저희 부족을 대신해서 예수님의 이름으로 용서합니다. 이제 파창가 사람들이 대량학살의 죄에서 벗어나기를 원합니다. 그리고 우리 부족이 당신들에 대해서 저주하고 악한 감정을 가졌던 것을 용서해 주기를 바랍니다."

그리고 함께 있었던 사람들은 말씀에 의지해서 그 지역이 하나님께 속한 곳임을 선포하였다. 1990년 그 여름날 이후 소호바 지역에서는 폭력에 대한 과거의 오명에도 불구하고 더 이상 부족간의 살인 사건이 한번도 일어나지 않았다.

하나님이 도와주시지 않으시면 안 된다는 마음의 소원을 가지고, 남들이 볼 때 불가능한 일을 이루어본 적이 있는가? 거룩한 땅 밟기를 해본 적이 있는가? 처음에 이스라엘 백성들이 성벽을 재건하기로 결심했을 때만 해도 가진 것이라고는 아무것도 없었다. 다만 하나님이 느헤미야를 보내셨고, 하나님이 마음을 움직여 주셨고, 하나님이 성벽을 완성시켜 주셨다.

7천 번의 땅 밟기

나는 교회를 개척하고 큰 규모의 교회를 두 번 지어보았다. 교회를 건축할 때 남들이 어떻게 생각하든 내 마음에 있는 근본적인 생각은 '나는 이 일을 이룰 수 없다. 그러나 하나님이 하시면 할 수 있다. 이것은 인간의 야망이 아니다. 이 건축을 통하여 믿지 않는 수많은 영혼들이 주님 앞에 돌아오기를 소원한다. 그리고 이 건물을 통해서 수많은 다음 세대의 자녀들이 하나님의 은혜로 잘 무장될 것이다. 또한 복음의 강력한 힘을 선포하는 전진기지가 될 것이다'는 것이었다. 하나님은 그런 마음의 소원을 주셨다. 처음 교회를 건축할 때도 그랬지만, 두 번째 교회를 건축할 때도 그 땅을 '기적의 땅(miracle complex)'이라고 이름 붙였다. 그리고 거룩한 땅 밟기를 했다. 그 대지를 한 바퀴 도는 데만 10분 이상 걸렸는데, 나중에 완공하고 계산해보았더니 내가 300번 이상을 돌았던 것이었다. 한 바퀴 도는 데 10분 이상 걸렸으니 총 3천 분 이상 걸린 셈이다. 나중에 교우들도 그 마음을 이해하고 제자 훈련 마친 뒤 밤 늦게 와서 철조망 잡고 같이 돌았다. 새벽 기도를 마친 다음에도 성도들이 돌고 돌았다. 한 번 돌 때마다 벽에 표시했는데, 나중에 보니 7천 번이 넘었다. 남들은 우리가 교회를 빙빙 도는 것을 보고 돌았다고 했을지 모르지만, 나와 성도들은 교회를 돌면서 소원을 품었다. 어떤 소원이었겠는가? "하나님, 우리의 야망을 이루어 주십시오. 하나님 우리의 욕심을 이루어 주십시오" 하는 기도였겠는가? 아니다. "하나님, 우리는 아무것도 아닙니다. 우리는 할 수가 없습니다. 하나님이 하셔야 합니다" 하는 기도였다. 그리고 찬송가 382장 "여호수아 본 받아 앞으로 가세…"를 부르며 땅 밟기를 했다.

마음에 거룩한 소원을 가지고 있었지만 이제는 노쇠해서 '옛날의 금잔디'만 부르고 있는가? 나이가 좀 들었다고 마음이 굳어 버려서는 안 된다. 청춘의 마음을 가지고 거룩한 땅 밟기에 나서라. 모든 교회 지도자들과 성도들은 다음 세대를 위해 하나님이 어떤 비전을 품기 원하시는지 기도를 통해 거룩한 땅 밟기를 해야 한다. 땅 밟기를 하지 않는 사람은 성취할 수 없다. 내 야망과 내 욕심 때문이 아니라 하나님의 일이라면 다시 한 번 소원을 품고 그 주위를 돌면서 거룩한 땅 밟기를 해 보라.

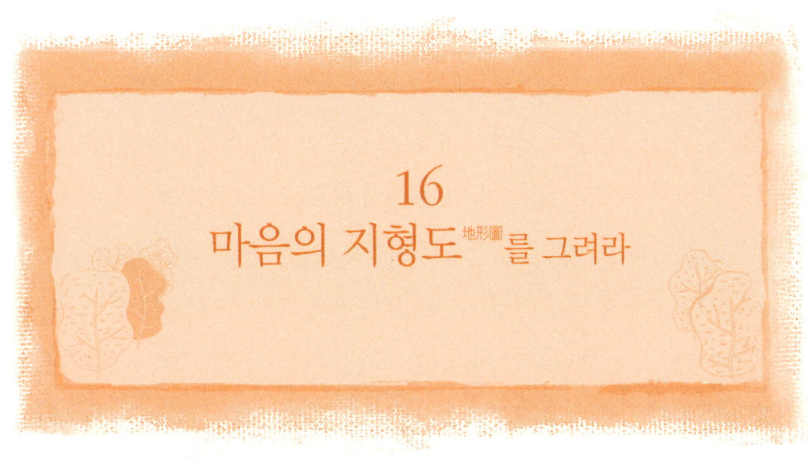

16
마음의 지형도(地形圖)를 그려라

신앙의 지형도가 큰 그림으로 그려지지 못한 사람일수록
비본질적인 것에 신앙 생명을 걸고 싸우는 답답한 신앙인이 될 수밖에 없다.

역사와 지도는 순환적이며 상호보완적이다. 순환적이라는 말은 역사의 결과가 지도로 결정되고, 결정된 지도가 역사의 진로를 또 다시 결정하기 때문이다. 보완적이라는 말은 역사와 지도는 서로 자신에 걸맞은 몸짓을 하게 되어 있다는 뜻이다. 최근 중국의 동북공정에서 백두산을 중국의 소유라고 말하는 것에 대해 북한이 한마디 말도 못하는 것을 보면서 역사와 지도는 보완적이라는 말을 다시 떠올린다.

느헤미야의 끝자락에서 역사와 지도를 언급하는 이유는 무엇인가? 느헤미야와 함께 신 동행기의 여정이 종착점에 다다른 지금쯤이면 어느 정도 내 마음의 지형도를 그려 볼 필요가 있다. 국가의 힘과 세부적인 힘의 내력이 지도로 나타나는 것처럼, 신앙인의 모든 것도 마음의 지형도를 그려 보면 나타나기 때문이다. 이미 우리에게는 좋은 지도를 그릴 수 있는 모범이 있다. 성경 66권이 바로 우리 마음속에 있는 지형도의 근본이 되는 예수그리스도의 지형도다.

지도는 누가 대신 그려 줄 수가 없다. 아니 그려 준다고 해도 그것은 내 것이 아니다. 왜냐하면 이미 그 지도는 다른 사람의 눈으로 그려진 것이기에 지도의 수정 또한 그 사람의 마음먹기에 달려 있기 때문이다. 연암 박지원은 당시 중국의 시각으로 그려진 지도를 베끼기만 했던 조선의 지식인들을 비판했다. 고구려는 도읍지마다 평양이라고 했고, 물을 패수(浿水)라고 했는데, 중국의 시각으로 그려진 지도를 애지중지했던 속 좁은 지식인들은 평양의 위치를 한반도 안에 고정해 놓고 찾고 있었다. 그 결과 "조선의 강토는 싸우지도 않고 저절로 줄어들었다"고 박지원은 한탄하고 있다.[1]

우리의 신앙도 처음에는 선배 신앙인의 인도로 자신의 신앙의 그림을 그릴 필요가 있지만, 바울 사도의 말처럼 신앙의 젖을 떼고 단단한 음식을 먹을 때가 되면 스스로 자신의 신앙의 지형도를 그려야 한다. 신앙의 지형도가 큰 그림으로 그려지지 못한 사람일수록 일이 생길 때마다 평양의 위치를 한반도 안에 고정시킨 채 갑론을박하면서 영토의

[1] 후세 사람들이 땅의 경계를 자세히 알지 못하여 더러는 압록강을 패수(浿水)라 하고 더러는 청천강을 패수라 하고, 더러는 대동강을 패수라 하니 이것은 평양을 한 곳에다 고정시키고 패수는 앞뒤로 당겼다 물렸다 하여 항상 사적을 붙이는 까닭이다. 그리하여 조선의 옛 강토가 싸우지 않고도 저절로 축소되는 것이다.

위축을 낳았던 조선의 속 좁은 지식인들처럼, 중요하지도 않은 것에 신앙 생명을 걸고 싸우는 답답한 신앙인이 될 수밖에 없다.

신앙인이 마음의 지형도를 그리는 것이 얼마나 중요한지는 다윗의 고백을 통해서도 알 수 있다. 다윗이 하나님께 기도하는 제목 중의 하나가 "내 마음을 살펴 달라"는 것이었다. 이것은 '내 마음에 담겨 있는 것이 무엇인지, 내 마음이 어디를 향하고 있는지, 내 마음이 무엇을 생각하고 있는지' 한마디로 내 마음의 지형도가 어떻게 그려져 있는지, 혹시라도 악의 붓 자국, 유혹의 그림자가 끼어 있지는 않은지 하나님의 불꽃 같은 눈으로 살펴 달라는 것이다.

지금 느헤미야는 예루살렘 성의 지형도를 그리고 있는 중이다. 도비야가 더럽힌 성전을 청소하고, 어그러진 동족의 마음을 펴서 다시 하나님을 향하도록 하고 있다(13:7-8). 한마디로 예루살렘이라는 거룩한 지도에 묻어 있는 죄악의 때를 깨끗하게 청소하고 새로운 신앙의 그림을 그리고 있다. 그가 어떤 신앙의 지형도를 그려내고 있는지 함께 살펴보자.

부흥 증후군을 조심하라

부흥 증후군이란 부흥 이후에 오히려 쇠퇴나 핍박이 오는 것을 말한다. 느헤미야 13장에서 우리는 이것을 볼 수 있다.

예루살렘이 주전 588년 바벨론의 느부갓네살 왕에게 완전히 멸망당한 뒤에 느헤미야가 성벽 건축을 위해서 다시 예루살렘에 돌아오기까지 140년의 세월이 걸렸고, 주전 538년 고레스의 허락 아래 스룹바벨의 귀환을 기점으로 하면 94년이 걸렸다. 정말 힘든 세월을 뒤로하고 성벽이 세워진 것이다. 그런데 그렇게 기쁨 속에서 성벽을 봉헌하고 성전을 정화했지만, 불과 1년도 되지 않아 성전 깊숙이 도비야가 안방을 차지할 정도로 이방 문화가 다시 들어오게 된 것은 부흥보다는 그 이후를 어떻게 조심해야 하는지를 보여 주고 있다.

이처럼 느헤미야서 13장에는 이스라엘의 영적인 부흥과 성전의 정화 이후에 오히려 안타까운 일들이 많이 나오기 때문에 행복한 결말을 원한다면 이 13장은 조금 부담스럽게 다가올지도 모르겠다. 하지만 그렇기 때문에 인생 여정의 고비고비를 넘기고 있는 우리에게 더욱 실감날지도 모른다. 그래서 말씀의 부흥과 회개의 물꼬를 터뜨렸던 8장이나 기쁨의 봉헌식을 올렸던 12장도 영광스러운 부흥을 다루는 귀한 말씀이지만, 어쩌면 삶의 봉우리와 골짜기를 여과없이 보여 주는 13장 말씀이 느헤미야서에서 가장 중요한 부분이 될 수 있지 않을까 싶다.

모든 사람들이 모여서 성벽의 봉헌식을 통하여 기쁨과 감사의 축제를 하고, 얼마의 시간이 흐른 뒤에 느헤미야가 백성의 지도자들에게 왜 성전이 다시 버려졌는지를 꾸짖는 장면이 나온다.[1]

안타깝게도, 하나님의 전이 버려진 것 같은 참담한 일이 일어나고 말았다. 12장에서 영광스러운 예루살렘 성벽 봉헌식을 한 뒤 예루살렘 총독인 느헤미야는 페르시아로 다시 돌아가야 할 일이 있었다. 아마 왕에게 보고하는 일이었을 것이다. 그래서 그는 예루살렘을 떠나게

1 "내가 모든 민장을 꾸짖어 이르기를 하나님의 전이 어찌하여 버린 바 되었느냐" (13:11).

되는데, 성경학자들은 이 기간을 1년 정도로 본다. 그런데 그동안 예루살렘에 남았던 이스라엘 백성들이 큰 사고를 친 것이다. 부흥 이후에 더 큰 어려움에 빠질 수 있다는 사실을 잊어버린 채 부흥의 겉모습에 취하여 속은 썩은 냄새를 풍기는 부흥 증후군에 빠져 있는 것이다.

부흥 이후를 조심하라

미국 사회에 큰 영향력을 끼치고 있는 존 맥아더(John MacArthur) 목사는 "힘든 일은 교회가 부흥된 이후에 시작된다. 사람들이 부흥에 만족해 하고 모든 것을 당연시 여길 때 수많은 문제가 일어난다"고 말했다. 비단 교회적인 문제만은 아니다. 개인적으로도, 모든 것이 편안하고 안정되고 평탄해졌을 때 어려움이 생길 수 있다.

사실 이러한 예는 교회사에서도 많이 찾아볼 수 있다. 1, 2세기 초대 교회 시대에는 단지 그리스도를 섬긴다는 이유 하나만으로 성도들이 형장의 이슬로 사라지고 사자에게 찢기고 고난당하는 핍박과 박해를 받아야 했다. 그러나 어려움 가운데서도 초대 교회는 서로 돕고, 어려운 자들을 세우는 일을 게을리하지 않았다. 그러던 중 주후 313년 밀라노 칙령을 통해 콘스탄티누스 대제가 기독교를 공인했고 이후 기독교는 로마의 국교가 되었다. 그런데 그렇게 숱한 고난을 받다가 막상 국교로까지 공인되자 이상한 일이 벌어졌다. 일요일이 공휴일로 선포되고 어디서나 자유롭게 예배드릴 수 있는 환경이 주어졌는데도, 사랑이 넘치던 교회는 권력과 치부(致富)에 오염되면서 점차 부패하기 시작했다. 화려하게 지어진 교회 건물은 부자와 권력자들이 점령했다. 이렇게 교회가 부자와 권력자들에게 점령되자 가난한 사람들은 교회

밖에서 서성거려야 했다. 4세기에 히에로니무스라는 교회사 번역가는 그때의 모습을 이렇게 전한다. "교회 문과 벽은 금으로 번쩍인다. 그러나 예수 그리스도는 그 문 밖에서 가난한 사람의 모습을 하고 죽어가고 계셨다."

1세기에 온갖 핍박과 고난 가운데서도 너무도 역동적이고 은혜가 넘치던 교회는 권력과 부에 오염되면서 생명력을 잃기 시작했다. 처음 사랑을 잃고 영적 퇴보가 일어났다.

사실 부흥은 시작만큼이나 그 이후도 중요하다. 많은 이들의 관심은 부흥에 있다. 우리가 그리스도인으로서 하나님께서 베푸시는 부흥의 역사와 기적의 현장을 사모하는 것은 당연한 일이다. 그러나 우리가 성숙한 사람이라면 우리의 마음은 부흥을 준비하지만, 우리의 눈은 부흥 이후를 볼 수 있어야 한다. 역사적인 부흥의 현장을 보면 두 갈래로 나뉘는 것을 본다. 첫째는 성령이 역사한 이후 부흥의 내용이 아닌 겉모습에 빠져 영적 긴장을 잃으면서 중세 교회처럼 초대 교회가 피로 맹세한 구원을 돈으로 사고 파는, 세상보다 더 냄새나는 부패와 타락으로 귀결되는 경우다. 지금 느헤미야가 다시 예루살렘에 돌아왔을 때 보였던 성전의 타락상이 그러했다. 둘째는 부흥이 오히려 영적 긴장을 가져오는 시련과 고난으로 연결되는 경우가 있다. 초대 교회 예루살렘의 부흥 이후 탄압과 박해로 예수를 믿는 사람들이 흩어진 경우가 그것이다.

그러므로 어떤 부흥이든지 간에 우리는 부흥 이후를 조심해야 한다. 부흥에 취한 나머지 부패와 타락으로 이어져 영적 퇴보를 가져오지 않도록 영적 긴장을 갖든지, 혹은 부흥이 박해로 이어져 순교의 자리까지 각오하든지 간에 부흥 이후를 대비하는 마음이 있어야 한다. 특히 후자의 경우를 보면, 역사적으로 부흥은 순교의 피가 땅을 적심으로 피어나는 것이지만, 찾아온 부흥은 또 다른 시련을 통해서 강화되고 선명해지는 것을 볼 수 있다. 같은 꽃이라도 풍우에 노출된 절벽에 핀 것이 색깔이 더 진하고 향기도 더 깊은 것처럼 우리의 부흥도 시련을 통해서 더욱 견고해지고, 더 짙은 향기를 발하게 되는 것이다.

초대 예루살렘교회 역시 부흥이 일어난 지 얼마 되지 않아 사도들이 능욕을 받는 일이 생기고 결국은 스데반이 순교하는 시련을 겪는다. 어떻게 생각하면 이해하기 어려운 일이 아닐 수 없다. 불과 얼마 전까지만 해도 하루에 수천 명이나 예수님 앞으로 돌아왔던 그 부흥의 현장이 바로 그 예수님 때문에 순교의 자리가 되었다는 사실은 인간의 이해의 한계를 벗어나는 것 같다. 그러나 사도행전에서 부흥의 현장이 순교와 고난의 자리로 중첩될 때마다 교회의 영적인 근력이 강화되고, 복음의 깊이가 더해지면서 이방인에게까지 전해지는 것을 보게 된다.

그러므로 우리는 부흥이 회개와 순교의 피로 시작하는 것이지만, 바로 그 부흥 이후에도 순교의 피가 요구될 수 있다는 사실을 보는 통찰력과 영적인 균형 감각을 가져야 한다. 이러한 영안이 열린다면 우리는 부흥을 더 이상 지나가는 유행어처럼 가볍게 대할 수가 없는 것이다. 부흥이 찾아올 때 오히려 내 피를 순교의 제단에 뿌려야 할지도 모른다는 생각을 한다면 부흥을 대하는 우리의 심중은 보다 엄중해질 것이며, 부흥의 뜨거움과 순교 정신의 결연함으로 교직(交織)되어 강철 같은 심령의 강건함을 가지고 세상이 감당할 수 없는 주의 군사가 될 수 있을 것이다.

적과의 내통

성벽 봉헌을 하던 날 모세의 책이 백성에게 낭독되었는데, 요지는 암몬 사람과 모압 사람은 영원히 하나님의 모임에 들 수 없다는 내용이었다.[1] 13장 서두에 나오는 모세의 책은 사실 신명기 23장 3절에서 5절까지의 내용인데, 암몬 사람과 모압 사람과는 영적인 교통을 하지 말라는 말씀이었다. 과거에 그들이 양식과 물로 이스라엘 자손을 영접하지 않고 도리어 발람에게 뇌물을 주어 저주하게 했기 때문이다. 그들이 이스라엘을 대적했다는 것이다. 이 말씀이 선포되자 이스라엘 백성들은 이스라엘 가운데 섞인 암몬과 모압 사람들을 전부 가려내어 자신들로부터 솎아내었다. 이것은 마치 심판 날에 알곡과 가라지를 가려내는 것을 연상시킨다.[2] 그렇게 느헤미야의 개혁과 정화는 확실하게 진행되었다. 모든 것이 순조롭고 승리를 손에 쥔 것 같았다.

그런데 4절로 바뀌면서 이 모든 것들이 꿈에서 일어난 것처럼 허망한 장면이 보여지고 있다. 백성들이 그렇게 한 마음으로 깨끗하게 했던 성전이 다시금 이방인의 손에 더러워지는 내용이 전개되고 있다. 이것을 이해하기 위해서는 역사적인 배경이 필요하다. 성경에서는 3절과 4절을 연속해서 이어나가지만, 실제 이 둘 사이에는 상당한 시간의 공백이 있다. 느헤미야는 성벽을 세우고 성전을 정화한 후에 다시 바벨론으로 돌아갔고, 4절 이후의 내용은 느헤미야가 예루살렘 성에 부재하였던 시간 동안 벌어진 사건을 기록하고 있는 것이다.

앞서 이스라엘 백성으로부터 축출된 암몬 족속은 과거 예루살렘 성벽을 짓는 과정에서도 방해했던 무리들로, 대표적인 사람이 도비야다.

그런데 4절에서 "제사장 엘리아십이 도비야와 연락이 있었다"는 표현은 적과의 내통을 연상시킨다.[3] 도비야는 이스라엘 사람들이 성벽을 짓기 시작하자 여우가 올라가도 무너질 것이라며 조롱하고 공격했을 뿐 아니라, 이러한 조롱과 멸시가 통하지 않자 이스라엘 백성들을 해치려는 소문까지 퍼뜨렸던 자이다.

애굽 남부 지역인 엘레판틴(Elephantine)에서 발굴된 문서에는 산발랏이 사마리아 총독으로 언급되고 있다. 또 도비야는 느헤미야 2장 10절에 종이라고 나오는데 원어상으로는 정부 관리를 뜻한다. 그렇다면 도비야는 산발랏 휘하의 관리로 이해할 수 있다. 그리고 예루살렘 성에 도비야의 방을 허락해 준 엘리아십의 손자가 나중에 산발랏의 사위로 등장하고 있다.[4] 그러니까 대제사장의 가족이 도비야와 산발랏과 혼인 관계를 맺은 것이다. 너무도 어처구니없는 일이 아닐 수 없다.

성전 속에 뿌리내린 악

엘리아십은 사마리아 총독 산발랏의 주구(走狗)였던 도비야를 위하여 예루살렘 성전의 방 하나를 따로 내 주었다. 그러자 도비야는 성전 안에서 일하는 레위 지파를 비롯한 여러 사람들을 다 쫓아내고 암몬

---

1 "그 책에 기록하기를 암몬 사람과 모압 사람은 영원히 하나님의 총회에 들어오지 못하리니 (13:1)
2 "둘 다 추수 때까지 함께 자라게 두어라 추수 때에 내가 추수꾼들에게 말하기를 가라지는 먼저 거두어 불사르게 단으로 묶고 곡식은 모아 내 곳간에 넣으라 하리라" (마 13:30).
3 "이전에 우리 하나님의 전의 방을 맡은 제사장 엘리아십이 도비야와 연락이 있었으므로" (13:4). '연락'이라는 말에 해당되는 헬라어의 어근을 살펴보면 근친 관계라는 의미가 있다.
4 "대제사장 엘리아십의 손자 요야다의 아들 하나가 호론 사람 산발랏의 사위가 되었으므로" (13:28).

사람을 성전에 데리고 와서 방을 내주고 자리를 만들어주었다. 결국 엘리아십은 느헤미야의 적이었던 도비야와 내통하여 예루살렘 성전의 안방을 내어 줌으로써 이스라엘의 종교적 타락을 주도한 추악한 대제사장이었다. 생각할수록 어이없는 일이지만 이것을 단순히 옛날 이야기라고 치부할 수만은 없다. 우리는 그리스도께서 피 값으로 사신 성전이 되었다. 하지만 우리에게도 어불성설이라 할 수밖에 없는 일들이 우리 삶과 육신에서 일어나고 있지 않는가?

우리는 여기서 악의 집요함 내지 끈질김을 보게 된다. 도비야의 이름은 본래 "여호와는 선하시다"라는 뜻이다. 그런데 도비야는 자신의 이름과는 전혀 다르게 여호와의 선한 일들을 방해하는 일에 누구보다 앞장서고 있다. 도비야는 느헤미야에서 가장 많이 나오는 이름 중의 하나이다. 그런데 여기에 나오는 도비야는 한 가지 얼굴이 아니다. 근심하는 얼굴(2:10), 비웃는 얼굴(2:19), 조롱하는 얼굴(4:3), 분노하는 얼굴(4:7), 유혹하는 얼굴(6:12), 심지어 선한 모습으로 위장한 얼굴(6:19)로 나온다. 그런데 이들 얼굴의 겉모습이 어떠하든 간에 공통적인 것은 어떻게 하면 하나님의 일을 방해하여 일을 무너지게 할까 하는 것이다. 그 악함이 얼마나 집요했던지 마침내 예루살렘 성전의 중심부에 당당하게 자신의 자리를 차지할 정도였다. 도비야의 위세가 얼마나 대단했던지 그가 차지한 방은 원문상으로 보면 여러 개의 방을 합쳐 크게 만든 방이었다.

다시 예루살렘에 돌아온 느헤미야가 이 사실을 알고 심히 근심하였다.[1] 불과 1년 전만 해도 예루살렘의 성문과 성벽까지 정결하게 하였던 이스라엘 사람들이 이제는 예루살렘 성전의 중심부에 이방인의 우상들이 자리 잡는 것조차 허용하고 있다. 그것이 하나님을 섬기는 열정이 식어서 무심해진 것인지 아니면 도비야의 위세에 눌려서 그런 것인지는 알 수 없지만 도비야가 갑자기 예루살렘 성전의 안방을 차지한 것은 아니라는 사실이다. 분명한 것은 처음에는 별 것 아닌 것처럼 여겨서 조금씩 악이 들어오는 것을 방관하다가 결국은 안방까지 내어 주는 수치를 당하게 되었다는 사실이다.

이러한 악의 침투 과정은 감리교 초창기의 지도자이며 18세기 대 신앙 부흥 운동의 기수였던 화이트필드(Whitefield; 1714~70)의 말을 생각나게 한다. "사탄이 신자들을 침투하는 세 가지 상투적인 수단이 있다. 첫째, 사탄은 가까이만 보게 하여 조금씩 절망의 수렁으로 인도한다. 둘째, 사탄은 교만의 도수(度數)를 조금씩 높여 주다가 갑자기 지옥으로 떨어뜨린다. 셋째, 사탄은 편안하게 해서 마음 놓게 했다가 갑자기 습격한다."

예루살렘 성전에 죄악의 방이 들어선 것이 어디 그뿐이겠는가? 우리 마음의 방은 어떤가? 앞에서 살핀 도비야의 얼굴처럼 사탄은 천의 얼굴로 우리에게 다가오고 있다. 나이지리아 속담에 "자주 만나는 사자는 표범으로 보인다"는 말이 있다. 사자를 처음 만날 때에는 무서워서 당장 도망을 가지만 자주 만나다 보면 처음에는 표범으로 나중에는 개로 그리고 고양이로 보일 수도 있다는 것이다. 우리는 악을 처음에

1 "예루살렘에 이르러서야 엘리아십이 도비야를 위하여 하나님의 전 뜰에 방을 만든 악한 일을 안지라 내가 심히 근심하여 도비야의 세간을 그 방 밖으로 다 내어 던지고"(13:8).

는 무서운 사자처럼 보다가 조금씩 익숙해지면서 나중에는 고양이로 착각하여 가까이 갔다가 덥석 물리게 되는 것이다. 지금 이스라엘 백성이 그 꼴이었다.

한편으로 마귀가 얼마나 집요한지 선교 잡지 《World Evangelization》의 "가까이하고 싶지 않은 거인"이라는 글에서는 사탄을 이렇게 표현하고 있다.

"사탄에게도 유일한 덕이 있는데 타의 추종을 불허하는 성실함이다. 그는 교회가 세상과 평화로운 공존을 모색하고 세상에 순응하는 거인, 구원의 힘을 상실한 상처받은 거인, 선지자적 메시지를 잃어버린 침묵하는 거인이 되도록 오늘도 24시간 쉬지 않고 일하고 있다."

이 글은 교회에 관한 글이지만 우리 자신에게 주는 도전이기도 하다. 마귀는 지금도 우리가 신앙의 칼날을 접고 세상에 순응하는 신자, 세상을 변화시키는 힘을 잃어버린 무력한 신자, 전도의 입을 닫아 버린 침묵하는 신자가 되도록 밤잠을 자지 않고 우리를 꾀고 있는 것이다.

악에 속수무책인 세상

21세기의 세상에서 가장 크게 먹혀 들어가는 사탄의 계략을 꼽으라면 악의 존재에 대한 사람들의 무감각, 무반응이라고 말할 수 있다. 악이 내 주변에 존재하는 것을 의식하지 못하거나 부정하려는 시대상이 이것을 말해 준다. 저명한 복음주의 학자인 달라스 윌라드는 《마음의 혁신》이라는 책에서 흥미로운 사실을 소개하고 있다. 미국의 콜로라도 애스펜에서 악을 주제로 한 모임이 열렸다. 참석한 사람들에게 "악은 실존하는가"라는 질문을 던졌는데 거의 모든 사람들이 악의 존재에 대해서 애매한 태도를 취하거나, 존재하지 않는다고 대답했다. 이런 현상을 한탄하면서 윌라드는 우리 주변에서 악은 홍수처럼 넘쳐나지만 악의 존재를 물으면 확신 있게 말하지 못하는 이 세대를 가리켜 "악에 속수무책인 세상"이라는 말로 표현했다. 자신도 모르게 악에 손과 발을 다 내 주고 손발이 묶인 채 악이 끄는 대로 끌려가고 있는 것이 현실이다. 명백한 죄를 범하고 있음에도 불구하고 "세상이 다 그러니까", 혹은 "남에게 그다지 큰 해를 끼치는 것은 아니니까", "다른 사람에 비하면 아주 작은 것에 불과하니까"라는 말로 스스로의 죄악된 행위를 합리화하면서 죄에 끌려가고 있지는 않은가?

느헤미야는 예루살렘에 이르러서야 엘리아십이 도비야를 위하여 하나님의 전 뜰에 방을 만든 악한 일을 알게 되었다. 그러자 그는 "심히 근심하여 도비야의 세간을 그 방 밖으로 다 내어 던지고 명령하여 그 방을 정결하게 하고 하나님의 전의 그릇과 소제물과 유향을 다시 그리로 들여 놓았"(13:8-9)다. 한마디로 느헤미야는 성전을 대청소했다. 당장 악한 도비야와 그 일당을 모두 쫓아냈다. '거룩한 분노'를 실행했다고 할 수 있다. 강력하고 단호한 결단을 보여 주었다.

느헤미야의 이러한 단호함은 신약성경의 한 장면을 떠오르게 하지 않는가? 예수님께서는 사람들이 성전에서 물건을 팔고 이익을 취하자 그들을 다 내쫓고 상을 뒤엎고 채찍질해서 성전을 청결케 하셨다.[1] 예

[1] 요한복음 2:13-17

> 예수님은 하나님의 전인 우리 자신을 더럽게 하는 모든 악한 것에 대해서는 단호한 태도를 취할 것을 모범으로 보여 주셨다. 그 문제에 관한 한 평화주의자가 되지 말라는 말씀이었다. 느헤미야도 그랬고 주님께서도 그렇게 하셨다면, 우리도 육체의 부패한 속성에 대해서 엄격한 채찍질을 해야 할 필요가 있지 않는가?

수님은 온유하고 겸손하셨지만 그때만큼은 굉장히 단호한 모습을 보이셨다. 이를 통해 예수님은 하나님의 전인 우리 자신을 더럽게 하는 모든 악한 것에 대해서는 단호한 태도를 취할 것을 모범으로 보여 주셨다. 그 문제에 관한 한 평화주의자가 되지 말라는 말씀이었다. 느헤미야도 그랬고 주님께서도 그렇게 하셨다면, 우리도 육체의 부패한 속성에 대해서 엄격한 채찍질을 해야 할 필요가 있지 않는가? 오죽하면 주님께서 이렇게 말씀했겠는가?

"만일 네 오른 눈이 너로 실족하게 하거든 빼어 내버리라 네 백체 중 하나가 없어지고 온몸이 지옥에 던져지지 않는 것이 유익하며"(마 5:29).

그만큼 단호한 태도를 취하라는 주님의 강력한 요구다. 우리는 자기도 모르게 죄에 쉽게 오염되고, 단호하지 못하여 육신의 정에 이끌려 남편과 아내로서의 정절과 도리를 지키지 못하는 경우가 있다. 오늘날 21세기의 도비야는 누구겠는가? 우리의 마음을 오염시키는 못된 존재이다. 우리 영혼의 지성소를 차지하고 앉아 우리를 파괴하고 더럽게 하는 것이다. 우리 속에 있는 오염된 것과 나도 모르게 적당히 죄와 타협하려고 하는 마음, 음란함, 술 취함, 사회악에 대한 세속적인 태도, 적당주의 따위이다. 미련 때문에 이러지도 저러지도 못한 채 진흙탕 속에 빠져 힘들어하는 사람들에게 주님은 이렇게 요구하신다. "정리하라. 단호한 태도를 취하라!" 우리 자신이 혼탁하면서 이 혼탁한 시대를 어떻게 감당하겠는가?

내 마음 그리스도의 집

전세계적으로 1천만 부 이상의 판매 부수를 기록한 로버트 멍어(Robert B. Munger)의 ≪내 마음 그리스도의 집≫이라는 책이 있다. 대학생 시절 나는 그 책에서 하나님이 주시는 음성을 듣고 스스로를 정결하게 하는 데 큰 도움을 받았다. 이 책의 핵심은 우리의 속사람을 예수의 능력으로 강건하게 하고, 우리의 마음을 그리스도께서 지배하도록 할 때에 오는 축복이다.[1]

로버트 멍어는 예수님이 자기 속에 계신 것을 확신하고 은혜받아 변화된 사람이다. 그는 집 안을 모두 하나님께 드렸다. 거실이며 안방이며 서재며 모든 곳을 주님께 맡겼다. 거실은 전에는 텔레비전이나 보던 곳이었지만 이제는 "주님이 거실의 주인이 되어 주십시오" 하고 주님께 맡겼다. 그리고 부엌도 예전에는 자신의 욕망만을 위해 먹던 곳이었지만 이제는 세속적인 욕망까지도 주님이 통제해 주시기를 원하는 공간이 되었다. 뿐만 아니라 작업실에서도 이제는 주님의 크고 강한 팔을 의지하여 자신과 이웃을 위해 일할 것을 결심하게 되었다. 이

[1] "그의 영광의 풍성함을 따라 그의 성령으로 말미암아 너희 속사람을 능력으로 강건하게 하시오며 믿음으로 말미암아 그리스도께서 너희 마음에 계시게 하시옵고 너희가 사랑 가운데서 뿌리가 박히고 터가 굳어져서"(엡 3:16-17).

런 식으로 그는 예수님이 모든 공간의 주인이심을 고백했다. 그는 이렇게 모든 것을 주님께 드렸으므로 마음의 평안을 얻고, 능력 주시는 하나님의 인도를 받으며 정말 기쁨으로 살 것을 기대했다.

그런데 이상하게도 마음이 편하지 않았다. 어딘지 마음 한구석이 꺼림칙했다. 멍어는 왜 그럴까 한참 동안 고민에 빠졌다. 그때 이상한 냄새가 나기 시작했다. 이층에 조그마한 벽장이 있었는데 거기서 나는 냄새였다. 그곳만은 주님께 보여 드리고 싶지 않았다. 은밀하게 그만이 아는 공간이었다. 나만의 물건이 감추어진 네모난 작은 벽장, 거기에는 죽은 것도 들어 있었고 썩은 것도 들어 있었지만 그는 그것들을 사랑했고 필요로 했다. 그것은 그의 생활의 찌꺼기였다. 악한 것은 아니라 할지라도 그리스도인에게는 합당치 않은 것들이었다. 주님께서는 벽장을 가리키고 계셨다. "이것 어떡할래?" 하지만 그는 주님 앞에서 그것을 인정하고 싶지 않아서 버텼다. 그러자 주님이 "그래, 알았다" 하고 계단을 내려가시기 시작했다. 떠나시는 것이었다.

예수 믿고 나서 제일 힘든 것이 무엇인가? 분명히 예수님을 믿는데도 주님의 강한 임재가 느껴지지 않으면 외롭고 힘들지 않는가? 멍어는 주님이 떠나신다고 하자 그제야 벽장까지도 주님께 내어 드리기 위해 열쇠를 드렸다. 그리고 자기 스스로 하기는 힘드니 주님더러 대신 버려 달라고 부탁했다. 그러자 주님은 흔쾌히 허락하시고, 벽장 문을 여셔서 더러운 것들을 다 치워 버리셨다. 그러자 어디선가 상쾌하고 향기로운 바람이 불어와 집 안을 가득 채웠다. 죽은 것들이 쫓겨나자마자 주님은 승리와 해방을 맛보게 해 주셨다.

우리는 주님 앞에 다 드린다고 하고 주님의 영광을 위해서 산다고 하지만 마지막 하나, 곧 내 삶의 조그마한 벽장 속 썩은 찌꺼기들은 주님께 드리지 못한다. 아니, 말도 못 꺼낸다. 기도 제목으로 올리지도 못한다. 그런데 주님은, "네가 힘들면 나한테 열쇠를 다오"라고 하신다.

> 우리는 주님 앞에 다 드린다고 하고 주님의 영광을 위해서 산다고 하지만 마지막 하나, 곧 내 삶의 조그마한 벽장 속 썩은 찌꺼기들은 주님께 드리지 못한다. 그런데 주님은, "네가 힘들면 나한테 열쇠를 다오"라고 하신다.

율법이 죄를 깨닫게 한다면 복음은 생명의 능력이 나타나게 한다. 복음은 은혜다. 그런데 은혜의 핵심이 무엇인가? 예수님이 내 안에서 일하시는 것이다. 주님이 내 안에서 일하시며 그 썩은 부분을 깨끗하게 치워 주신다.

우리는 죄가 아니니 괜찮다고 우길지 몰라도 주님 안에서는 부끄러운 것이 있을 수 있다. 주님은 바로 그것을 요구하신다. 감히 도비야를 성전 안에 끌어들인 행위가 말도 안 되는 패악이듯이, 우리에게도 이러한 속성이 있다. 그리고 우리 힘으로는 잘 해결되지 않는 부분이 있을 수 있다. 주님은 그것도 요구하신다. 우리 스스로 하기 힘들면 열쇠라도 달라고 하신다. 이때 주님께 열쇠를 내어 드리는 용기가 필요하다. 그러면 내 안에서 일하시는 주님께서 은혜로 해결해 주신다. 바로 이것이 신앙이다.

조만식 장로의 눈물

혼탁한 시대에 해야 할 두 번째 일은 예배 사역을 회복하는 것이다.

느헤미야는 도비야를 내친 다음 그 방을 정결하게 하고 원래 있던 그릇과 유향 등을 다시 들여 놓았다.[1]

레위 사람들은 성전에 거처하면서 예루살렘 성전의 모든 사역을 섬기고 도왔다. 그리고 이들은 성전에서 곡물과 새 포도주, 기름, 제사장들에게 주는 거제물 등도 관리해야 했는데, 도비야에게 모두 내쫓기고 급료도 받지 못했다. 그래서 이들은 각각 자기 밭으로 도망했다. 느헤미야는 이 사실을 알고 백성의 지도자들을 꾸짖었다. 그리고 도망한 레위 사람들을 불러 모아 제자리에 다시 세웠다. 이 사실을 통해 우리는 무엇을 알 수 있는가? 느헤미야는 성전을 청결케 했을 뿐만 아니라 성전 사역이 회복되기를 원했던 것이다.[2]

느헤미야는 이제 성전을 청결하게 하고 레위 사람을 다시 불러 모아 제자리에 세움으로써 예루살렘 성전의 사역, 즉 예배 사역을 회복시켰다. 레위 사람이 없으면 제물을 제대로 드릴 수 없으므로 예배도 드릴 수 없었다. 따라서 자연스럽게 그동안 예배가 무시되어 왔다. 말라기 선지자는 이런 예배 경시 태도가 더러운 떡을 하나님의 제단에 드림으로 하나님을 더럽게 하는 것이라고 심히 질책하였다.[3]

하나님의 이름을 멸시하고 하나님의 전을 더럽히는 곳에 예배의 회복이 있을 수가 없다. 예배가 무시되면 이스라엘 민족은 하나님의 백성이라는 정체성과 삶의 중심이 흔들릴 수밖에 없다. 그래서 하나님께서는 다시 예배 사역, 성전 사역이 회복되기를 원하셨던 것이다. 기도하고 말씀 읽는 것이 약화되기 시작하면 삶의 중심이 흔들린다. 기본이 흔들리는 것이다. 그러면 얼마 지나지 않아 신앙 정체성도 없어지고 예수 믿지 않는 사람과 비슷해져 버린다.

구약에서 이스라엘 백성들의 신앙의 높낮이를 그려 보면 예배가 있을 때는 신앙이 상승 곡선을 그리다가 예배가 희미해질 때에는 신앙이 하락 곡선으로 추락하는 것을 보게 된다. 신앙의 상승 곡선과 하락 곡선의 기준은 예배를 드리는 사람들의 수나 제사의 규모가 아니라 하나님의 임재의 진폭을 의미한다. 다시 말해서 예배의 회복이 중요하지만 더 중요한 것은 하나님께서 원하시고 임재하시는 예배의 회복이다. 성경에는 여기에 대한 매우 중요한 힌트를 제공하고 있다. 사도행전 15장 16절에 보면 "이후에 돌아와서 다윗의 무너진 장막을 다시 지으며 또 그 퇴락한 것을 다시 지어 일으키리니"라는 말씀이 있다. 왜 하나님은 모세의 장막을 원형대로 복원하고 싶다고 하지 않으셨을까? 사실 모세의 장막이야말로 지상에 세워진 천상의 처소 중 최초의 작품이 아닌가. 아니 그보다 더 웅장한 것으로 치자면, 하나님은 왜 솔로몬의 성전을 그 웅장함대로 복원하고 싶다고 하지 않으셨을까? 하나님은 왜 다윗의 장막을 재건하고 싶다고 말씀하실까? 여기에 대해서 토미 테니는 《하나님을 붙잡는 사람들》이라는 책에서 "하나님께서 회복하기를 원하셨던 것은 다윗의 열정이었기 때문"이라고 대답하고 있다.

1 "내가 또 알아본즉 레위 사람들이 받을 몫을 주지 아니하였으므로 그 직무를 행하는 레위 사람들과 노래하는 자들이 각각 자기 밭으로 도망하였기로" (13:10).
2 "이에 온 유다가 곡식과 새 포도주와 기름의 십일조를 가져다가 곳간에 들이므로 내가 제사장 셀레먀와 서기관 사독과 레위 사람 브다야를 창고지기로 삼고 맛다냐의 손자 삭굴의 아들 하난을 버금으로 삼았나니 이는 그들이 충직한 자로 인정됨이라 그 직분은 형제들에게 분배하는 일이었느니라" (13:12–13).
3 "내 이름을 멸시하는 제사장들아…너희가 더러운 떡을 나의 단에 드리고도 말하기를 우리가 어떻게 주를 더럽게 하였나이까 하는도다" (말 1:6–7).

하나님을 사모하는 열심이 우리 가운데 예배를 회복시키고, 하나님의 임재를 경험하는 살아 있는 신앙인으로 서게 할 것이다.

우리의 신앙의 선배들은 하나님께 드리는 예배를 얼마나 소중히 여겼는지 모른다. 주기철 목사님이 예배를 인도할 때였다. 당시 조만식 장로가 예배 시간에 늦게 들어서자 강단에서 "조 장로님 그 자리에 서 계시오"라고 말하였고, 조 장로는 예배가 끝날 때까지 서 있었다. 예배를 마치자 "장로님, 교인들 앞에서 회개하시오"라고 크게 말했다. 조 장로는 눈물을 흘리며 예배에 지각한 것과 목사의 마음을 아프게 한 것과 교인들에게 모범이 되지 못한 것을 회개했고, 전 교인이 눈물바다를 이루는 은혜를 받았다고 한다. 요즘 같으면 어림도 없는 일이지만 신앙의 선배들이 예배 시간을 엄히 지킨, 하나님에 대한 예배의 정신만큼은 잊지 말아야 한다. 지금 한국 교회가 어려움이 있지만 그래도 이처럼 예배의 정신이 흐르고 있기 때문에 소망이 있는 것이다.

창조주가 기억하는 인생

성전과 예배를 원상 복귀시키면서 "내 하나님이여 이 일을 말미암아 나를 기억하옵소서"라고 기도하는 느헤미야의 모습을 볼 수 있다. 문자적으로만 놓고 보면 자신을 드러내는 듯한 기도처럼 보이지만, 기도문을 읽으면서 전혀 그런 느낌이 묻어나지 않는다. 오히려 읽는 가슴에 눈물이 고이고 옷깃을 여미게 하는 신앙의 장엄함을 느낄 수 있다. 하나님의 일에 삶의 모든 것을 내어 놓는 신앙인들에게서 느낄 수 있는 무게감이 느헤미야의 기도에 들어 있는 것이다.

이 기도는 단순히 자기를 알아 달라는 기도가 아니다. 그는 자신이 사역들을 잘 감당할 수 있도록 붙들어 달라고 간청하는 것이다. 한 생애를 하나님과 동행하였던 다윗 역시 이와 비슷한 기도를 드린 것을 볼 수 있다.

"하나님이여 나를 살피사 내 마음을 아시며 나를 시험하사 내 뜻을 아옵소서 내게 무슨 악한 행위가 있나 보시고 나를 영원한 길로 인도하소서"(시 139:23-24).

민족의 지도자로서 느헤미야는 성벽 회복을 위하여 이스라엘 민족을 격려하고 적재적소에 사람들을 세워서 이들이 일을 제대로 할 수 있도록 목양했다. 그리고 사람들이 잘못했을 때 단호하게 꾸짖고 청결케 했다. 여기서 교회의 지도자로서 해야 할 두 가지 일을 생각해 볼 수 있다.

하나는 제사장적 사역이다. 이 사역은 힘들어 하고 상처받은 사람들을 세워 주고 꼴을 먹이며, 다시 하나님 앞에 설 수 있도록 힘을 북돋워 주는 영적인 양육을 하는 것이다. 주님께서도 길 잃은 한 마리 어린 양을 위하여 꼴을 먹이고 푸른 초장과 쉴 만한 물가로 인도하셨다. 이것이 제사장적 사역이다.

그런데 교회의 지도자는 그것만 하면 안 된다. 교회 지도자는 반드시 선지자적 사역도 해야 한다. 양들이 잘못하면 도전도 주고 꾸짖기도 하고 경계도 하고 청결하게도 하고 바로 세워 주기도 해야 한다. 하나님 나라 목양 사업은 제사장적 사역과 선지자적 사역, 이 두 가지가 절묘하게 조화를 이루어야 한다. 제사장적 사역과 선지자적 사역 모두를 다 잘 감당하려면 느헤미야처럼 우리도 "이 일을 계기로 저를 기억해 달라"고 외쳐야 한다.

우리 인생의 성패는 우리가 무엇을 가지고 어떤 노력을 하는가에 달려 있지 않다. 창조주 하나님이 기억하는 인생인지 아닌지가 결정하는 것이다. 느헤미야는 수천 년 전의 인물이지만, 이 진리를 깨달았기에 그렇게 하나님의 기억 속에 있기를 원했고, 말씀의 중요한 페이지에 주인공으로 등장하고 있는 것이다.

시대를 책임지는 신앙

얼마 전 한 월간 잡지에 "광복 60년 우리들의 성취"라는 기사가 실렸는데 그 일부를 소개하겠다.

한국의 격변기는 20세기의 전유물이 아니라 지금도 진행되고 있습니다. 그래서 어느 사회학자는 "한국은 지난 10년 동안 전쟁을 빼고 일어나지 않은 일이 없었다"고 말하고 있습니다. 국가 초유의 외환 위기부터 시작해서, OECD 국가 중 2004년 통계로 자살률은 1위를 달리고 있고, 계층 간 이념 간의 갈등은 대통령부터 양극화 문제가 우리 사회의 중병이라고 말할 만큼 절정으로 치닫고 있습니다. 그러나 한편으로 일제 식민지와 6·25 전쟁으로 초토화된 나라에서 2005년의 통계로 우리나라 무역 규모는 5,450억 달러로 중남미에서 멕시코를 제외한 38개국 전체 무역 규모와 비슷할 만큼, 아프리카 53개국의 전체 무역 규모를 훨씬 뛰어넘을 만큼 경제 대국으로 발전했습니다. 그리고 아시아에 한류 열풍을 불게 할 정도로 우리나라의 문화적인 위치가 상향된 것도 사실입니다. 그러므로 지금 한국의 상황은 계층의 양극화, 이념의 양극화로 에너지를 소진하면서 주저앉느냐, 아니면 1950년대 낙동강 전선을 사수했던 병사의 심정으로, 1970년대 섬유 가발 공단 여공들의 눈물로, 우리 나라를 글로벌 스탠다드로 새롭게 업그레이드할 것인지 정말 중대한 역사적인 변곡점에 있는 것입니다.

누가 이 역사적인 분기점에 서 있는 우리나라를 책임지고 시대적인 변화를 이끌 것인가? 누가 지금 우리 사회가 겪는 이념과 빈부의 양극화에서 오는 망국적인 에너지의 누수를 틀어막고, 이 나라를 반석 위에 올려놓을 수 있겠는가? 복음의 균형 잡힌 능력으로 사회적 이해관계를 뛰어넘어 혼돈된 시대의 안개를 헤치고 본질을 볼 수 있는 영안이 열린 우리 그리스도인들 아니겠는가?

이를 위해 우리는 날마다 기도해야 한다. "주님, 제게 무슨 악한 행위가 있습니까? 저를 살펴보시고 제 뜻이 바른지 보아 주시고, 저를 시험하셔서 제가 올바른 길로 가고 있는지 깨우쳐 주시며, 목양적 사역과 선지자적 사역이 모두 잘 조화되게 하셔서 이 나라를 위하여 쓰임받도록 해 주시옵소서" 하며 주님께 뜨겁게 매달려야 한다.

'죄 많은 이 세상, 내가 어찌 살겠나' 하며 도피하지 말라. 빌라도가 세숫대야에 손을 씻어도 깨끗하게 되지 않는 것처럼 세상은 도피한다고 해서 벗어날 수 있

> 힘들어도 거룩하게 현실에 참여하라. 이 시대 앞에서 "하나님이여, 이 일을 돌아보사 나를 기억하여 주옵소서" 하는 기도 제목을 가지고 자신을 추스르며 현실에 참여해야 한다. 그리하여 주위의 많은 사람들이 복음을 들을 수 있도록 이끌어야 한다.

는 대상이 아니다. 세상과 타협하지도 말라. 예수 믿는 사람인지 아닌지 경계가 모호해진다. 그러니 힘들어도 거룩하게 현실에 참여하라. 이 시대 앞에서 "하나님이여, 이 일을 돌아보사 나를 기억하여 주옵소서" 하는 기도 제목을 가지고 자신을 추스르며 현실에 참여해야 한다. 그리하여 주위의 많은 사람이 복음을 들을 수 있도록 이끌어야 한다.

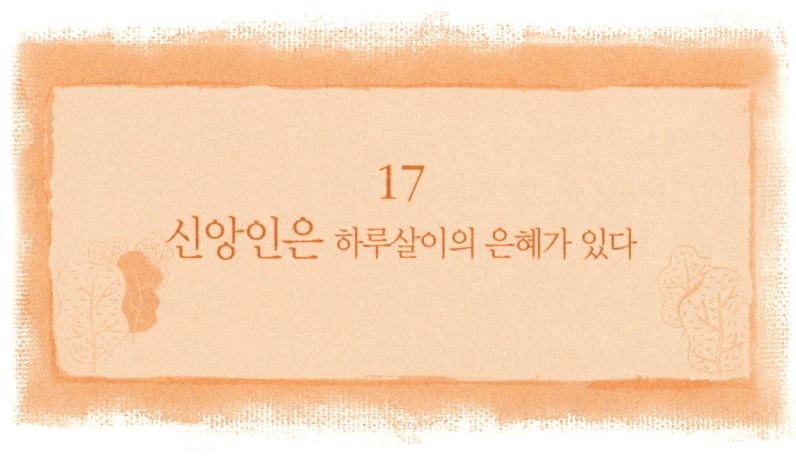

17
신앙인은 하루살이의 은혜가 있다

우리가 은혜의 하루살이임을 인식하는 비결은,
은혜란 사건이 아니라 삶 자체임을 기억하는 것이다.

누구든지 한 생애를 살면서 더 이상 손가락 하나 까딱하기 힘든 탈진 상태를 경험할 때가 있다. 맥스 루케이도는 현대인의 탈진에 대해서 재미있는 표현을 했다.

"스트레스라는 도시에서 벗어나기 위해서 필사적으로 도망가다가 어느 마을로 들어갔는데, 알고 보니 걱정이라는 마을이었다. 그래서 걱정이라는 마을을 벗어나기 위해서 발버둥치면서 도망하여 어느 곳으로 들어갔는데, 거기는 피로라는 마을이었다. 그래서 또 도망을 쳤는데 결국 들어간 곳은 더 이상 앞으로도 뒤로도 퇴로가 보이지 않는 탈진이라는 마을이었다."

오늘날 현대인들은 스트레스를 피해서 어디론가 필사의 탈출을 감행하지만 결국은 피곤과 걱정이라는 단계를 지나 더 이상 퇴로가 보이지 않는 탈진에 빠진다. 그러나 예수님은 그 자녀들 중 누구도 기진맥진이라는 탈진의 교차로에서 주저앉기를 원치 않으신다. 나아가 우리가 탈진이라는 깊은 웅덩이에 빠지기 전에 먼저 피할 길을 내어 주시며 결코 누수 없는 인생을 살기 원하신다.

주님은 멋진 차를 주시면서 열쇠도 주지 않고 그 차를 밀고 다니라고 말씀하시는 분이 아니다. 그런데 오늘날 우리들은 그 멋진 차를 받고도 밀고 다니고 있지는 않는가? 고린도 교인들이 그런 형편이었다. 그래서 바울은 그들을 향해 "너희가 아직도 육신에 속한 자로다"라고 경고했다. 구원은 받았지만 성령으로 행하지 않는 사람은 차를 받았지만 열쇠를 넣고 시동을 걸지 않는 사람, 플러그는 꽂혀 있지만 스위치를 올리지 않는 사람과 똑같다.

하나님은 우리가 계속 탈진 상태에 머무르는 것을 원치 않으신다. 탈진이라는 웅덩이에 빠져 헤어 나오지 못하고 힘들어 하는 것을 원치 않으신다. 하나님은 어떤 상황에서도 피할 길을 주신다. 오늘도 하나님의 은혜의 전류는 공급되고 있다. 문제는 아직까지 우리가 플러그만 꽂아 놓은 채 스위치를 올리지 않는다는 점이다. 이제 느헤미야서의 마지막 말씀을 보며 은혜의 전류에 스위치를 올리자.

교회 내에 넘쳐나는 은혜의 건망증 환자들

13장 15-21절은 안식일 규정을 다시 회복시키는 내용이다. 유다에서 어떤 사람들이 안식일에 술 틀을 밟고 곡식단을 나귀에 싣고 식물을 파는 것을 보자 느헤미야는 그들이 안식일을 범하는 것을 크게 꾸짖었다.[1]

느헤미야가 이렇게 질책한 것은, 물론 백성들이 안식일을 범했기 때문이기도 했지만, 그보다 더 통분할 이유가 있었다. 느헤미야서 10장 31절을 보면, 백성들은 안식일에 물건이나 식물을 팔아도 사지 않겠다고 서약한 바 있다. 그런데 이렇게 서약한 지 얼마 되지도 않았는데 서약을 팽개치고 하나님과의 약속을 쉽게 어겼다. 그래서 느헤미야는 더욱 분노했던 것이다. 사람들이 과거의 소중한 영적 교훈을 쉽게 잊어버린다는 사실은 느헤미야 입장에서 도저히 그냥 묵과할 수 없는 가슴 아픈 일이었다. 그는 이렇게 질책한다.

"너희 조상들이 이같이 행하지 아니하였느냐 그래서 우리 하나님이 이 모든 재앙을 우리와 이 성읍에 내리신 것이 아니냐"(13:18).

여기서 우리의 가슴을 답답하게 하는 것은 이스라엘 백성들이 안식일을 지키겠다는 약속을 그렇게 빨리 잊어버리는 이유가 무엇인가 하는 것이다. 더구나 안식일의 성수에 대한 이들의 약속이 일상적인 상황에서 결정된 것이 아님을 안다면, 이토록 빨리 안식일을 지키는 것을 잊어버린 사실은 납득하기 어려운 일이다. 안식일을 지키겠다는 약속은 갖은 수고와 온갖 어려움을 겪은 뒤에 자발적으로 내린 결심이

[1] "내가 유다의 모든 귀인들을 꾸짖어 그들에게 이르기를 너희가 어찌 이 악을 행하여 안식일을 범하느냐"(13:17).

다. 그럼에도 1년도 채 되지 않아서 안식일을 범한 것은 우리가 받는 은혜의 유효기간을 생각하게 한다. 한 번 큰 은혜를 받았다고 해도 그것으로 신앙생활을 다하려는 것은 마치 안식일을 지키겠다는 굳은 결의를 하고서도 얼마 가지 않아서 까맣게 잊어버린 이스라엘 백성의 어리석음과 같다고 할 수 있다.

은혜의 하루살이

아담이 범죄한 이후로 인간이 하나님의 은혜를 잊는 증세는 갈수록 심해지고 있다. 인간은 나이 스무 살이 되면서부터 하루에 평균 10만 개의 뇌세포가 죽는다고 한다. 하루에 10만 개면 30년이면 10억 개나 되며 그래서 얼굴은 기억나는데 이름은 기억나지 않는 것이다. 우리가 하나님께 받는 은혜도 마찬가지다. 조금만 시간이 지나면 그때 은혜를 받은 것 같기는 한데 이미 그 내용은 잊어버린 채 껍질만 어렴풋이 생각나는 것이다.

그러니 이스라엘 백성의 은혜 건망증을 탓할 필요가 없다. 우리 역시 날마다 은혜를 체험하지 못하면 받은 은혜를 기억하지 못하기 때문에 흔히 믿는 자를 가리켜 은혜의 하루살이라고 하는 것이다. 교회 내에 넘치는 은혜의 건망증 환자 속에 자신은 포함되어 있지 않은지 생각해 보라.

우리가 은혜의 하루살이임을 인식하는 비결은 은혜가 사건이 아니라 삶임을 기억하는 것이다. 지금 이스라엘의 비극은 성전 봉헌식을 통하여 은혜는 받았지만, 그것이 사건으로 끝나버린 데 있다. 우리 역시 주일이나, 부흥 집회, 혹은 주중의 구역 예배나 다락방을 통해서 은혜를 받지만, 그것이 사건이 아니라 삶으로 연결되기 위해서는 자신만의 은혜 찾기가 필요하다. 그러므로 우리가 은혜를 잊지 않기 위해서는 나 자신이 은혜의 하루살이 인생임을 깨닫고 말씀이나 기도나 찬송을 통해서 하루에 조금이라도 은혜 속에 잠기는 시간을 가짐으로 하나님께 나아가야 한다.

성령의 능력으로 폭발적인 사역을 하였던 D. L. 무디가 당시에 스코틀랜드의 개혁자이자 사역자로서 하나님과 깊은 관계를 누리고 있었던 앤드류 보나(Andrew Bonar)에게 그 비결을 물었을 때, "50년 동안 나는 은혜의 보좌로 나아갔습니다"라고 대답했다.

일상의 짧게 쓰인 보나의 신앙 기록에서 이런 면을 엿볼 수 있다.

> 1835: 오후에는 기도가 길었고, 시편 51편 18절을 노래로 불렀다. 1835: 기도와 성경 읽기를 짧게 하고 서둘러 연구에 돌입하는 경향은 나의 부끄러운 또 다른 제목이다. 1840: 나는 사전에 성경을 많이 읽는 것이 기도의 뛰어난 준비라는 것을 알았다. 1857: 지난 열흘 동안 기도가 많은 방해를 받았다. 1878: 저녁에 다니엘 10장을 펼쳤다. 1890: 올해에는 매일 두 시간씩 말씀을 묵상하고 기도하는 데 보내기를 희망한다. 이렇게 하는 가운데 내게서 하늘로 향한 '생수의 강'이 흘러나가기를 기도한다."

우리가 하나님과의 관계를 유지하는 비결은 보나처럼 은혜의 하루살이로서 날마다 하나님의 은혜의 보좌로 나아가는 길 외에는 다른 비결이 없다.

안식은 선택이 아닌 의무다

느헤미야는 이스라엘 백성들에게 삶의 모든 고난과 역경은 안식일을 범했기 때문에 하나님께서 재앙으로 내리셨다고 했다. 그리고 "너희가 안식일을 범하여 진노가 이스라엘에게 더욱 심하게 임하도록 하는도다"라고 함으로써, 모든 재앙의 근원이 안식일을 지키지 못한 데서 비롯되었음을 다시 한 번 강조했다. 그래서 총독으로서의 권한을 행사해 즉시 시정할 것을 명령했다. 즉, 안식일에는 성문을 닫아서 물건을 들여오지 못하게 하고, 성 밑에서 자는 장사꾼들을 내쫓았다. 그리고 레위 사람들에게 몸을 깨끗이 하고 안식일을 거룩하게 지키라고 명하였다.[1]

왜 하나님은 이스라엘 백성들에게 안식일을 지키도록 명하셨을까? 여기에는 두 가지 이유가 있다.

첫째, 하나님이 창조 뒤에 안식하셨기 때문이다.[2] 하나님은 엿새 동안에 삼라만상의 모든 것을 창조하시고 일곱째 날에 쉬셨다.

이때의 안식은 창조와 노동 후의 안식이다. 하나님께서 창조 사역 후 안식하셨기에 우리에게도 안식일을 지키라고 하셨고, 육신을 쉬게 하셨다. 이것이 안식일의 첫 번째 이유요, 안식일의 복이다.

1 "안식일 전에 예루살렘 성문이 어두워 갈 때에 내가 성문을 닫고 안식일이 지나기 전에는 열지 말라 하고 나를 따르는 종자 몇을 성문마다 세워 안식일에는 아무 짐도 들어오지 못하게 하였으므로" (13:20).
2 "이는 엿새 동안에 나 여호와가 하늘과 땅과 바다와 그 가운데 모든 것을 만들고 일곱째 날에 쉬었음이라 그러므로 나 여호와가 안식일을 복되게 하여 그날을 거룩하게 하였느니라" (출 20:11).

쉼으로서의 안식일은 대단히 중요하지만, 특별히 오늘날처럼 빠르고 복잡한 세상에서 더욱 의미가 있다. 사실 안식은 '시간은 금이다'라고 말하는 현대에서는 적절하지 않는 속성을 가지고 있다. 오히려 쉬지 않고 열심히 일하는 것이 금쪽 같은 시간을 낭비하지 않는 것처럼 보인다. 그러나 이것은 쉼을 나만의 영역으로 제한해서 잘못 생각하는 것이다. 성경에서 말하는 안식은 나만의 문제가 아니라 하나님과의 관계 문제이기도 하다는 사실에 주목해야 한다. 예수님께서 "수고하고 무거운 짐진 자들아 다 내게로 오라. 내가 너희를 쉬게 하리라"고 말씀하실 때에 우리는 흔히 쉼에 대해서 눈길이 가지만 이에 못지 않게 중요한 것은 주님께로 나아감으로 이루어지는 관계이다. 그러므로 안식은 내 영혼의 짐을 내려놓고 그 자리를 하나님으로 채우는 시간이다. 그래서 안식을 우리 삶에서 하나님께 공간을 내어 드리는 시간이라고 말하는 것이다.

열아홉 명의 자녀를 키웠던 수잔나 웨슬레의 안식의 비결

만일 우리가 쉼을 갖지 못한다면 우리는 너무도 바쁜 나머지 하나님을 밀쳐낼 것이다. 그러나 하나님의 임재의 광채를 누릴 겨를도 없이 바쁘다면 그것은 하나님을 욕되게 하는 것이다. 사람들은 너무도 바쁘기 때문에 쉼을 누릴 수 없다고 말한다. 여기에 대한 해답으로 수잔나 웨슬레를 소개하고자 한다. 수잔나는 감리교의 창시자인 요한 웨슬레와 찰스 웨슬레의 어머니로서의 아들들의 유명세에 가려져 그녀가 깊은 영성과 뛰어난 통찰력의 소유자라는 사실은 잘 알려져 있지 않다. 사실 그녀의 삶은 쉽지가 않았다. 그것은 열아홉 명의 자녀를 두었기 때문이기도 하지만 남편인 새뮤얼 웨슬레가 걸핏하면 빚을 져 집안 살림을 어렵고 고달프게 만든 것이 큰 이유였다. 우리 가운데 힘들다고 해도 경제적인 어려움 속에서 열아홉 명의 아이를 키우는 수잔나보다 더 힘들고 바쁜 사람은 많지 않을 것이다. 그녀는 어떻게 그런 상황에서도 영육 간에 깨어지지 않고 오히려 하나님과의 깊은 관계를 유지할 수 있었을까? 복음주의 신학자인 알리스터 맥그래스(Alister McGrath)는 ≪내 평생에 가는 길≫에서 이렇게 적고 있다.

"정신없이 바쁘고 재정적으로 쪼들리는 삶 속에서 하나님께 내어 드릴 공간을 찾는다는 것은 쉬운 일이 아니었다. 그러나 수잔나는 분주한 삶의 와중에서 하나님께 공간을 내드리는 훈련이야말로 영적 안정과 인격적 만족에 필수임을 굳게 믿었다."

수잔나의 영적 생존의 비결은 어려운 여건 속에서도 철저하게 쉼을 통해서 하나님께 자신의 공간을 내어 드리고 그 속에서 하나님을 체험한 것에 있다 하겠다. 그러므로 쉼을 통해서 하나님과 보내는 시간은 그리스도인의 "사치품이자 필수품이며, 그 자체로 기쁨이자 하나님을 더 잘 섬기도록 우리를 무장시켜 주는 것이다."

둘째, 구원의 하나님이 역사하신 것을 기억하고 안식일을 지키라고 말씀하셨기 때문이다. 이것이 더 중요한 이유인데, 대부분의 성도들이 간과하는 부분이다. 하나님은 이스라엘 백성들에게 "너희가 애굽의

1 "너는 기억하라 네가 애굽 땅에서 종이 되었더니 네 하나님 여호와가 강한 손과 편 팔로 거기서 너를 인도하여 내었나니 그러므로 네 하나님 여호와가 네게 명령하여 안식일을 지키라 하느니라" (신 5:15).

종되었을 때에 여호와가 강한 손과 편 팔로 너희를 인도한 것을 기억하고 안식일을 지키라'고 명령하고 있다.[1]

하나님이 안식일을 지키라고 명하신 이유가 무엇인가? 애굽 땅에서 종이 되었던 우리를 강한 손과 펴신 팔로 인도하신 하나님은 우리의 구원자가 되시기 때문이다. 이스라엘 민족이 애굽에서 종살이 할 때를 기억하는가? 내일에 대한 소망 없이 하루살이처럼 살아가던 이들을 하나님이 특별하신 방법으로 구원해 내셨다. 바로 그 은혜에 감사하며 안식일을 지키라는 말이다. 홍해 앞에서 절체절명의 상황에 놓여 어쩔 줄을 모르고 있을 때 하나님이 이들을 구원하셨던 것을 기억하여 안식일을 지키라는 것이다. 아무것도 없는 메마르고 황폐한 광야에서 살아남을 수 있도록 내려주신 그 은혜를 기억하여 안식일을 지키라는 말씀이다.

따라서 이 안식은 구원의 안식이다. "내 힘과 내 실력과 내 능력으로는 내 인생을 결코 감당할 수 없으며 내 인생의 마지막을 결코 책임질 수 없습니다. 하나님만이 내 주인이십니다. 하나님이여, 나의 구원자가 되어 주십시오. 나에게는 참으로 구원자가 필요합니다" 하는 고백으로 진실하게 나아갈 때 누리게 되는 진정한 안식이다.

찬송가 188장은 내 선함과 내 도덕과 내 절제로는 결코 나를 구원할 수 없음과, 인생의 홍해 앞에서 하나님만이 나의 구원자가 되심을 보여 주는 감동적인 찬양이다. 특히 2절에 "내가 공을 세우나 은혜 갚지 못하네"라는 구

> 안식은 구원의 안식이다. "내 힘과 내 실력과 내 능력으로는 내 인생을 결코 감당할 수 없습니다. 하나님만이 내 주인이십니다. 나에게는 참으로 구원자가 필요합니다" 하는 고백으로 진실하게 나아갈 때 누리게 되는 진정한 안식이다.

절이 나온다. 원문으로는 "not the labors of my hands"인데, 이것은 내 손으로 아무리 애쓴다고 할지라도 은혜를 갚지 못한다, 나는 주님의 법을 충족시킬 수가 없다는 뜻이다. 다음에 나오는 "쉼 없이 힘쓰고 눈물 근심 많으나 구속 못할 죄인을 예수 홀로 속하네"는 내 죄를 내 힘으로는 어찌할 수 없으니 오직 주님만이 구원해 달라는 의미다. "빈손 들고 앞에 가 십자가를 붙드네, 의가 없는 자라도 도와주심 바라고 생명 샘에 나가니 맘을 씻어주소서."

이렇게 찬송하면 나도 모르게 가슴이 뭉클해지고, 은혜에 감격해 눈물이 뚝뚝 떨어진다. 그리고 그 순간 내 삶의 짐이 다 벗겨진다. 탈진이 예방되는 것이다. 우리 모두 구원자 되시는 예수님을 통해 안식을 누리자.

고단한 인생에 주시는 은혜

첫째, 차원이 다른 안식을 누려야 한다. 월요일부터 토요일까지의 차원과 주일의 차원은 달라야 한다. 예배를 드리는 주일에는 남모르는 안식이 있어야 한다.

> 첫째, 차원이 다른 안식을 누려야 한다. 월요일부터 토요일까지의 차원과 주일의 차원은 달라야 한다. 둘째, 구원의 하나님을 주일마다 찬양하는 것이다. 찬송 하나를 하더라도 차원이 달라야 한다. 셋째, '미니 안식일'을 많이 가지라. 넷째, 자신의 정서적 계기판을 점검하고 보충하는 것이다. 쉼도 사역의 하나임을 기억하자.

컴퓨터 전문가인 박 집사님은 일주일 내내 컴퓨터에 붙어 있다. 그런데 토요일에는 교회 청소년들을 데리고 농구도 하고 축구도 하면서 놀아 준다. 주일이 되면 아침 일찍부터 오후까지 교회에서 청소년 교사로서 수고한다. 그래서 주말에도 사실 쉴 틈이 없다. 내가 좀 쉬라고 권하면 이렇게 얘기한다. "목사님, 저는 이것이 쉬는 거예요. 일주일 내내 하는 생업과 주일에 아이들을 가르치는 것은 다른 차원이에요." 그렇다. 차원이 다르면 일하는 것도 쉼으로 승화된다. 그 집사님은 주일을 이렇게 새로운 차원으로 경험하는 축복을 누리는 것이다.

둘째, 구원의 하나님을 주일마다 찬양하는 것이다. 찬송 하나를 하더라도 차원이 달라야 한다. "즐겁게 안식할 날 반갑고 좋은 날", "이 안식 지킴으로 새 은혜 입어서"(찬송가 57장) 주일마다 구원의 하나님을 찬양하는 것이다. 찬송가 467장 "내게로 와서 쉬어라. 너 곤한 이들아 내 품에 와서 안기라"는 가사처럼, 쉬면서 하나님의 능력과 구원의 은총을 기뻐해 보라. 그러면 하나님은 우리에게 반드시 쉼을 주신다.

정부의 고위 공직에 있는 한 교우의 간증 속에서 예배의 중요성을 절감할 수 있다. 그는 너무나 일이 과중하고 부담이 크고 매일 쌓여 있는 일들로 짐이 많은데 인간적으로는 해결할 방도가 없었다. 그래서 그에게 어떻게 삶의 무거운 짐들을 해결하는지 물었다. "목사님, 주일 예배가 유일한 돌파구입니다. 주일 예배를 통하여 은혜를 받지 못하면 제가 죽기 때문에 주일 예배에 목숨을 겁니다." 주일 예배에 목숨을 건다는 것은 예배의 주님이신 하나님께 전심을 다한다는 의미이다. 그런 자에게 하나님께서는 마땅히 능력을 베푸시는 것이다.[1]

[1] 여호와의 눈은 온 땅을 두루 감찰하사 전심으로 자기에게 향하는 자들을 위하여 능력을 베푸시나니"(대하 16:9).

셋째, '미니 안식일'을 많이 가지라. 스트레스가 쌓여 탈진 직전인 사람도 많을 것이다. 그런데 탈진하기 전에는 어떤 조짐이 있다. 나 같은 경우는 입안이 부르트고 눈에 쌍꺼풀이 생기려고 한다. 어떤 사람은 우울증이 생기고 신경이 날카로워지기도 한다. 이럴 때는 미니 안식일을 가져야 한다. 미니 안식일은 주중에 한 시간이라도 시간을 내어 잠깐 주님께 집중하는 시간이다. 이것은 기도와는 다른 차원이다. 혼자 있는 시간을 갖고 몸과 마음의 긴장을 푸는 것이다. 먼저 열 번 정도 심호흡을 하면 흥분된 감정들이 가라앉기 시작한다. 그럴 때 "주님, 제게 뭘 원하십니까?" 하고 물어 보라. 그러면 기도가 나올 것이다. 지난 주간의 삶을 점검해 보라. 내가 어떤 부담감으로 살았는지, 삶을 살아가면서 어떤 짐을 지고 있는지 주님 앞에 솔직히 다 털어놓으라. 삶의 막다른 골목에 도달했다고 그대로 다 주님 앞에 고백하라.

넷째, 자신의 정서적 계기판을 점검하고 보충하는 것이다. 쉼도 사역의 하나임을 기억하자. 나는 몸이 경고 사인을 보내면 모든 것을 내려놓고 산에 오른다. 산을 오르내리는 가운데 지친 마음이 회복되면서 창조적인 생각과 사역의 그림이 그려지는 것을 경험한다. 쉼에는 영적인 쉼, 정서적인 쉼, 육체적인 쉼이 있지만, 우리가 비교적 쉽게 할 수 있는 것이 정서적인 쉼이다. 어릴 때 꿈을 심어 주었던 추억의 장소를 찾아간다든지, 청춘기에 자신을 사로잡았던 노래를 찾아서 듣는 것만으로도 소진된 정서적 계기판이 충전될 것이다.

피곤도 신앙 여정의 필수 요소다

사실 인생의 사계 동안 아브라함처럼 믿음으로 한평생을 사는 것은 쉬운 일이 아니다. 그 역시 삶의 파란만장한 굴곡이 있었지만, 힘들고 어려울 때마다 하늘의 별을 보며 하나님의 약속의 말씀을 기억하였을 것이다. 우리가 인생의 바닥에 있을 때에도 아브라함처럼 하늘의 별을 볼 수 있는 여유가 있다면 하나님께서 허락하신 쉼의 축복을 누릴 수 있을 것이다. 우리가 대자연 앞에서 감동을 받는 것은 창조의 순수한 기운(氣運)이 우리의 정서를 채우기 때문이다. 바로 그때는 우리의 마음이 창조주의 위로를 받는 순간이라고 말할 수 있다. 그러므로 안식은 창조주의 위로를 통해서 내 영혼이 쉼을 얻고 피곤으로부터 힘을 얻는 시간이라고 말할 수 있다.

고단한 인생의 피곤은 신앙이 얕은 자에게만 오는 것이 아니다. 다윗의 고백을 들어 보자. "내가 피곤하여 심히 상하였으매 마음이 불안하여 신음하나이다"(시 38:8). 원어를 보면 심히 상하였다는 표현은 뼈가 으스러졌다는 뜻이다. 피곤으로 견딜 수 없다면 신앙의 선배인 다윗도 뼈가 으스러질 정도로 피곤하였다는 사실을 기억하자. 이러한 다윗이 어떻게 탈출구를 찾고 있는가? 하나님께 나아가 그의 도우심을 간절히 구하였다.[1] 우리가 피곤을 해결하는 길은 결국은 주님께 나아가는 길 외에는 다른 수가 없음을 보여 주는 것이다.

누구나 인생길을 가다 보면 피곤할 수밖에 없다. 예수님도 사마리아를 지나시다가 피곤하여 우물가에서 쉬셨다. 피곤은 신앙 여정에서 중

[1] "…나의 하나님이여 나를 멀리하지 마소서 속히 나를 도우소서 속히 나를 도우소서…" (시 38:21-22).

요한 요소이다. 우리는 피곤을 인정해야 하고, 우리 힘으로는 피곤을 이겨 낼 수 없는 것도 인정해야 한다. 중요한 것은 다윗처럼 피곤한 시간을 주님을 찾고 함께하는 기회로 삼는 것이다.

그러면 하나님이 창조 이후의 안식과 구원 이후의 안식을 통한 안식의 감격과 즐거움을 회복시켜 주실 것이다. 이것이 고단한 인생에 주시는 하나님의 은혜다.

이사야 선지자는 그의 예언자적 필치를 가지고 하나님이 허락하신 안식일을 지키는 사람들마다 여호와 안에서 사람의 생각을 넘어서는 큰 즐거움을 얻을 것임을 분명히 말씀하고 있다.[1]

안식일에 하나님이 깨닫게 하시는 그 은혜를 마음속에 확증하고 그 말씀을 순종하고 지키는 자에게 하나님은 즐거움을 주시고, 안식일의 복을 주시며 탈진을 예방할 능력을 회복시켜 주신다. 주께서 허락하신 이 주일을 거룩하게 구별하여 지킴으로 그 안식을 통한 진정한 즐거움의 주인공이 되어 보자.

영적 의사소통이 탈진 해결의 통로이다

삶의 여정에서 탈진을 예방할 수 있는 두 번째 방법은 가정 사역을 잘하는 것이다.

느헤미야는 이방인들과의 통혼을 너무도 안타깝게 생각했다.[2] 솔로몬은 이방 여인과 결혼하여 이스라엘에 이방 신상이 유입되면 하나님을 잘 섬기지 못하게 됨을 수 차례 경고 받았었다. 느헤미야도 백성들에게 그런 경고를 했는데, 그럼에도 말을 듣지 않는 사람들이 있었다.

그래서 그런 사람들을 데려다가 머리털을 뽑았던 것이다.

느헤미야가 이방인들과의 통혼을 그렇게까지 안타까워했던 것은 부모의 불순종이 자식의 불순종으로 연결되기 때문이었다. 그 당시 부모의 통혼은 자식들을 신앙의 은혜로 제대로 교육하지 못하게 하는 결과를 낳았다. 그리하여 결국 아이들이 유대 말을 잃어버리는 경우가 많았다. 이쯤 되자 부모와 자녀가 함께 예배드릴 수 없게 되는 일도 일어났다. 그 결과 영적인 의사소통이 되지 않았다. 부모의 신앙이 이어지지 않게 된 것, 세상에 이보다 안타까운 일도, 이보다 스트레스를 안겨 주는 일도 없다.

오늘날 수많은 장년 세대의 스트레스와 탈진은 가정 붕괴에서 비롯된 면이 많다. 힘들어도 부부 관계가 좋으면 스트레스를 이겨 낼 수 있다는 것은 과학적으로도 검증된 사실이다. 토론토대 연구 팀이 2004년 9월 성인 남녀를 대상으로 배우자와의 친밀도와 스트레스의 관계를 조사한 적이 있다. 1년 동안 피실험자의 부부 간 친밀도, 업무에서의 스트레스와 혈압 관계를 조사했는데 스트레스를 많이 받는 업무를

1 "만일 안식일에 네 발을 금하여 내 성일에 오락을 행하지 아니하고 안식일을 일컬어 즐거운 날이라 여호와의 성일을 존귀한 날이라 하여 이를 존귀하게 여기고 네 길로 행하지 아니하며 네 오락을 구하지 아니하며 사사로운 말을 하지 아니하면 네가 여호와 안에서 즐거움을 얻을 것이라 내가 너를 땅의 높은 곳에 올리고 네 조상 야곱의 기업으로 기르리라 여호와의 입의 말씀이니라"(사 58:13-14).
2 "그때에 내가 또 본즉 유다 사람이 아스돗과 암몬과 모압 여인을 맞아 아내로 삼았는데 그들의 자녀가 아스돗 방언을 절반쯤은 하여도 유다 방언은 못하니 그 하는 말이 각 족속의 방언이므로 내가 그들을 책망하고 저주하며 그들 중 몇 사람을 때리고 그들의 머리털을 뽑고 이르되…"(13:23-25).

하고 있더라도 배우자의 따뜻한 격려를 받고 있는 사람은 크게 혈압이 낮아진다는 연구 결과가 나왔다. 이것은 부부 사이의 결속력이 건강에 얼마나 중요한 요소인지를 보여 준다.

우리의 삶은 시간이 지나면서 온갖 짐들로 점점 더 버거워질 수 있다. 그러나 그런 짐들을 사전 예방할 수 있는 비결이 있다. 바로 신앙을 바탕으로 한 건강한 가정을 꾸려 나가는 것이다. 부부 사이에 영적으로 통하며, 부모와 자녀 사이에 신앙적으로 서로 교통한다면, 많은 짐이 우리 인생에서 덜어질 수 있다. 비록 자녀와 학력 차이가 나고, 또 요즘 같은 스피드 시대에 자녀의 세계를 다 이해하고 따라가지는 못하더라도 신앙으로 의사소통할 수 있다면 걱정하지 않아도 된다. 교회에 속한 모든 권속들이 다 경건하고도 은혜로운 신앙의 가정을 이루는 복을 받아 누려야 한다.

만일 부모와 자녀가 함께 "내 진정 사모하는 친구가 되시는 구주 예수님은 아름다워라"(찬송가 88장)는 찬양을 부르는 가정이라면, 밖에서 아무리 힘든 일이 있어도 흔들리지 않는다. 웬만한 짐도 가정 안에서 주님이 다 덜어 주신다. 반대로, 집에만 들어오면 자녀들과 말도 통하지 않고 극심한 갈등으로 서로 담을 쌓고 지낸다면, 밖에서 아무리 떵떵거리는 사람이라 해도 스트레스가 점점 쌓여 나중에는 탈진하게 될 것이다.

오늘날 가정의 소중함을 강조하는 것은 전세계적인 추세다. 펩시콜라의 최고 경영자였던 브렌다 반즈, 조지 부시의 선거 참모였던 캐론 휴즈 같은 쟁쟁한 여성들은 잘 나가던 직장에 갑자기 사표를 던졌다. 기자들이 그 좋은 자리를 박차고 나온 이유를 물었더니, 이유는 단 하나였다. "가정을 회복시키고 아이들과 시간을 보내기 위하여."

자녀들은 짐이 아니다. 신앙으로 잘 양육하여 영적인 의사소통이 잘 이루어질 수만 있다면, 자녀들이야말로 웬만한 이 세상의 짐과 어려움이 해결되는 은총의 통로가 된다. 자녀가 짐이기 때문에 자녀를 덜 낳겠다는 식의 풍조가 참 안타깝다.

미국에서 공부도 하고 교회도 섬기면서 몸과 마음이 지칠 때 나의 짐을 덜어 준 것은 우리 아이들이었다. 산책도 같이 하고, 침대 위에서 함께 어울려 장난칠 때 그 쌓인 짐이 다 벗겨졌다. 가정을 통해서 우리가 얼마나 많이 회복되는가? 느헤미야가 마지막으로 우리에게 전하는 메시지가 바로 이것이다. "자녀들과 믿음의 의사소통을 하라. 가정을 회복시키라. 그러면 웬만한 인생의 탈진은 해결할 수가 있다."

인생의 겨울을 맞을 때

안식일을 지키고, 자녀들과의 의사소통으로 가정을 회복하는 것과 더불어, 느헤미야서 마지막 부분을 통해 탈진 예방의 세 번째 방법은 "하나님이여, 나를 기억하사 복을 주옵소서"라는 말씀 속에 있다.[1]

느헤미야는 최선을 다하여 그가 가진 지혜와 지식, 창의성, 권한, 재물 등 모든 것을 동원하여 하나님의 백성들을 섬겼다. 마가복음 14장

[1] "또 정한 기한에 나무와 처음 익은 것을 드리게 하였사오니 내 하나님이여 나를 기억하사 복을 주옵소서" (13:31).

에서 마리아가 옥합을 깨뜨려 예수님께 부었을 때, 주님께서는 저가 힘을 다하여 내게 좋은 일을 했다고 칭찬하셨다. 마찬가지로 느헤미야는 자신의 모든 열정과 에너지를 쏟아부어 하나님께 다 드렸다.

그런데 여기서 "하나님이여 나를 기억하사 복을 주옵소서"라는 간구는 나에게 그냥 복을 달라는 뜻이 아니다. 이것은 "사람들이 내가 이렇게 수고하고 애쓴 것을 다 기억하지 못한다 할지라도 주님은 나를 기억해 주십시오. 사람들이 날 알아주지 않는다고 할지라도 주님만이 나의 기업이고 나의 유산이고 나의 진정한 비전이며 복입니다"라는 고백이다.

오늘날 교회 안에서 많은 사람이 주님의 몸 된 교회를 섬기고 이웃을 섬기느라 애쓰고 수고한다. 그런데 자칫하면 더 탈진하고 시험에 드는 일이 있다. 바로 아무도 알아주지 않을 때 그렇다. 그럴 때는 내가 교회를 위하여 희생하고 있다는 생각이 들 때다.

오늘날 사탄이 세운 작전 중 하나는, 예수님을 신실하게 믿고 헌신하는 사람들에게, 하나님의 일을 하는데도 아무런 보상이 없을 때 마치 자신이 희생당한다는 느낌을 갖도록 하는 것이다. 그리고 이 작전은 상당히 유효하고 성공을 거두고 있다. 혹시 이러한 마음이 들 때가 있는가? 그렇다면 주님이 느헤미야를 통하여 우리에게 요구하시는 것을 생각해 보라. "사람들이 알아주지 않아도 내가 너의 상급이고 기업이며 소망이다. 그것을 깨달아라." 느헤미야는 그런 고백을 주님 앞에 했던 것이다.

"주님이 나의 기업이십니다. 내 마음에 주님이 소망이 되어 주십시오. 세상의 영광은 눈앞에 없습니다. 주님만이 나의 소망이 되어 주시는 줄로 믿습니다." 이러한 고백을 할 때 웬만한 탈진은 다 사라진다. 이러한 태도야말로 수고하고 무거운 짐 진 자들에게 유일하게 허락하신 쉼, 주님만이 주시는 쉼을 누리게 해 주는 길이다.

노년의 신앙에게 주는 말

내가 목회를 담당하는 교회에 연세 드신 어른들이 모이는 '포에버'라는 모임이 있다. 이 모임에서 발행하는 잡지에서 원로목사인 옥한흠 목사님과의 대담 기사를 실었다. "포에버 회원 가운데는 교회 개척 당시부터 지금까지 교회를 섬기고 있는 분들이 많은데 이번 기회에 교회의 모든 성도들, 특히 포에버 회원들에게 권면할 말씀을 해 주십시오"라는 기자의 요청에 옥한흠 목사님은 이렇게 대답했다.

"저도 이제 칠십을 바라보는 나이가 되니까 우리 회원들과 마찬가지로 비슷하게 늙어 가고 있습니다. 그래서 저는 포에버에 계시는 분들의 심정을 그런 대로 잘 읽고 있습니다. 이제 우리 모두가 인생의 겨울철에 접어들고 있거든요. 겨울은 결코 쉬운 계절이 아니지요. 그래서 어떤 때는 몸이 말을 안 들을 때도 있고 가까웠던 사람들이 떠나가기도 하고 혼자 남은 고독감이 있습니다. 또 앞으로 남은 인생은 얼마나 될지 붐아감도 없지 않습니다. 무엇보다도 경제적으로 어려워서 고생하는 분도 많이 계십니다. 그렇지만 성경에 보면 하나님은 백발이 될 때도 버리지 않으신다고 약속하셨습니다. 그래서 우리에게 마지막으로 남은 것은 예수님뿐입니다. 이전에는 예수님께 30분 기도했는데, 나이가 드니 두 시간, 세 시간 기도하며 이전보다 더 많이 주님과 동행할 수 있습니다."

18
성벽은 넘어서지 못하면 큰 무덤이 될 뿐이다

배교의 시대, 불신앙의 바다를 온전하게 항해하는 길은
오직 순교의 피, 일사 각오의 정신이다.

스룹바벨의 인도 하에 성전을 재건하였고, 에스라의 인도를 통해서는 공동체를 재건하였으며, 이제 마지막으로 느헤미야를 통해서는 스룹바벨의 귀환 이후 94년 동안이나 이루지 못한 성벽을 마침내 재건하게 되었다. 왜 느헤미야는 그렇게 성벽 재건에 애를 썼을까? 그리고 그 성벽 재건이 우리에게 주는 의미는 무엇일까? 느헤미야는 예루살렘을 단순히 자기 동족의 긍지와 정체성을 보여 주는 도시로만 생각하지 않았다. 그에게 예루살렘 성은 이러한 국가적 정체성이나 긍지를 넘어 하나님이 거하시는 곳으로 여겼다. 이것이 그가 예루살렘 성을 거룩한 성[1]이라고 불렀던 이유다. 그래서 그는 예루살렘 속에서 그들을 수치로 몰아넣었던 이방인들의 문화와 정신을 뽑아내어 지중해 바다 속으로 영원히 쳐 넣고 싶었을 것이다.

그러므로 우리가 느헤미야에게서 그의 성벽 건축을 위한 리더십이나 개인의 신앙적 열심만을 본다면, 우리는 반쪽의 진리를 볼 뿐이다. 느헤미야에게서 보는 것은 상상할 수 없는 처지에서도 하나님 나라에 대한 꿈을 가졌고, 그것을 위해서 심지어 목숨의 위협에도 불구하고 실행에 옮겼다는 것이다. 이것이 내가 느헤미야서를 읽으면서 가슴이 뛰고 영혼의 전율을 느꼈던 점이다. 내 평생의 모토가 있다면 하루 밤도 하나님을 위한 꿈 없이 잠들지 않고 꿈 없이 깨지 않는 것인데, 아마도 수천 년 전 느헤미야의 삶이 그랬을 것이다. 그 역시 예루살렘 성을 하나님이 계시는 거룩한 도성으로 다시 세우는 그 일을 위해서 비록 수천 리 떨어진 곳의 한 구석에 몸을 누일 때에도 새 예루살렘에 대한 꿈이 없이는 어느 하루도 그냥 잠들지 않았을 것이고 어느 아침도 그냥 눈 뜨지 않았을 것이다.

마침내 새 예루살렘에 대한 그의 꿈은 이루어졌다. 그러나 일 년도 되지 않아서 그가 그렇게 싫어했던, 그 마귀 같은 도비야가 예루살렘 성전에 안방을 차지하게 되었다는 사실은 우리의 생각의 정수리를 짓누르고, 한편으로는 우리의 간담을 서늘하게 한다. 그러나 우리의 어떤 것도 느헤미야가 느꼈던 절망과 분노를 담지 못할 것이다.

1 "백성의 지도자들은 예루살렘에 거주하였고 그 남은 백성은 제비 뽑아 십분의 일은 거룩한 성 예루살렘에서 거주하게 하고 그 십분의 구는 다른 성읍에 거주하게 하였으며"(11:1). "거룩한 성에 레위 사람은 모두 이백팔십사 명이었느니라"(11:18).

예루살렘 성전에 도비야의 안방이 들어섰다는 소식을 들은 느헤미야는 무슨 생각을 했을까? 바벨론에서 예루살렘으로 달려오는 동안 그의 심중에서는 그 소식이 사실이 아니기를 바라는 마음과 그럼에도 한편으로는 견딜 수 없는 분노가 그가 타고 달리는 말발굽 소리만큼이나 그의 마음을 어지럽게 하였을 것이다. 그리고 마침내 현장에서 그가 들었던 내용이 사실이었음을 눈으로 확인한 순간 느헤미야의 심장은 격심한 분노를 감당하기 어려웠을 것이다.

움켜쥐어야 할 것과 넘어서야 할 것

나는 이러한 느헤미야를 보면서 움켜쥐어야 할 한 가지와 넘어서야 할 한 가지를 생각한다.

움켜쥐어야 할 것은 하나님 나라에 대한 그의 꿈과 열정이다. 성경은 어떤 면에서 하나님 나라를 꿈꾸었던 사람들의 전기라고 할 수 있다. 성경의 시작인 창세기에서 하늘의 별과 바다의 모래알만큼 많은 하나님의 백성을 꿈꾸었던 아브라함에서부터 성경의 마지막인 계시록에서 새 하늘과 새 땅의 환상을 보았던 요한에 이르기까지 하나님 나라를 꿈꾼 자들의 기록이 성경이다. 이것은 하나님 나라를 마음에 품고 꿈꾸지 못하는 자는 하나님의 생명책에 기록될 수 없음을 보여 준다. 나는 이 책을 읽는

> 움켜쥐어야 할 것은 하나님 나라에 대한 그의 꿈과 열정이다. 창세기에서 하늘의 별과 바다의 모래알만큼 많은 하나님의 백성을 꿈꾸었던 아브라함에서부터 계시록에서 새 하늘과 새 땅의 환상을 보았던 요한에 이르기까지 하나님 나라를 꿈꾼 자들의 기록이 성경이다.

모든 이들이 하나님 나라의 꿈으로 잠들고 깨기를 바란다. 그리하여 내 속에서부터 가정과 이웃과 일터에 그리고 이 사회에서 훼손되고 있는 하나님 나라의 보이지 않는 성벽들이 거룩한 성을 꿈꾸고 그 꿈을 이루었던 느헤미야처럼 우리의 꿈을 통해서 그대로 이루어지기를 바란다.

넘어서야 할 것은 이 땅에서의 예루살렘 성벽이다. 우리가 꿈꾸는 것은 더 이상 느헤미야가 찾았던 이스라엘의 예루살렘 성벽 재건이 아니다. 그러나 우리 믿는 자들 중에서도 많은 사람들이 여전히 이 땅에서 자신이 그려놓은 그 땅에서 멋진 성을 쌓고 그 둘레에 어떤 적도 침입하지 못하도록 큰 성벽을 쌓기를 바라고 있다. 그러나 기억하라! 이 땅 위에 세워진 그 어떤 화려한 제국이나 튼튼한 성벽도 처음 그대로 남아 있지 않다는 사실이다.

정말 중요한 것은 설령 그 성을 쌓고 누구도 뚫을 수 없는 성벽을 세운다고 해도 그 성벽을 넘지 못하면 오히려 그 성은 성벽이 높을수록 큰 무덤이 될 뿐이라는 사실이다. 자기의 성을 쌓고 그 성에 안주한 자의 역사적 결말을 보라. 멀리 갈 것도 없이 진시황의 만리장성과 우리의 남한산성에서 진실을 보는 눈을 떠야 한다. 동서고금을 막론하고 성안에 안주한 자 치고 성 밖의 공격에 망하지 않은 적이 없다. 성이 클수록 끝내 큰 무덤이 될 뿐이다.

이제 우리 믿는 자들은 하늘의 성을 쌓을수록 이 땅에서의 성벽은 허물고 그것이 무엇이든 그 성벽을 넘어서야 한다. 이 땅에서 아무리 만대(萬代)를 가는 성을 쌓는다고 해도 어느덧 현대판 도비야가 그 성의 안방을 차지하고 있을 것이다. 이것이 내가 느헤미야서에서 보았고 독자들과 함께 나누고 싶었던 속내다.

이제 느헤미야를 끝내면서 몇 가지 생각을 정리하고자 한다.

베풂으로 영원을 품어라

첫째는 우리가 속한 공동체는 자신이 세운 성벽을 넘어 손을 펴서 베풀 때에만 확장되고 든든히 선다는 것이다.

느헤미야는 이스라엘 공동체가 실제적으로 적용할 내용들을 제시했다. 개인적으로는 하나님 앞에서 자기의 부족함을 인정하고 하나님을 경외하는 것이다. 그리고 공동체적으로는 나눔과 사랑과 관용을 베푸는 것이다. 이 관용과 나눔은 일시적인 의분이 아닌 신학적인 바탕에 기인하는 것이다. 이는 성경 신학 전체가 말하는 핵심 가운데 하나이다.

마게도냐교회는 예루살렘교회가 어려움을 당했을 때 자기도 힘든 처지였지만 힘에 지나도록 정성껏 사랑과 관용을 베풀었다.[1]

마게도냐교회는 이방 교회였다. 그런데 이방 교회가 예루살렘 교회를 돕고자 했던 것이다. 이방 교회가 나눔과 베풂과 관용의 공동체가 되는 순간, 이방인과 유대인이 큰 간극을 뛰어넘어 하나가 되는 역사가 일어났다. 초대 교회에는 이런 생명의 능력이 공동체 안에 존재했다.

오늘날 나눔과 사랑의 공동체가 교회를 통하여 얼마나 많이 형성되

[1] "형제들아 하나님께서 마게도냐 교회들에게 주신 은혜를 우리가 너희에게 알리노니 환난의 많은 시련 가운데서 그들의 넘치는 기쁨과 극심한 가난이 그들의 풍성한 연보를 넘치도록 하게 하였느니라 내가 증언하노니 그들이 힘대로 할 뿐 아니라 힘에 지나도록 자원하여"(고후 8:1-3).

고 있는가? 다일공동체를 비롯하여 여러 교회들에서 아픈 사람, 힘든 사람, 어려운 사람, 고통당한 사람들을 향해 사랑과 나눔과 베풂의 사역을 하고 있다. 신학적인 바탕 위에서 말이다. 한 걸음 더 나아가 세계 전체를 품고 섬기는 글로벌 사역을 하기도 한다. 둘로스선교회, 컴패션, 기아대책기구, 월드비전 같은 기관들이 그런 역할을 담당하고 있다. 소위 크리스천 글로벌 커뮤니티가 생겨나기 시작한 것이다.

베풂의 정수와 축복

사실 베풂의 원조는 하나님이시다. 하나님은 자신의 전부이신 예수님을 우리에게 주셨다. "하나님은 맨 처음 베푸신 분이시며 가장 후히 베푸신 분이십니다"라는 고든 맥도날드(Gordon MacDonald)의 말을 기억할 필요가 있다. 하나님은 친히 우리에게 먼저 해 주시지 않은 일을 결코 요구하시는 법이 없는 분이시다.

베풂은 내 손에 무엇이 있기 때문에 주는 것이 아니다. 열왕기상 17장에 나오는 사르밧 과부의 이야기는 베풂의 진수와 축복을 보여 주고 있다. 당시 이스라엘의 왕이었던 아합의 악행으로 인해 이스라엘에는 전에 없던 큰 가뭄에 들게 되었다. 엘리야가 숨어서 머물렀던 그릿 시내도 물이 마르고 먹을 것이 없었다. 엘리야는 하나님의 말씀에 따라 사르밧에 가서 성문에서 나뭇가지를 줍는 여인을 만나 물과 떡을 청했다. 그때 사르밧 과부의 대답에서 그녀가 얼마나 극한의 처지에 있었는지 알 수 있다. "나는 떡이 없고 다만 통에 가루 한 움큼과 병에 기름 조금뿐이라 내가 나뭇가지 두엇을 주워다가 나와 내 아들을 위하여 음식을 만들어 먹고 그 후에는 죽으리라." 결국 그 여인은 하나님의 약속의 말씀을 믿고 후히 베풂으로 기근이 끝날 때까지 밀가루와 기름이 떨어지지 않는 은혜를 받게 되었다. 이런 면에서 사르밧 과부는 베풂으로 자신의 남은 미래를 품은 사람이라고 할 수 있다. 그래서 예수님은 지극히 작은 자에게 한 것이 바로 내게 한 것이라는 말씀을 통하여 베풂의 기하급수적인 축복의 은혜를 말씀하신 것이다.[1]

가진 것이 없을 때에도 이웃의 아픔에 동참하고 나누는 것이 베풂의 정수라면, 베풂을 통해서 "기근이 끝날 때까지 밀가루와 기름이 떨어지지 않는" 은혜는 베풂의 축복이라고 할 수 있다. 우리 믿는 자에게는 우리의 처지가 어떠하든 베풂의 원조이신 하나님으로부터 오는 것으로 이웃에게 나누고 베풀 수 있는 길이 열려 있다. 그리고 이런 베풂을 통해서 끝까지 우리를 책임져 주시는 하나님의 약속이 있다. 이처럼 하나님을 믿고 베푸는 자에게 언제나 자신과 이웃의 삶을 축복으로 채울 수 있는 길이 열려 있다는 것이 얼마나 감사한지 모른다.

오늘날 교회가 안일함에서 벗어나 나눔과 베풂과 섬김과 사랑의 공동체로 거듭나기 위해 몸부림칠 때, 비로소 사도행전 2장에 나타난 교회의 역동성을 구현하게 될 것이다. 초대 교회는 복음을 강력하게 선포하여 전도의 소중한 열매들을 맺었으며, 나눔이 생활화되어 있었다. 그럴 때 교회는 세상으로부터 칭찬받았고, 살아 있는 예배를 드릴 수 있었다. 그리하여 "하나님께서 많은 사람들을 더하게 하셨다"고 사도행전은 곳곳에서 증

> 가진 것이 없을 때에도 이웃의 아픔에 동참하고 나누는 것이 베풂의 정수라면, 베풂을 통해서 "기근이 끝날 때까지 밀가루와 기름이 떨어지지 않는" 은혜는 베풂의 축복이라고 할 수 있다.

거하고 있다.

　느헤미야가 하나님을 경외한 것, 그리고 교회 공동체가 사랑과 관용과 나눔을 베푸는 것, 이 모든 행동의 바탕에는 하나님을 사랑하고 이웃을 자신의 몸처럼 사랑해야 한다는 율법과 선지자의 대강령[2]이 깔려 있다.

　첫째 계명은 마음과 뜻과 정성을 다하여 주 너의 하나님을 사랑하라는 것이고, 둘째 계명은 이웃을 네 몸과 같이 사랑하라는 것이다. 느헤미야도 이 율법과 선지자의 대강령을 바탕으로 행동했다. 거룩한 의분이 일어났을 때 이 말씀대로 행하면 우리도 사도행전의 교회처럼 하나가 될 수 있다. 그러한 공동체가 되면 웬만한 어려움과 문제도 이겨 낼 수 있는 사랑이라는 영적 응집력이 그리스도 안에서 확보된다.

　얼마 전 특별 새벽 기도회에서 어느 성도가 겪었던 일을 메일로 보내온 내용을 소개한다.

　"특별 새벽 기도회 기간 중 삼삼오오 모여 앉아 본당에 들어가려고 기다리던 우리는 서로 아는 사이가 아니었음에도 불구하고, 추운 밤 공기를 가르며 모였다는 이유 때문에, 은혜를 사모하는 목마름이 있다는 공통점 때문에, 그리고 그 시간에 땅 바닥에 주저앉는 고생스러움

1 "…내가 진실로 너희에게 이르노니 너희가 여기 내 형제 중에 지극히 작은 자 하나에게 한 것이 곧 내게 한 것이니라 하시고"(마 25:40).
2 "선생님 율법 중에서 어느 계명이 크니이까 예수께서 이르시되 네 마음을 다하고 목숨을 다하고 뜻을 다하여 주 너의 하나님을 사랑하라 하셨으니 이것이 크고 첫째 되는 계명이요 둘째도 그와 같으니 네 이웃을 네 자신과 같이 사랑하라 하셨으니 이 두 계명이 온 율법과 선지자의 강령이니라"(마 22:36-40).

을 보듬으며 같이 있다는 이유 때문에, 충분히 가까워졌고 친근해졌습니다. 기다리는 동안 모르는 성도님들과 가까워졌고 그 시간이 오히려 더 소중해졌습니다. 자신의 목도리를 풀어서 감아 주셨던 분도 있었고, 본당 안에 들어와 추워서 떨며 안절부절 못하는 모습이 안쓰러워 자신의 숄을 벗어준 청년도 있었습니다. 그리고 따뜻한 차 한 잔을 건네주시며 봉사하던 섬김이들, 본당에 들어가기 전 앉았던 깔개를 버리러 잠시 자리를 이탈한 순간 줄이 움직여 내가 섰던 자리를 못 찾아 우왕좌왕하고 있을 때 선뜻 자신의 앞자리를 내어 주셨던 분… 옆에서 지켜보는 것만으로도 마음이 따뜻해졌던 시간이었습니다. 그리고 본당으로 들어갈 때 우리를 박수로 맞아 주셨던 교역자님들, 지금도 눈물 날 정도의 감동으로 남아 있습니다."

오늘 이 시대에 교회가 어떠한 모습으로 세상을 향해 다가가야 좀 더 매력적일 수 있을까? 바로 교회 공동체가 베풂과 나눔과 관용의 역할을 잘 감당할 때 가능할 것이다. 뿐만 아니라 교회는 이 시대 앞에 본이 되어 힘 있게 그리스도를 전하는 역할을 감당해야 한다.

최전방의 동지애로 뭉쳐진 공동체를 세워라

느헤미야서를 보면 조금 이해하기 어려운 부분이 있다. 7장이다. 그런데 7장에 등장하는 인물들은 에스라 2장과 거의 동일하다. 본래 에스라와 느헤미야가 한 권으로 된 책이라는 것을 안다면 조금 기이하게 여겨질 정도이다. 사실 이름에 대한 느헤미야서는 '명단 집착증' 이라고 표현할 정도로, 성경의 30%를 이름으로 채우고 있다. 성벽 건축자 명단(3장), 최초 귀향자 명단(7장), 언약에 인 친 자의 명단(9-10장), 예루살렘 밖에 사는 귀향민들의 등록 명단(11장), 느헤미야 시대까지 귀향한 제사장과 레위인들의 명단(12장), 공동체의 행렬에 참여한 사람들의 명단(13장) 등 느헤미야의 후반에서는 거의 매 장마다 명단이 등장하고 있다.

이처럼 수많은 명단이, 특별히 에스라 2장과 거의 동일한 명단이 느헤미야 7장에서 다시 반복되고 있는 이유는 무엇일까? 느헤미야 7장에는 100명 이상의 이름과 후손들 4만 2천여 명이 등장하고 있다. 여기에 대해서 학자들은 여러 가지 견해를 말하고 있지만, 가장 중요한 이유 중의 하나는 공동체에 대한 관심 때문임이 분명하다. 신학자 에스케나지(Eskenazi)는 "에스라 2장의 귀환자 명단에는 독자들에게 거대한 공동체를 소개한다. 4만 2천명의 백성들이 전면에 나타난다. 따라서 이 군중이 주요 관심사라는 사실을 잊어버릴 수가 없다. 독자들이 잊어버릴까 봐 에스라, 느헤미야는 이 명단을 7장에서 반복하고 있는 것이다."

에스라서와 느헤미야서에 이름이 이렇게 많이 등장하는 이유는 하나님의 공동체는 그의 부름을 받은 백성들로 이루어져 있다는 것과 여기에 기록된 공동체의 회복과 성벽 재건을 포함한 수많은 하나님 나라의 역사들은 한두 사람의 지도자가 아니라 수많은 하나님의 백성들의 참여를 통해서 이루어지고 있다는 것을 보여 주는 것으로 생각할 수 있다. 이런 점에서 보면 에스라서와 느헤미야서에서 주인공은 제사장 에스라와 정치 지도자 느헤미야가 아니라 이스라엘 백성들이다. 그리고 하나님은 이들의 이름을 기억함으로 하나님이 원하시는 공동체가 이들을 통해서 그 공동체의 생명성을 유지하고 있음을 보여 주고 있는 것이다.

시기적으로 말라기와 함께 구약에서 가장 마지막에 기록된 성경인 느헤미야서에서 수많은 이름들이 기록되어 있다는 사실은 느헤미야 시대를 기점으로 해서 예수님이 오시기까지 4백 년 동안의 기나긴 침묵을 생각한다면 지나칠 수 없는 의미를 가지고 있다고 본다. 느헤미야의 11장과 12장에 빼곡히 기록된 이름들은 하나님의 회복된 공동체의 이름들이라고 할 수 있다. 그리고 느헤미야가 마지막까지 이방인들과의 결혼에 대해서 심히 질책하고 경계한 것도 하나님의 공동체를 유지하기 위한 깊은 의도가 있었기 때문이라고 볼 수 있다.

우리 역시 예수님께서 피로 사신 교회를 지키기 위해서 세속의 문화와 풍습으로 오염되지 않도록 우리가 속한 공동체를 지키기 위해 애를 써야 한다. 이 거대한 세속 문화의 거칠고 집채만한 파도의 파상공세 앞에 어떻게 하나님의 공동체를 지킬 수 있을 것인가? 이 일은 결코 혼자서 할 수 있는 것이 아니다.

우리가 세워야 할 공동체는 전우애로 뭉쳐진 공동체이다. 사탄의 공격 앞에 혼자서는 이길 수가 없다.

신앙에 독불장군은 없다

첫째, 하나님의 일은 혼자서 다 하는 것이 아니다. 느헤미야서 11장과 12장을 보면 어느 누구 하나 필요하지 않은 사람이 없다. 모두가 적재적소에 각자의 은사대로 쓰임받았다. 하나님의 일은 이처럼 혼자 하는 것이 아니라 수많은 지체들이 같이하는 것이다. 보이지 않는 곳에서도 같이 수고하고 고생하는 것이다. 교회에서 예배드릴 때도 교회의 수많은 사람들이 목회자와 마음을 같이 모아 함께 일한다. 찬양대, 안내, 주차, 영상, 방송, 인터넷, 재정, 기도, 교육 등 각 파트로 나누어 일한다.

성경에 보면 하나님의 사역 비결은 '하나가 아닌 둘'에서 찾을 수 있다. 신앙 세계에서 독불장군은 존재할 수 없다. ≪나를 미치게 하는 예수≫라는 책으로 유명한 레너드 스윗(Leonard Sweet) 교수는 ≪귀 없는 리더, 귀 있는 리더≫라는 책에서 이 진리를 실감 나게 표현하고 있다.

"신앙의 세계에서 한 사람이 역량을 지닐 수 있는 비결은 2에 있다. 1이라는 숫자에 100을 제곱해도 결과는 마찬가지이다. 그러나 2에 100을 제곱하면 천문학적 숫자가 된다. 신앙 세계에서 한 사람의 역량이란 다른 동역자가 없으면 아무것도 아닌 것이다."

사역은 혼자 하는 것이 아니라 함께 자발적으로 하는 것이다. 예수님은 요한복음 15장 15절에서 제자들을 향하여 굉장히 의미심장한 말을 던지고 있다. "이제부터는 너희를 종이라고 하지 아니하리니… 너희를 친구라 하였노니…" 캘빈 밀러(Cavin Miller)는 ≪청지기 리더십≫이라는 책에서 예수님이 제자들을 종이 아니라 친구라고 부른 것은 그들을 함께 동역하는 관계로 보았음을 의미하고 있다고 했다.

유명한 설교가요 동시대의 선자자로 불렸던 에이든 토저(Aiden W. Tozer ; 1897~1963)는 교회 내에 두 가지 동지애가 있다고 말하고 있다. 하나는 최전방 동지애가 있고 또 하나는 후방 동지애가 있다. 군대가 진격할 때 후방에서는 장군들이 앉아서 차를 마시며 최전방의 싸움에서 가장 좋은 전략이 무엇인지 토론한다. 그러나 최전방에서는 차 마시고 생각할 시간이 없다. 총알이 날아다니고, 참호는 적을 막아줄 만큼 깊지 않다. 그곳에서 군인들은 외부의 빗발치는 총탄으로부터 서로의 동지애와 우정으로 서로를 보호한다. 이러한 동지애와 우정은 후방에서 쿠키를 먹으며 차를 마시는 사람들에게는 생길 수 없는 것이다. 교회의 선두에서는 갖은 비판과 불평의 총알들이 무수히 날아든다. 그러나 우정의 공감대가 지도자와 동료들을 아주 끈끈하게 엮어 주기 때문에 살아남을 수 있다.

인생의 모든 것은 기록된다

둘째, 하나님은 그분의 일을 하는 사람들을 모두 기록하고 잊지 않으신다. 하나님은 우리가 보이지 않게 수고하고 땀 흘리고 애쓰는 것을 놓치지 않고 기억해 주신다.[1]

느헤미야서 11-12장에 수많은 사람이 기록된 것처럼, 하나님은 사역 기록 내역에 모든 것을 기록하시고 결코 잊어버리지 않으신다. 아무리 보이지 않는 자리라 할지라도 교회를 위해 드려진 꾸준하고도 한결같은 섬김을 사람은 몰라도 하나님은 다 알아주신다. 세상 사람들은 사역의 크기에 관심이 있을지 모르지만 하나님은 묵묵히 섬기는 그 마음에 더 관심이 많으시다. 예수님은 냉수 한 그릇의 대접 조차도 하나님의 상을 잃지 않는다고 말씀하셨다.[2] 이 말씀에는 깊은 의미가 있다. 중요한 것은 일의 크기가 아니라 섬김의 마음이요, 또 아무리 작은 섬김도 결코 잊지 않으신다는 약속의 말씀이다. 하나님 앞에서 큰 자는 세상을 한 손에 좌지우지하는 자가 아니라, 이웃을 위해서 물 한 잔을 건네주는 작은 섬김의 사람, 교회 마당에 떨어진 휴지를 줍는 마음을 가진 자다. 그럼에도 여전히 우리의 마음은 눈에 보이는 것에 집중하려는 경향이 있다.

천사가 보여 주는 섬김의 정신

기도의 사람 E. M. 바운즈(Edward M. Bounds)는 섬김에 대해서 재미있는 비유를 하고 있다. 하나님께서 세 천사에게 사명을 주어서 이 땅에 보내셨다. 한 천사에게는 황금으로 만든 홀을 들고 제국을 다스리는 왕이 되게 하셨고, 또 다른 천사에게는 주판을 들고 큰 기업을 경영하는 사장이 되게 하셨으며, 마지막 천사에게는 똥바가지를 주어서 빈민촌에 내려가 똥 푸는 일을 맡겼다. E. M. 바운즈는 비유 끝에 이런 말을 한다. "그때 세 천사들의 사명감에 차이가 있었을까?" 당신의 생각은 어떠한가? 하나님께서는 섬김의 크기가 아니라 섬김의 마음을 기억하신다. 사람들 앞에서 드러난 모습보다는 이름 없이 빛도 없이 섬기는 작지만 큰 모습을 기억하신다. 우리의 작은 섬김 어느 하나도 땅에 떨어지지 않도록 주님은 이를 기억하고 상을 준비하고 계신다. 이것이 하나님의 사역 스타일이다.

하나님은 결코 우리의 섬김과 헌신과 수고를 간과하지 않으신다. 따

1 "하나님은 불의하지 아니하사 너희 행위와 그의 이름을 위하여 나타낸 사랑으로 이미 성도를 섬긴 것과 이제도 섬기고 있는 것을 잊어버리지 아니하시느니라"(히 6:10).
2 "또 누구든지 제자의 이름으로 이 작은 자 중 하나에게 냉수 한 그릇이라도 주는 자는 내가 진실로 너희에게 이르노니 그 사람이 결단코 상을 잃지 아니하리라 하시니라"(마 10:42).

라서 보이지 않는 자리에서 수고하고 고생하다가 혹시 시험 든 사람이 있다면 이 사실을 기억하자. 주님은 우리를 모두 기억하시고 하나님 나라에 기록하신다. 세상에서는 이름 없는 사람이라 할지라도 새 예루살렘에서는 결코 이름 없는 자가 아니다. 사람은 몰라 주어도 하나님은 알아주시고 반드시 기억하심을 믿고, 끝까지 순종하고 승리하는 거룩한 주의 백성이 되자.

사단의 바람에 묻어오는 작은 돌가루라도 털어 내라

개인적인 면에서는 내 영혼에 붙은 사단의 바람(風)에 묻어오는 작은 돌가루라도 털어내야 한다.

우리는 영혼의 지성소를 깨끗이 해야 한다. 21세기의 무형의 성전인 우리 자신부터 먼저 예수님처럼 청소해야 한다. 이것은 신앙의 기본기다. 기본기가 중요한 것은 인생의 가장 중요한 생존 원리이기 때문에 그렇다.

산을 오르는 준비의 마지막 단계는 신발을 신는 것인데, 히말라야 14개 고봉을 완등한 엄홍길 씨는 등산화 신는 것도 철저하다. 보통은 양말을 몇 번 털어 잔모래를 없애고, 신발을 거꾸로 들어 툭툭 턴 다음 신지만 엄 대장은 다르다. 신발에 혹시 작은 모래알이라도 있을까 봐 신발 바닥을 위로 해서 완전히 하늘로 들어올려 햇빛에 비춰 꼼꼼하게 살펴보면서 손톱으로 모래나 먼지를 하나하나 털어낸다. 이에 대해 엄 대장은 "일단 등반을 시작하면 잠자리에 들기 전까지 등산화를 벗을 수 없다. 조그만 돌가루라도 들어가서 발이 불편하면 신경 쓰이게 마련이고, 이는 등반의 집중도를 떨어뜨릴 수 있다. 조그만 돌가루 자체가 사람을 죽일 수는 없다. 그러나 돌가루 때문에 집중도가 떨어져 다른 사고를 당할 수도 있고, 돌가루 들어간 신발을 다시 신으려고 고산지대에서 체력 소모한 것이 치명적인 결과를 가져올 수도 있다. 극한의 상황에서는 인간으로서 최대의 집중력을 발휘해야 하기에 준비 과정에서 사소한 부분도 철저해야 한다"고 말한다.

신앙생활도 마찬가지다. 겉으로는 사람들에게 드러나는 거창함이 없다고 하더라도 신앙의 기본기에 충실한 것이 결정적인 순간에 영향을 미치는 것이다.

프로 권투 선수들의 경우 대개 두 부류의 사람들이 있는데, 한 그룹은 아마추어 시절을 철저히 거치면서 기본기를 튼실히 한 사람들이고, 다른 그룹은 젊은 시절 바로 프로 복싱계에 뛰어드는 선수들이다. 정도의 차이는 있지만 아마추어 시절을 거치면서 탄탄한 기본기를 가진 선수들은 안 맞는 권투를 한다고 한다. 왜냐하면 아마추어는 크고 작은 매에 상관없이 점수로 판정이 나므로 가능한 맞지 않는 것이 중요하기 때문이다. 반면에 바로 프로 선수로 뛰어든 사람 중에는 선수 시절 너무 많이 맞아서 노년에 기억력 상실, 실어증, 정신불안과 같은 펀치 드렁크의 후유증에 시달리는 경우가 많다.

신앙의 기본기를 튼실히 해야 크고 작은 죄를 피할 수 있다. 기도와 말씀으로 하나님과의 관계를 든든히 하고, 교제와 증거를 통해 사람들과의 관계를 튼실히 하는 사람은 신앙의 기본기에 튼튼하기 때문에 웬만한 죄의 펀치들은 능히 피할 수 있고 맞설 수 있다. 반면, 평소에 신앙의 기본기로 무장되지 않은 사람들은 죄의 크고 작은 펀치에 그대로 노출되어 시간이 흐를수록 죄로 인한 펀치 드렁크에 시달리면서 신앙생활을 기쁨이 아니라 의무와 피곤으로 하는 인생을 살 수밖에 없다.

영혼의 지성소를 깨끗이 하고 자신을 복음으로 무장하려면, 신앙의 기본기라는 디딤돌 위에 서 있어야 한다. 기본기로 다져졌다면 이제 주위에 영적으로 파산한 수천, 수만의 사람들에게로 나아가자. 교회를 백안시하는 그들에게 우리가 먼저 손을 내밀자. 안 되면 기도로 참여하라. 하나님께서 지금 우리에게 그것을 요구하신다!

신앙의 길에는 다만 일사 각오가 있을 뿐

예루살렘 성벽 건설을 위한 느헤미야의 마음가짐은 일사 각오였을 것이다. 당시의 제도상으로 포로의 신분으로서 왕에게 나아가서 엄청난 요구를 한다는 것은 죽음을 각오하지 않으면 어려운 일이었다. 바벨론에서 예루살렘까지 수천 리가 넘는 길에는 곳곳마다 정적들이 있었기 때문에 긴 여정을 가기 위해서는 목숨을 내어놓아야만 가능했다. 예루살렘에서도 호시탐탐 그의 목숨을 노리는 위협에 시달려야 했다. 정말 느헤미야는 일사 각오의 정신 아니면 원하는 일을 하기가 어려웠을 것이다.

21세기를 살고 있는 우리 역시 하나님을 위해 품었던 느헤미야의 일사 각오 정신이 필요하다. 우리의 인생길에는 곳곳마다 우리의 신앙을 위협하는 것들이 먹잇감을 찾는 굶주린 맹수처럼 우리를 덮치려고 숨어 있다.

반면에 기독교는 순교의 피를 먹고 자라는 법인데, 요즘은 너무도 편안하고 안일한 것이 기독교의 생명성과 야성을 갉아먹고 있다. 이때 우리에게 가장 필요한 것은 예수님만을 섬기기 위해서 순교의 피마저 아까워하지 않았던 일사 각오의 정신이다.

주기철 목사님은 평양에서 가장 큰 교회였던 산정현교회를 섬기는 담임 목사였다. 1938년 9월 평양에서 열린 제27회 조선 예수교 장로교 총회는 강압적으로 신사참배안을 통과시켰다. 참배 대상인 아마테라스 오미카미는 일본의 신이 아니며, 따라서 신사참배는 국가에 대한 충성의 다짐이므로 신앙과 관련이 없다는 억지 이유였다. 그러나 주기철 목사님과 그가 시무하는 산정현교회만은 이에 굴하지 않고 끝까지 신사참배를 반대했다. 하나님 외에 다른 신을 섬기지 않겠다는 언약과 계명을 굳게 지키기로 다짐했던 것이다. 그러자 일제는 주기철 목사님을 감옥에 가두고 갖은 위협과 고문을 다하였고, 산정현교회는 못 박아 폐쇄해 버렸다.

한번은 일제가 경찰서 앞 마당에 신사참배를 반대하다가 옥에 갇힌 성도들을 모아놓고는 주기철 목사님을 끌어내었다. 그 앞에는 대못이 무수히 박힌 널판이 놓여 있었다. 일본 형사가 신도들에게 말했다. "너희들이 신사참배를 하겠다 하면 주 목사가 못 위를 걷지 않아도 될 것이요, 그렇지 않으면, 이 위를 걷게 할 것이다." 그러자 주기철 목사님은 "성도 여러분, 나 주기철을 생각하지 마십시오. 오직 주님의 십자가만을 바라보십시오. 오직 주님의 계명만을 굳게 지키십시오" 하고는 자진해서 못 판 위로 올라섰다.

그 순간 성도들은 일제히 울음을 터뜨리며 찬송을 불렀다. "환란과 핍박 중에도 성도는 신앙 지켰네…"(찬송가 383장). 한 발 한 발 내딛는 주 목사님의 발에서는 피가 흘렸고, 내딛는 발자국마다 붉은 핏자국이 얼룩졌다.

"인간은 누구나 죽음을 두려워합니다. 죽기가 무서워서 의를 버리고 죽음을 모면하려고 믿음을 버린 사람이 얼마나 많습니까? 어찌 죽든 인간은 한 번 죽는데 예수의 이름으로 사형장에 나가는 것은 그리스도인의 최대의 영광입니다. 주님을 위하여 열 번 죽고 백 번 죽어도 좋지만 주님을 버리고 백 년 살고 천 년 살면 무엇합니까?

오 주여! 이 목숨을 아껴 주님께 욕되지 않게 하옵소서. 주님 나 위하여 죽으셨거늘, 내 어찌 죽음을 무서워하겠습니까? 다만 일사 각오가 있을 뿐입니다. 죽음이 두려워 예수를 버리지 맙시다. 풀의 꽃같이 시들어 떨어질 목숨을 아끼다가 지옥에 떨어질까 두렵습니다. 더럽게 무릎 꿇고 사는 것보다 차라리 죽고 또 죽어 주님을 향한 정절을 지켜야 합니다. 다만 나에게는 일사 각오의 결의가 있을 뿐입니다. 소나무는 죽기 전에 찍어야 푸르르고, 백합도 시들기 전에 떨어져야 향기롭습니다. 세례 요한도, 스데반도 청장년 때에 뜨거운 피를 뿌려 그들의 최후를 마쳤습니다. 이 몸도 시들기 전에 주님 제단의 제물이 되겠습니다.

오는 십자가를 피하였다가 이 다음 주님께서 내가 준 고난의 십자가를 어찌하였느냐 물으시면 무슨 말로 대답할 수 있겠습니까? 그런고로 나에게는 일사 각오가 있을 뿐입니다."

주 목사님과 성도들은 하나님과의 다짐을 지킨 것이다. 주기철 목사님은 투옥된 지 6년째인 1944년, 따뜻한 숭늉 한 그릇을 마시고 싶다는 마지막 말을 남기고 차가운 감방에서 옥사하셨다. 당시 나이 47세였다.

 신사참배를 인정하며 우상 숭배를 묵인했던 모든 한국 교회와 달리 신사참배를 거부하며 순교하신 주 목사님을 통하여 한국 교회의 정통성은 이어져 오고 있다. 오늘날 한국 교회가 이만큼 성장한 데는 이러한 신앙의 선배들이 하나님 앞에서 다짐한 언약을 그대로 지켜온 그 헌신과 각오가 있었기 때문이다. 주기철 목사님의 그 신앙의 다짐 위에 오늘의 교회가 세워져 있는 것이다.

누가 인생의 승자인가?

 이제 신 동행기의 긴 여정을 마치면서 마음에 둔 글을 소개하려고 한다. 우리가 이 땅에서 하나님과 어떤 걸음걸이로 걸어야 하는지, 진정한 예수인의 삶이란 어떤 것인지에 대해 함께 생각해 보자. 정신과 교수인 이무석의 ≪30년 만의 휴식≫이라는 책의 후반부에 나오는 이야기다.

 (한국최초의 정신 분석학자였던) 김성희 교수는 평양대학병원에서 의사로 근무하던 시절의 에피소드를 들려 주었다. 어느 날 공산당원 한 명이 병원에서 씩씩거리며 화를 내고 있었다. 그는 막 크리스천 간호사들을 끌어다 총살하고 돌아온 길이었다. 증오하던 크리스천들을 죽여 버렸으니 시원할 법도 한데, 그는 분을 삭이지 못하고 있었다. 얘기인즉 이랬다. 총살 장소로 실려 가는 트럭 속에서 간호사들이 기도를 하더라는 것이다. 그 기도의 내용을 들어보니 자신들을 총살하려고 하는 공산당원인 자기를 용서

해 달라는 기도였다. 크리스천 간호사들이 살려 달라 애원하며 그의 발목을 붙들고 매달렸으면 강자로서의 쾌감이 있었을 것이었다. 그런데 그게 아니었다. 오히려 그녀들은 죽음 앞에서도 태연했고 그를 위해서 기도하고 있었다. 마치 그녀들이 강자이고 그가 철없는 짓을 하는 약자 같았다. 그래서 공산당원은 간호사들을 총살시키고도 패배감을 느꼈던 것이다. 평양의 크리스천 간호사들은 예수가 원하던 '하나님의 자녀다운 성숙한 삶'을 보여 준 사람이었다. 철든 어른들의 모습이었다. 자신을 사랑하는 절대적 존재에 대한 신뢰가 그들을 성숙시킨 것이다.

누가 인생의 승자요, 누가 패자인가? 손에 총을 들고 아무도 겁날 것 같지 않는 공산당원인가 아니면 손이 묶인 채 저항조차 못하고 끌려가는 예수 믿는 간호사들인가?

우리 모두는 인생을 승자로 살기를 원한다. 그래서 모든 사람들이 인생에서 강자가 되고 승자가 되기 위해서 분투노력을 하는 것이다. 사실 이 땅에서 무엇이 되고, 무엇을 소유하고, 무엇을 누리는 것은 중요하다.

그러나 우리가 세상을 소유할수록, 세상을 즐길수록 오히려 세상이 나를 소유하고 나를 부리는 것을 알아야 한다. 그것이 더욱 중요하다. 나는 이 책을 읽는 모든 사람이 진정한 승자론에 눈 뜨기를 바란다. 그것은 시대가 요구한다면 기꺼이 평양의 간호사들이 가졌던, 예수에 중독된 심장을 가슴에 품고 묵묵히 하나님과 동행하는 걸음을 걷는 것이다.

지금처럼 물질 문명의 얼음판 위에 박힌 채 질식되어 있는 우리의 영혼을 소생케 하여 배교의 시대, 불신앙의 바다를 온전하게 항해하는 길은 순교의 피, 일사 각오의 정신에서 비롯된다고 생각한다. 아무쪼록 신 동행기를 끝내면서 소원하는 것은 책은 여기에서 끝나지만, 예수님과 동행하는 삶은 새로운 시작이 되어 여생 동안 오직 예수로 인해 죽고 예수로 인해 사는, 예수에 중독된 신앙 여정이 되기를 바란다.

처칠은 "최고의 역사를 만드는 방법은 그 역사를 기록하는 것"이라고 말했지만, 더 큰 역사의 기록은 날마다 내 몸이 하나님과 동행함으로 새롭게 집필하는 신앙기다. 아무쪼록 걸음 걸음마다 느헤미야처럼 하나님과 동행함으로 이 땅에서 능력의 그림자가 아니라 능력의 실체를 날마다 경험하는 복된 삶을 살기를 소원한다.

느헤미야와 그의 시대

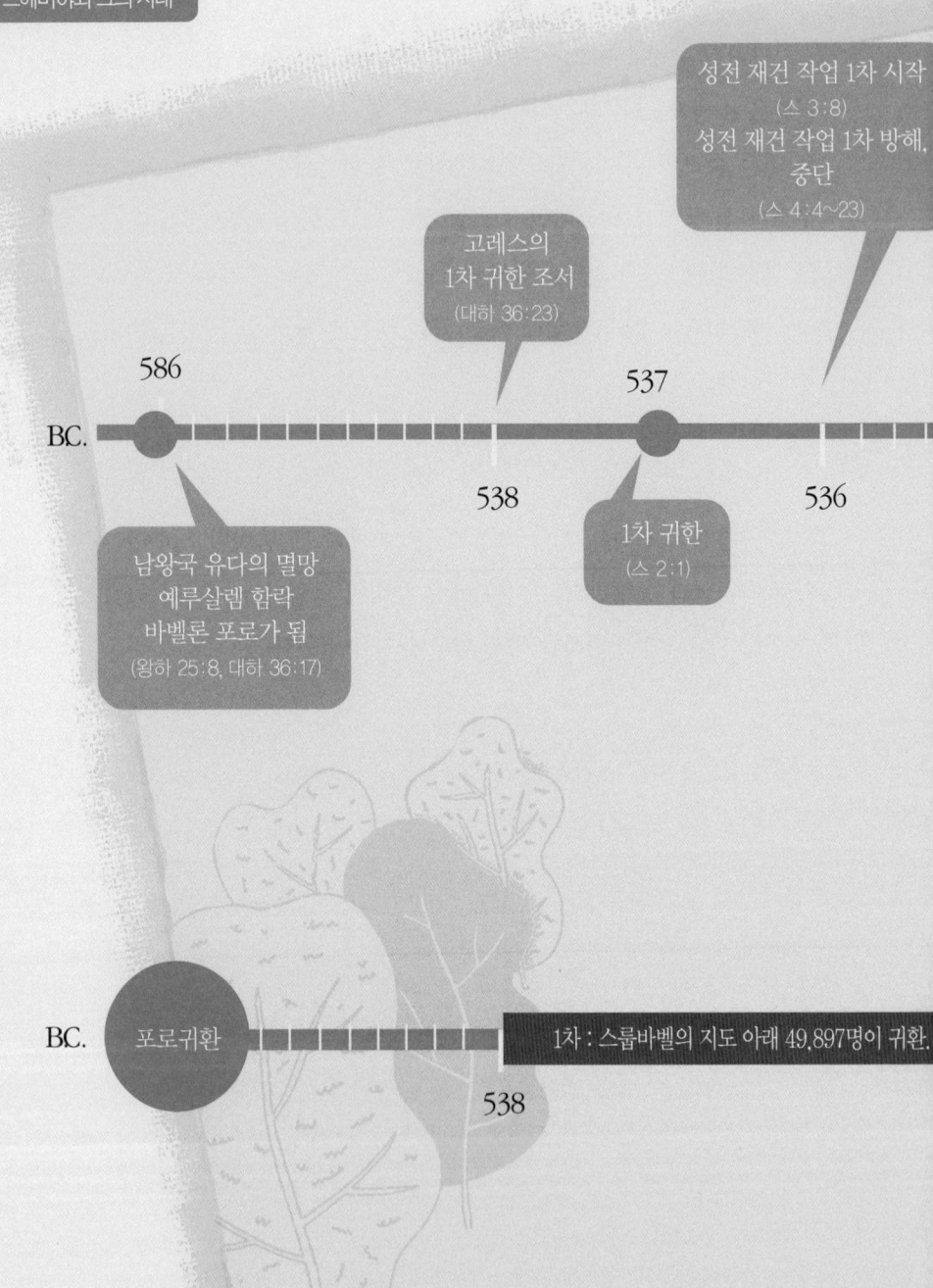

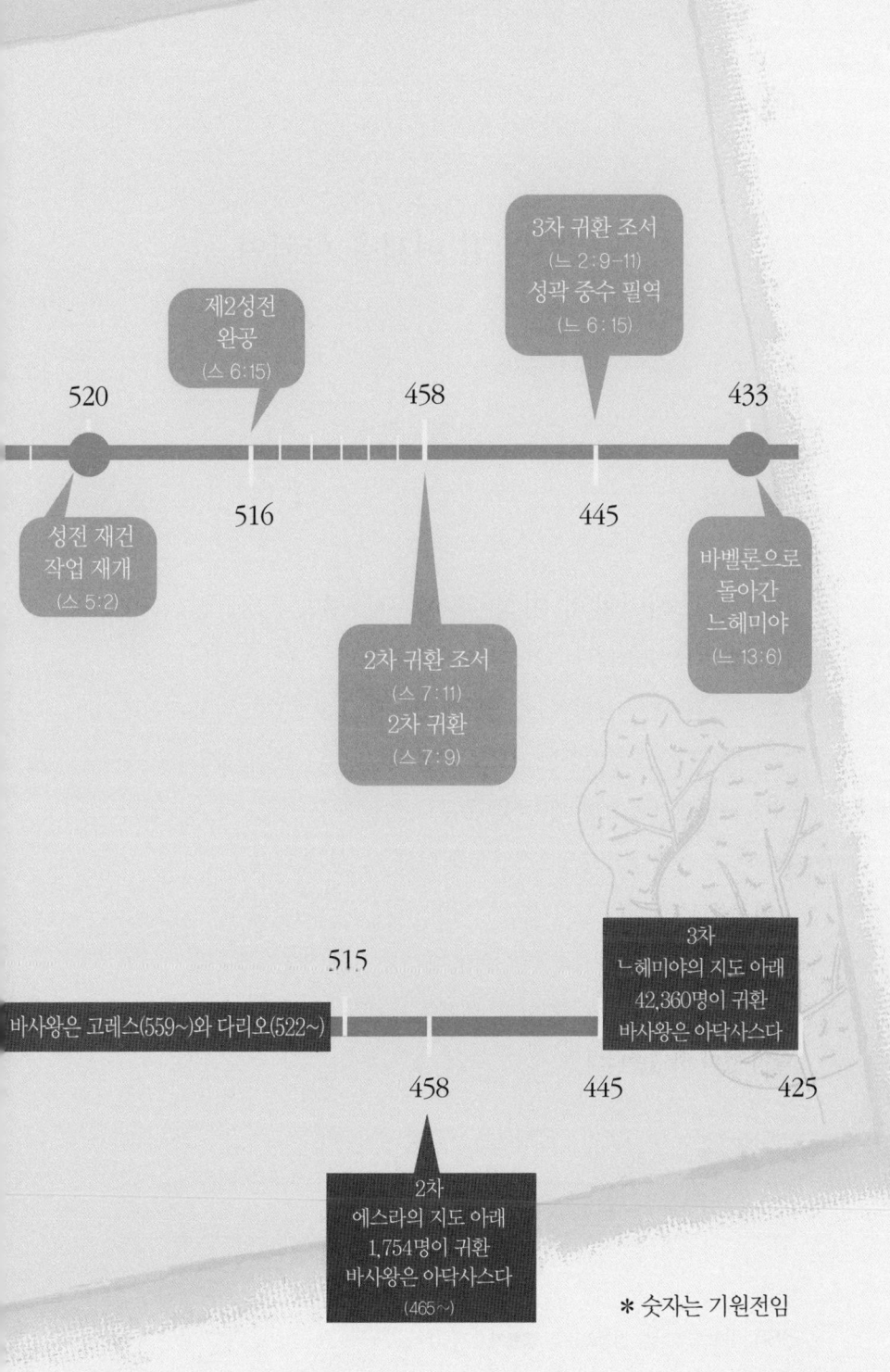

에필로그

신 동행기의 긴 여정을 마치며

이제 느헤미야의 여정이 끝에 도달하였습니다. 인생을 끝내는 방법은 백인백색으로 다양할 것입니다. 그러나 예수를 믿는 신앙인이라면 그가 어떤 자리, 어떤 상황에 있든지 그 호흡의 마지막 순간은 하나님께 자신을 부탁하는 기도로 끝낼 것입니다. 지금 느헤미야도 마지막 13장에서 주요한 세 번의 기도[1]로 끝을 맺고 있습니다. 이 세 가지 기도에서 공통적인 것은 "나를 기억하옵소서"입니다.

이것은 모든 믿는 자의 간절한 바람이라고 할 수 있습니다. 그 인생이 어떠하든 인생은 결국 창조주가 기억하는 인생과 창조주가 기억하지 않는 인생으로 나뉠 것이며, 인생의 성패는 창조주의 기억 유무에 달려 있다 하겠습니다.

[1] 느헤미야 13:14, 22, 31

이 책을 끝내면서 나의 소원은 이 글을 읽는 모두가 하나님의 기억 속에 있는 것입니다. 인생의 마지막뿐만이 아니라 인생의 하루하루가, 인생의 순간순간이 하나님의 기억 속에 있기를 바랍니다. 새벽에 일어날 때에도, 낮에 일터에서도, 저녁에 잠자리에 들 때에도 우리 모두가 하나님의 생생한 기억 속에 있다면 그것으로 족한 것입니다.

우리가 하나님의 기억 속에 있어야 하는 이유는 그럴 때에만 우리의 삶이 기억될 만한 인생으로 바뀌기 때문입니다. 하나님께서 우리를 기억하실 때, 우리의 시간이 갈피마다 형형색색으로 수놓아진 은혜의 손길로 만져짐을 볼 수 있습니다. 그리고 그것만이 이 땅에서 나그네길을 가는 우리의 고단한 삶을 기억할 만한 삶으로 바꾸어 놓을 수 있습니다. 하나님이 기억하시지 않는 100년의 세월보다 하나님이 기억하시는 1분의 무게가 훨씬 크다는 사실을 심비(心碑)에 새기기를 바랍니다.

우리가 하나님의 기억 속에 있어야 하는 또 하나의 이유는 그래야만 우리가 하나님을 기억하는 인생이 될 수 있기 때문입니다. 얼마 전 내 가슴을 적셨던 사람이 있습니다. 지금은 거동조차 불편한 빌리 그레이엄 목사님입니다. 그가 〈뉴스위크〉지와의 인터뷰에서 했던 말이 지금도 내 마음에 울림이 되고 있습니다.

> 자다가 깬 그날 밤 그레이엄은 어둠 속에 누운 채 시편 23편을 암송했다. "여호와는 나의 목자시니 내가 부족함이 없으리로다." 그런데 잠깐 기억의 줄이 끊어졌다. 뒷줄이 생각나지 않아 한동안 괴로웠다고 그레이엄은 말했다. 역사상 그 누구보다 많은 사람에게 복음을 설교해 온 그레이엄은 여러 차례의 실패 끝에 마

침내 마지막 기억이 돌아왔다. "내 평생에 선하심과 인자하심이 반드시 나를 따르리니 내가 여호와의 집에 영원히 거하리로다." 비로소 마음이 놓인 그는 다시 잠자리에 들었다.

그레이엄 목사님의 모습은 다윗의 기도를 생각나게 합니다. "내가 침상에서 주를 기억하며, 새벽에 주의 말씀을 작은 소리로 읊조립니다…"(시 63:6). 우리의 인생길을 다하는 그날 하나님이 우리의 유일한 기억이 되기를 소원합니다. 그레이엄 목사님처럼 기억의 끝자락에서조차 하나님을 기억하며 잠자리에 들고 일어나기를 기도합니다. 이것이 이 책을 읽으신 모든 독자들의 평생 기도 제목이기를 바라며, 느헤미야의 마지막 기도로 하나님과 동행했던 신 동행기의 긴 여정을 마칩니다.

"하나님이여 이 땅에서 고단한 삶을 사는 저희들을 기억하시고 일평생 주님과 동행하는 복을 주옵소서" (13:31)